"十二五"普通高等教育本科国家级规划教材

高校土木工程专业指导委员会规划推荐教材

（经典精品系列教材）

桥 梁 施 工

北京交通大学　许克宾　主编

卢文良　季文玉　副主编

中　南　大　学　王永和　主审

中国建筑工业出版社

图书在版编目（CIP）数据

桥梁施工/许克宾主编. —北京：中国建筑工业出版社，2004
"十二五"普通高等教育本科国家级规划教材
高校土木工程专业指导委员会规划推荐教材（经典精品系列教材）
ISBN 978-7-112-07018-3

Ⅰ. 桥… Ⅱ. 许… Ⅲ. 桥梁工程-工程施工-高等学校-教材 Ⅳ. U445

中国版本图书馆CIP数据核字（2004）第121424号

本书为高校土木工程专业指导委员会规划推荐教材，本书主要内容包括：总论、常备式结构与常用主要施工设备、桥梁基础施工、桥梁墩台施工、混凝土简支梁的制造与架设、混凝土连续梁的施工、混凝土拱桥施工、斜拉桥和悬索桥的施工、钢桥制造及安装、桥梁施工控制技术简介、桥梁施工组织设计等。本书配有电子演示文稿。

本书可供高校土木工程专业及相关专业学生使用，也可供有关工程技术人员参考。

* * *

责任编辑：王 跃 吉万旺
责任设计：崔兰萍
责任校对：刘 梅 刘玉英

"十二五"普通高等教育本科国家级规划教材
高校土木工程专业指导委员会规划推荐教材
（经典精品系列教材）

桥 梁 施 工

北京交通大学 许克宾 主编
卢文良 季文玉 副主编
中南大学 王永和 主审

*

中国建筑工业出版社出版、发行（北京西郊百万庄）
各地新华书店、建筑书店经销
廊坊市海涛印刷有限公司印刷

*

开本：787×960毫米 1/16 印张：19¾ 字数：480千字
2005年1月第一版 2017年7月第十二次印刷
定价：37.00元（含光盘）
ISBN 978-7-112-07018-3
（12972）

版权所有 翻印必究
如有印装质量问题，可寄本社退换
（邮政编码 100037）

出 版 说 明

1998年教育部颁布普通高等学校本科专业目录，将原建筑工程、交通土建工程等多个专业合并为土木工程专业。为适应大土木的教学需要，高等学校土木工程学科专业指导委员会编制出版了《高等学校土木工程专业本科教育培养目标和培养方案及课程教学大纲》，并组织我国土木工程专业教育领域的优秀专家编写了《高校土木工程专业指导委员会规划推荐教材》。该系列教材2002年起陆续出版，共40余册，十余年来多次修订，在土木工程专业教学中起到了积极的指导作用。

本系列教材从宽口径、大土木的概念出发，根据教育部有关高等教育土木工程专业课程设置的教学要求编写，经过多年的建设和发展，逐步形成了自己的特色。本系列教材投入使用之后，学生、教师以及教育和行业行政主管部门对教材给予了很高评价。本系列教材曾被教育部评为面向21世纪课程教材，其中大多数曾被评为普通高等教育"十一五"国家级规划教材和普通高等教育土建学科专业"十五"、"十一五"、"十二五"规划教材，并有11种入选教育部普通高等教育精品教材。2012年，本系列教材全部入选第一批"十二五"普通高等教育本科国家级规划教材。

2011年，高等学校土木工程学科专业指导委员会根据国家教育行政主管部门的要求以及新时期我国土木工程专业教学现状，编制了《高等学校土木工程本科指导性专业规范》。在此基础上，高等学校土木工程学科专业指导委员会及时规划出版了高等学校土木工程本科指导性专业规范配套教材。为区分两套教材，特在原系列教材丛书名《高校土木工程专业指导委员会规划推荐教材》后加上经典精品系列教材。各位主编将根据教育部《关于印发第一批"十二五"普通高等教育本科国家级规划教材书目的通知》要求，及时对教材进行修订完善，补充反映土木工程学科及行业发展的最新知识和技术内容，与时俱进。

高等学校土木工程学科专业指导委员会
中国建筑工业出版社
2013年2月

前 言

本书是全国高等学校土木工程专业教育指导委员会组织编写的系列教材中的一本专业课教材。开设桥梁施工课程的目的,是为了加强学生的实践知识环节,避免理论脱离实际,防止知识的片面性,使学生能够成为懂理论、会设计、会制造的工程技术人才。

桥梁施工包括基础、墩台和上部结构施工,内容繁多,且施工技术不断发展,日新月异。本书编写中力求抓住重点,体现"少而精"的原则,突出各部分施工的基本原理和方法,使学生在有限的学时内能够获得必要的施工基础知识。同时,力求紧密结合生产实际,反映当前桥梁施工技术及组织管理水平,融入最新科技成果和现行有关施工技术规范,以培养学生的创新思维、规范意识和独立工作能力。

此外,为了方便讲授和复习,本书利用 Microsoft Office PowerPoint 编辑了一套与教材配套的电子演示文稿,并制作了光盘,除反映教材基本内容外,还补充了一定数量的施工照片,使教材更贴近生产实际,有利于拓展学生的视野,增加感性认识。不过作为一种教学辅助手段,本光盘主要是提供了一个框架和素材,在使用中尚需不断补充、修改、完善,使其适应不同教学风格和施工技术的发展。

本书由北京交通大学许克宾教授主编,卢文良副教授、季文玉教授为副主编,中南大学王永和教授主审。

全书共 11 章。其中第 1、7、9、11 章由许克宾编写;第 2、5 章由卢文良编写;第 6 章由季文玉编写;第 8 章由西南交通大学沈锐利教授和卜一之教授编写;第 3 章由兰州交通大学王旭教授和许克宾共同编写;第 4 章由王旭和卢文良共同编写;第 10 章由北京交通大学夏禾教授编写。方桂芬、陈轶鹏、王文雷参加了 Powerpoint 电子演示文稿制作。

感谢中铁十八局集团公司景春阳、中国铁路工程总公司杨启宾、中国铁道建筑总公司王清明、张伟、中铁工程设计咨询集团公司盛黎明、铁道第三勘察设计院周四思、中铁十五局集团公司王引富、铁道部工程设计鉴定中心陈良江、郑州大方桥梁机械有限公司高自茂等同志为本教材提供了许多宝贵的资料。感谢北京交通大学土木建筑工程学院领导对本书编写的指导。同时感谢中国建筑工业出版社吉万旺编辑对本书编写和出版给予大力支持。

在本书编写过程中,应用了大量参考文献,未能一一同原作者联系,在此一并表示感谢。

由于编写水平有限，教材中难免存在谬误之处，敬请读者批评指正，以便再版时予以修正。来函请寄北京交通大学土木建筑工程学院（邮编 100044）。

编 者

2004 年 8 月

目 录

第1章 总论 … 1
- §1.1 桥梁工程中施工技术的作用 … 1
- §1.2 桥梁工程施工技术的发展 … 1
- §1.3 桥梁施工方法概述 … 11
- §1.4 桥梁施工方法的选择 … 12
- 思考题与习题 … 13

第2章 常备式结构与常用主要施工设备 … 14
- §2.1 概述 … 14
- §2.2 桥梁施工常备式结构 … 14
- §2.3 桥梁施工常用的起重机具设备 … 25
- §2.4 混凝土设备 … 35
- §2.5 预应力张拉设备 … 41
- §2.6 其他常用机具及设备 … 46
- 思考题与习题 … 48

第3章 桥梁基础施工 … 49
- §3.1 明挖基础施工 … 49
- §3.2 桩基础施工 … 62
- §3.3 沉井与沉箱基础施工 … 83
- 思考题与习题 … 99

第4章 桥梁墩台施工 … 101
- §4.1 墩台施工的基本要求 … 101
- §4.2 混凝土墩台施工模板的类型和构造 … 102
- §4.3 模板设计 … 108
- §4.4 混凝土工程 … 110
- §4.5 高桥墩施工 … 120
- §4.6 砌体墩台施工 … 128
- §4.7 墩台顶帽施工 … 130
- §4.8 拼装式墩台施工 … 131
- 思考题与习题 … 133

第5章 混凝土简支梁制造与架设 … 134
- §5.1 模板的构造 … 134

§5.2　钢筋混凝土简支梁制造 …………………………………… 137
§5.3　预应力混凝土简支梁制造 ………………………………… 142
§5.4　混凝土简支梁整孔（片）架设 …………………………… 151
思考题与习题 ………………………………………………………… 162

第6章　混凝土连续梁施工 ………………………………………… 163
§6.1　悬臂法施工 …………………………………………………… 163
§6.2　逐孔施工法 …………………………………………………… 185
§6.3　顶推施工法 …………………………………………………… 188
思考题与习题 ………………………………………………………… 197

第7章　混凝土拱桥施工 …………………………………………… 198
§7.1　拱架的构造和安装 …………………………………………… 198
§7.2　拱架的计算要点 ……………………………………………… 202
§7.3　拱圈及拱上建筑的施工 ……………………………………… 203
§7.4　拱桥的无支架施工 …………………………………………… 206
思考题与习题 ………………………………………………………… 212

第8章　斜拉桥和悬索桥施工 ……………………………………… 213
§8.1　桥塔的施工 …………………………………………………… 213
§8.2　悬索桥锚碇的施工 …………………………………………… 218
§8.3　斜拉桥主梁的施工 …………………………………………… 220
§8.4　斜拉桥斜拉索的施工 ………………………………………… 224
§8.5　悬索桥主缆的施工 …………………………………………… 230
§8.6　悬索桥加劲梁的架设 ………………………………………… 244
思考题与习题 ………………………………………………………… 252

第9章　钢桥制造及安装 …………………………………………… 253
§9.1　钢构件的制作 ………………………………………………… 253
§9.2　钢梁架设的基本作业 ………………………………………… 257
§9.3　膺架法架梁 …………………………………………………… 260
§9.4　悬臂拼装法架梁 ……………………………………………… 262
§9.5　拖拉法架梁 …………………………………………………… 267
§9.6　浮运法架梁 …………………………………………………… 271
§9.7　钢梁架设的其他方法 ………………………………………… 273
思考题与习题 ………………………………………………………… 274

第10章　桥梁施工控制技术简介 ………………………………… 275
§10.1　桥梁施工控制的任务与内容 ……………………………… 275
§10.2　桥梁施工控制方法 ………………………………………… 276
§10.3　各种桥型施工控制特点 …………………………………… 281

§10.4 施工监测方法与仪器 ………………………………………… 284
思考题与习题 ……………………………………………………… 287

第11章 桥梁施工组织设计 …………………………………………… 288
§11.1 桥梁施工组织设计的类型和基本内容 ………………………… 288
§11.2 桥梁施工组织设计的编制 ……………………………………… 290
§11.3 施工场地布置 …………………………………………………… 295
思考题与习题 ……………………………………………………… 307

主要参考文献 …………………………………………………………… 308

第1章 总　　论

§1.1　桥梁工程中施工技术的作用

桥梁建设一般要经过规划、勘察、设计和施工等阶段。施工阶段的任务是，具体实现桥梁设计思想和设计意图，把图纸变为现实。其成果是提供一座能够满足功能要求的桥梁建筑物。

桥梁施工主要包括桥梁的施工技术和施工组织。其中，施工技术水平的高低，对桥梁工程建设常常起着举足轻重的作用。特别是对于结构复杂、环境恶劣的桥梁，建设者的设计意图能否真正得以实现，在很大程度上取决于采用的施工技术。因此，即使在设计阶段，也必须充分考虑采用的施工方法，以求通过合理的施工技术保证设计的实现。另一方面，桥梁施工技术的发展，为实现桥梁设计意图，提供了灵活多样且强有力的手段，也为增大桥梁跨度，改进结构形式以及采用新材料，提供了必要的条件。所以说，先进的施工技术，能够影响和促进桥梁设计水平的提高和发展。

此外，采用先进合理的施工技术，对于降低工程造价，保证工程质量，加快施工进度和实现安全生产都是十分重要的。

§1.2　桥梁工程施工技术的发展

现代的桥梁施工技术，是在原始施工方法的基础上，经过不断改进、提高的漫长过程中逐步发展起来的。我国古代桥梁的建造技术有着辉煌的成就，充分表现了劳动人民的智慧和力量。建于隋代的安济桥（605年）、宋代的卢沟桥（1192年）、清代颐和园内的玉带桥（1750年）和十七孔桥（1795年）等，在世界桥梁建设史上留下了光辉的一页。建造难度大、施工技术复杂的泉州洛阳桥（1053年），是一座濒临海湾的大石桥，地处浪涛汹涌的海口，开创了现代称为筏形基础的桥基，采用抛石技术并巧妙地用生生不息的牡蛎使筏形基础固结成整体。漳州虎渡桥（1240年），石梁重达200t，当时采用何种方法安装就位，至今仍无从考证，足见我国古代桥梁建筑技术的高超。

然而，封建制度的长期统治，大大束缚了生产力的发展。在桥梁建筑方面，大部分是外国投资、洋人设计、外商承包、技术落后、进展缓慢。我国自行设计施工的京张铁路桥梁（1905~1909年），钢梁的最大跨度仅达33.5m。全线最长的怀来桥，墩身采用的是木桩基础，施工时用农田灌溉水车抽水，人力拉拽落锤打桩。钢梁杆件用骡车运达工地组拼。至于浙赣线杭州钱塘江桥，虽为国人自行设计，但正桥墩台基础和钢梁工程，则分由外国公司承包施工。

新中国成立后，随着交通运输业的发展，我国桥梁施工技术水平迅速提高。特别是改革开放以来，我国桥梁建设进入了一个辉煌的时期，建成了一大批结构新颖、技术复杂、设计和施工难度大的桥梁，建设水平已跻身于世界先进行列。

(1) 中小跨度预应力混凝土梁的制造与架设

20世纪50年代，我国开始对预应力混凝土技术进行研究。1955年，在丰台桥梁厂试制了一孔跨度12m的试验梁。次年，在陇海线新沂河上建成我国第一座预应力混凝土铁路桥，跨度23.8m。由此开始，预应力混凝土梁得到广泛的应用，在跨度32m以下全部取代钢梁，对节约钢材发挥了重要作用。钢筋混凝土梁和预应力混凝土梁，大量采用工厂预制，运送到工地使用架桥机架设，梁体质量好，工程进度快，成本低，成为新线铁路桥梁施工的基本形式。

20世纪50年代，我国开始使用双悬臂式架桥机架设混凝土梁，其中最大吊重为130t，可分片架设跨度32m铁路预应力混凝土梁。20世纪60年代以后，我国发展应用简支式架桥机架梁，显著提高了架梁的安全性。在2002年建成的秦沈铁路客运专线上，大量使用了单、双线跨度16~32m预应力梁，配套使用多种形式的架桥机，其中JQ600架桥机额定起重量达600t，如图1-1所示。公路装配式混凝土梁桥由于构件较轻，广泛采用设备简易、灵活多样的安装方法。

(2) 桁式拱架配合缆索吊机施工混凝土拱桥

20世纪50年代为了节约钢材，扩大钢筋混凝土桥的使用范围，增大其跨

图1-1　JQ600架桥机架梁

度，我国先后修建了多座跨度53m以上的铁路空腹式钢筋混凝土拱桥，使我国拱桥施工技术水平显著提高。1956年在包兰线上建成的东岗镇黄河桥，把我国混凝土拱桥的跨度从40m发展到了53m。从此开始施工中采用常备式钢拱架，取代以往采用的木制满布式拱架。作为主要起吊、运输设备，使用两台1.7t的缆索吊车（塔距300m），悬臂安装钢拱架和拱架上混凝土灌筑等。1959年建成的太焦线丹河桥，将跨度增大到88m，成为50年代我国最大跨度的钢筋混凝土拱桥。钢拱架仍然采用悬臂安装，使用两台3t缆索吊机。在这个基础上，1960年开工兴建了当前我国最大跨度（150m）的钢筋混凝土铁路拱桥。施工中采用箱形拱。拱肋分层拼装，使先装的拱肋底板与拱架共同受力。钢拱架由原来需要的14片减少为8片，从而节省了大量钢材。构件安装采用两台吊重25t的缆索吊机，跨度480m。拱肋合拢前，在拱顶进行千斤顶应力调整，改善拱肋的受力状态。

缆索吊机除作为拱桥施工常用的起重机具外，缆索吊装法施工，还作为我国公路装配式拱桥无支架施工的主要方法被普通采用。目前其吊装能力已达75t，能够顺利地吊装跨度150m（四川马鸣溪大桥，1979年）的装配式公路箱形拱桥的预制拱段。

近年来在桁式拱架基础上发展起来的劲性骨架施工法，在我国公路桥梁中得到了较广泛的应用。1990年建成通车的宜宾小南门金沙江大桥，系主跨240m中承式拱桥，采用了型钢构件组拼桁架式劲性骨架施工。施工中利用缆索吊机分7段伸臂吊装劲性骨架成拱，然后在钢骨架上挂模、分段现浇箱拱混凝土。接着1996年广西邕江大桥骨架采用钢管混凝土，使这种方法又跨上了一个新台阶。1997年采用同样方法建成的重庆万县长江大桥（主跨420m），为目前世界上最大跨度的混凝土拱桥。图1-2为万县长江大桥劲性骨架吊装。2004年建成的赣龙铁路吊钟岩大桥主跨140m，是我国跨度最大的铁路劲性骨架钢筋混凝土拱桥。

(3) 悬臂法施工混凝土梁桥

悬臂法施工预应力混凝土梁桥，勿需在桥下搭设支架，直接从已建桥墩顶部，逐段向跨中方向延伸施工，既节省了庞大的脚手工程，又不会造成对桥下交通的干扰，是当今建造大跨度预应力混凝土梁桥的主要施工方法。

我国采用悬臂法建造预应力混凝土梁桥，始于20世纪60年代成昆铁路悬臂拼装法施工的旧庄河1号桥和悬臂灌筑法施工的孙水河5号桥，两座预应力混凝土铰接悬臂梁桥。30年来悬臂施工法在我国得到广泛的应用，对推动大跨度混凝土梁的发展起到很大作用。国内建成的大跨度混凝土梁桥绝大部分是采用悬臂法施工的。最大跨度达270m（虎门公路大桥副航道桥），1997年建成时居世界首位。图1-3所示为悬臂灌筑法建造连续体系梁桥。

钢筋混凝土拱桥采用悬臂法施工建造，大大提高了它与其他桥型的竞争能力。1974年日本首先采用悬臂灌筑法，修建了跨度170m的外津桥。1980年前南斯拉夫用悬臂拼装法，建成当时世界上最大跨度390m的KRK大桥。20世纪80

图 1-2 混凝土拱桥劲性骨架吊装

年代以来,在我国南方用悬臂拼装法,修建了多座大跨度悬臂桁架拱桥。如 1981 年贵州长岩大桥,单孔跨度 75m。1995 年建成的贵州江界河大桥,为上承式混凝土桁式组合拱桥,跨度 330m 居世界第 3 位。

斜拉桥梁体尺寸较小,各节间有拉索支承,索塔还可用来设置辅助拉索,因此悬臂施工法是混凝土斜拉桥施工中普遍采用的方法。我国混凝土斜拉桥,除跨度较小者外,基本上都是悬臂灌筑法施工的。在施工技术、施工控制等方面,积累了丰富的经验。

(4) 顶推法架设预应力混凝土梁

顶推法架设预应力混凝土梁,在 1959～1962 年施工的奥地利 Ager 桥中首先应用。我国最早采用顶推法架设的铁路桥梁是狄家河桥(1977 年,跨度 4×

图 1-3 悬臂灌筑法施工

40m），公路桥梁是万江桥（1978 年，跨度 40m + 54m + 40m）。这种方法的优点是，桥跨顶推施工时，不受桥下深水、峡谷和交通的阻碍，同时梁段在桥头工厂制造，质量容易得到保证。在我国，顶推法施工得到了较为广泛的应用。其中最长的桥为广东九江大桥引桥，跨度为 40m + 10 × 50m。

钱塘江二桥的铁路引桥，采用了单点顶推法施工。重达 3000t 以上的梁体，在桥位上总共向前推进了 800m 的距离。沩水河公路桥（1980 年，跨度 6 × 38m）预应力混凝土连续梁，是我国第一座采用多点顶推架设的桥梁。

（5）逐孔施工法建造预应力混凝土梁

逐孔施工法适用于多孔中小跨度长桥，是从桥梁一端开始，采用一套施工设备或 1～2 孔施工支架逐孔施工，周期循环，直到桥梁的另一端。逐孔施工法从 20 世纪 50 年代末期以来，首先在德国、法国、瑞士等国采用，后普及西欧，今已推广到全世界。

逐孔施工法，可分为移动支架法和移动模架法两类。1994 年宁夏灵武支线黄河大桥（图 1-4），用移动支架法成功架设了 10 孔跨度 46m 铁路预应力混凝土箱形截面简支梁，为我国中等跨度混凝土梁的架设开辟了新途径。移动支架法拼装混凝土梁施工，是在桥墩上逐孔拖拉移动支架，在支架上逐孔拼装混凝土梁段，完成架梁任务。1995 年在南昆线打梗桥和白水河桥，采用这种方法架设了跨度 56m 的预应力混凝土铁路简支梁桥。2000 年在包西线秃尾河桥用同样的方法架设了目前国内最大跨度 64m 的预应力混凝土铁路简支梁。

图1-4 移动支架法架梁

移动支架法架梁的另一种形式,是采用一套高架桁架吊挂梁段拼装。石长铁路长沙湘江大桥,采用这种所谓造桥机,首次架设了9孔96m的预应力混凝土连续梁。造桥机全长244.6m,吊装预制梁段最大重量150t。

移动模架法始于1959年联邦德国的克钦卡汉桥的施工中。后迅速在西欧推广应用。它是快速修建成中小跨度预应力混凝土长桥的有效施工方法。它可在移动的拼装式支架模板上,完成1孔梁的全部工序。混凝土脱模后,支架连同模板移至前方,逐孔施工。我国1990年施工的厦门高集海峡大桥,全长2070m,为46孔跨度45m的等跨公路预应力混凝土箱梁。施工所用的移动模架,由原联邦德国P-z公司研制,亦称P-z法。新近建成的秦沈客运专线上,采用移动模架(MZ32)法逐孔施工,建成一座49孔跨度32m的双线混凝土简支箱梁小凌河特大桥。目前,国内有关单位正着手研制铁路混凝土连续梁移动模架。

(6) 转体法架设大跨度拱桥

转体施工是20世纪40年代以后发展起来的一种架桥工艺,多用于大跨度拱桥的施工,对于斜拉桥、钢桁架桥等也有采用。转体法施工,可减少大量高空作业和临时支架,可不干扰桥下交通,是一种具有明显技术经济效益的桥梁施工方法。

我国研究转体法施工始于1975年，并于1977年首创平面转体，建成了净跨70m的公路箱形肋拱桥，转体重量1200t。20多年来，转体施工法在我国桥梁施工中得到广泛的应用和发展。迄今，我国采用转体法建成的桥梁约50座，是转体施工发展速度最快的国家。目前无平衡重转体施工的混凝土箱形拱桥，最大跨度达200m（四川涪陵乌江桥，1990年），如图1-5所示。近年来，转体施工技术在钢管混凝土拱桥的架设中也得到很好的应用。如2000年建成的广州丫髻沙珠江大桥跨度达360m。我国目前惟一一座铁路钢管混凝土拱桥，贵州水柏铁路北盘江大桥，跨度236m，2001年建成。其主拱肋采用单铰平转法施工，六盘水岸平转135°，柏果岸平转180°，转体时，半拱钢结构自重1201.4t。

图1-5　无平衡重转体施工

(7) 伸臂法架设大跨度钢梁

20世纪50年代以前，我国在桥梁施工中架设钢梁多采用脚手架法。搭设脚手架费工、费料、费时，而且阻碍桥下交通，目前已很少采用。在宽阔和较平稳的河面上，一些钢梁采用了浮运法架梁。例如1936年浙赣线杭州钱塘江桥，由于江底有流砂，跨中布置脚手架的费用甚贵，因此，江中15孔跨度65.84m简支钢桁梁的架设都采用了浮运法。1950年我国开始采用拖拉法架梁。湘桂线雒容桥，12孔跨度48.29m简支钢桁梁，在我国第一次采用了3孔拖拉法架设，为钢梁安装积累了新的经验。钢桁梁拖拉施工的跨度，多在64～80m之间。但1972年建成的侯西线禹门口黄河桥单孔下承式钢梁跨度144m，是拖拉法施工跨度最长、重量最大（2076t）的一座钢梁桥。在我国伸臂安装法架设钢梁，始于1957年建成的武汉长江大桥，如图1-6所示。20世纪50年代以后，随着钢梁跨度的加大，钢梁制造质量的提高，梁上拼装走行吊机的改进，伸臂法架设钢梁逐步发展成为我国架设大跨度钢梁应用较广的一种方法。伸臂法安装钢梁质量好、工期短、费用少、不受河水涨落的影响，也不妨碍航运。我国长江上的几座大桥的钢梁，都是采用这种方法安装的。当钢梁跨度很大，从一个方向单向悬臂安装有困难时，可从两个方向同时向跨中悬臂安装，以减少悬臂长度。由于要在跨中合拢，这时需要精确的设计计算和完善的施工技术措施。我国采用跨中合拢施工技术安装的钢梁，先后有宜宾金沙江大桥（112m + 176m + 112m 连续梁），三堆子金沙江大桥（192m 简支梁），成昆铁路雅砻江大桥（176m 简支梁）和九江长江大桥（1992年，180m + 216m + 180m 连续梁）等。为了在高空安装时增加钢梁伸出时的刚度，减小下垂度，九江大桥还采用了独特的双层吊索架设的方法，使钢梁悬出长度达180m，是我国架设钢梁历史上的一次创举。2003年建成的渝怀线长江特大桥，钢梁悬拼跨度达192m，为国内第一。

图1-6 伸臂法架设钢梁

(8) 斜拉桥、悬索桥施工技术突飞猛进

世界上第一座现代公路斜拉桥于1955年在瑞典建成。历经半个世纪，斜拉桥技术得到空前发展，迄今全球已建成各类斜拉桥达300多座。我国斜拉桥起步比欧美整整晚了20年，但发展突飞猛进，至今已建成100多座，其中跨度大于200m的就有50多座，已成为斜拉桥数量最多的国家。

在世界十大著名斜拉桥排名榜上，我国占有6座。跨度600m以上的斜拉桥世界上仅有6座，中国占了4座。1993年建成的上海杨浦大桥（图1-7），主跨达602m。是当时世界上跨度最大的结合梁斜拉桥。2001年建成的南京长江二桥南汊桥，主跨跨度居世界第三位，达628m。目前，我国正在筹划建设的香港昂船

图 1-7 施工中的杨浦大桥

洲大桥和江苏苏通大桥主跨均在 1000m 以上，斜拉桥建设技术，将有新的突破。

20 世纪 90 年代以来，我国在悬索桥建设方面犹如异军突起。从 1995 年至今相继建成大跨度悬索桥 10 座，其中江阴长江大桥主跨达 1385m，居世界第四位。将于 2005 年建成的润扬长江大桥，悬索桥主跨 1490m。目前，我国正在规划建设的青岛海湾大桥（主跨 1652m），琼州海峡大桥（主跨 1600m）和香港青龙大桥（主跨 1418m）等，将为我国大跨度悬索桥开创新的局面。

（9）深水基础施工技术的进步

20 世纪 50 年代以前，我国桥梁工程中对水深流急、覆盖层厚、基底岩石起伏不平或下沉中有各种障碍物的墩台基础，一般都采用沉箱基础。这种施工方法的主要缺点，是对施工人员身体有害，工效很低。一般人体仅能承受 3.5 个大气压力，也就是最深只能在 35m 左右深水中工作。并且每次工作时间将缩短在 1 小时以内。

1953～1957 年武汉长江大桥施工中，首创了一种先进的基础形式——管柱基础。随后在黄河、长江等许多大桥上得到成功应用。钢筋混凝土管柱可为单根或多根的形式，采用强力振动或配合管柱内外高压射水（如图 1-8 所示）和管柱内吸泥等方法，下沉到较密实的土层或岩面上。管柱基础作为深水基础，克服了沉箱基础施工中的困难和对施工人员人身安全的危害。所以，自从管柱基础出现以后，在我国桥梁工程中就基本不再采用沉箱基础。

图 1-8　振动打桩机及射水下沉管柱

钻孔灌注桩基础始于 20 世纪 60 年代，是一种不用大型打桩机械就能完成的，直径和承载能力都很大的深桩基础。由于它的施工工艺比较简易，设备简单，在我国得到迅速推广。目前已成为使用最多的一种桥梁基础形式。几十年来成孔工艺不断发展，从人工转动钻孔成孔开始，发展到冲抓锥、冲击锥、正反循环回转钻、潜水电钻，以及套管法施工等各种成孔方法，以适应不同的土层条件。其中，常备式套管法成孔灌注桩是各种施工方法中比较可靠的一种方法，它完全排除了塌孔的危险。

沉井基础是我国桥梁应用较早的基础类型之一。近 30 年来沉井基础进步较快。20 世纪 60 年代开始采用触变泥浆套。20 世纪 70 年代开始采用空气幕等措施，以减小沉井下沉阻力。1965 年修建通让线嫩江桥时，首次采用泥浆套法下沉，以减少土壤对井壁的摩擦力，从而达到减轻沉井自重、下沉快和容易纠偏的目的。1975 年合浔线九江长江桥引桥，采用空气幕下沉试验性沉井基础。实践证明，采用空气幕下沉沉井是一种下沉量容易控制，下沉后井壁摩擦力容易恢复的施工方法。

在九江长江大桥施工中，第一次采用"双壁钢围堰"基础，克服了过去在修建深水基础时，洪水期间被迫停工的缺点。在后来武汉军山长江大桥施工中，围堰直径达33m，高达30m，重达1300t。

（10）高桥墩施工模板的发展

1949年以前我国铁路多在平原或丘陵地区修建，一般墩高在10m以内。30m以上的桥墩极少，全国仅有4座桥。一般均采用固定式模板施工。20世纪60年代我国开始普遍推广应用空心桥墩。1966年在成昆线安宁河3号桥，首先使用滑升钢模板灌筑钢筋混凝土空心墩，获得成功，为修建高桥墩开创了新的途径。20世纪80年代后期，应用于桥墩施工的爬升模板，和20世纪90年代初开始采用的翻升模板技术，对促进我国高桥墩的发展，起到十分重要的作用。迄今墩高大于60m的铁路桥梁，国内有近20座。2001年建成的内昆线花土坡大桥，墩高达110m，为钢筋混凝土圆形空心墩，采用液压提升平台翻模施工。

§1.3 桥梁施工方法概述

1.3.1 桥梁下部结构

1.3.1.1 基础工程

在桥梁工程中，通常采用的基础形式有明挖扩大基础、桩基础、沉井基础等，其施工方法可大致分类如下：

（1）明挖扩大基础

开挖基坑是明挖扩大基础施工中的一项主要工作。可以采用人工开挖，机械开挖，土与石围堰开挖和板桩围堰开挖。扩大基础施工的难易程度，与地下水处理的难易有关。当地下水位较高时，则需采取排水措施，也可采用化学灌浆法及围幕法进行止水或排水。

（2）桩基础

按成桩方法不同，桩基础可分为沉入桩和灌注桩两类。沉入桩也称打入桩，沉入的方法有锤击法、振动法、静力压桩法和射水或预钻孔辅助沉桩法等。灌注桩施工因成孔机械不同，常用的方法有正循环回转法、反循环回转法、冲抓锥法、潜水钻法、套管法（也称沉管法）及人工挖孔法等。

（3）沉井基础

沉井可采用筑岛法在墩位制造，井内取土靠自重下沉，并可采取压重，高压射水，降低井内水位减小浮力等。也可采用泥浆润滑套、空气幕等措施辅助下沉。在深水中建造时，可采用浮式沉井，浮运至墩位处下沉施工。

（4）管柱基础

管柱下沉必须要有导向装置。浅水时可用导向架，深水中则用整体钢围图。

管柱大多采用振动打桩机强力振动，或辅以射水、吸泥等措施强迫下沉。

1.3.1.2 承台

位于旱地或浅水河中的承台施工方法与明挖扩大基础的施工方法相类似。对于深水中的承台，一般采用钢板桩围堰、整体套箱围堰或双壁钢围堰等止水，以实现承台的避水施工。

1.3.1.3 墩（台）身

对结构形式较简单，高度不大的中小桥墩（台）身，通常采用传统的方法立模现浇施工。高桥墩施工多采用缆索吊机进行水平和竖向运输，少量工地采用了置于墩旁或空心墩内的井架进行施工。高桥墩施工的模板近年来多采用爬升式模板、翻板式模板和滑升式模板。

1.3.2 桥梁上部结构

桥梁上部结构除一些特殊的施工方法外，大致可分为预制安装和现场灌筑两大类。

（1）预制安装法

预制安装可分为预制梁整孔安装和预制节段式块件拼装两种类型。预制梁整孔安装方法有：架桥机安装法、跨墩龙门安装法、自行式吊车安装法和浮运整孔架设法等。预制节段式块件拼装法有：悬臂拼装法、逐孔拼装法、扒杆吊装法、缆索吊装法和提升法。另外，浮吊架设法根据情况可整孔架设，也可进行节段式块件拼装。2003年9月底，中铁大桥局利用我国自行研制，起重能力达2500吨的大型浮吊，架设了首片长70m，宽15.25m，重达2100t的预制混凝土箱梁。

（2）现场灌筑法

现场灌筑法包括脚手架法、悬臂灌筑法、逐孔现浇法、顶推法等。作为桥梁上部结构施工的特殊方法尚有转体施工法和劲性骨架法。

§1.4 桥梁施工方法的选择

选择桥梁施工方法的原则，应当是切实可行，安全有效。首先根据桥梁结构的类型，跨度大小，墩身高低，基础深浅，以及总体规模情况，有针对性的提出若干可行的施工方法。然后，充分考虑施工场地的自然环境、地形、地理条件、地质水文条件及交通运输条件，权衡所提各种施工方法的适用性，进行筛选。

选择确定桥梁施工方法的一个重要因素，是施工单位对类似工程的施工经验和设备条件。一般地说，具有成熟经验和充足机具设备，是桥梁工程顺利建成的基本保证。先进的施工方法一般能带来良好的效益，对于加快施工进度，降低材料消耗，提高工程质量是一个重要途径。但在决定取舍时，也要充分考虑采用新技术缺乏经验会带来一定的风险，所以需要慎重。

桥梁工程施工工期的要求，有时对施工方法的选择、确定会产生较大的影响。例如1966年修建成昆铁路时，采用了大量跨度32m以下混凝土梁。若全部用架桥机整孔架设，则工期将全部用在架梁上。不得已，只得将部分混凝土梁改成分节段，汽车短途运输、串联拼装，或桥位处施工。

最后，社会环境影响也是在选择确定施工方法时必须考虑的因素。应当考虑施工过程对环境的污染，对景观的破坏，对交通的干扰以及对周围生态的影响等。所以，在选择桥梁施工方法时，必须综合考虑各种因素的影响，通过比选确定一个最佳的施工方案。

思考题与习题

1. 在桥梁工程中施工技术的作用主要表现在哪些方面？
2. 简述我国中小跨度混凝土梁桥架设方法的进步。
3. 什么是劲性骨架施工法？简述近年来我国公路、铁路混凝土拱桥采用劲性骨架法施工的有代表性的桥梁。
4. 什么是混凝土梁桥逐孔施工法？目前国内主要采用哪几类？简述其施工方法。
5. 什么是转体施工法？简述转体施工法架设拱桥技术在我国的发展。
6. 目前我国桥梁施工中，架设钢梁的主要方法是什么？它有哪些优点？
7. 为什么说我国斜拉桥和悬索桥施工技术水平已跻身于世界先进行列？
8. 目前我国桥梁工程中，使用最多的基础形式是哪种？
9. 在桥梁工程中根据施工方法其基础可分为哪些形式？
10. 简述桥梁上部结构施工中预制安装法和现场灌筑法各有哪些方法。
11. 在选择桥梁施工方法时应考虑哪些问题？

第 2 章　常备式结构与常用主要施工设备

§2.1　概　　述

现代桥梁机械化施工要求广泛地使用各种类型的工程机械和机具，以确保工程施工质量，加快施工速度，降低工程成本，最大限度地减轻工人劳动强度。施工设备和机具的优劣往往决定了桥梁施工技术的先进与否；反过来，桥梁施工技术的发展，也要求各种施工设备和机具不断进行改造、更新，以适应施工技术的发展。

现代大型桥梁施工设备和机具主要有：
(1) 各种常备式结构（例如万能杆件、贝雷梁、六四式军用梁等）；
(2) 各种起重机具设备（例如千斤顶、吊机等）；
(3) 混凝土施工设备（例如拌和机，输送泵，振捣设备等）；
(4) 预应力施工设备（锚具、张拉千斤顶）。

桥梁施工用的设备和机具门类品种繁多，故在进行施工组织和规划时，常常要根据具体的施工对象、工期、劳力分布等情况，合理地选用和安排各种机具设备，以期使它们能够发挥最大的工效和经济效益，确保整个工程能够高质量和高效率地如期完成。此外，桥梁的施工实践证明，施工设备选用的正确与否，也是保证桥梁施工能否安全进行的一个重要条件。许多重大事故的发生，常常同施工设备陈旧或使用不当有关。

我国改革开放以来，随着国民经济的快速稳定持续发展，铁路、公路交通建设任务日趋繁重，全国公路和城市道路基础设施的建设规模逐年扩大，发展速度加快，工程技术标准和质量要求不断提高，促使桥梁施工设备得到了长足的发展。

§2.2　桥梁施工常备式结构

2.2.1　钢　板　桩

在开挖深基坑和在水中进行桥梁墩台的基础施工时，为了抵御坑壁的土压力和水压力，常采用钢板桩，有时须做成钢板桩围堰。

钢板桩的常用规格、型号,以及使用情况详见相关手册。

2.2.2 脚手架(支架)

对于现场浇筑桥梁结构,需要模板支撑;对于预制安装法架设的桥梁,也经常需要操作架、操作台、运输马道等辅助结构。这些结构沿袭建筑施工中的叫法,都可以称作脚手架,在现代桥梁施工中,它们的作用已不仅仅局限于作为施工人员的操作平台,而是还可以作为各种承重支架。桥梁施工中常用脚手架的主要构件是钢管。根据钢管的连接、组合方式不同而产生了多种不同类型的脚手架。主要有扣件式、碗扣式、门式脚手架等。

2.2.2.1 扣件式

扣件式钢管架是木质脚手架金属化的发展结果,以钢管代替杉篙。扣件代替铅丝及扎巴绳。其主要作用是将钢管连接成结构的"扣件"。连接扣件主要有三个:横、立杆连接的"直角扣件",斜杆连接采用的旋转扣件以及杆件接长用的"对接扣件"。如图2-1所示。

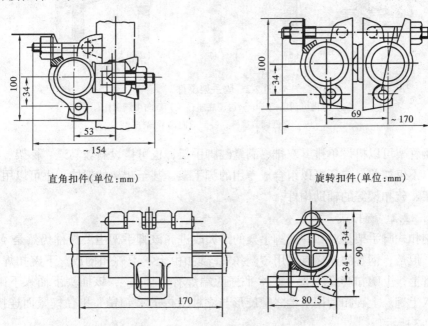

图2-1 扣件式钢管架的扣件

钢管架应用的初期采用了两种管径:$\phi 51$ 和 $\phi 48$ 两种。经过多年来的发展,逐渐统一为 $\phi 48 \times 3.5$mm 钢管。脚手架立杆、横杆、斜杆的连接由扣件完成。其连接点的传力依靠拧紧螺栓之后的摩擦作用。影响其承载力的主要因素有:立杆的长细比和扣件的抗滑力。

扣件式钢管脚手架的优点是不用加工（φ48 钢管截成所需长度即可）；可任意搭设；具有较大通用性。其缺点是：横、立、斜杆之间有偏心，对结构有不利影响；其次是节点处的连接力，受螺丝拧紧程度的影响，因而其搭设质量有人为因素。

钢管架除了上述主要连接件之外，其根部必须采用底座以保证立杆不会插入土中。为了微调支架高度，底座一般做成可调节高度的。对于模板支撑架，钢管顶部需设置顶托。为了方便拆模板，顶托一般也采用可调节高度的。有时，竖向钢管的接长也用调节螺杆。图 2-2 所表示的是一些配件。

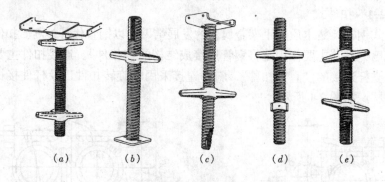

图 2-2　脚手架配件
（a）双向可调顶托；（b）可调底座；（c）双向可调顶托；
（d）高低调节螺杆；（e）双向调节螺杆

钢管架可以搭设单排、双排、满堂红脚手架，也可搭设斜坡马道、梯架、桥架等。不仅如此，它还可以组合成专用的脚手架，甚至爬架的架体。也可以用做门式架、碗扣架等的辅助构件。

2.2.2.2　碗扣式

碗扣式脚手架是对扣件式脚手架的重大改进。该脚手架主要杆件仍然是 φ48 钢管。但是，钢管的连接点采用"碗扣"。碗扣由上、下碗扣构成。下碗扣焊接在立管上，上碗扣套在立管上。水平杆两端焊有"插头"，该插头下插入下碗，上插入上碗。上碗扣利用上端之螺旋形与立柱上焊的"锁销"别住楔紧而连接。如图 2-3 所示。

碗扣式脚手架采用了中心线连接，因而大大提高了承载能力。此外承受横杆垂直力的下碗扣与立柱采用焊接，因而改善了"节点"的受力性能，提高了安全度。

碗扣架不同于钢管架的构造区别是脚手架全部需要加工：横杆两端全部要焊接插头；立杆上需焊接下碗扣及锁销并套入上碗扣。这样带来的结果是，横杆与立柱的间距变成固定的，没有扣件式钢管架的灵活性好，同时也提高了成本。

从安装操作上讲，较扣件式脚手架方便，只需用小锤楔紧上碗扣即可。同时

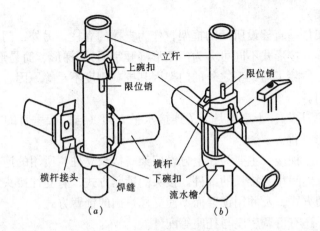

图 2-3 碗扣架节点
(a) 连接前；(b) 连接后

在保管上减少了扣件丢失。另外，可通过对现有的扣件式钢管脚手架进行改造而成。

2.2.2.3 门式脚手架（钢管装配框架式脚手架）

门式脚手架是由美国 Beatty 脚手架公司首创，于 20 世纪 80 年代初引入我国。这种脚手架打破了单根杆件组合脚手架的模式，而以单个式刚架作为主要结构构件，是很大的创新。门式脚手架的主要结构构件有：门架、十字撑、平行架或专用钢脚手板。辅助件有连接销、锁臂等。如图 2-4 所示。

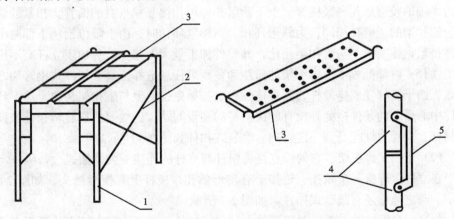

图 2-4 门式架主要结构构件
1—门形架；2—十字撑；3—脚手板（平行架）；4—立柱；5—锁臂

门式架的主立杆采用 $\phi 42.7 \times 2.4mm$ 薄壁钢管，横梁及辅助立杆等采用 $\phi 27.2 \times 1.9mm$ 薄壁钢管。充分发挥了薄臂构件的特性，使其重量达到最轻（相对于其他脚手架)。

门架：门架是垂直架设所用的框架，作为支撑的立柱。另外，门架按其用途不同有多种多样。按形式不同可分为门架形（开字形）、梯形、简易形（八字形）及特殊型四种，但除了门架型之外的门架因其抗剪刚度不足等原因，最好不要作为模板支撑使用。

十字撑（剪刀撑）：十字撑是为了连接水平方向（与门架垂直的方向）的门架而使用的 X 形杆件。

立柱接头：立柱接头主要为在上方设门架（接长立柱）所用的连接件，是插入立柱中使立杆之间相互接长的部件。接头的锁紧方式，有立柱接头本身具有防拔脱性能的销锁方式，及并用锁臂而不使立柱拔出的锁臂方式。

除此以外，还有可调底座与托座等配件。

门形架的优点是重量轻；另外，每一组脚手架自身可形成稳定的结构体系。缺点是体形和尺寸单一，只能构成双排脚手架，而且其平面尺寸是固定的；薄臂构件坚固性较差，对拆装过程有较高要求，否则会造成过度变形。

2.2.2.4 其他类型支架

为了提高钢管架的承载能力和组装、拆卸的方便性，工程技术人员致力于改进传统扣件式钢管架的扣件形式。另外，组架主要构件也可不采用钢管。以下简介工程实践中采用的其他类型支架。

（1）套装式扣件脚手架。它的主体构件仍然是 $\phi 48 \times 3.5$mm 钢管，但其下托扣件焊接在立柱上，上部的扣件套装于立柱上。接头的扣件有上下两对，每对扣件为半圆形咬合形式夹紧横管。上下两组扣件可扣接互相垂直的横管。扣紧的装置与碗扣架的上碗扣相同，为斜形环扣。当楔紧环扣时，由上限位销将下部两个扣件挤紧抱住横管。与碗扣架相比，其元件加工量大大减少，只加工立杆而不用加工横杆，可降低成本。脚手架的排距和柱距可任意选择，具有扣件式钢管架之优点；由于横杆变成连通杆，其整体性较碗扣架更强。但与碗扣架相比，达不到杆件中心受力的条件；此外没有解决斜杆的装设问题，仍然要依靠旋转扣件来设置斜杆，其受力性能受到一定影响。套装式扣件如图 2-5 所示。

（2）轮扣式脚手架。它的特点是将横杆与立杆的连接变为承插式。每隔一定间距在立杆上焊接一个轮扣，轮扣上有楔形插孔，横杆上有楔形插头，如图 2-6 所示。与之类似还有圆盘式扣件，如图 2-7 所示。

（3）组合钢柱式支架。对于一些大型现浇构件，需要承载力较大的模板支撑架。除了以上介绍的常用脚手架外，还有一些其他形式的脚手架。如组合钢柱式、三角承插式等。组合钢柱式支架是指将数根主要承力构件（钢管或角钢等），采用腹杆等焊接组装成单位长度的支柱，再按使用高度接长支柱，其中使用最广泛的产品有四管支柱和席可支柱。

（4）三角形承插式支架。它是指用直角三角形的钢管框组装成的矩形截面或三角形截面的塔式结构体。该支撑的基本形状为三角形，是相当稳定的结构，惟一费工的是接长垂直杆件，其特点是拆装迅速容易。

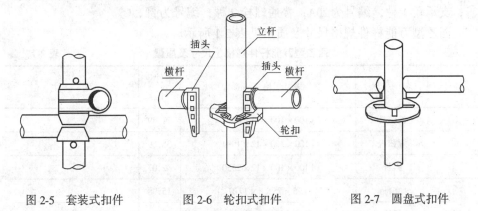

图 2-5　套装式扣件　　　图 2-6　轮扣式扣件　　　图 2-7　圆盘式扣件

2.2.3　拼装式模板

常备拼装式模板主要为钢模板。按照模板块件的大小又可分为小钢模和整体式钢模。小钢模主要用在对表面质量要求不高的情况下，它的主要优点是造价低。整体式模板常用于桥梁预制工厂的一些标准定型构件的生产中，它是预制工厂的常备式结构。目前，为了提高混凝土的表面质量，墩台结构中也大量采用整体式钢模板。

2.2.4　万能杆件

万能杆件是由角钢和连接板组成，用螺栓连接的桁架杆件。它通用性强，弦杆、腹杆及连接板等均为标准件，具有装拆方便、运输方便、利用率高等特点，可以拼装成桁架、墩架、塔架、龙门架等形式。还可以作为墩台、索塔施工脚手架等。

万能杆件的构件一般分为三大类：

第一类为杆件：杆件在拼装时组成桁架的弦杆、腹杆、斜撑；

第二类为连接板：各种规格的连接板，可将弦杆、腹杆、斜撑等连接成需要的各种形状；

第三类为缀板：缀板可将断面由四肢或两肢角钢组成的各种弦杆、腹杆等在其节间中点做一个加强连接点，使组合断面的整体性更好。

万能杆件的类型有，铁道部门生产的甲型（又称 M 型）、乙型（又称 N 型）和西安筑路机械厂生产的乙型（称为西乙型）。三者在结构、拼装形式上基本相同，仅弦杆角铁尺寸、部分缀板的大小和螺栓直径稍有差异。下面介绍西乙型的构造和有关资料。

西乙型万能杆件共有大小构件 24 种。其中杆件及拼接用的角钢零件 9 种，编号为①、②、③、④、⑤、⑥、⑦、⑦A、⑯；节点板 9 种，编号为⑧、⑪、⑬、⑰、⑱、㉒、㉒A、㉓、㉘；缀片 2 种，编号为⑲、⑳；填板 1 种，编号为⑮；支承靴 1 种，编号为㉑A；普通螺栓 2 种，编号为㉔、㉕。

西乙型万能杆件规格尺寸及质量见表 2-1 所示。

西乙型万能杆件规格、尺寸及质量　　　　表 2-1

编号	名　称	规　格（mm）	单件重（kg）	附　注
①	长弦杆	L100×100×12×3994	71.49	
②	短弦杆	L100×100×12×1994	35.69	
③	斜杆	L100×100×12×2350	42.07	
④	立杆	L75×75×8×1770	15.98	
⑤	斜撑	L75×75×8×2478	22.38	
⑥	联结角钢	L90×90×10×580	8.2	用于①或②
⑦	支承角钢	L100×100×12×494	8.84	用于①或②
⑦A	支承靴角钢	L100×100×12×594	10.63	用于①或②
⑧	节点板	□250×280×10	9.42	①②与④⑤相连
⑪	节点板	◯860×552×10　$A=3389cm^2$	35.88	①②与③④相连
⑬	节点板	⌒580×552×10　$A=2492cm^2$	19.56	①②与④⑯相连
⑮	弦杆填塞板	□8×480×10	3.01	用于①或②
⑯	长立杆	L75×75×8×3770	34.04	
⑰	节点板	⌒626×350×10　$A=2005cm^2$	15.74	④⑯与④⑤相连
⑱	节点板	◯305×314×10　$A=606cm^2$	4.76	④⑯与④⑤水平相连
⑲	缀板	□210×180×10	2.97	用于①或②
⑳	缀板	□170×160×10	2.14	用于③④⑤⑯
㉑A	支承靴		24.01	
㉒	节点板	□580×392×10	17.85	①②与④⑤相连
㉒A	节点板	□580×566×10	25.77	①②与④⑤相连
㉓	节点板	⌒540×262×10　$A=1334cm^2$	10.47	①②与④⑤相连
㉔	普通螺栓	φ22×（40、50、60）		
㉕	普通螺栓	φ27×（40、50、60、70、80）		
㉘	大节点板	□860×886×10　$A=7042cm^2$	73.84	①②与③④相连

注：各种构件除⑲⑳用 A_3 钢制作外，其余均用 16 锰钢制作。

用万能杆件组拼桁架时，其高度可为2m、4m、6m及以上。当高度为2m时，腹杆为三角形。当高度为4m时，腹杆为菱形。当高度超过6m时，腹杆可做成多斜杆形。如图2-8所示。

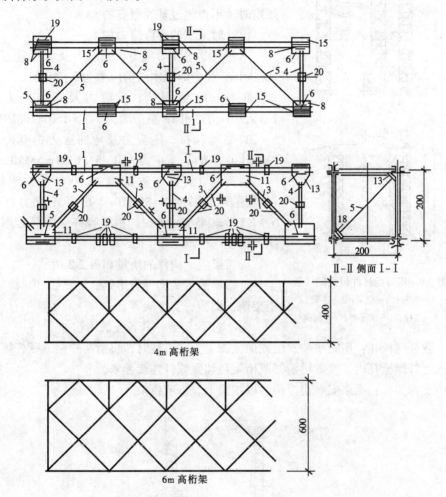

图2-8 万能杆件组拼桁架

图2-9所示为一个万能杆件拼装成的塔架，图2-10为一个万能杆件拼装的浮吊。

2.2.5 贝雷（贝雷梁）

贝雷是一种由桁架拼装而成的钢桁架结构。贝雷常拼成导梁作为承载移动支架，再配置部分起重设备与移动机具来实现架梁。

贝雷现有进口与国产两种规格。国产贝雷其桁节用16锰钢，销子用铬锰钛钢，插销用弹簧钢制造，焊条用 T505×型，桥面板和护轮木用松木或杉木。材料的容许应力，按基本应力提高 30% 取值。个别钢质杆件超过上述规定时，不得超过其屈服点的 85%。

设计时采用的容许应力如下：

木料——顺木纹弯应力、压应力及承压应力为 16.2MPa；受弯时顺木纹剪应力为 2.7MPa。

钢料——16 锰钢拉、压应力及弯曲应力为 $1.3 \times 210 = 273$ MPa；剪应力为 $1.3 \times 160 = 208$ MPa。

30 铬锰钛拉、压应力及弯曲应力为 $0.85 \times 130 = 110.5$ MPa；剪应力为 $0.45 \times 1300 = 585$ MPa。

现有进口贝雷多系 20 世纪 40 年代的产品，材料屈服点强度为 351MPa，其容许应力可按 $0.7 \times 351 = 245$ MPa 考虑，销子容许应力可考虑与国产销子一样。

贝雷梁组成构件的质量如表 2-2 所示。

贝雷梁的主要构件有桁架、加强弦杆、横梁、桁架销、螺栓、支撑架等。

图 2-11 为桁架。其各孔的用途如下：

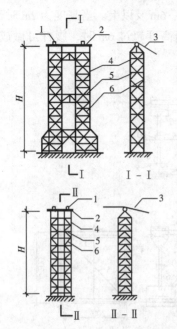

图 2-9 用万能杆件组拼的塔架
1—索鞍；2—帽梁；3—主索；
4—立柱；5—水平撑；6—斜撑

弦杆螺栓孔：用在拼装双层或加强梁上。在拼装时，将桁架螺栓或弦杆螺栓插入弦杆螺栓孔内，使双层桁架或桁架与加强弦杆连接起来。

支撑架孔：用来安装支撑架，以加固上、下节桁架。

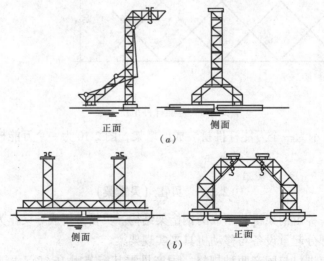

图 2-10 万能杆件组拼浮式吊架示意

贝雷构件质量 (kg)　　　　　　表 2-2

构件名称	单位	国产	进口	构件名称	单位	国产	进口
桁架节	片	270	259	支承架	副	21	18
加强弦杆	支	80		阴、阳头端柱	根	69.70	59
销子	个	3	2.7	桥座	个	38	32
横梁	根	245	202	座板	块	184	181
有扣纵梁	组	107	86	桥头搭板	副	142	
无扣纵梁	组	105	83	搭板支座	副	46	
桁架螺栓	个	3	3.6	桥面板	副	40	
弦杆螺栓	个	2		护轮木	根	44	
横梁夹具	副	3	2.7	摇滚	副	102	92
抗风拉杆	套	33	29	平滚	副	60	48
斜撑	根	11	8	下弦接头	个	6	5.4
联板	根	4	1.4	阴、阳斜面弦杆	个	27.31	

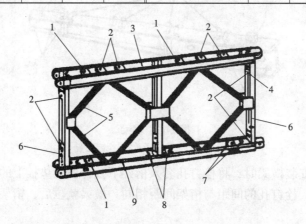

图 2-11　桁架
1—弦杆螺栓孔；2—支撑架孔；3—上弦杆；4—竖杆；5—斜撑；
6—横梁夹具孔；7—风构孔；8—横梁垫块；9—下弦杆

风构孔：用来连接抗拉杆。端竖杆上的支撑架孔用来安装支撑架、斜撑和联板。

横梁夹具孔：用来安装横梁夹具。在下弦杆上设有一块横梁垫板，垫板上有栓钉，用来固定横梁位置。

加强弦杆，如图 2-12 所示。其一头为阳头，另一头为阴头。在加强弦杆的中间，设有支撑架孔和弦杆螺栓孔。设置加强弦杆的目的，在于提高梁的抗弯能力，充分发挥桁架腹杆的抗剪作用。

横梁如图 2-13 所示。横梁中间有 4 个卡子用来固定纵梁位置，两端短柱用

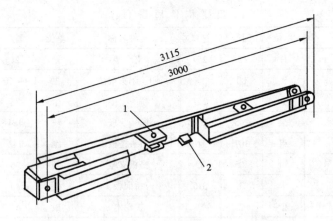

图 2-12 加强弦杆
1—支撑架孔；2—弦杆螺栓孔

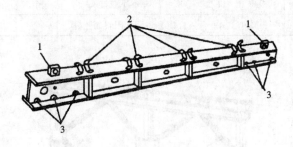

图 2-13 横梁
1—短柱；2—卡子；3—栓钉孔

来连接斜撑。安装横梁时，将栓钉孔套入桁架下弦杆横梁垫板上的栓钉，使横梁在桁架上就位。栓钉孔的间距与桁架间距相同。横梁就位后，桁架的间距也就固定下来了。

销子用于连接桁架。在销子的一端有一个圆孔，安装时插入保险插销，防止销子脱落。销子和保险插销见图 2-14。

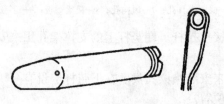

图 2-14 销子和保险插销

支撑架如图 2-15 所示。支撑架用撑架螺栓连接于第一排与第二排桁架之间，使之连成整体。

桁架螺栓用来连接上、下层桁架，使用时将螺栓自下而上插入双层桁架的螺栓孔内，然后用螺帽拧紧；弦杆螺栓用来连接桁架和加强弦杆，其形状与桁架螺栓完全相同，仅长度短7cm，见图2-16。

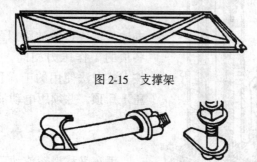

图2-15 支撑架

图2-16 桁架螺栓和弦杆螺栓

为了加强单片贝雷桁架的承载力，主桁架可由数排并列或双层叠置。桥梁工程中习惯于先"排"后"层"称呼。贝雷桁架的组合形式计有十种，如图2-17所示。

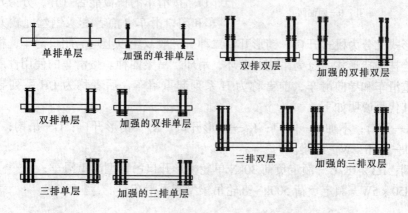

图2-17 贝雷桁架组合示意

§2.3 桥梁施工常用的起重机具设备

2.3.1 起重千斤顶

千斤顶适用于起落高度不大的起重。按其构造不同，可分为螺旋式千斤顶、油压式千斤顶和齿条式千斤项三大类。

油压千斤顶，见图2-18，它使用方便省力。其工作原理系依靠手柄推动油泵，将油液压入活塞的汽缸内，将活塞逐渐顶起，以举高重物。如欲降低时，可打开回油阀，使油液由油缸回到储油箱，重物就逐渐下降，其下降快慢可由回油阀松开的大小来调节。

使用油压千斤顶时,可用几台同型千斤顶协同共顶一重物,使其同步上升。其办法是将各顶的油路以耐高压管连通,使各顶的工作压力相同,各顶均分起重量。按上述方法使用的千斤顶,称为分离式油压千斤顶,并须用电动油泵压油。

2.3.2 滑 车

滑车又称滑轮或葫芦。滑车种类很多,按使用方式可分为定滑车、动滑车和导向滑车,如图2-19所示。按转轮的多少可分为单轮(单门)、双轮(双门)及多轮(多门)。按滑车的护板能否打开,分为开口滑车和闭口滑车(前者套入钢丝绳较方便)。开口形式又分为桃式开口、销形开口二种。一般双轮以上均为闭口滑车,根据滑车的拴挂构造形式,分为吊钩、链环、吊环、吊梁四种。按滑车的使用性质,分为起重滑车和导向滑车,前者称为H系列起重滑车,后者称为DH系列导向滑车。其代号说明如下:

K—开口;不加K—闭口;K_B—桃形开口;K_A—销形开口;G—吊钩;L—链环;D—吊环;W—吊梁。

例:$H3×1K_BG$—额定负荷 30kN 单轮桃形开口吊钩型起重滑车;

$H50×5W$—额定负荷 500kN 五轮吊梁型起重滑车;

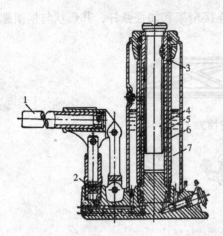

图2-18 油压千斤顶
1—手柄;2—油泵;3—限位油孔;4—调整螺杆;5—活塞;6—油缸;7—储油室;8—通油孔;9—回油阀

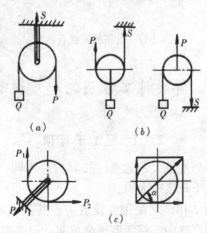

图2-19 滑车
(a)定滑车;(b)动滑车;(c)导向滑车

§2.3 桥梁施工常用的起重机具设备

$DH3 \times 1K_BG$——额定负荷30kN单轮桃形开口吊钩型导向滑车。

起重滑车型式基本参数见表2-3。

起重滑车形式基本参数　　　　　　表2-3

滑车吨位(t)			0.5	1	2	3	5	8	10
滑车形式			滑车代号						
单轮	桃形开口	吊钩	$H0.5 \times 1K_BG$	$H1 \times 1K_BG$	$H2 \times 1K_BG$	$H3 \times 1K_BG$	$H5 \times 1K_BG$	$H8 \times 1K_BG$	$H10 \times 1K_BG$
		链环	$H0.5 \times 1K_BL$	$H1 \times 1K_BL$	$H2 \times 1K_BL$	$H3 \times 1K_BL$	$H5 \times 1K_BL$	$H8 \times 1K_BL$	$H10 \times 1K_BL$
	闭口	吊钩	$H0.5 \times 1G$	$H1 \times 1G$	$H2 \times 1K_BG$	$H3 \times 1G$	$H5 \times 1G$	$H8 \times 1G$	$H10 \times 1G$
		链环	$H0.5 \times 1L$	$H1 \times 1L$	$H2 \times 1K_BL$	$H3 \times 1L$	$H5 \times 1L$	$H8 \times 1L$	$H10 \times 1L$
双轮	闭口	吊钩		$H1 \times 2G$	$H2 \times 2G$	$H3 \times 2G$	$H5 \times 2G$	$H8 \times 2G$	$H10 \times 2G$
		链环		$H1 \times 2L$	$H2 \times 2L$	$H3 \times 2L$	$H5 \times 2L$	$H8 \times 2L$	$H10 \times 2L$
		吊环		$H1 \times 2D$	$H2 \times 2D$	$H3 \times 2D$	$H5 \times 2D$	$H8 \times 2D$	$H10 \times 2D$
三轮 四轮	闭口	吊钩				$H3 \times 3G$	$H5 \times 3G$	$H8 \times 3G$	$H10 \times 3G$
		链环				$H3 \times 3L$	$H5 \times 3L$	$H8 \times 3L$	$H10 \times 3L$
		吊环				$H3 \times 3D$	$H5 \times 3D$	$H8 \times 3D$	$H10 \times 3D$
		吊环						$H8 \times 4D$	$H10 \times 4D$
滑车吨位(t)			16	20	32	50	80	100	140
滑车形式			滑车代号						
单轮	闭口	吊钩	$H16 \times 1G$	$H20 \times 1G$					
		链环	$H16 \times 1L$	$H20 \times 1L$					
双轮		吊钩	$H16 \times 2G$	$H20 \times 2G$					
		链环	$H16 \times 2L$	$H20 \times 2L$					
		吊环	$H16 \times 2D$	$H20 \times 2D$	$H32 \times 2D$				
三轮	闭口	吊钩	$H16 \times 3G$	$H20 \times 3G$					
		链环	$H16 \times 3L$	$H20 \times 3L$					
四轮 五轮	闭口	吊环	$H16 \times 3D$	$H20 \times 3D$	$H32 \times 3D$	$H50 \times 3D$			
		吊环	$H16 \times 4D$	$H20 \times 4D$	$H32 \times 4D$	$H50 \times 4D$			
		吊梁			$H32 \times 5W$	$H50 \times 5W$	$H80 \times 5W$		
		吊环		$H20 \times 5D$	$H32 \times 5D$	$H50 \times 5D$	$H80 \times 5D$		
六轮		吊环			$H32 \times 6D$	$H50 \times 6D$	$H80 \times 6D$	$H100 \times 6D$	
七轮		吊环					$H80 \times 7D$		
八轮		吊梁						$H100 \times 8W$	$H140 \times 8W$
		吊环						$H100 \times 8D$	$H140 \times 8D$

一般滑车外壳上均标有起重能力。对无标志滑车，可检算轮轴的剪应力及支承应力来决定其安全起重能力。

2.3.3 滑车组

滑车组由定滑车和动滑车组成。它既能省力又可改变力的方向。定滑车与动滑车的数目可以相同，也可以相差一个。绳的死头可以固定在定滑车上，也可固定在动滑车上；绳的单头（又称跑头）可以由定滑车引出，也可以由动滑车上引出。一般用于吊重时，跑头均由定滑车引出。有时跑头还穿过导向滑车。为了减少拉力，有时采用双联滑车组。滑车组种类如图2-20所示。

28　第2章　常备式结构与常用主要施工设备

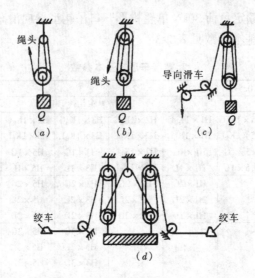

图 2-20　滑车组
(a) 跑头从动滑车引出；(b) 跑头从定滑车引出；
(c) 有导向滑车的滑车组；(d) 双联滑车组

2.3.4　链滑车

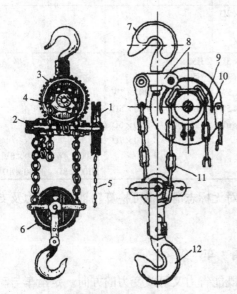

图 2-21　链滑车
(a) 蜗轮式；(b) 齿轮式
1—动链轮；2—蜗杆；3—蜗轮；4—蜗轮轴；5—手拉链条；6—动滑车；7—挂钩；8—横梁；9—起重星轮；10—保险簧；11—起重链；12—吊钩

链滑车也是一种施工现场经常使用的轻小起重设备。常用链滑车分蜗杆传动与齿轮传动两种。如图 2-21 所示。前者效率较低，工作速度也不如后者。链滑车可在垂直、水平和倾斜方向的短距离内起吊和移动重物，或绞紧构件以控制方向。

2.3.5　卷扬机

卷扬机亦称绞车，是最常用、最简单的起重设备之一，广泛用于桥梁施工中。卷扬机的种类很多。按动力装置分为电动式、内燃式和手动式，电动式占多数。按工作速度分为快速、慢速和调速三种，以慢速应用居多。按卷筒的数量分为单筒、双筒和多筒。

手摇绞车又叫手动卷扬机，图 2-22。它是在一个卷筒上配设几对齿轮及其他配件组成的简单机械。工作时，用手柄转动齿轮,带动滚筒轮动,绞紧筒上的钢索使之带起物体。

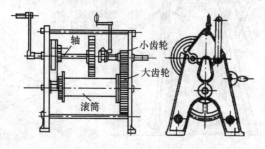

图 2-22 手摇绞车

电动绞车按照操作方式可分为电动可逆式绞车和电动摩擦式绞车两种。电动可逆式绞车的电动机与卷筒有固定联系。卷筒可强制作正转和反转,只需要转换电路就可进行起吊和下降重物。电动摩擦式绞车的电动机与卷筒没有固定联系,而是通过摩擦离合器带动卷筒旋转,只有起吊时才使用。重物下降时全靠自身重力,其速度快慢用制动器控制。

2.3.6 扒　杆

扒杆是一种简单的起重吊装工具,一般都由施工单位根据工程的需要自行设计和加工制作。扒杆可以用来升降重物,移动和架设桥梁等。常用的扒杆种类有独脚扒杆、人字扒杆、摇臂扒杆和悬臂扒杆。它们与一些简易机械配套,可组成各种轻型起吊机。图 2-23 为用独脚扒杆吊装木排示意图。图 2-24 为人字扒杆结构示意图。

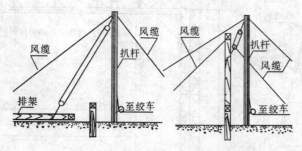

图 2-23 扒杆吊木排

2.3.7 龙门架

龙门架是一种最常用的垂直起吊设备。在龙门架顶横梁上设行车时,可横向运输重物、构件;在龙门架两腿下设有缘滚轮并置于铁轨上时,可在轨道上纵向运输;如在两脚下设能转向的滚轮时,可进行任何方向的水平运输。龙门架通常设于构件预制场吊移构件,或设在桥墩顶、墩旁安装大梁构件。常用龙门架种类

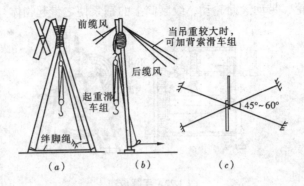

图 2-24 人字扒杆
(a) 正面；(b) 侧面；(c) 缆风布置平面

有：钢木混合构造龙门架、拐脚龙门架和装配式钢桥桁节（贝雷）拼装的龙门架。

图 2-25 为用公路装配式钢桥桁节（贝雷）拼装的龙门架示例。它采用贝雷桁架作主要承载受力构件（如主横梁、侧立柱），构件间采用销轴和螺栓副连接，易于拆装、运输，便于转移工地。

除了利用贝雷架、军用梁或万能杆件拼装而成的装配式龙门吊以外，还有专用龙门吊。这种龙门吊一般采用三角桁架或箱梁作主要承载受力构件（如主横梁）。构件间采用销轴和螺栓副连接，也易于拆装、运输，便于转移工地。

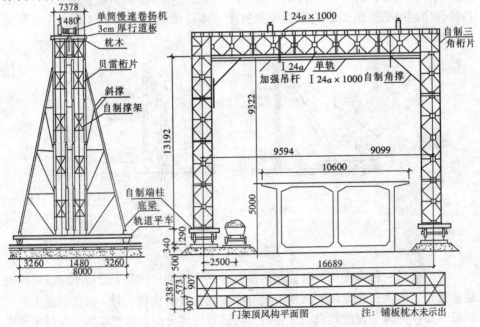

图 2-25 用公路装配式钢桥桁节（贝雷）拼装的龙门架

2.3.8 浮　吊

在通航河流上建桥，浮吊是重要的工作船。常用的浮吊有铁驳轮船浮吊和用木船、型钢及人字扒杆等拼成的简易浮吊。图 2-10 是用万能杆件拼装的浮吊示例。

通常简易浮吊可以利用两只民用木船组拼成门船，用木料加固底舱，舱面上安装型钢组成的底板构架，上铺木板，其上安装人字扒杆制成。起重动力可使用双筒电动卷扬机一台，安装在门船后部中线上。作人字扒杆的材料可用钢管或圆木并用钢丝绳两根，分别固定在民船尾端两舷旁钢构件上。吊物平面位置变动由门船移动来调节，另外还须配备电动卷扬机、钢丝绳、锚链、铁锚作为移动及固定船位用。

2.3.9 缆索起重机

缆索起重机适用于高差较大的垂直吊装和架空纵向运输。吊运量在几吨至几十吨范围内变化。纵向运距从几十米至几百米。主要用在跨度大、地势复杂、起伏不平或其他起重机具设备不易到达的施工现场。缆索起重机一般是为已确定的工地专门制作的，它的结构取决于所服务的工地轮廓尺寸和工作性质。图 2-26 为一缆索起重机示例。图 2-27 为缆索吊装拱桥示例。

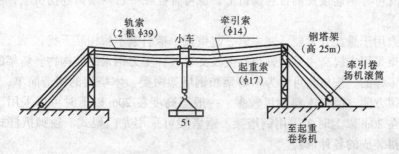

图 2-26　缆索起重机吊装构件

缆索起重机是由主索、天线滑车、起重索、牵引索、起重及牵引绞车、主索地锚、塔架、风缆、主索平衡滑轮、电动卷扬机、手摇绞车、链滑车及各种滑轮等部件组成。在吊装拱桥时，缆索吊装系统除了上述各部件外，还有扣索、扣索排架、扣索地锚、扣索绞车等部件。

主索亦称为轨索、承重索或运输天线。它横跨塔架，支承在两侧塔架的索鞍上，两端锚固于地锚。吊运构件的行车支承于主索上。主索的断面根据吊运的构件重量、垂度、计算跨度等因素进行计算。

起重索主要用于控制吊物的升降（即垂直运输），一端与卷扬机滚筒相连，另一端固定于对岸的地锚上。这样，当行车在主索上沿桥跨往复运行时，可保持

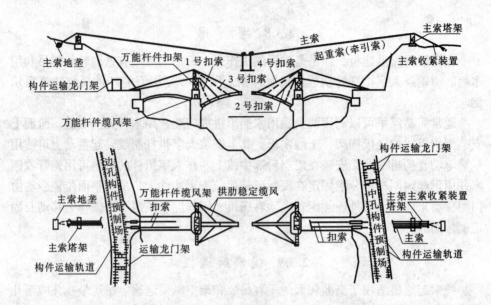

图 2-27 缆索吊装拱桥布置

行车与吊钩间的起重索长度不随行车的移动而改变，见图 2-28 所示。

牵引索用于拉动行车沿桥路方向在主索上移动（即水平运输），故需一对牵引索。既可分别连接在两台卷扬机上，也可合栓在一台双滚筒卷扬机上，便于操作。

结索用于悬挂分索器，使主索、起重索、牵引索不致相互干扰。

塔架是用来提高主索的临空高度及支承各种受力钢索的结构物。塔架的形式是多种多样的，按材料可分为木塔架和钢塔架两类。木塔架的构造简单，制作、架设均很方便，但用木料数量较多，一般当高度在 20m 以下时可以采用。当塔架高度在 20m 以上时多采用钢塔架。钢塔架可采用龙门架式、独脚扒杆式或万能杆件拼装成的各种形式。

塔架顶上设置索鞍，如图 2-29 所示。为放置主索、起重索、扣索等用，可减少索与塔架的摩阻力，使塔架承受较小的水平力，并减小索的磨损。

当拱箱（肋）分段吊装时，为了暂时固定分段拱箱（肋）所用的钢丝索称为扣索。扣索的一端系在拱箱（肋）接头附近的扣环上，另一端通过扣索排架或过河天扣缆索固定于地锚上。

缆风索亦称浪风索。用来保证塔架的纵横向稳定及拱肋安装就位后的横向稳定，见图 2-27。

地锚亦称地垄或锚碇。用于锚固主索、扣索、起重索及绞车等。地锚的可靠性对缆索吊装的安全有决定性影响。设计与施工都必须高度重视。按照承载能力的大小及地形、地质条件的不同，地锚的形式和构造可以是多种多样。还可以利用桥梁墩、台作锚碇，这就能节约材料，否则需设置专门的地锚。

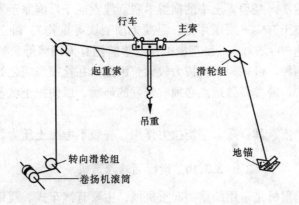

图 2-28 起重索构造

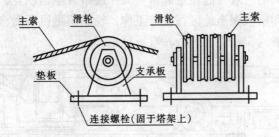

图 2-29 索鞍构造

地垄的特点是将锚固装置埋在土或石内,一般埋在地面以下,利用土或石的抗力来抵抗钢丝绳拉力。地垄分以下几种:立垄、桩垄、卧垄、混凝土地垄。

立垄适用于土质地层。地垄柱以枕木、圆木或方木制做,挖坑埋入土中,如图 2-30 所示。当荷载较大时,常在立垄的后方加设一个或两个立垄,以绳缆相连,共同受力,称为双立垄或三立垄。

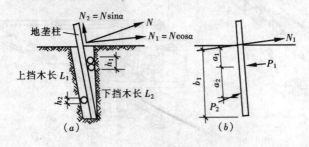

图 2-30 单立垄
(a) 布置示意;(b) 计算图示

桩式地垄是以打入土中一定深度的木桩来作地垄,也分单、双和三桩垄几种。

卧垄亦称困垄，是埋入土中的横置木料。缆索或千斤绳系于木料上的一点或数点。埋好后填土夯实（或压片石、混凝土预制块等重物）。卧垄能承受较大的拉力，一般可达 30~500kN。卧垄根据在地垄前侧有无挡墙等装置，可分有挡卧垄和无挡卧垄两种。卧式地垄抗拔力较大，因此，在拴拉缆绳之处，必须用铁板硬木等加以保护。卧垄设置地点必须有较好的地质，以便挖土坑及挖出缆绳槽时不致坍塌。

混凝土地垄依靠其自重来平衡拉力作用，一般不考虑土压力。

2.3.10 运行回转起重机

运行回转起重机是常用的重型起重机械，主要有汽车式、履带式和轮胎式三种，见图 2-31。汽车起重机灵活性大，运行速度可与同类型汽车相比，便于远距离工作点之间的调动；履带起重机起重量大，履带着地面积宽，稳定性较好，适合于在崎岖不平和松散泥土地区行驶与工作；轮胎起重机不受汽车底盘限制，其轮距、轴距配合适当，稳定性好，转弯半径小。

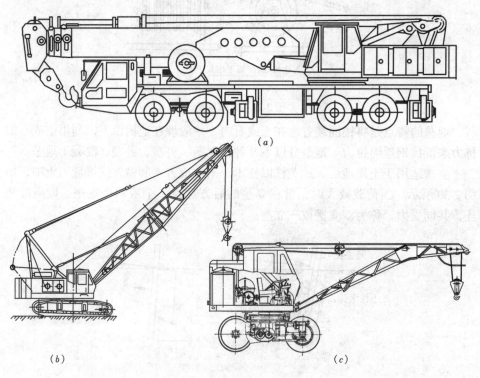

图 2-31 运行回转起重机
(a) 汽车起重机；(b) 履带式起重机；(c) 轮胎起重机

2.3.11 架 桥 机

架桥机是架设预制梁（构件）的专用设备。铁路常用的 32m 以下及公路常用的 50m 以下的混凝土简支 T 形梁，通常采用预制安装法施工，为此需要专用架桥机。如今，大型预制箱梁也经常采用架桥机架设。不同型号的架桥机结构特点、功能及架梁工序都有所不同。

目前，新型的可架设多片简支 T 形梁的公路架桥机，在架梁方面一般都具有如下的特点：自行过孔；可实现一次落边梁到位、全幅机械化横移梁片；采用微调控制，动作平稳精确；采用可编程序控制器，系统安全性高；结构简单、重量轻、运输组装方便；摆头灵活，可方便地在复杂工况如直桥、斜桥、小曲线桥下工作。

关于架桥机构造和架桥机架梁的详细介绍见第 5 章。

§2.4 混凝土设备

混凝土工程是混凝土结构工程的一个重要组成部分，其质量好坏直接关系到结构的承载能力和使用寿命，而混凝土施工设备对混凝土质量好坏起着重要的作用。混凝土机械主要包括：混凝土搅拌机、混凝土搅拌站（楼）、混凝土搅拌输送车、混凝土输送泵及泵车和振动机械等。

2.4.1 搅 拌 机

混凝土搅拌机按照搅拌原理，可分为自落式和强制式两类。

自落式搅拌机指搅拌叶片和拌筒之间无相对运动。自落式按形状和出料方式，又可分为鼓筒式、锥形反转出料式、锥形倾翻出料式。自落式多用于搅拌塑性混凝土和低流动性混凝土，具有机件磨损小，易于清理，移动方便等优点；但动力消耗大，效率低，适用于施工现场。

强制式搅拌机指搅拌机搅拌叶片和拌筒之间有相对运动。强制式搅拌机主要用于搅拌干硬性混凝土和轻骨料混凝土，也可搅拌低流动性混凝土，具有搅拌质量好、生产率高、操作简便、安全等优点。但机件磨损大，适用于预制厂使用。

混凝土搅拌机型号的表示方法见表 2-4。

图 2-32 为 JZC200 型反转出料混凝土搅拌机。该机进料容量 320L，额定出料容量为 200L，生产率为 $6\sim8m^3/h$。它是一种小容量移动式混凝土搅拌机，主要特点是搅拌筒轴线始终保持水平位置。筒内设有交叉布置的搅拌叶片。在出料端设有一对螺旋形出料叶片，正转搅拌时，物料一方面被叶片提升、落下；另一方面强迫物料作轴向窜动，搅拌运动比较强烈。反转时由出料叶片将混凝土卸出。适用于搅拌塑性较好的普通混凝土和半干硬性混凝土。

搅拌机型号的表示方法　　　　表2-4

机类	机型	特性	代号	代号含义	主参数
混凝土搅拌机 J（搅）	强制式 Q（强）	强制式搅拌机	JQ	强制式搅拌机	出料容量（L）
		单卧轴式（D）	JD	单卧轴强制式搅拌机	
		单卧轴液压式（Y）	JDY	单卧轴液压上料强制式搅拌机	
		双卧轴式（S）	JS	双卧轴强制式搅拌机	
		立轴蜗桨式（W）	JW	立轴蜗桨强制式搅拌机	
		立轴行星式（X）	JX	立轴行星强制式搅拌机	
	锥形反转出料式 Z（锥）		JZ	锥形反转出料式搅拌机	
		齿圈（C）	JZC	齿圈锥形反转出料式搅拌机	
		摩擦（M）	JZM	摩擦锥形反转出料式搅拌机	
	锥形倾翻出料式 F（翻）		JF	锥形倾翻出料式搅拌机	
		齿圈（C）	JFC	齿圈锥形倾翻出料式搅拌机	
		摩擦（M）	JFM	摩擦锥形倾翻出料式搅拌机	

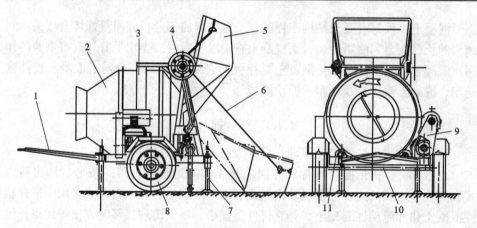

图 2-32　JZC200 型混凝土搅拌机
1—牵引杆；2—搅拌筒；3—大齿圈；4—吊轮；5—料斗；6—钢线绳；7—支腿；8—行走轮；
9—动力与传动机构；10—底盘；11—拖轮

2.4.2　搅拌站（楼）

搅拌站（楼）的特点，是制备混凝土的全过程机械化或自动化，生产量大，搅拌效率高、质量稳定、成本低，劳动强度减轻。搅拌站与搅拌楼的区别是：搅拌站的生产能力较小，结构容易拆装，能组成集装箱转移地点，适用于施工现场；搅拌楼体积大，生产效率高，只能作为固定式的搅拌装置，适用于产量大的预拌（商品）混凝土供应。

§2.4 混凝土设备

搅拌站（楼）主要由物料供给系统、称量系统、搅拌主机和控制系统等四大部分组成。

物料供给系统，指组合成混凝土的砂子、石、水泥、水等几种物料的堆积和提升系统。砂和石料的提升，一般是以悬臂拉铲为主，另有少部分采用装载机上料，配以皮带输送机输送的方式。水泥则以压缩空气吹入散装的水泥筒仓，辅之以螺旋机和水泥秤供料。搅拌用水一般用水泵实现压力供水。

称量系统对砂石一般采用累积计量，水泥单独称量，搅拌用水一般采用定量水表计量。

控制系统一般有两种方式：一是开关电路，继电器程序控制；另一种是采用运算放大器电路，增加了配比设定，落实调整容量变换等功能。近几年，微机控制技术开始应用于搅拌站（楼）控制系统，从而提高了控制系统的可靠性。

主机系统搅拌主机的选择，决定了搅拌站（楼）的生产率。自落式和强制式搅拌机均可作为搅拌站（楼）的搅拌机。

图 2-33 为混凝土搅拌站工艺流程图。

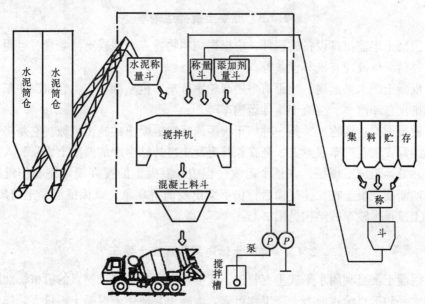

图 2-33 混凝土搅拌站工艺流程

大型混凝土搅拌站有单阶式和双阶式两种。单阶式是指在生产工艺流程中集料经一次提升而完成全部生产过程；双阶式是指在生产工艺流程中集料经两次或两次以上提升而完成全部生产过程。如图 2-34 所示。单阶式搅拌站具有工作效率高、自动化程度高，占地面积小等优点，但一次投资大。双阶式搅拌站的建筑物总高度较小，运输设备较简单，和单阶式相比投资相对要少，生产效率和自动化程度较低，占地面积较大。

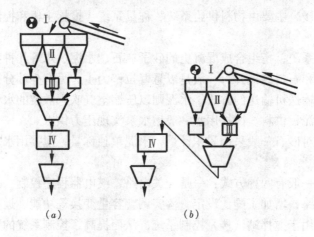

图 2-34 混凝土搅拌站工艺流程
(a) 单阶式;(b) 双阶式

2.4.3 混凝土搅拌运输车

混凝土运输机具设备的选择,应根据结构物特点、混凝土浇灌量、运距、现场道路情况以及现有机具设备等条件确定。

混凝土的水平运输,短距离多用双轮手推车、机动翻斗车、轻轨翻斗车;长距离则用自卸汽车、混凝土搅拌运输车等。

混凝土搅拌运输车,是一种用于长距离运输混凝土的施工机械。它是将运输的搅拌筒安装在汽车底盘上,把在预拌混凝土搅拌站生产的混凝土成品装入拌筒内,然后运至施工现场,在整个运输过程中,混凝土的搅拌筒始终在作慢速转动,从而使混凝土在长途运输后,仍不会出现离析现象,以保证混凝土的质量。混凝土搅拌运输车的结构见图 2-35。

2.4.4 混凝土输送泵和混凝土泵车

混凝土泵是利用水平或垂直管道,连续输送混凝土到浇筑点的机械,能同时完成水平和垂直输送混凝土,工作可靠。混凝土泵适用于混凝土用量大、作业周期长及泵送距离和高度较大的场合。图 2-36 为拖挂式 HBT60 混凝土泵的基本构造。

混凝土泵车属于自行式混凝土泵,是把混凝土泵和布料装置,直接安装在汽车的底盘上的混凝土输送设备。它的机动性好,布料灵活,工作时不需另外铺设混凝土管道,使用方便,适合于大型基础工程和零星分散工程的混凝土输送。它的缺点是布料杆的长度受汽车底盘限制,泵送的高度和距离较小。

混凝土泵根据驱动方式主要有两类:挤压泵和柱塞泵(活塞泵)。后者又可

§2.4 混凝土设备

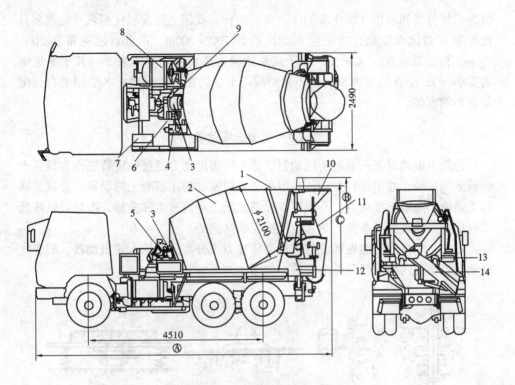

图 2-35 混凝土搅拌运输车
1—滚道；2—搅拌筒；3—轴承座；4—油箱；5—减速器；6—液压马达；7—散热器；
8—水箱；9—油泵；10—漏斗；11—卸料槽；12—支架；13—托滚；14—滑槽

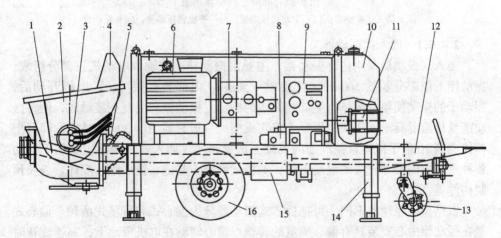

图 2-36 HBT60 混凝土泵的基本构造
1—分配阀；2—料斗；3—搅拌机构；4—料斗罩；5—润滑系统；6—电机；7—液压泵；
8—换向阀；9—电气系统；10—液压油箱；11—冷却系统；12—牵引架；13—支地轮；
14—支腿；15—推送系统；16—托运桥

分为机械传动和液压（水压或油压）传动两种。我国主要发展柱塞泵（活塞泵），此种泵自动化程度高，水平输送距离达到 200～500m，垂直运距通常在 50～100m，排出量为 30～60m³/h。挤压式泵的输送距离较柱塞式泵小，其水平运距为 200m 内，垂直运距为 50m 内。新型混凝土泵仍在不断问世，水平和垂直运距都有新的突破。

2.4.5 混凝土振动器

混凝土振动设备—混凝土振动器，是一种借助动力通过一定装置作为振源产生频繁的振动，并使这种振动传给混凝土，以振动捣固混凝土的设备。合理选择和正确使用混凝土振动器，不但可以提高混凝土浇筑速度和质量，而且可以降低工程成本，改善劳动条件，是人工振捣无法达到的。

目前，经常使用的振动设备按振动传递方式分类，有插入式振动器、附着式振动器、平板式振动器和振动台等，如图 2-37 所示。

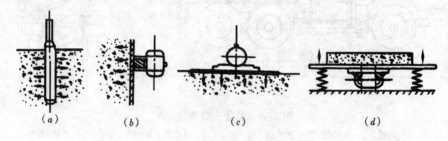

图 2-37 混凝土振动器示意
(a) 插入式振动器；(b) 附着式振动器；(c) 平板式振动器；(d) 振动台

2.4.5.1 插入式振动器

插入式振动器又叫内部振动器，主要由振动棒、软轴和电动机三部分组成。振动棒工作部分长约 500mm，直径 35～50mm，内部装有振动子，电机开动后，振动子的振动使整个棒体产生高频微幅的振动。振动棒和混凝土接触时，便将振动能量传给混凝土，很快使混凝土密实成型。一般只需 20～30s 的时间，即可把棒体周围 10 倍于棒体直径范围的混凝土振捣密实。插入式振动器主要用于振动各种垂直方向尺寸较大的混凝土体，如桥梁墩台、基础、柱、梁、坝体、桩及预制构件等。

根据振动原理的不同，可把插入式振动器分为偏心式和行星式两种。偏心式是在振动棒中心安装具有偏心质量的转轴。偏心转轴在电机带动下，高速旋转时产生的离心力，将振动传给振动棒外壳。而行星式是振动棒内部安有一带有滚锥的转轴。转轴在电机带动下，滚锥沿滚道公转从而使棒体产生振动。

2.4.5.2 平板式振动器

平板式振动器属外部振动器。它是直接放在混凝土表面上移动进行振捣工作，适用于坍落度不太大的塑性、半塑性、干硬性、半干硬性的混凝土或浇筑层不厚，表面较宽敞的混凝土捣固，如水泥混凝土路面、平板、基础、拱面等。在水平混凝土表面振捣时，平板式振动器是利用电动机振子所产生的惯性的水平力自行移动，操作者只需控制移动的方向即可。平板与混凝土接触，使振波有效地传给混凝土，使混凝土振实至表面出浆，不再下沉。

2.4.5.3 附着式振动器

附着式振动器也属于外部振动器，其振动构造同于平板振动器的工作部分。由于振动作业方式的不同，附着式振动器靠底部的螺栓或其他锁紧装置固定安装在模板外部（或滑槽料斗等）。振动器的能量是通过模板传给混凝土，从而使混凝土被振捣密实。附着式振动器的振动作用半径不大，仅适用于振捣钢筋较密、厚度较小等不宜使用插入式振捣器的结构。

2.4.5.4 振动台

振动台为一个支承在弹性支座上的工作平台，平台下设有振动机构。混凝土振动台是由电动机、同步器、振动平台、固定框架、支承弹簧及偏振子等组成。工作时，振动机构作上下方向的定向振动。振动台具有生产效率高、振捣效果好的优点，主要用于混凝土制品厂预制件的振捣。

混凝土振动台，需承受强力振动而使混凝土振实成型，故应安装在牢固的基础上。混凝土构件厚度小于200mm时，可将混凝土一次装满振捣。如厚度大于200mm时，则需分层浇筑，每层厚度不大于200mm时，可随浇随振。

§2.5 预应力张拉设备

2.5.1 锚具类型

预应力锚具是预应力工程中的核心元件，这种元件永久埋设在混凝土中，承受着长期的荷载。预应力筋用夹具，是先张法预应力混凝土构件施工时为保持预应力筋拉力，并将其固定在张拉台座（设备）上的临时装置。

锚具按锚固原理不同可分为：支承锚固、楔紧锚固、握裹锚固和组合锚固等体系。支承式锚（夹）具主要有螺杆锚具、镦头锚具。这种锚具在张拉后，依靠螺纹和垫板的支撑作用锚固。楔紧式锚（夹）具主要有锥销锚具、夹片锚具等。握裹锚固是将预应力筋直接埋入或加工后（如把钢铰线压花、钢筋墩头）埋入混凝土中，或在预应力筋端头用挤压的办法固定一个钢套筒，利用混凝土和钢套筒的握裹锚固。

锚（夹）具应具有可靠的锚固能力，其材料的优劣、热处理工艺的好坏，直接影响锚具的可靠性，影响操作人员及结构的安全。

锚（夹）具是建立预应力值和保证结构安全的关键，要求锚具的尺寸形状准确,有足够的强度和刚度,受力后变形小,锚固可靠,不致产生预应力筋的滑移和断裂现象。对锚具的技术要求有以下几个方面:静载锚固性能;动载锚固性能;疲劳荷载性能等。

2.5.2 几种常用的锚具

锚具的种类很多,以下仅选部分国内常见种类作简单介绍。

2.5.2.1 墩头锚具

墩头锚具是利用钢丝(或热轧粗钢筋)两端的镦粗来锚固预应力钢丝的一种锚具。镦头锚具加工简单,张拉方便,锚固可靠,成本低,还可以节约两端伸出的预应力钢丝。这种锚具可根据张拉力大小和使用条件,设计成多种形式和规格,能锚固任意根数的钢丝。常用的 DM 型镦头锚具如图 2-38、图 2-39 所示。DMA 型用于张拉端或固定端,DMB 型用于固定端。

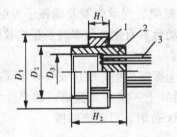
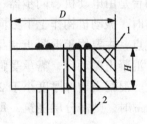

图 2-38 DMA 型张拉端锚具
1—螺母;2—锚杯;3—钢丝

图 2-39 DMB 型锚具
1—锚板;2—钢丝

2.5.2.2 JM 锚具

JM 锚具,见图 2-40。不仅可以锚固直径 12mm 光圆冷拉热轧钢筋束,还能锚固直径 12mm 的螺纹冷拉热轧钢筋束和钢丝线束及直径 15mm 的钢绞线束。它是利用双重的楔紧锚固作用原理来制造锚具的,其夹具和锚具相同。张拉千斤顶为兼张拉和顶紧夹片双作用的千斤顶。这种锚固的优点是预应力筋(钢绞线)相互靠近,结构尺寸小,混凝土构件不需扩孔。缺点是如果一个楔块损坏,会导致整束预应力筋失效;没有锚固单根或大于 6 根预应力筋的能力;不能锚固钢丝。

2.5.2.3 扁锚

20 世纪 80 年代末,根据桥梁施工的需要,开发了一种新型的夹片式扁形锚具,简称扁锚,见图 2-41。

扁锚是由扁锚头、垫板、扁形喇叭管及扁形管道等组成。扁锚的优点:张拉槽口扁小,可减少混凝土板厚,可以单根分束张拉,施工方便。因此,这种锚具特别适用于后张预应力简支梁、空心板、城市低高箱梁等薄壁结构以及桥面横向预应力等。

§2.5 预应力张拉设备   43

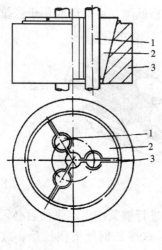

图 2-40 JM 锚具
1—预应力筋；2—夹片；3—锚具

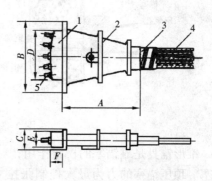

图 2-41 扁锚
1—锚板；2—扁形垫板和喇叭管；3—扁形
波纹管；4—钢绞线；5—楔片

2.5.2.4 楔片式锚具

这类锚具有 XM、QM、YM、OVM 等品牌。一般也称这种类型锚具为群锚，由多孔锚板与楔片组成。在每个锥形孔内装一副（二片或三片）楔片，夹持一根钢绞线。这种锚具的优点，是每束钢绞线的根数不受限制；任何一根钢绞线锚固失效，都不会引起整束锚固失效。这种锚具可广泛应用于斜拉索以及体外预应力结构和构件，在动载和低频疲劳荷载条件下都可使用，也勿需考虑有无粘结、有无地震力。

图 2-42 为 OVM 锚具的结构。

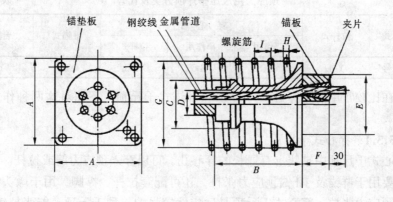

图 2-42 OVM 锚具

2.5.2.5 锥形锚具

锥形锚具，如图 2-43 所示，是用于锚固直径 5mm 钢丝的一种楔紧式锚具。

它由钢锚环和锥形锚塞组成,因其构造简单、价格低廉,目前仍应用于张拉吨位较小的预应力结构中。

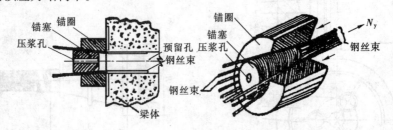

图 2-43 锥形锚具

锥形锚具是靠锚塞的楔紧作用,对受拉钢丝进行楔紧锚固。张拉后必须顶压锚塞。顶压锚塞的力为最大控制张拉力的 40%~60%。钢丝束张拉后,放松千斤顶时,锚塞随同受拉钢丝一起向锚孔小端回缩,使锚具内阻碍钢丝滑动的阻力增大到与钢丝的拉力相平衡为止。

2.5.3 预应力用液压千斤顶

预应力张拉机构由预应力用液压千斤顶和供油的高压油泵组成。液压千斤顶常用的有:拉杆式千斤顶、台座式千斤顶、穿心式千斤顶和锥锚式千斤顶等四类。选用千斤顶型号与吨位时,应根据预应力筋的张拉力和所用的锚具形式确定。按照预应力用液压千斤顶 JG/T5028-5030—93 行业标准,分类及代号见表 2-5。但是,目前液压千斤顶生产厂家生产的千斤顶的代号,没有严格地按标准规定执行。

预应力用液压千斤顶分类及代号　　　　表 2-5

型　式	拉杆式	穿心式			锥锚式	台座式
		双作用	单作用	拉杆式		
代　号	YDL	YDCS	YDC	YDCL	YDZ	YDT

现在比较常用的是穿心式千斤顶和锥锚式千斤顶,下面对这两种作简单介绍。

2.5.3.1 穿心式千斤顶

穿心式千斤顶中轴线上有通长的穿心孔,可以穿入预应力筋或拉杆。此类千斤顶主要用于群锚及 JM 锚预应力张拉,还可配套拉杆、撑脚,用于墩头锚具及冷铸锚预应力张拉。穿心式千斤顶是适应性较强的一种千斤顶,能张拉钢绞线、钢丝束、螺纹钢、圆钢筋,还能配套卡具等附件,用作顶推、起重、提升等用。目前国内厂家生产的牌号 YCQ 系列千斤顶、YC 系列千斤顶、YCD 及 YCW、YDN 等系列千斤顶均属于穿心式液压千斤顶。还有 YCQ20 型前卡式千斤顶,多用于单根钢绞线张拉及事故处理。需要说明的是这些千斤顶代号没有严格执行行业标准的规定，本书在介绍时为方便与现场应用的相对应，仍沿用了厂家的代号。

图2-44为原YCQ型千斤顶构造，QM锚具与之配套。它是一种单作用千斤顶，结构简单，拆装维修方便。配装适当的顶压器可组成带顶压张拉系统。图2-45为YCQ千斤顶操作示意图。具体操作过程如下：

（1）顺序安装

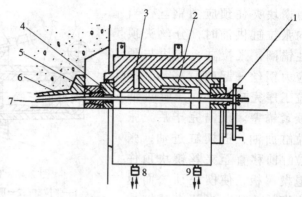

图2-44 YCQ千斤顶构造图
1—工具锚组件；2—活塞组件；3—油缸组件；4—限位板；
5—工作锚组件；6—垫板；7—预应力筋；8、9—油嘴

①安装工作锚锚板和夹片；
②安装限位板；
③安装千斤顶；
④安装工具锚组件。

（2）张拉、测量、记录

①向张拉缸供油至初始张拉油压，持荷并测量油缸初始伸长值；
②继续向张拉缸供油至设计张拉油压，持荷并测量油缸最终伸长值；
③记录伸长值。

（3）锚固

①将张拉缸油压缓缓放出至油压回到零；
②向回程缸供油至活塞完全回程。

（4）卸下工具锚组件、千斤顶、限位板
（5）切除多余钢绞线
（6）封住工作锚并灌浆
（7）浇捣封端混凝土

2.5.3.2 锥锚式千斤顶

后张法预制梁，尤其是跨度较小时，大量采用的是高强钢丝束、钢制锥形锚并配合锥锚式千斤顶的张拉工艺。TD60型锥锚式千斤顶是一种具有张拉、顶压与退楔三作用的千斤顶，见图2-46。

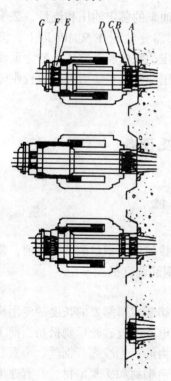

图2-45 YCQ千斤顶操作示意
A—工作锚锚板；B—工作锚夹片；
C—限位板；D—千斤顶；E—工具锚锚板；F—工具锚夹片；G—钢绞线

由楔块夹住预应力钢丝,当向张拉缸供油时,分丝头顶住锚圈,张拉缸、楔块与预应力钢丝一起向后移动。张拉工序完成后,顶压缸进油顶紧锚塞。顶锚完毕后,张拉缸回油,退楔缸进油,张拉缸前移直至夹丝楔块顶住退楔翼板,使楔块顶松而退出楔块为止。当两个油缸均回油时,在弹簧力的作用下,顶压活塞杆后移复位。

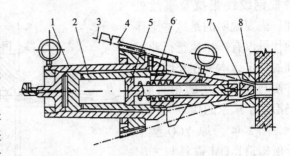

图2-46 TD60型千斤顶构造
1—张拉缸;2—顶压缸;3—钢丝;4—楔块;
5—活塞杆;6—弹簧;7—锚塞;8—锚环(圈)

2.5.4 高压油泵

预应力高压油泵是预应力液压机具的动力源。油泵的额定油压和流量,必须满足配套机具的要求。大部分预应力液压千斤顶都需要油压在50MPa以上,流量较小,能够连续供油,供油稳定,操作方便。高压油泵按驱动方式,分为手动和电动两种。目前,国内生产的大部分为电动式高压油泵。预应力混凝土行业应用最广的是ZB3/630型和2ZB4-50型电动油泵。

§2.6 其他常用机具及设备

2.6.1 钢筋加工机械

2.6.1.1 钢筋调直机

亦称为甩直机械,用于将成盘的细钢筋和经冷拔的低碳钢丝调直。目前,常用的定型调直机,有GT4/8型和GT4/14型及数控钢筋调直机。

2.6.1.2 钢筋切断机

钢筋切断机,是把钢筋原材料和已矫直的钢筋切断成所需要的长度的专用机械。预应力筋切断,大部分采用圆盘砂轮切割机。电动圆盘砂轮切割机是当前工作中常用的一种切割机具,能适用于切割各种预应力筋:钢绞线、钢丝、小直径圆钢、螺纹钢,还可用于切割管材及其他黑色、有色型材和塑料型材。具有速度快、操作方便、效率高及切割面整齐等特点。圆盘砂轮切割机分为台式和手提式。

此外,切断机还有机械式和液压传动两种,多以电动机驱动。目前普遍使用的机械式型号有GQ40型钢筋切断机,主要用于切断6~40mm的普通钢筋(Q235

钢),每分钟可切断32次。常用液压式型号有DYJ-32型钢筋切断机。

2.6.1.3 钢筋弯曲机

钢筋经过调直、切断后,需加工成构件或构件中所需要配置的形状,如端部弯钩、梁内弓筋、起弯钢筋等。钢筋弯曲机又称冷弯机,常用型号有GW40型。

2.6.1.4 钢筋焊接机

(1)对焊机:对焊是将两根钢筋的端部加热到近于熔化的高温状态,利用其高塑性实行顶锻而达到连接的一种工艺操作。对焊不仅可以提高工效、节约钢材,而且能确保焊接质量,大量利用短料钢筋。常用对焊机是UN1型系列。

(2)电弧焊机:电弧焊适用于各种形状钢材的焊接,是金属焊接中使用较广的工艺。电弧焊的主要设备是弧焊机,它分交流弧焊机和直流弧焊机。工地上常用的交流弧焊机型号有BX3-120-1、BX3-300-2、BX3-500-2和BX2-1000型等几种。

2.6.2 水 泵

在桥涵施工中,水泵主要用以排除基坑中的积水。水泵的类型很多,根据其对转变能量的方法分主要有叶轮式(旋转式)和活塞(往复)式两大类。

叶轮式水泵又分离心式与轴流式两种基本类型。前者是利用叶轮旋转时所产生的离心力吸水和压水;后者是利用叶轮旋转时的轴向推力吸水与压水。

在工程施工中,使用最为广泛的多属离心式水泵,一般通称离心泵。离心泵的种类很多,根据叶轮的数目分为单级、双级与多级几种。双级与多级是在一根泵轴上同时并列地装有两个或多个叶轮。水泵在工作时,水从一个个叶轮的进水口顺序转过,最后一个叶轮才排入出水管。因此,单级的大多数为低压(扬程在20m以下),双级(也有单级)的为中压(扬程在20~60m之间),多级的则均为高压(扬程在60m以上)。工程中普遍使用的单级单吸式BA型悬臂式离心泵,其特点是扬程较高,流量较少,结构简单、泵的出水口可根据需要进行上下左右调整。

2.6.3 空气压缩机

空气压缩机是一种将空气压缩使其压力增高,从而具有一定能量的动力机械。在公路、桥隧等工程施工中,整个开挖所使用的凿岩机、破碎机、潜孔钻机等都是以压缩空气驱动的。此外,混凝土凿毛工作面的吹洗等,也离不开压缩空气。金属结构的铆接、喷涂、轮胎充气以及机械操作和制动控制等等,都需要压缩空气作为动力。风动机具有安全可靠、使用方便的优点,因此得到了广泛应用。

2.6.4 土石方工程常备机械

土石方工程机械的作业范围主要是土方、石方和散粒物料的采挖、铲装、运输及平整等。

　　土方工程施工的主要作业有铲、挖、运、卸、填、压等。根据施工作业的要求，土方工程机械按工作性质和用途的不同，可分为挖掘机械，如单斗挖掘机、多斗挖掘机等；铲运机械，如装载机、推土机、铲运机等；压实机械，如冲击式、振动式和碾压式压实机等；此外，尚有一些辅助性土方机械，如松土机、拔根机、平地机等。

　　石方工程机械应用于石料的采挖、装填、堆砌及运输等工作。像前面介绍的土方工程施工应用的单斗挖掘机、装载机、推土机等在石方工程施工中也被广泛应用。另外还有在岩石上钻凿炮孔的凿岩机，用来破碎既有路面的风镐，以及对大块岩石进行破碎和为混凝土制备骨料的破碎机等。

思 考 题 与 习 题

1. 桥梁施工常备式结构有哪些？常用的设备和机具有哪些？
2. 现场浇筑桥梁结构常用的施工支架有哪几类？各类在受力和施工方面有何特点？
3. 万能杆件的构件有哪些？万能杆件在桥梁施工中有哪些用处？
4. 贝雷梁由哪些构件组成？贝雷梁在桥梁施工中有哪些用处？
5. 试举例说明卷扬机、扒杆、龙门架在施工中的具体应用。
6. 缆索起重机由哪些部分组成？适用于什么施工现场条件？有哪些注意事项？
7. 混凝土搅拌机有哪几类？各自有何特点？
8. 混凝土运输设备有哪几类？各有什么特点？使用时各有什么注意事项？
9. 混凝土振捣设备有哪几类？混凝土振捣时需注意什么？
10. 预应力张拉锚固设备有哪几类？各有什么特点？

第3章 桥梁基础施工

桥梁基础通常可分为浅基础和深基础两大类。所谓浅基础和深基础在深度上没有严格的界限，但施工方法却有明显的差异。浅基础往往采用敞坑开挖的方式施工，因而也称为明挖基础。为了提高地基承载力，一般将基础分层设置，逐层扩大，因而也称为扩大基础。深基础的施工，往往需要特殊的施工方法和专用的机具设备。如沉井基础，即是一种采用沉井作为施工时的挡土、防水围堰结构物等一整套施工方法的基础形式。桩基础和管柱基础施工，则需要打桩或钻孔设备等。

§3.1 明挖基础施工

3.1.1 一般基坑的开挖

3.1.1.1 坑壁不加固的基坑

随土质状况和基坑深度不同，坑壁不加固的基坑，可采用垂直开挖和放坡开挖两种方法施工。允许垂直开挖的坑壁条件为：土质湿度正常，结构均匀。对松软土质，基坑深度不超过 0.75m，中等密实（锹挖）的不超过 1.25m，密实（镐挖）的不超过 2.00m。如为良好的石质，其深度可根据地层的倾斜角度及稳定情况决定。

天然土层上放坡开挖的基坑，如其深度在 5m 以内，施工期较短，无地下水，且土的湿度正常、结构均匀，则坑壁坡度可参考表 3-1 选用。

放坡开挖坑壁坡度　　　　　　表 3-1

坑壁土	坑 壁 坡 度		
	基坑顶缘无载重	基坑顶缘有静载	基坑顶缘有动载
砂土类	1:1	1:1.25	1:1.5
碎石类土	1:0.75	1:1	1:1.25
黏性土、粉土	1:0.33	1:0.5	1:0.75
极软岩、软岩	1:0.25	1:0.33	1:0.67
较软岩	1:0	1:0.1	1:0.25
极硬岩、硬岩	1:0	1:0	1:0

基坑深度大于 5m 时，可将坑壁坡度适当放缓，或加平台。如土的湿度会引起坑壁坍塌，则坑壁坡度应采用该湿度下的天然坡度。

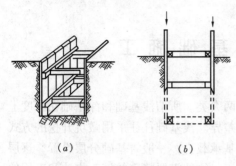

图 3-1 竖挡板式支撑
（a）一次完成；（b）分段完成

基坑开挖可采用人工或机械施工。基坑开挖时，坑顶四周地面应做成反坡，在距坑顶缘相当距离处应有截水沟，以防雨水浸入基坑。基坑弃土堆至坑缘距离，不宜小于基坑的深度，且宜弃在下游指定地点。基坑顶有动载时，坑顶缘与动载间应留有大于 1.0m 的护道。

基坑宜在枯水或少雨季节开挖。开挖不宜中断，达到设计高程经检验合格后，应立即砌筑基础。基础砌筑后，基坑应及时回填，并分层夯实。

3.1.1.2 坑壁加固的基坑

当基坑较深、土方数量较大，或基坑放坡开挖受场地限制，或基坑地质松软、含水量较大、坡度不易保持时，可采用基坑开挖后护壁加固的方法施工。

护壁加固方式可采用挡板支撑护壁、喷射混凝土护壁和混凝土围圈护壁等。

（1）挡板支撑护壁

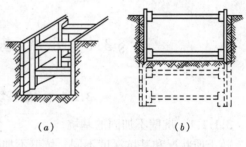

图 3-2 横挡板式支撑
（a）一次完成；（b）分段完成

挡板支撑的形式有：竖挡板式坑壁支撑，如图 3-1 所示；横挡板式坑壁支撑，如图 3-2 所示；框架式支撑，如图 3-3 所示。对于大面积基坑无法安装横撑时，可采用锚桩式、斜撑式或锚杆式支撑，如图 3-4 所示。

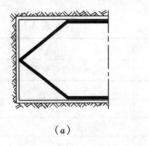
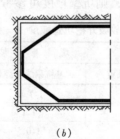

图 3-3 框架式支撑
（a）人字形支撑；（b）八字形支撑

挡板支撑结构可采用木料或钢木组合形式，各部尺寸应考虑土压力的作用，通过计算确定。

（2）喷射混凝土护壁

喷射混凝土护壁的施工特点是：在基坑开挖限界内，先向下挖土一段，随即用混凝土喷射机喷射一层含速凝剂的混凝土（速凝剂掺入量可为水泥用量的 3%～4%），以保护坑壁。然后向下逐段挖深喷护。每段一般为 0.5～1.0m 左右，视土质情况而定。

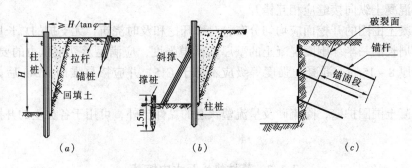

图 3-4 大面积基坑支撑
(a) 锚桩式；(b) 斜撑式；(c) 锚杆式

喷射混凝土护壁适用于稳定性较好、渗水量小的基坑。喷护基坑的直径在 10m 左右，挖深一般不超过 10m。砂土类、黏土类、粉土及碎石土的地质均可使用。喷射混凝土的厚度，随地质情况和有无渗水而不同，可取 3～5cm（碎石类土、无渗水）至 10～15cm（砂类土、无渗水）。对于有少量渗水的基坑，混凝土应适当加厚 3cm 左右。喷层厚度可按静水压力计算内力，设坑壁为圆形，截面均匀受力计算强度。

采用喷射混凝土护壁的基坑，无论基础外形如何，均应采用圆形，以改善坑壁受力状态。不过如地质稳定，挖深在 5m 以内时，也可按基础的外形开挖。混凝土护壁的坡度，根据土质情况与渗水量大小，可采用 1.00:0.07～1.00:0.10。基坑井口应作防护，防止土层坍塌、地表水或杂物落入井内。开挖基坑前，可如图 3-5 所示，在井口设置混凝土防护环圈。实践证明，用堆土防护圈施工简易方便，可以代替混凝土环圈的作用。

(3) 现浇混凝土围圈护壁

现浇混凝土围圈护壁，是在基坑垂直开挖的断面上自上而下逐段开挖立模、浇筑混凝土，直至坑底。分层高度以垂直开挖面不坍塌为原则，顶层高度宜为 2.0m，以下每层高 1.0～1.5m。顶层应一次整体浇筑，以下各层分段开挖浇筑。

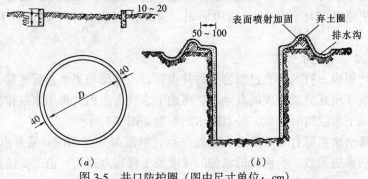

图 3-5 井口防护圈（图中尺寸单位：cm）
(a) 混凝土防护环圈；(b) 堆土防护圈

上下层混凝土纵向接缝应相互错开。

混凝土围圈的开挖面应均匀分布，对称开挖和及时浇筑，无支护的总长度不得超过周长的一半。围圈混凝土的壁厚和拆模强度，应满足承受土压力的要求。一般壁厚8~15cm；混凝土强度等级应不低于C15，并应掺早强剂；24h后方可拆模。

混凝土围圈护壁，除流砂及呈流塑状态的黏性土外，可用于各类土的开挖防护。

3.1.2 基坑排水及水中挖基

明挖基坑施工中一般应采用排降水措施，保持基坑底不被水淹。基坑排水多采用汇水井排水和井点法降水。在条件适宜的情况下，也可采用改沟、渡槽和冻结法。

3.1.2.1 汇水井排水法

汇水井排水的要点是：在基坑内基础范围外挖汇水井（集水坑）和边沟（排水沟），使流进坑内的水沿边沟流入汇水井。然后，用水泵抽水，将水面降至坑底以下，如图3-6所示。

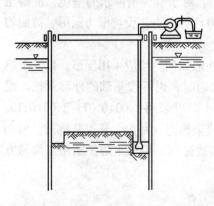

图3-6 汇水井排水

汇水井内抽水可用离心泵等抽水机。基坑内渗水量可用抽水试验或计算法确定，并以此为选择水泵的依据。抽水设备的能力，常取渗水量的1.5~2.0倍。一般水泵吸程多为6~7m。如吸程小于基坑深度时，需将水泵位置降低。扬程不足时，可用串联法安装，或采用多级水泵。

汇水井排水法设备简单，费用低。但当地基为粉砂、细砂等透水性较小且黏聚力也较小的土层时，在排水过程中，水在土中的渗流，有可能导致涌砂现象的发生，从而使地基破坏、坑壁下陷和坍塌。这时，宜改为水下施工或井点法降水。

3.1.2.2 井点降水法

在基坑周围，打入带有过滤管头的井点管，在地面与集水总管连接起来，通到抽水系统。用真空泵造成的真空度，将地下水吸入水箱，再用水泵排出，使基坑底下的地下水位暂时降低。井点降水的布置如图3-7所示。

井点降水法主要有轻型井点、喷射井点、射流泵井点和深井泵井点等类型，可根据土的渗透系数、要求降低水位的深度及工程特点选用。前二类适用于黏砂土及各类砂土。深井泵则适用于透水性较大的砂土，降低水位深度达15m以上。

一般轻型井点抽水最大吸程为 6～9m。施工时安装井点管，应先造孔（钻孔或冲孔）后下管，不得将井点管硬打入土内。滤管底应低于基底以下 1.5m。井点管常用间距 1.0～1.6m，沿基坑四周布置。管的长度一般为 8m。一套抽水系统设备所连接的集水总管长度约为 80～100m，可连接 70～80 根井点管。如基坑周边超过上述范围，则需设置两个或多个抽水点。当抽水时，地下水流向滤管，使地下水位降至坑底以下，既保证旱地工作条件，又消除基坑底下地基土发生"涌砂"的可能。但井点降水法用的施工机具较多，施工布置较复杂，在桥涵施工中多用于城市内挖基。

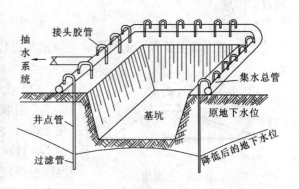

图 3-7 轻型井点降水布置图

不同类型井点降水之间的主要区别，在于降水设备中的抽水部分，其抽水过程基本是相同的。轻型井点，是用真空泵抽水。射流泵井点则是使用离心泵的水流通过射流器形成的真空度，代替真空泵的作用。喷射井点的工作原理与射流泵相似，用多级离心泵代替一般离心泵。因其喷射速度高，形成的真空度较大，降低深度较深，可达 15～20m。井距可采用 3.0m 左右。深水泵是每个泵独立工作，泵与泵的间距可采用 5～10m。在敞坑桥涵基坑中，使用极少。

3.1.2.3 水中挖基

在基坑排水有困难或发生严重流砂无法继续施工的情况下，除采用井点降水方法外，也可采用不排水开挖。一般土质、砂砾土基坑，宜用抓土斗抓土。有条件时可用空气吸泥机吸出泥砂。

灌筑基础混凝土时，应立模后用导管按水下混凝土灌筑方法施工。

3.1.3 水中围堰的修建

桥梁墩台一般位于河流、湖泊或海峡中。如基础底面离河底不深，可在开挖基坑的周围，先筑一道挡水的围堰，将围堰内的水排开，再开挖基坑、修筑基础。如排水有困难，也可不排水挖土，建造基础。

围堰工程应符合以下要求：

围堰的平面尺寸要考虑河流断面因围堰压缩而引起的冲刷，并应有防护措施；堰内面积应满足基础施工的要求；围堰应做到防水严密，减少渗漏，并应满足强度和稳定性的要求；围堰的顶面宜高出施工期间可能出现的最高水位 0.5m。

围堰的形式很多，主要可分为以下 4 类：土石围堰、板桩围堰、钢套箱围堰和双壁围堰。

3.1.3.1 土、石围堰

土、石围堰主要有：土围堰、土袋围堰、竹笼片石围堰及堆石土围堰等形式。

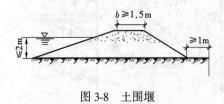

图 3-8 土围堰

(1) 土围堰

土围堰如图 3-8 所示，一般适用于水深在 2.0m 以内，流速小于 0.3m/s，冲刷作用很小，且河床为渗水性较小的土。围堰断面应根据使用的土质、渗水程度及围堰本身在水压力作用下的稳定性而定。堰顶宽度不应小于 1.5m，外侧坡度不陡于 1：2，内侧不陡于 1：1。

土围堰宜用黏性土填筑。填土出水面后应进行夯实。必要时须在外坡上用草皮、片石或土袋防护。合拢时应自上游开始填筑至下游。

(2) 土袋围堰

土袋围堰如图 3-9 所示，一般适用于水深不大于 3m，流速不大于 1.5m/s，河床为渗水性较小的土。围堰顶宽可为 1～2m，外侧边坡为 1.0：0.5～1.0：1.0，内侧为 1.0：0.2～1.0：0.5。

围堰应用黏土填心，袋内装松散黏性土，装填量约为袋容量的 60%。填码时土袋应平放，其上下层和内外层应相互错缝，搭接长度为 1/3～1/2。

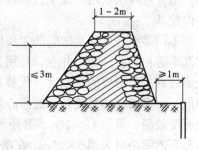

图 3-9 土袋围堰

(3) 竹笼片石围堰和堆石土围堰

它们适用于水深在 3.0m 以上，流速较大，河床坚实无法打桩，且石块能就地取材的地方。

3.1.3.2 板桩围堰

板桩围堰有木板桩围堰、钢板桩围堰和钢筋混凝土板桩围堰 3 种。其中木板桩防水效果不够理想，施工亦不简便，尤其是耗用木材太多，近年来已很少采用。

(1) 钢板桩围堰

钢板桩本身强度大、防水性能好，打入土中穿透力强，不但能穿过砾石、卵石层，也能切入软岩层和风化层，一般河床水深在 4～8m，且为较软岩层时最为适用。堰深一般 20m 以内。若有超出，板桩可适当接长。

1) 结构形式

钢板桩横截面的形状有 4 类：平形（直形）、Z 形、槽形及工字形等，其中槽形截面模量较大，适用于承受较大水压力、土压力的围堰，其施工方便，是国内应用较多的形式。

在施工中钢板桩彼此以锁口相连。锁口的形状有3类：阴阳锁口、环形锁口和套形锁口。套形锁口板桩两边为勾状形，勾头为榫、勾身为槽。如德国拉森型和国产鞍钢板桩。两桩联结能转角10°~15°，防水性很好。

钢板桩围堰的结构如图3-10所示，由定位桩、导梁（或称导框、围图等支持系统）及钢板桩组成。定位桩可用木桩或钢筋混凝土管桩。导框一般多用型钢组成。在河水较深的地方，常用围图进行钢板桩围堰施工。围图不仅是支撑结构，而且可作为插打钢板桩的导向架，还可在其上安设施工平台、施工机具等。

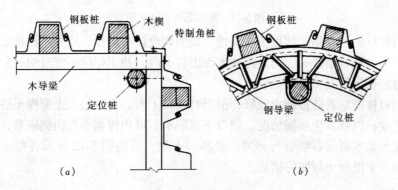

图3-10 钢板桩围堰结构
(a) 矩形钢板桩围堰；(b) 圆形钢板桩围堰

钢板桩围堰的平面形状有圆形、矩形和圆端形，施工中结合具体情况选用。在桥梁工程深基础施工中，多用圆形。其受力最理想，支撑结构最简单，但占河道面积大。浅基坑多用矩形围堰，其占河道面积小，但受水流冲击力大。

2) 围堰施工

钢板桩围堰施工的基本程序是：施工准备、导框安装、插打与合拢、抽水堵漏及拔桩整理等。

在施工准备过程中，应进行钢板桩的检查、分类、编号；钢板桩接长和锁口涂油等工作。钢板桩两侧锁口，应用一块同型号长度2~3m的短桩作通过试验。若锁口通不过或存在桩身弯曲、扭转、死弯等缺陷，均须加以修整。钢板桩接长应以等强度焊接。当起吊设备条件许可时，可将2~3块钢板桩拼成一组组合桩。组拼时应用油灰和棉絮捻塞拼接缝，以加强防渗。

钢板桩可逐块（组）插打到底，或全围堰先插合拢，再逐块（组）打入。插打顺序宜由上游分两侧插向下游合拢，如图3-11所示。钢板桩可用锤击、振动或辅以射水等方法下沉。但在黏土中，不宜使用射水。锤击时应使用桩帽。采用单动汽锤和坠锤打桩时，一般锤重宜大于桩重，过轻的锤效率不高。振动打桩机是目前打钢板桩较好的机具,既能打桩又能拔桩,操作简便。

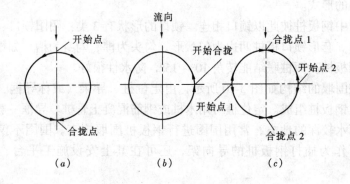

图 3-11 圆形围堰插打次序

钢板桩插打完毕,即可抽水开挖。如围堰设计有支撑,应先撑再抽水,并应检查各节点是否顶紧等,防止因抽水而出现事故。抽水速度不宜过快,应随时观察围堰的变化情况,及时处理。

钢板桩围堰的防渗能力较好,但仍有锁口不密、个别桩入土深度不够或桩尖打裂打卷,以致发生渗漏情况。锁口不密漏水,可用棉絮等在内侧嵌塞,同时在外侧撒大量木屑或谷糠自行堵塞。桩脚漏水处,可由图 3-12 所示各种方法堵塞或采用水下混凝土封底等措施。

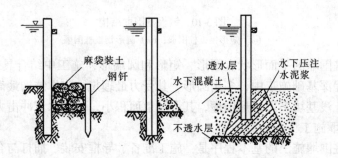

图 3-12 桩脚漏水处理

钢板桩拔除前,应先将围堰内的支撑从上而下陆续拆除,并灌水使内外水压平衡,解除板桩间的挤压力,并与水下混凝土脱离。拔桩可用拔桩机、千斤顶等设备。也可用墩身作扒杆拔桩。当拔桩确有困难时,可以水下切割。

(2) 钢筋混凝土板桩围堰

钢筋混凝土板桩围堰适用于深水或深基坑,流速较大的砂类土、黏质土和碎石土河床。除用于挡土防水外,大多用它作为基础结构的一部分,很少有拔出重复使用的。

1) 断面和桩尖形式。

板桩一般为矩形断面，如图 3-13 所示。宽度 50~60cm，厚度 10~30cm，一侧为凹形榫口，另一侧为凸形榫口。榫口有半圆形及梯形等形式。板桩有实心和空心两种。空心可减轻桩的自重，也相应地减轻打桩设备，还可利用空心孔道射水加快下沉。为了提高板桩接缝的防渗能力，板桩打入后，应在接缝小孔中压注水泥砂浆。

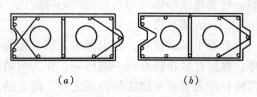

图 3-13　钢筋混凝土板桩断面形式
(a) 半圆形榫口；(b) 凸凹形榫口

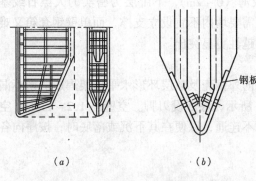

图 3-14　钢筋混凝土板桩桩尖加强

钢筋混凝土板桩桩尖刃脚的倾斜度，视土质松密情况而定，一般为 1:2.5~1:1.5。如土中含有漂卵石，在刃脚处应加焊钢板，或增设加强钢筋。如图 3-14 所示。

2）围堰施工

钢筋混凝土板桩多采用工地预制的方式，以免超长运输。钢筋混凝土板桩的榫口，一方面是使板桩能合缝紧密，提高其防水能力；另一方面是在插打板桩时起导向作用，因此对榫口成型要求上下全长吻合一致、光滑顺直、摩阻力小。板桩制成后应仿照钢板桩进行锁口通过检查。

钢筋混凝土板桩围堰的施工程序和方法，与钢板桩围堰施工类同。

3.1.3.3　钢套箱围堰

钢套箱围堰适用于流速较小、覆盖层较薄、透水性较强的砂砾或岩石深水河床，埋置不深的水中基础，也可用作修建桩基承台。

(1) 基本构造

钢套箱是利用角钢、工字钢或槽钢等刚性杆件与钢板联结而成的整体无底钢围堰，可制成整体式或装配式，并采取相应措施，防止套箱接缝渗漏。

为拼装、拆卸、吊装的方便，钢套箱每节约 2.5m，一般采用 3~5mm 薄钢板制成长约 2.5~4m，宽 1.0~1.5m 的钢模板。模板四周采用 L75×75 或 L100×100 角钢焊接作为骨架，模板间设 5~8mm 防水橡胶垫圈，用 $\phi22$ 螺栓联结成型。根据侧压力情况安装设计所需的纵横支撑，一般支撑间距不大于 2.5m。

(2) 就位下沉

套箱可在墩台位置处以脚手架或浮船搭设的平台上起吊下沉就位。下沉套箱前，应清除河床表面障碍物。随着套箱下沉，逐步清除河床土层，直至设计标高。当套箱位于岩层上时，应整平基层。若岩面倾斜，则应根据潜水员探测的资料，将套箱底部做成与岩面相同的倾斜度，以增加套箱的稳定性，并减少渗漏。

(3) 清基封底

套箱下沉就位后，先由潜水工将套箱脚与岩面间空隙部分的泥砂软层清除干净，然后在套箱脚堆码一圈砂袋，作为封堵砂浆的内膜。由潜水工将1:1水泥砂浆轻轻倒入套箱壁脚底与砂袋之间，防止清基时砂砾涌入套箱内。

清基可采用吹砂吸泥或静水挖抓砂方法，进行水下挖基。经过检验即可灌注水下混凝土封底，最后抽干套箱内存水，浇筑墩台。

3.1.3.4 双壁钢围堰

双壁钢围堰适用于大型河流中的深基础，能承受较大的水压，保证基础全年施工安全渡洪。特别是河床覆盖层较薄（0~2m），下卧层为密实的大漂石或基岩，不能采用钢板桩围堰，或因工程需要堰内不宜设立支撑，而单壁钢套箱又难以保证结构刚度时，双壁钢围堰的优越性更显突出。

(1) 基本构造

双壁钢围堰是由竖直角钢加劲的内外钢壳及数层环形水平桁架焊成的密不漏水的圆形或矩形整体围堰，如图3-15所示，底部设刃脚。空壁厚1.2~1.4m，空壁内设有若干个竖向隔板舱，彼此互不连通，以便在其下沉或落底时，按序向各舱内灌水或灌混凝土。

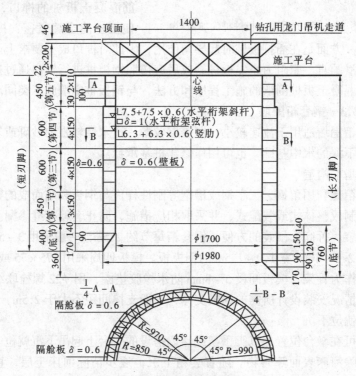

图3-15 双壁钢围堰总图

(2) 制作拼装

围堰的大小和总高度应根据工程需要而定。例如武汉长江公路大桥主塔的双壁钢围堰直径28.4m，总高48.5m，总重800t。围堰的分节高度、分块大小，应结合工地运输，起吊等设备能力综合考虑。对一般大中型围堰，若墩位处水流条件容许，可在墩位处拼装船上组拼，整体吊装上下对接，每节高度一般不超过5m，总重不大于100t。对特大型围堰，一般分节分块组拼接高下沉。

围堰底节一般是在夹于两艘大型铁驳组成的导向船间的拼装船上拼装。

(3) 浮运就位

底节下水浮运宜选择气候和水位的有利时机进行。事先应探明有足够的吃水深度，并无水下障碍，且底节顶面应露出水面不小于1.0m。

底节拖运至墩位后，起吊并抽掉拼装船。就位后向围堰壁各隔舱对称均匀加水，使底节平稳下沉。此后，随接高加水下沉，直至各节全部拼接完毕。

(4) 清基封底

围堰着床后，首先在其四周外侧堆砌一圈土袋，在刃脚内侧灌注水下混凝土堵漏，其方法与钢套箱基本相似。然后用多台吸泥机，按基底方格网坐标划分的区域逐块清挖。清基经潜水员检验合格后，方可进行封底或浇筑基础混凝土。

(5) 围堰拆除

河床覆盖层较薄（0~2m），围堰嵌入河床较浅者，仅依靠各仓注水及深水抓斗、吸泥机等工程措施即可保证围堰下沉着床。这时，可将各隔舱内的水抽干，围堰便可依靠自身浮力，克服入土部分周壁所受摩阻力自行浮起。为了减小混凝土与围堰内壁的摩阻力，在浇筑刃脚堵漏混凝土，或利用围堰内壁作模板浇筑封底或基础混凝土时，可在围堰内壁挂置一层高度大于混凝土厚度的帆布类织物。

必要时可用水下烧割将钢壳上部拆掉。切割位置应在最低水位以下一定深度。残留部分应不致影响最低水位的通航要求。

3.1.4 基底检验处理及基础砌筑

3.1.4.1 基底检验

基础是隐蔽工程，在基础砌筑前，应按规定进行检验。检验的目的是：确定地质条件是否与设计文件一致；确定基坑位置与标高是否与设计文件相符。

基底检验的主要内容应包括：检查基底的平面位置，尺寸大小，基底标高；基底地质情况和承载力是否与设计资料相符；基底处理及排水情况。

3.1.4.2 基底处理

基底检验合格后，应立即进行基底处理。

(1) 岩层基底

对于未风化的岩层，应先将岩面清除干净。倾斜岩层的岩面应凿平或凿成台阶。对于风化岩层，应将风化岩石按基础尺寸凿除已风化的表面岩层。砌筑基础时，应边砌边回填封闭。

(2) 碎石类或砂类土层基底

承重面应修理平整。砌筑基础时，应先铺一层水泥砂浆，以保证砌材与基底面间密贴接触。

(3) 黏性土层基底

基底整修时，应在天然状态下铲平，不得用回填土夯平，以保天然地基的原有结构。必要时可向基底夯入10cm以上厚度的碎石，其顶面不得高于基底设计高程。

(4) 泉眼

泉眼可用堵塞或排引的方法处理，不得使基础被水浸泡。

3.1.4.3 基础砌筑

混凝土与砌体基础应在基底无水的状态下施工。不允许水泥砂浆或混凝土在砌（浇）筑时被水冲洗淹没。基础可在以下3种情况下砌筑：干地基上砌筑圬工，排水砌筑圬工和混凝土封底再排水砌筑圬工。

(1) 干地基上砌筑圬工

当基坑无渗漏，坑内无积水，基坑为非黏土或干土时，应先将基底洒水湿润；如地基为过湿的土基，应铺设一层厚10~30cm碎石垫层，夯实后再铺水泥砂浆一层。然后再砌筑基础。

圬工砌筑时，各工作层竖缝应相互错开不得贯通，浆砌块石的竖缝错开距离不应小于8cm。

(2) 排水砌筑圬工

如基坑基本无渗漏，仅有雨水存积，则可沿基坑底四周基础范围以外挖排水沟，将坑内积水排出后再砌筑基础。如基坑有渗漏，则应沿基坑底四周基础范围以外挖水坑，然后用水泵排出坑外。

水泥砂浆和混凝土只有终凝以后，冰冻地区更应在达到设计强度以后才允许浸水。

(3) 水下混凝土封底再排水砌筑圬工

水下灌注混凝土，一般只有在排水困难时采用。当坑壁有较好防水设施（如钢板桩护壁等），但基坑渗漏严重时，可采用水下灌注混凝土封底方法。待封底混凝土达到强度要求后排水，清除封底混凝土面浮浆，冲洗干净后再砌筑基础圬工。

水下封底混凝土应在基础底面以下。封底只能起封闭渗水的作用，封底混凝土只作为地基，而不能作为基础。因此，不得侵占基础厚度。水下封底混凝土层的最小厚度由以下条件控制：当围堰作业已封底并抽干水后，板桩同封底混凝土组成一个浮筒，该浮筒的自重应能保证不被浮起；同时，封底混凝土作为周边简支的板，在基底面上水压力作用下，不致因向上挠曲而折裂。封底混凝土的最小厚度一般为2.0m左右。

3.1.4.4 水下混凝土的灌注

当今桥梁基础水下混凝土灌注施工中，广泛采用的是直升导管法。如图3-16所示。钢导管内壁光滑圆顺，内径一致，直径可采用20~30cm。混凝土经导管输送至坑底，并迅速将导管下端埋设。随后混凝土不断地输送到被埋没的导管下端，从而迫使先前输送到但尚未凝结的混凝土，向上和向四周推移。随着基底混凝土的上升，导管亦缓慢地向上提升，直至达到要求的封底厚度时，停止灌入混凝土，并拔出导管。当封底面积较大时，宜用多根导管同时或逐根

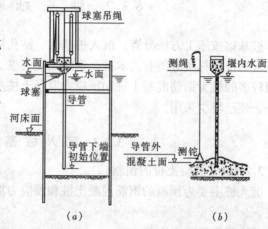

图3-16 直升导管法灌注水下混凝土

灌注，按先低处后高处，先周围后中部次序并保持大致相同的标高进行，以保证使混凝土充满基底全部范围。导管的有效作用半径，因混凝土的坍落度大小和导管下口超压力大小而异。当超压力为0.1~0.25MPa时，导管作用半径将为3.0~4.0m。

在正常情况下，所灌注的水下混凝土，仅其表面与水接触，其他部分的灌注状态与空气中灌注无异，从而保证了水下混凝土的质量。至于与水接触的表层混凝土，可在排干水而外露时予以凿除。

采用导管法灌注水下混凝土，应注意以下几个问题：

（1）导管应试拼装，球塞应试验通过。施工时严格按试拼的位置安装。导管试拼后，应封闭两端，充水加压，检查导管有无漏水现象。导管各节的长度不宜过大（一般为1.0~2.0m），联结应可靠而又便于装拆，以保证拆卸时，中断灌注时间最短。

（2）为使混凝土有良好的流动性，粗骨料粒径以2~3cm为宜。坍落度应采用18~20cm，一般倾向于用大一些。水泥用量比空气中同等级的混凝土增加20%。

（3）必须保证灌注工作的连续性，在任何情况下不得使灌注工作中断。在灌注过程中，应经常测量混凝土表面的标高，正确掌握导管的提升量。导管下端务必埋入混凝土内，埋入深度一般不应小于1.0m，并不宜大于3.0m。

（4）水下混凝土的流动半径，主要由混凝土的质量、水头的大小、灌注面积

的大小、基底有无障碍物以及混凝土拌和机的生产能力等因素决定。通常，流动半径在3~4m范围内，就能够保证封底混凝土的表面不会有较大的高差，并具有可靠的防水性，只要处理得当，可以保证封底混凝土的防水性能。

§3.2 桩基础施工

桩基础按施工方法分有：沉入桩基础、钻孔桩基础、挖孔桩及管柱基础。其中沉入桩按其材质分类有：木桩、钢筋混凝土桩、预应力混凝土桩和钢桩。目前使用较多的桩为钢筋混凝土桩和预应力混凝土桩。钢桩亦渐增多。木桩除林区工程外，现已极少采用。

3.2.1 沉入桩基础

3.2.1.1 混凝土桩的预制

沉入桩主要为预制的钢筋混凝土桩和预应力混凝土桩。断面形式常用方桩和管桩。

（1）钢筋混凝土方桩

钢筋混凝土方桩可为实心和空心两种。空心桩可减轻桩身重量，对存放、吊运、吊立都有利。

钢筋混凝土桩的预制要点为：制桩场地的整平与夯实；制模与立模；钢筋骨架的制作与吊放；混凝土浇筑与养护。图3-17为横向成排支模的间接法浇筑制桩施工示意。间接浇筑法要求第一批桩的混凝土达到设计强度的30%以后，方可拆除侧模；待第二批桩的混凝土达到设计强度的70%以后才可起吊出坑。也可采用以第一批桩为底模的重叠浇筑法制桩。

空心桩的内模，可采用充气胶囊、钢管、橡胶管或活动木模等。

预制桩在起吊与堆放时，较多采用两个支点。较长的桩也可用3~4个支点。

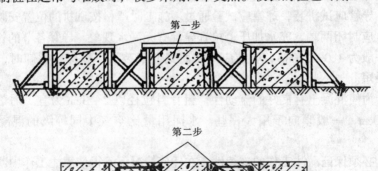

图3-17 间接制桩法

支点位置一般应按各支点处最大负弯矩与支点间桩身最大正弯矩相等的条件确定，如图 3-18 所示。起吊就位时多采用 1 个或 2 个吊点，如图内（a）、（b）。堆放场地应靠近沉桩现场，场地平整坚实，并备有防水措施，以免场地出现湿陷或不均匀沉陷。堆放支点位置与吊点相同，堆放层数不宜超过 4 层。

当预制桩长度不足时，需要接桩。常用的接桩方法有：法兰盘连接、钢板连接及硫磺砂浆锚接连接。

(2) 预应力混凝土桩

预应力混凝土方桩也有实心和空心两类，其长度为 10~38m。方桩的制作一般是采用长线台座先张法施工。方桩

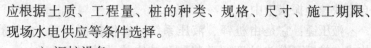

图 3-18 桩的吊点位置

的空心部位，配置与直径相适应的特制胶囊，并采用有效措施，防止浇筑混凝土时胶囊上浮及偏心。

混凝土管桩，一般均采用预应力混凝土管桩，国内已有定型生产。管桩的预制，一般用离心旋转法制作。

3.2.1.2 沉入桩的施工

沉入桩的施工方法主要有：锤击沉桩、振动沉桩、射水沉桩、静力压桩以及沉管灌注桩等。

(1) 锤击沉桩

锤击沉桩一般适用于中密砂类土、黏性土。由于锤击沉桩依靠桩锤的冲击能量将桩打入土中，因此一般桩径不能太大（不大于 0.6m），入土深度不大于 50m，否则对沉桩设备要求较高。沉桩设备是桩基础施工的质量与成败的关键，应根据土质、工程量、桩的种类、规格、尺寸、施工期限、现场水电供应等条件选择。

1) 沉桩设备

锤击沉桩的主要设备有桩锤、桩架及动力装置三部分。

① 桩锤

桩锤可分为坠锤、单动汽锤、双动汽锤、柴油锤、振动锤和液压锤等。

坠锤：为铸铁制成，其构造如图 3-19 所示。由人工操作，坠锤自由下落锤桩下沉。重型坠锤的质量为 3000~5000kg，也有重达 10000kg 以上的。

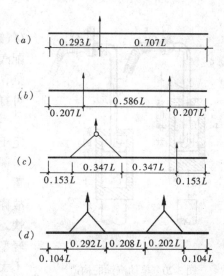

图 3-19 坠锤的构造

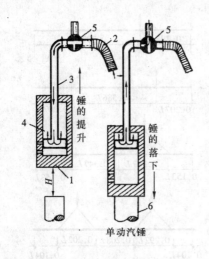

图 3-20 单动汽锤的构造

单动汽锤：如图 3-20 所示，由外壳（气缸）1，输气管 2，活塞杆 3，汽室 4 和配汽阀 5 等构成。汽室充汽，汽压顶升汽缸，实现锤的提升。排汽时，重锤下落，即可打桩。

双动汽锤：打桩时，其外壳（气缸）固定于桩头上，气缸内的活塞连同冲击锤是锤击部分。由于构造上使得锤的下落不仅靠自重，同时，还有蒸汽（或压缩空气）作用，故称双动汽锤，锤的下降速度比单动汽锤快，锤击频率较高，重型锤 90 次/min 左右，轻型锤可达 300 次/min 左右。但其锤击能量不大，故宜用于轻型桩。如果将双动汽锤倒装于桩上，则可用于拔桩，故常用其来沉、拔钢板桩围堰的钢板桩。

柴油锤：其构造与前述桩锤截然不同，它本身既是桩锤又是动力发生器，其工作原理同于柴油机。故不必配置产生蒸汽或压缩空气的一套笨重的动力设备。国产东方型筒式柴油锤其锤击活塞重 35kN，每分钟锤击次数 40~60 次。

振动锤：它主要是由电动机、传动齿轮或链条以及振动箱组成。振动箱下的支座刚性地连接在桩头上。箱中装有成对负荷轴，轴上带有偏心轮，由电动机通过齿轮或链条带动朝着相反方向等速地旋转，如图 3-21 所示，使各对偏心轮永位于对称位置。这样，由它产生的离心力之合力也就恒为竖向。故当每对偏心轮转动一周，即产生一周正弦型上下振动力，并通过刚性连接直接传到桩上，再加上锤、桩等重量的作用，桩自会快速地振入土中。

液压锤：它是由桩锤、液压系统、操作控制屏等构成。桩锤可分为柱塞驱动装置和冲击传动装置两大

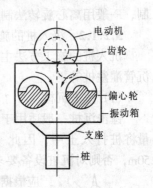

图 3-21 振动锤工作原理

部分。压力油由液压装置供给油缸，经液压阀切换油路，驱动冲击头升降，冲击桩下沉。液压锤施工噪声小，且不会污染空气。各类桩锤适用范围参考如表 3-2 所示。

②打桩架

桩架是沉桩的主要设备，其主要作用是装吊锤、吊桩、插桩、吊插射水管和桩在下沉过程中的导向。

桩架的组成主要有：（a）导杆和导向架——控制锤的运动方向；（b）起吊装

置——滑轮绞车或其他起重设备；（c）撑架——有各种杆件拼成，以支撑导杆和起吊装置；（d）底盘——用以承托以上各部件，或为支承移动装置。

桩架可分为自行移动式和非自行移动式两大类。自行移动式又可分为：履带式、导轨式和轮胎式 3 种。非自行式为各类木桩架，自行移动式桩架型式繁多。图 3-22 所示为 CCCM-680 万能式桩架，其在导轨上行走速度为 10.0m/min，适用桩的最大长度 23m，桩的最大质量 12t，挺杆倾斜范围 18°，适于大量重型的桩基工程。

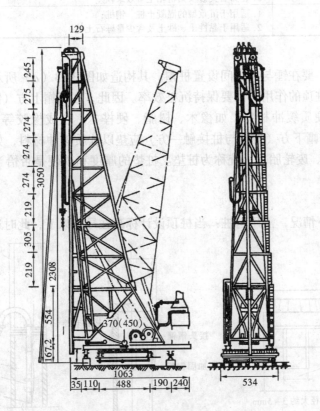

图 3-22 万能桩架（尺寸单位：cm）

各种类型锤的适用范围参考表　　　　　　　　　　　表 3-2

沉桩机具类别	适　用　情　况
坠　　锤	1. 轻型坠锤以沉木桩为主； 2. 重型及特重型龙门锤适用于钢筋混凝土桩； 3. 一般黏性土，砂土及含有少量砾石土均可使用
单动汽锤	适用于各类桩
双动汽锤	1. 适宜用于相对较轻型的桩； 2. 使用压缩空气时可在水下沉桩； 3. 可用于沉拔钢板桩； 4. 可用于沉斜桩

续表

沉桩机具类别	适 用 情 况
柴油锤	1. 导杆式锤适用于木桩、钢板桩； 2. 筒式锤宜用于混凝土管桩、钢管桩等； 3. 不适宜在过硬或过软的土中沉桩； 4. 用于浮船中沉桩较为有利
振动锤	1. 适宜于沉拔木桩、钢板桩或混凝土管桩； 2. 适用于砂土、塑性黏土及松软砂黏土； 3. 在卵石夹砂及紧密黏土中效果较差
液压锤	1. 适用于沉重型的混凝土桩、钢桩； 2. 适用于黏性土、砂土及含少量砾石土等

③桩帽

打桩时，要在锤与桩之间设置桩帽。其构造如图 3-23（a）所示。它既要起缓冲而保护桩顶的作用，又要保持沉桩效率。因此，在桩帽上方（锤与桩帽接触一方）填塞硬质缓冲材料，如橡木、树脂、硬桦木、合成橡胶等，厚约 150～250mm，在桩帽下方（桩帽与桩接触一方）应垫以软质缓冲材料，如麻饼（麻编织物）、草垫、废轮胎等，统称为桩垫。桩垫的厚度和软硬是否恰当，将直接影响沉桩效率。

④送桩

遇到以下情况，需用送桩：当桩顶设计标高在导杆以下，此时送桩长度应为

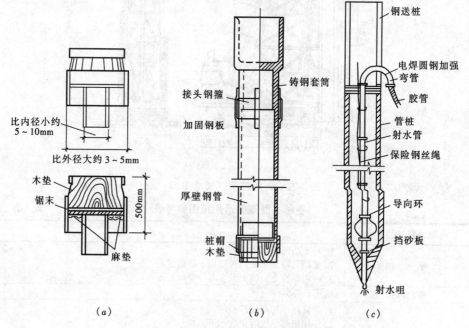

图 3-23 桩帽、送桩及射水沉桩
（a）桩帽；（b）钢送桩；（c）射水沉桩

桩锤可能达到最低标高与预计桩顶沉入标高之差,再加上适当的富余量;当采用管桩内射水沉桩时,为了插入射水管,需用侧面开有槽口(宽0.3m,高1~2m)的送桩,如图3-23(c)所示。送桩通常用钢板焊成的钢送桩。

2) 桩锤的选择

冲击锤的选择,原则上是重锤低击。具体选择时,可考虑下述因素:

①按锤重与桩重的比值:可按表3-3选用(根据土质软、硬情况);

②按桩锤的冲击能:根据单桩的设计荷载估算桩锤需要冲击能,可按下式估算:

$$E \geqslant 250P \tag{3-1}$$

式中 E——桩锤的一次冲击能(kN·m);

P——单桩的设计荷载(kN)。

估算冲击能 E 后,再用下式验算其适用系数是否符合要求:

$$K = \frac{Q + q}{E} \tag{3-2}$$

式中 K——适用系数(对于双动汽锤及柴油机锤不宜大于5.0;对于单动汽锤不宜大于3.5;对于坠锤不宜大于2.0);

Q——桩锤重力(kN);

q——桩重包括送桩、桩帽及桩垫的重力(kN)。

下沉钢板桩、工字钢桩及配合射水沉桩时,适用系数 K 值可提高50%。

③振动桩的振动力,应能克服桩在振动下沉中的土壤摩擦力。

锤重与桩重比值表 表3-3

桩的类别	锤 的 类 别			
	单动汽锤	双动汽锤	柴油锤	坠锤
钢筋混凝土桩	0.4~1.4	0.6~1.8	1.0~1.5	0.35~1.5
木　　桩	2.0~3.0	1.5~2.5	2.5~3.5	2.0~4.0
钢板桩	0.7~2.0	1.5~2.5	2.0~2.5	1.0~2.0

3) 沉桩顺序与吊插桩

沉桩顺序一般应从中间开始,向两端或四周进行,有困难时也可分段进行。这样做的目的是使土的挤出现象比较缓和,使各桩的入土深度不致过于悬殊,以免造成不均匀沉降。如图3-24所示。

桩在吊运和吊立时的受力情况与一般受弯构件相同,应按正负弯矩相等的原则确定吊点位置。吊运时一般多采用2个吊点,较长的桩可采用3~4个吊点;一般桩长小于18m时,采用2个吊点,大于18m用3个吊点,超过40m可采用4个吊点。而将桩吊立到打桩机的导向架时,则多采用1个吊点。

4) 施工要点

沉桩前应对桩架、桩锤、动力机械、射水管路、蒸汽管路、电缆等主要设备

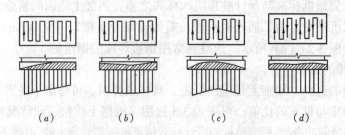

图 3-24 沉桩顺序与土壤挤密

部件进行检查。开锤前应再检查桩锤、桩帽及送桩是否与桩的中轴线一致，否则应纠正。沉斜桩时，桩架应符合斜桩的坡度。

沉桩开始时应用较低落距，并在两个方向观察其垂直度。此时，坠锤或单动汽锤的落距不宜超过 0.5m；双动汽锤应降低汽压，减少每分钟的锤击次数；柴油锤应减少供油重。

当桩入土达到一定深度后，再按规定的落距锤击。坠锤落距不宜大于 2.0m，单动汽锤不宜大于 1.0m；柴油锤应使锤芯冲程正常。

当落锤高度已达规定最大值，每击的贯入度小于或等于 2mm 时，应即停锤。但若此时沉桩尚未达到设计深度，则应查明原因，采用换锤或辅以射水等措施。

水上沉桩，可用固定平台、浮式平台或打桩船进行。如采用专用单桩船施工，当波浪超过二级，流速大于 1.5m/s 或风力超过 5 级时，均不宜沉桩。

(2) 射水锤击沉桩

射水沉桩的射水，多与锤击或振动相辅使用。射水施工方法的选择应视土质情况而异：在砂夹卵石层或坚硬土层中，一般以射水为主，锤击或振动为辅；在亚黏土或黏土中，为避免降低承载力，一般以锤击或振动为主，以射水为辅，并应适当控制射水时间和水量；下沉空心桩，一般用单管内射水。当下沉较深或土层较密实，可用锤击或振动，配合射水；下沉实心桩，要将射水管对称地装在桩的两侧，并能沿着桩身上下自由移动，以便在任何高度上射水冲土。必须注意，不论采取何种射水施工方法，在沉入最后阶段不小于 2.0m 至设计标高时，应停止射水，单用锤击或振动沉入至设计深度，使桩尖进入未冲动的土中。

射水沉桩的设备包括：水泵、水源、输水管路（应减少弯曲，力求顺直）和射水管等。射水管内射水的长度应为桩长、射水嘴伸出桩尖外的长度和射水管高出桩顶以上高度之和，射水管的布置见图 3-23 (c)，具体需根据实际施工需要的水压与流量而定。水压与流量关系到地质条件、选用的桩锤或振动机具、沉桩深度和射水管直径、数目等因素，较完善的方法是在沉桩施工前经过试桩后予以选定。

射水沉桩的施工要点是：吊插基桩时要注意及时引送输水胶管，防止拉断与脱落；基桩插正立稳后，压上桩帽桩锤，开始用较小水压，使桩靠自重下沉。初期应控制桩身不使下沉过快，以免阻塞射水管嘴，并注意随时控制和校正桩的方向；下沉渐趋缓慢时，可开锤轻击，沉至一定深度（8~10m）已能保持桩身稳定后，可逐步加大水压和锤的冲击功能；沉桩至距设计标高一定距离（2.0m以上）时停止射水，拔出射水管，进行锤击或振动使桩下沉至设计要求标高，以保持桩底土的承载力。

(3) 振动沉桩

振动锤可用于下沉重型的混凝土桩和大直径的钢管柱。一般在砂土中效果最佳。在软塑黏性土或饱和的砂类土层中，当桩的入土深度不超过15m时，仅用振动锤即可下沉。在饱和的砂土中，下沉直径55cm的混凝土管桩，采用ВП1型振动锤，配合强烈的射水，可以下沉至25m。

振动射水下沉钢筋混凝土管柱的一般施工方法是：初期可单靠自重和射水下沉；当下沉缓慢或停止时，可用振动，并同时射水；随后振动和射水交替进行，即振动持续一段时间后桩下沉速度由大变小时，如每分钟下沉小于5cm，或桩顶冒水，则应停止振动，改用射水，射水适当时间后，再进行振动下沉。要特别注意合理地控制振动持续时间，不得过短，也不得过长，振动持续时间过短，则土的结构未能破坏，过长，则容易损坏电动机及磨损振动锤部件，一般不宜超过10~15min。

当桩底土层中含有大量卵石或碎石，或软岩土层时，如采用高压射水振动沉桩难以下沉时，可将锥形桩尖改为开口桩靴，并在桩内用吸泥机配合吸泥，甚为有效。这时，水压强度应能破坏岩层的完整性，并能冲毁胶结物质。吸泥机的能力应能吸出用射水不能冲碎的较大石块。

一个基础内的桩全部下沉完毕后，为了避免先下沉桩的周围土壤被邻近的沉桩射水所破坏，影响承载力，应将全部基桩再进行一次干振，使达到合格要求。

(4) 静力压桩

静力压桩系以压桩机的自重，克服沉桩过程中的阻力，将桩沉入土中。静力压桩的终压承载力，在间歇适当时间后将增大。经验表明，压桩力仅相当于极限承载力的20%~30%。压入桩的极限承载力与锤击桩施工不相上下。

静力压桩仅适用于可塑状态黏性土，而不适用于坚硬状态的黏土和中密以上的砂土。

(5) 沉管灌注桩

沉管灌注桩是将底部套有钢筋混凝土桩尖或装有活瓣桩尖的钢管，用锤击或振动下沉到要求的深度后，在管内安放钢筋笼，灌注混凝土，拔出钢管形成。

沉管时，桩管内不允许进入水和泥浆。若有进入，应灌入1.5m左右的封底混凝土后，方可再开始沉桩，直至达到要求深度。当用长桩管沉短桩时，混凝土应一次灌足；沉长桩时，可分次灌注，但必须保证管内有约2.0m高的混凝土。

开始拔管时，应测得混凝土确已流出桩管后，才可继续拔管。拔管的速度应严格控制。在一次土层内拔管速度宜为1.5~2.0m/min。一次拔管不宜过高，应以第一次拔管高度控制在能容纳第二次灌入的混凝土量为限。

(6) 沉桩允许误差

竖直桩的垂直度偏差不得大于1%。斜桩的倾斜度偏差不得大于倾角（桩轴线与竖直线的夹角）正切值的15%。

3.2.1.3 水中桩基的施工

在水中沉桩时，一般可采用围堰、套箱等方法进行。若水很深，则可采用吊箱或打桩船进行。

(1) 钢板桩围堰法

若施工期水深在3~4m以下，则可搭设便桥或脚手架平台。然后把桩架移到平台上围堰钢板桩。打好钢板桩装好支撑后，即可在水中挖土，然后下沉基桩。沉完全部基桩后，进行水下混凝土封底，浇筑承台混凝土。

若施工期水深较深，不宜采用便桥或脚手架时，可先在铁驳上拼装围图，运至墩位后，再用起重机吊入水中，并用定位桩固定位置。这时可利于围图定位，并作导向架、施打钢板桩和堰内沉桩。

钢板桩围堰法是水中修筑基础最常用的一种方法。当围堰很高，且需抽出的水很深时，可采用双层钢围堰施工。

(2) 钢吊箱围堰法

当承台底面距河床面较高，承台以下为较厚的软弱土层，且水深流急时，可采用吊箱围堰修建桩基。吊箱是悬吊在水中定位桩上的有底套箱。在沉桩时可用作导向定位。沉桩完成后，在吊箱内灌注水下混凝土封底，浇筑承台混凝土。

使用吊箱围堰的潜水工作量小，防水效果好，施工方便。其缺点是结构较复杂，成本较高。

(3) 打桩船法

在深水中，可将桩架安装在驳船上进行沉桩，也可使用专用打桩船施工。目前国内使用的打桩船型号多种，可依据其技术规格选用。其中中铁大桥局150t打（压）桩船，其仰俯角不大于18.4°，可用于下沉斜度不大于3:1的斜桩；允许桩长不大于34m和桩重不大于25t。进口打桩船YKC-70号（日本），其桩架可沉前俯后仰30°以上的斜桩；允许桩重不大于40t；最高的桩架达52m，一次可下沉超过40m的长桩。

(4) 套箱式模板修筑承台

图3-25为两种承台，底面位于河床面以上时，用套箱式模板建筑承台的方法。

图3-25（a）是用驳船起吊套箱式模板进行承台施工的情况。沉桩完毕后，在承台底面处，由潜水工在桩上搭设一个平面尺寸比承台稍大的钢木平台。把岸上预制的钢筋混凝土套箱模板吊运沉放到钢木平台上。然后在套箱模板内灌注50cm厚的水下混凝土封底。待其凝固后，抽水、扎筋、浇注承台混凝土。

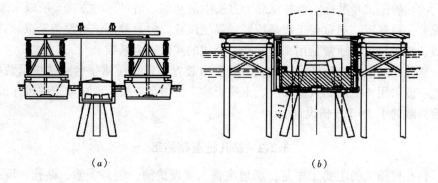

图 3-25　套箱式模板修筑承台
(a) 用驳船起吊套箱的承台施工；(b) 用脚手架起吊套箱式模板的承台施工

在水深不深时，可采用如图 3-25 (b) 所示的方法进行承台施工。在承台两侧搭设脚手架，并在其上拼装套箱模板。然后，将其沉放固定在桩上的水平支架上。在支架上由潜水工安放预制的钢筋混凝土板作为承台底模。防水处理后，灌注 80cm 厚水下混凝土封底。最后浇筑承台混凝土。

3.2.1.4　工地单桩承载力的确定

沉桩工程正式开始前，应先进行试桩，以确定单桩承载力。试桩一般采用冲击试验和静压试验。当设计有必要时，再做静拔试验和静推试验。冲击试验的桩数，一般不少于总桩数的 2%。静压试验的桩数，在地质条件相同的情况下，按总桩数的 1% 计，但不得少于 2 根。

(1) 冲击试验：是用沉桩经过休止后的贯入度，将其代入动力公式，求算桩的承载力。锤击动力公式很多。例如，铁路桥涵施工规范推荐的（日）建筑基准法公式为：

$$P = \frac{E}{5S + 0.1} \tag{3-3}$$

坠锤、单动汽锤　　　　　$E = Q \cdot H$ 　　　　　(3-4)

双动汽锤　　　　　　　　$E = (a \cdot p + Q)H$ 　　(3-5)

筒式柴油锤　　　　　　　$E = 2QH$ 　　　　　　(3-6)

式中　P——允许承载力（kN）；
　　　S——最终贯入度（最终锤击平均每次下沉量）（m/击）；
　　　E——一次冲击能（kN·m）可由打桩锤产品说明书查得；
　　　Q——锤的冲击部分重力（kN）；
　　　H——锤击部分的落高（m）；
　　　a——气缸换算面积（m²）；
　　　p——气缸压力（kPa）。

(2) 静压试验是确定单桩承载力方法中最基本、最可靠的方法。所以，国内外规范一致规定，对重要工程都应通过静压试验。但是静压试验设备笨重、费时费钱、数量较少，通常是用来校核动力公式的实际安全系数。

试验一般采用油压千斤顶加载，其反力装置可采用压重平台或锚桩承载梁。锚桩一般采用4根。如入土较浅、土质松软，应增至6根。承载梁应按预计最大试验荷载的1.3~1.5倍设计。

3.2.2 钻孔桩基础施工

钻孔桩施工的主要工序是：场地准备、埋设护筒、制备泥浆、钻孔、清孔、钢筋笼入孔和浇筑水下混凝土等。

3.2.2.1 准备工作

(1) 场地准备

在旱地施工时，包括平整和夯实场地，以防钻机不均匀沉陷。在浅水中，宜用筑岛法施工。岛顶面通常高出施工水位0.75~1.0m。场地处于深水时，可打临时桩支承护筒、导向架和工作平台，有条件时钻机可设在船上钻孔。在水深流急的河流中，可采用围囹浮运就位、下沉、落床，然后在其上搭设工作平台。

(2) 埋设护筒

护筒的作用是：固定桩位、导向钻头、隔离地面水、保护孔口地面及提高孔内水位，以增大对孔壁的静水压力，防止坍塌。护筒多采用钢护筒和钢筋混凝土护筒两种。钢护筒的壁厚可通过计算确定，一般钻孔桩为4~8mm。护筒的内径应大于钻头直径20cm（旋转钻）或40cm（冲击钻）。护筒埋置深度，在岸滩上，黏性土和粉土时，不小于1.0m，砂类土不小于2.0m。对于水中筑岛，护筒宜埋入河床面底面以下1.0m左右。护筒的顶，宜高出施工水位2.0m，并高出施工地面0.5m。钢筋混凝土护筒宜用于水深不大的钻孔中，壁厚为8~10cm。

护筒埋设多采用挖孔施工，但在筒的底部和周围一定范围内，应夯填黏土。在深水中埋设护筒时，可先打入导向架，再用锤击或振动加压沉入。护筒顶面中心与设计桩位偏差，不得超过5cm，斜度不得大于1%。

(3) 泥浆制备

在砂类土、砾石土、卵石土和黏砂土夹层中钻孔，必须用泥浆护壁。泥浆由黏土和水拌合而成。

泥浆的护壁机理是：充填于钻孔内的泥浆比重比地下水大，且通常保持孔内泥浆液面略高于孔外地下水位。故孔内泥浆的液柱压力，既足以平衡孔外地下水压而成为孔壁土体的一种液态支撑，又促使泥浆渗入孔壁土体并在其表面形成一层细密而透水性很小的泥皮，从而维护了孔壁的稳定。在钻孔桩施工中，泥浆除起护壁作用之外，还起悬浮钻碴、润滑钻具作用，有利于钻进，在正循环钻孔时还起了排碴作用。因此，对泥浆指标如比重、黏度、含砂率、胶体率和pH值等，都应符合施工规范的规定。

为达到上述性能要求，除必须对造浆的主要材料黏土和水严格选择外，还常用一些化学处理剂及添加一些惰性材料来使泥浆达到优质指标。

造浆的黏土应采用膨润土，水的pH值应在7~8之间，即呈中性，并且不含杂质。

化学处理剂分为无机和有机两大类。无机处理剂有碱类、碳酸盐类等，在工地常用纯碱。它的作用是提高悬液中低价阳离子的浓度。通过离子交换作用去置换粘粒界面吸附层中的高价阳离子，从而加厚结合水膜厚度，达到促使颗粒分散和防止凝聚下沉，对于泥浆调制、维护、再生都有良好的作用。有机处理剂有：稀释剂，又称分散剂，如丹宁液、拷胶液等，用于降低黏度；降失水剂，又称增黏剂，起增加黏度和降低失水量的作用，有煤碱液、腐殖酸纤维素、木质素、丙烯酸衍生物。

惰性物质：指一些不溶于水的物质，如重晶石粉、珍珠岩粉、石灰石粉等。在泥浆中掺入惰性物质，是为增加泥浆的比重。在施工时，应先作试验确定各种材料的配合比。

正反循环旋转钻孔时，泥浆需要不断的循环和净化，在场地需要设置制浆池、储浆池、沉淀池，并用循环槽连接。

3.2.2.2 钻孔

钻孔桩的关键是钻孔。钻孔的主要方法主要可归纳为3类，即冲击法、冲抓法和旋转法。各种钻（挖）孔方法的适用范围如表3-4所示。

各种钻孔方法的适用范围 表3-4

钻孔方法	适用范围			泥浆作用
	土层	孔径（cm）	孔深（m）	
螺旋钻	黏性土、砂类土、含少量砂砾石、卵石（含量少于30%，粒径小于10cm）的土	长螺旋：40~80 短螺旋：150~300	长螺旋：12~30 短螺旋：40~80	无水作业不需要泥浆
正循环回转钻	黏性土、粉砂、细、中、粗砂，含少量砾石、卵石（含量少于20%）的土、软岩	80~250	30~100	浮悬钻渣并护壁
反循环回转钻	黏性土、砂类土、含少量砾石、卵石（含量少于20%，粒径小于钻杆内径2/3）的土	80~300	用真空泵<35，用空气吸泥机可达65，用气举式可达120	护壁
潜水钻	淤泥、腐殖土、黏性土、稳定的砂类土、单轴抗压强度小于20MPa的软岩	非扩孔型：80~300 扩孔型：80~655	标准型：50~80 超深型：50~150	正循环浮悬钻渣，反循环护壁
冲抓钻	淤泥、腐殖土、密实黏性土、砂类土、砂砾石、卵石	100~200	大于20m时进度慢	护壁

续表

钻孔方法	适用范围			泥浆作用
	土层	孔径（cm）	孔深（m）	
冲击钻	实心锤：黏性土、砂类土、砾石、卵石、漂石、较软岩石 空心锤：黏性土、砂类土、砾石、松散卵石	实心锤：80～200 空心锤（管锤）：60～150	50	浮悬钻渣并护壁
钻斗钻	填土层、黏土层、粉土层、淤泥层、砂土层以及短螺旋不易钻进的含有部分卵石、碎石的地层	100～300	78	无水作业时不需要泥浆
人工挖孔	各种土石	方形或圆形： 一般：120～200 最大：350	25	支撑护壁不需要泥浆

(1) 冲击钻机钻孔

冲击法钻孔系用冲击钻机或卷扬机带动冲锤，借助锤头自动下落产生的冲击力，反复冲击破碎土石或把土石挤入孔壁中，用泥浆浮起钻渣，或用抽渣筒或空气吸泥机排出而形成钻孔。

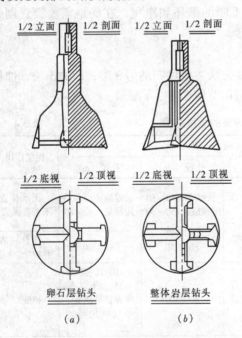

图 3-26 十字形冲击钻头

冲击钻机的钻头有十字形（实心锤）和管形（空心锤）等数种，如图 3-26 所示。在碎石类土、岩层中宜用十字形钻头；在黏性土、砂类土层中宜用管形钻具。近期国产冲击钻机的钻孔最大直径，土层中为 200cm，岩层中为 150cm；钻孔最大深度 180m；钻头质量 1.5～3.0t。

冲击钻孔的主要缺点是：钻普通土时，进度比其他方法都慢，也不能钻斜孔。

冲击钻孔的施工要点是：为防止冲击振动使邻孔孔壁坍塌，或影响邻孔已浇筑混凝土的凝固，应待邻孔混凝土浇筑完毕，并已达到 2.5MPa 抗压强度后方可开钻。冲击法造孔时，应采用小冲程开孔，使其成坚实顺直、圆顺，能起导向作用，并防止孔口坍塌。钻进深度超过钻头全高加冲程后，方可进行正常的冲击。在不同的地层，采用不同的冲程：黏性土、风化岩、砾砂石及含砂量较多的卵石层，宜用中、低冲程，简易钻机冲程 1～2.0m；砂卵石层，宜用中等冲程，简易钻机冲程 2～3m；基岩、漂石和坚硬密实的卵石层，宜用高冲程，简易钻机冲程3～5m，不超过6.0m。

在钻大孔时，可分级扩钻到设计孔径。当用十字形钻头钻1.5m以上的孔径时，可分两级钻进。当用管形钻头钻0.7m以上的孔径时，一般分2～4级钻进。

(2) 冲抓钻机钻孔

冲抓法钻孔系用冲抓锥张开抓瓣，并依靠其自重冲入土石中，然后收紧抓瓣绳，抓瓣便将土抓入锥中，提升冲抓锥出井孔，松绳开瓣将土卸掉。

冲抓钻头由钻身和钻瓣两部分组成。抓瓣的边沿和瓣尖，要象刀口一样，薄、锐、耐磨。一般钻头有四瓣、五瓣、六瓣之分。图3-27所示为六瓣冲抓锥的构造。国产冲抓钻机的钻孔深度50～60m，钻孔直径60～150cm，冲程1～3m。

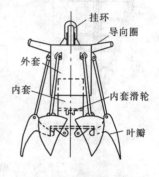

图3-27 六瓣双索冲抓锥

冲抓钻孔适用于黏性土、砂性土、砂黏性夹碎石及河卵石地层。但当孔深超过20m以上时，钻孔进度大为降低。此外，因无钻杆导向亦不能钻斜孔。

(3) 旋转钻机钻孔

旋转法钻孔系用钻机或人力，通过钻杆带动锥或钻头旋转切削土壤排出，形成钻孔。旋转钻孔又可分为：人工推钻、机动推钻或螺旋钻、正循环旋转钻、反循环旋转钻、潜水钻等。其中人工推钻、机动推钻和螺旋钻的工作原理，适用土层相同，均无水作业，不需要泥浆，但有地下水的地区不能使用。在桥梁工程中以正、反循环回转钻使用较普遍。特别是反循环回转机，在桥梁钻孔桩成孔中，目前处于主导地位。

1) 正循环旋转钻孔

泥浆由泥浆泵以高压从泥浆池输进钻杆内腔，经钻头的出浆口射出。底部的

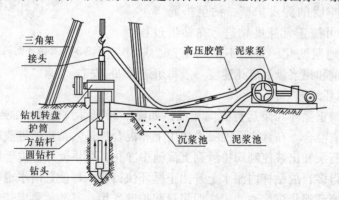

图3-28 正循环钻孔结构示意

钻头在旋转时将土层搅松成为钻渣,被泥浆悬浮,随泥浆上升而溢出,流到井外的泥浆溜槽,经过沉浆池沉淀净化,泥浆再循环使用。如图3-28所示。井孔壁靠水头和泥浆保护。钻渣靠泥浆悬浮才能上升携带排出孔外,因而对泥浆的质量要求较高。

正循环钻孔的钻头均带有刀刃,旋转时切削土层,其形式有刺猬钻头、鱼尾钻头等,如图3-29所示。刺猬钻头钻顶直径等于设计钻孔

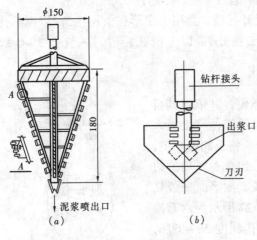

图 3-29 正循环钻头
(a) 刺猬钻头；(b) 鱼尾钻头

直径,钻头高度为直径的1.2倍。该钻头阻力较大,只适用于孔深50m以内的黏性土,砂类土和夹有粒径在25mm以下的砾石土层。鱼尾钻头用厚50mm的钢板制成,此种钻头在砂卵石或风化岩层中,有较高的钻进效果,但在黏土层中容易包钻,不宜使用。

国产正循环旋转钻机的钻孔直径 40～250cm；钻孔深度最大达600m,一般为40～60m。

正循环钻孔的施工要点是：安装钻机时,钻杆位置偏差不得大于2cm。开始钻孔时,应稍提钻杆,在护筒内旋转造浆,开动泥浆泵进行循环。泥浆均匀后以低档慢速开始钻进,使护筒脚处有牢固的泥皮护壁。钻至护筒脚下1.0m后,方可按正常速度钻进。在钻进过程中,应注意地层变化,采用不同的钻速、钻压、泥浆比重和泥浆量。成孔速度一般每班进尺5m左右。

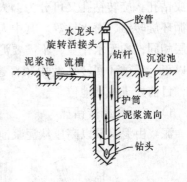

图 3-30 反循环钻结构示意

2) 反循环旋转钻孔

反循环与正循环泥浆运行方向相反,如图3-30所示。泥浆由泥浆池流入钻孔内,同钻渣混合。在真空泵抽吸力作用下,混合物进入钻头的进渣口,经过钻杆内腔,泥石泵和出浆控制阀排泄到沉淀池中净化,再供使用。由于钻杆内径较井孔直径小得多,故钻杆内泥水上升比正循环快得多,即使是清水也可把钻渣带上钻杆顶端流到泥浆沉淀池。本法泥浆只起护壁作用,其质量要求较低。反循环靠风压排渣,故钻孔一般比正循环快4～5倍,动力消耗也较小。

反循环钻孔的钻头，常用三翼空心单尖钻头和牙轮钻头，如图3-31所示。国产反循环回转钻机的的钻孔直径40～800cm；钻孔深度最大达600m，一般为40～100m。

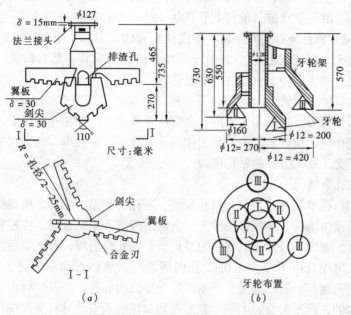

图3-31 反循环钻头
(a) 三翼空心单尖钻头；(b) 牙轮钻头

反循环钻孔的施工要点是：钻具装妥放入护筒水中后，为防止堵塞钻头吸渣口，应将钻头提高距孔底20～30cm。初钻时，先启动泥浆和钻盘，使之空转，待泥浆进入孔后再钻进，可用Ⅰ档转速。在普通黏土或砂黏土中钻进时，可用Ⅱ、Ⅲ档转速。遇大量地下水和易坍的粉砂土时，宜低档慢速前进，减少对土搅动，同时提高水头，加大泥浆比重。当泥浆比重大于1.3时，泥泵的抽吸能力降低，以采用1.1为宜。

3）潜水钻机钻孔

潜水钻机的特点，主要是电动机减速器与钻头紧紧连成一体，潜入水中工作。钻杆除起导向作用外，还给潜水电钻提供反扭矩。钻进方法分为正反循环两种类型，但钻孔效率较高，钻具简单、轻便、易于搬运、噪声小，操作条件有所改善。成孔垂直度一般好于其他类型的钻机。

国产潜水钻机的钻孔直径80～200cm；钻孔深度50～80m。

(4) 加藤钻机

它为日本加藤公司产品，是一种能自行移动的履带式钻机，在工地移动和对正桩位都比较方便，并配有钻架、套管驱动装置、提升起重设备及操纵台等成套设备。该钻机最突出的特点，是配有钢套管和用于下沉套管的液压操纵的套管驱动装置，可采用套管护壁法施工钻孔桩。加藤钻机还配有冲击式、冲抓式及旋转式钻头，可根据不同地质条件采用不同的钻头钻进。最大钻孔深度50m。

套管是由套管驱动装置压入（或拔出）土内的，驱动装置包括用以夹住套管的摆动夹环、液压摆动缸（能使套管产生12°~17°的左右摆动角）、上下移动缸（其上下移动冲程约400~700mm），故能使套管做左右和上下两个方向的活动而将套管压入土内（或拔出）。在松软土层中，应先下套管，然后钻进。在坚硬密实或中等硬度的土层中，宜随钻随下套管。

加藤钻机所备套管分上、中、下三种。上套管上部设有加强环，以防变形。下套管底部带刀刃，用以切入土内，套管可逐节接长。在钻孔过程中，套管既起可靠的护壁作用，也起给钻头导向的作用，并减少了扩孔率。各种规格的套管可供施工桩径为1.0~2.0m的钻孔桩。

(5) 钻孔事故

常见的钻孔事故有：坍孔、钻孔漏浆、弯孔、糊钻、缩孔、梅花孔、卡钻和掉钻。为了预防坍孔，在松散粉砂土、淤泥层或流砂中钻进时，应控制进尺，选用较大比重、黏度、胶体率的优质泥浆护壁。如孔口坍塌，可回填后再钻，或下钢护筒至未坍塌处以下至少1.0m。孔内坍塌可回填砂石和黏土混合物后再钻。钻孔漏浆是稀泥浆向孔外漏失，严重漏浆会导致坍塌孔，应及时处理。弯孔是钻孔偏斜引起的，严重时会影响钢筋笼的安装和桩的质量。钻孔进尺快，钻渣大或泥浆比重和黏度太大，出浆口堵塞出口，易造成糊钻（吸锥）。当地层中夹有塑性土壤，遇水膨胀后会使孔径缩小造成缩孔现象，一般可采用上下反复扫孔的方法予以扩大。梅花孔是冲击钻孔常遇到的事故，一般用强度高于基岩或探头石的碎石或片石回填重钻。发生卡钻，不宜强提，不可盲动。遇有掉钻应摸清情况，采用各种方法捞出。

3.2.2.3 清孔及浇筑水下混凝土

(1) 目的和方法

钻孔至设计高程经检查后，应即进行清孔。其目的在于使沉淀层尽可能减薄，提高孔底承载力。浇筑水下混凝土前，允许沉渣厚度应符合设计要求，设计未规定时：柱桩不大于10cm；摩擦桩不大于30cm。

清孔可采用下列方法：

抽渣法：适用于冲击钻机或冲抓钻机造孔。终孔后用抽渣筒清孔，直至泥浆中无2~3mm大的颗粒，且其比重在规定指标之内时为止。

吸泥法：适用于冲击钻机造孔，不适用于土质松软，孔壁容易坍塌的井孔。它是将高压空气经风管射入孔底，使翻动的泥浆和沉淀物随着强大的气流经吸泥管排出孔外。

换浆法：适宜于正反循环钻孔。终孔后，将钻头提离孔底10~20cm空转，保持泥浆正常循环，把孔内比重大的泥浆换出。换浆时间一般为4~6h。

(2) 施工要点

终孔检查后,应及时清孔,避免隔时过长泥浆沉淀引起坍孔。抽渣或吸泥时,应及时向孔内注入清水或新鲜泥浆,保持孔内水位,避免坍孔。

柱桩在浇筑水下混凝土前,应射水(或射风)冲射孔底 3~5min,翻动沉淀物,然后立即浇筑水下混凝土。射水(或风)的压力,应比孔底压力大 0.05MPa。不得用加深孔底深度的方法代替清孔。

浇筑水下混凝土工艺与围堰内水下混凝土封底相同。

3.2.2.4 钻孔灌注桩的质量检验

桩的检验一是了解其承载力大小;二是检验桩本身混凝土质量是否符合要求。水下混凝土质量应符合以下要求:强度须符合要求;无夹层断桩;桩身无混凝土离析层;桩底不高于设计标高;桩底沉淀厚度不大于设计规定等。

检测方法:每根灌注桩都应按规范要求,检查一定数量的试件。例如,公路规范要求每根桩至少应留取标准试件 2 组;桩长 20m 以上者不少于 3 组;如换工作班时,每工作班都应制取试件。结构重要或地质条件较差、桩长超过 50m 的桩,可预埋 3~4 根检测管,对水下混凝土质量做超声波检测。根据声波在有缺陷混凝土中传播时振幅减小、波速降低、波形畸变,检测混凝土桩的完整性。在无条件使用无破损法检测时,应采用钻孔取芯样检测法。

灌注桩承载力检测方法一般分两大类:静力试桩和动力试桩。相比之下后者费用低、速度快、设备轻便,是承载力检测技术的主要发展方向。目前,确定桩承载力的动力试桩方法只能采用高应变法(作用在桩顶上的能量足以使桩身产生 2.5mm 以上的贯入度)。用高应变试桩法确定桩的承载力的方法也很多。其中,以 Case 法和波形拟合法对灌注桩的应用较为广泛。

Case 法是一种简单近似的确定单桩承载力和判断桩身质量的动测方法,是以被动方程行坡理论为基础的动力量测和分析方法。

Case 法试验装置,由锤击设备和量测仪器两部分组成。目前已批量生产并在工程中应用的测桩仪(或称基桩动测仪),在国内已有十种左右。

3.2.3 挖孔桩基础施工

挖孔桩基础适用于无地下水或有少量地下水的土层和风化软质岩层。挖孔成方形或圆形,边长或直径一般不宜小于 1.2m,最大 3.5m。孔深一般不宜超过 15m。

挖孔桩的施工要点是:同一墩身各桩开挖顺序可对角开挖。当桩孔为梅花式布置时,宜先挖中孔,再开挖其他各孔。孔口的平面位置与设计桩位偏差不得大于 5cm。挖孔过程中,孔的中轴线偏斜不得大于孔深的 0.5%。

当孔深超过 10m,或二氧化碳浓度超过 0.3% 时,应设置通风设备。挖孔时必须采取孔壁支护。支护应高出地面。孔内爆破应采用浅眼爆破。爆破前,对爆眼附近的支撑应采取防护措施。成孔后应立即浇筑桩身混凝土。

3.2.4 管柱基础施工

3.2.4.1 适用范围和基本类型

管柱基础可用于深水、有潮汐影响、岩面起伏不平、无覆盖层或覆盖很厚的河床。主要适用于岩层、紧密黏土及各类土质，并能穿过溶洞孤石，不适用于有严重地质缺陷的地区，如断层挤压破碎带或严重的松散区域。

管柱基础形式基本上可分为两类：管柱下承至坚硬的岩层，与岩层固结或铰结成为柱状管柱，和管柱下沉至密实土层成为摩阻支承管柱。强迫下沉的大型管柱，可采用一根或两根管柱上直接连结墩柱，免除水下承台和防水围堰工程，可大大简化施工程序，缩短工期。

目前国内管柱基础深度已达 70m（其中穿过覆盖层 45m），最大直径 5.8m。与灌注桩基础相比，需用的设备和电力较多，技术要求高，应用并不广泛。

管柱有钢筋混凝土管柱、预应力混凝土管柱及钢管柱三种。钢筋混凝土管柱直径有 1.55m、3.0m、3.6m 和 5.8m 四种，适用于入土深度 25m 以内，下沉所需的振动力不大，制造工艺及设备比较简单。管柱的预制可采用卧式制造、立式制造和离心旋制法制造。离心旋制的管柱，管壁厚度均匀，表面光洁，混凝土强度比立方体试件强度可提高 30%，适合大规模生产。预应力混凝土管柱下沉深度可超过 25m，目前有直径 3.0m 和 3.6m，不同配筋的共 5 种规格。预应力的作用，仅在于强迫下沉时防止管壁开裂。预应力混凝土管柱一般采用先张法制造，对 A5 钢筋或高强度钢丝施加预应力。钢管柱直径有 1.4~3.2m 多种，管壁厚 10mm，壁内有竖向肋角钢或加劲板及水平角钢圆环加劲作为骨架，管节长度 12~16m。钢管柱制造设备简单，下沉速度快，但对制造工艺要求较高，造价也较贵。

3.2.4.2 施工程序

管柱基础的施工方法可分为两类：需要设置防水围堰的低承台或高承台基础，和不需要设置防水围堰的低承台或高承台基础。设防水围堰基础施工比较复杂。图 3-32 所示为其施工示意图；图 3-33 为其施工程序图。

3.2.4.3 管柱下沉

管柱下沉根据地质情况、管柱直径、预计沉入深度等，可采取不同的施工方法，计有：振动打桩机振动下沉；振动与管柱内除土下沉；振动与射水下沉；振动与射水、吸泥下沉和振动与射水、射风、吸泥下沉。在覆盖层较薄（如小于 9m）时，也可单用外高压射水下沉到设计标高。

(1) 振动打桩机的选择

振动打桩机的额定振动力应大于振动体系重量的 1.3~1.5 倍，并足以克服土壤的动摩擦力，即

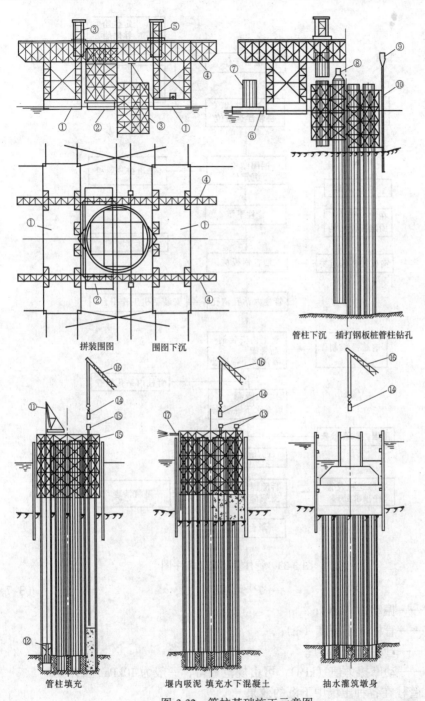

图 3-32 管柱基础施工示意图
①—导向船；②—拼装铁驳；③—钢围图；④—联结梁；⑤—天车；⑥—运输铁驳；⑦—管柱；⑧—振动打桩机；⑨—打桩机；⑩—钢板桩；⑪—钻机；⑫—钻头；⑬—灌注混凝土导管；⑭—混凝土吊斗；⑮—钻机平台；⑯—吊机；⑰—吸泥机

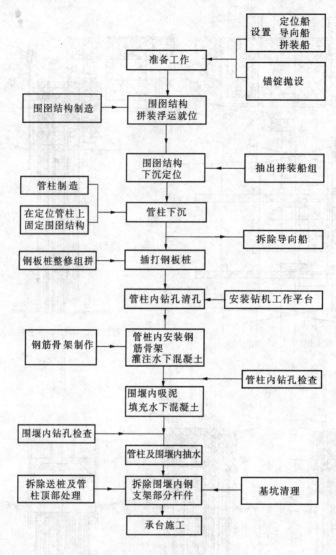

图 3-33 管柱基础施工程序图

$$P > f\mu H \tag{3-7}$$

式中 P——振动力（kN）；

H——管柱入土深度（m）；

μ——管柱周长（m）；

f——动摩擦力值（kPa），可由规范查得，一般为 10kPa 左右。

(2) 管柱在各种土壤中下沉的效果

管柱下沉以在砂质土壤中效果最好。在其他土壤中，振动作用虽能克服管柱周边土壤阻力，但难于克服管柱下端的正面阻力。其下沉效率可概括为：

① 砂质土　　　　　　　　　　　　100%

②砂黏土、砂夹卵石　　　　　　　50%
③淤泥质砂黏土　　　　　　　　　35%
④密实的卵石夹砂、硬黏土　　　　20%

(3) 管柱下沉施工要点

管柱群下沉顺序，除施工组织设计有规定外，可按对称管柱群中心施工。每次连续振动时间不宜超过5min。若管柱内除土仍不下沉，或振动时管柱明显回跳、倾斜加大以及大量翻砂涌水时，应立即停振、分析原因。遇黏性土、粉土层管柱下沉困难时，可用高压射水或其他措施破坏黏土结构再除土振动下沉。遇孤石、树干、铁杆或其他障碍物时，可用冲击设备击碎，或水下切割排除。摩擦支承管柱下沉到接近设计高程时，不得射水。管柱内土面不应低于设计高程。当振动达到设计高程，按要求清底后，即可在管柱内填充混凝土。对于钻岩管柱，清孔可用空气吸泥机高压射水，必要时辅以射风。清孔要求沉淀1h后，孔底面上沉淀物平均厚度不大于1cm。

管柱下沉到设计高程后的施工允许偏差，应符合规范要求。

§3.3　沉井与沉箱基础施工

3.3.1　概　　述

沉井是桥梁工程中广泛采用的一种无底无盖，形如井筒的基础结构物。沉井在施工时作为基础开挖的围堰，依靠自身重量，克服井壁摩阻力逐渐下沉，直至到达设计位置。同时，沉井经过混凝土封底，并填充井孔后成为墩台的基础。

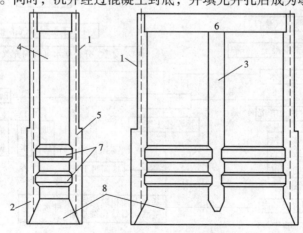

图3-34　沉井构造示意图

1—外井壁；2—刃脚；3—隔墙；4—井孔（取土通道）；
5—预埋冲刷管；6—顶盖板；7—凹槽；8—封底混凝土

沉井基础宜在如下情况下采用：承载力较高的持力层位于地面以下较深处，明挖基坑的开挖量大，地形受到限制，支撑困难；山区河流中，冲刷大，或河中有较大的卵石不便于桩基施工；岩层表面较平坦，覆盖层不厚，但河水较深。

沉井基础的特点是：埋置深度可以很大、整体性强、稳定性好、刚度大、承载力大；施工设备简单，工艺不复杂，可以几个沉井同时施工，缩短工期；下沉时如遇有大孤石、沉船、落梁、大树根等障碍物，会给施工带来很大困难。此外，沉井不适用于岩层表面倾斜过大的地方。

沉井可分为混凝土沉井、钢筋混凝土沉井、钢沉井和竹筋混凝土沉井等。其中最常用的是钢筋混凝土沉井，可以做成重型的就地制造、下沉的沉井，其构造如图 3-34 所示，也可做成薄壁浮运沉井及钢丝网水泥沉井。混凝土沉井一般只适用于下沉深度不大（4~7m）的松软土层，多做成圆形，使混凝土主要承受压

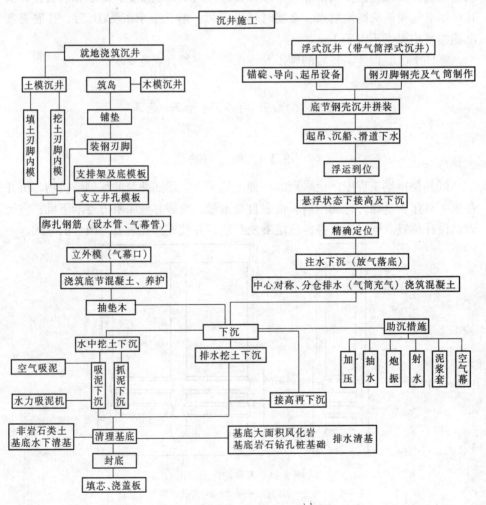

图 3-35　沉井施工一般工艺流程图

应力。钢沉井适于制造空心浮运沉井。竹筋混凝土沉井可以就地取材，节约用钢，适用于我国南方盛产竹材的地方。

迄今国内桥梁工程中应用的最大沉井，是南京长江大桥底面尺寸20.2m×24.9m钢筋混凝土沉井。世界上最深沉井已达70m以上，最大平面尺寸为64m×75m。

按下沉方法，沉井可分为就地下沉沉井和浮运沉井两类。它们的施工一般工艺流程如图3-35所示。

该工艺流程系针对完全靠自身重量，克服井壁与地层间的摩阻力使井筒下沉的方法，称纯自沉沉井工法。该工法设备简单，成本低，特别在软土地层中应用较多。但是该工法对于硬土层、卵砾层沉井下沉困难，易发生倾斜和偏心过大。为此，近年来开发了靠地锚反力强行把井筒压入土层的压入式工法；刃脚钢靴外撇，卵石导槽的所谓SS沉井工法和自动化沉井工法（SOCS工法）。SOCS工法是采用预制管片拼接井筒，自动挖土排出，自动压沉井筒的高精度沉井工法。

3.3.2 就地下沉沉井的制造和下沉

3.3.2.1 场地准备

制造沉井前，应先平整场地，并要求地面及岛面有一定的承载力。否则应采取换填、打砂桩等加固措施。

(1) 在无水区的场地

在无水地区，如天然地面土质较好，只需将地面杂物清除干净和整平，就可在墩台位置上制造和下沉沉井。如土质松软，则应换土或在其上铺填一层不小于0.5m的砂或砂夹卵石并夯实，以免沉井在混凝土浇灌之初，因地面沉降不均产生裂缝。有时为减少沉井在土中的下沉量，可先开挖一个基坑，使其坑底高出地下水面0.5~1.0m，然后在坑底上制造沉井。

(2) 在岸滩或浅水地区的场地

在岸滩或浅水地区，需先筑造无围堰土岛，如图3-36所示。筑岛施工时，应考虑筑岛后压缩流水断面，加大流速和提高水位的影响。

无围堰土岛一般在水深小于1.5m，流速不大时适用。土料的选择由流速大小而定。筑岛土料与容许流速的关系如表3-5所示。土岛护道宽度不宜小于2.0m，临水面坡度可采用1:2。

(3) 在深水或流速较大地区的场地

水深在3.5m以内，流速为1.0~2.0m/s的河床上，可用草（麻）袋装砂砾堆成有迎水箭的围堰；当流速为2.0~3.0m/s时，宜用石笼堆成有迎水箭的围堰，在内层码草袋，然后填砂筑岛。

钢板桩围堰筑岛多用于水深（一般在15m以内）流急、地层较硬的河流。围堰筑岛的护道宽度，应满足沉井重量等荷载和对围堰所产生的侧压力的要求。

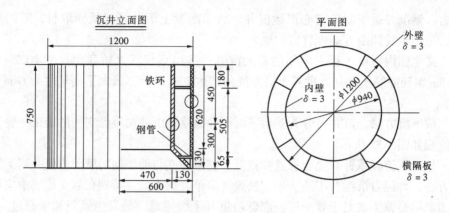

图 3-36 人工土岛（本图尺寸以 cm 计）

3.3.2.2 底节沉井的制造

底节沉井的制造包括场地整平夯实、铺设垫木、立沉井模板及支撑、绑扎钢筋、浇筑混凝土拆模等工序。

(1) 铺垫木

制造沉井前，应先在刃脚处对称地铺满垫木，并使长短垫木相间布置，如图 3-37 所示。垫木底面压应力应不大于 0.1MPa，垫木一般为枕木或方木。

为抽垫方便，沉井垫木应沿刃脚周边的垂直方向铺设。垫木下须垫一层约 0.3m 厚的砂。垫木间的间隙也用砂填平。垫木的顶面应与刃脚的底面相吻合。

(2) 立模板、绑扎钢筋

有钢刃脚时，垫木铺好后要先拼装就位。然后立内模，其顺序如下：刃脚斜坡底模，隔墙底模，井孔内模，再绑扎与安装钢筋，最后安装外模和模板拉杆。外模板接触混凝土的一面要刨光，使制成的沉井外壁光滑，以利下沉。钢模板周转次数多，强度大，并具有其他许多优点。

模板及支撑应有较好的刚度，内隔墙与井壁连接处承垫应连成整体，以防止不均

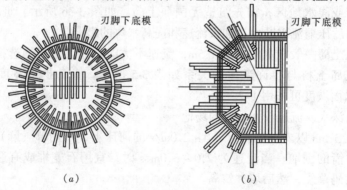

(a)　　　　　　　　(b)

图 3-37 垫木布置示例

(a) 圆形沉井；(b) 矩形沉井

筑岛土料与容许流速表		表 3-5
筑 岛 土 料	容许流速 (m/s)	
	土表面处	平均流速
细砂（粒径 0.05～0.25mm）	0.25	0.3
粗砂（粒径 1.0～2.5mm）	0.65	0.8
中等砾石（粒径 25～40mm）	1.0	1.2
粗砾石（粒径 40～75mm）	1.2	1.5

匀沉陷。

（3）混凝土灌注与养生

沉井混凝土应沿井壁四周对称均匀灌注，最好一次灌完。

混凝土灌注后 10h 即可遮盖浇水养护。底节沉井混凝土养生强度必须达到 100%，其余各节允许达到 70% 时进行下沉。

（4）拆模及抽垫

在混凝土强度达到 2.5MPa 以上时，方可拆除直立的侧面模板，且应先内后外，达到 70% 后，方可拆除其他部位的支撑与模板。

拆模的顺序是：井孔模板、外侧模板、隔墙支撑及模板、刃脚斜面支撑及模板。撤除垫木必须在沉井混凝土已达设计强度后进行。抽垫应分区、依次、对称、同步地进行。撤除垫木的顺序是：先撤内壁下，再撤短边下，最后撤长边下垫木。长边下的垫木是隔一根撤一根，然后以四个定位垫木（应用红漆表明）为中心，由远而近对称地撤。最后撤除四个固定位垫木。每撤出一根垫木，在刃脚处随即用砂土回填捣实，以免沉井开裂、移动或倾斜。

（5）土内模制造沉井刃脚

采用土内模制造沉井刃脚，不但可节省大量垫木以及刃脚斜坡和隔墙地底模，并省去撤除垫木的麻烦。

土模分填土和挖土内模。如图 3-38 所示。

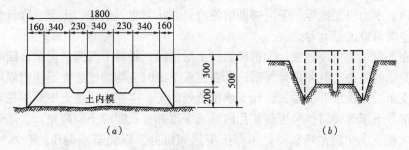

图 3-38　土内模制造沉井刃脚（图中尺寸单位：mm）
(a) 填土内模；(b) 挖土内模

填土内模施工是先用黏土、砂黏土按照刃脚及隔墙的形状和尺寸分层填筑夯实，修整表面使与设计尺寸相符。为防水及保持土模表面平整，可在土面抹一层 2～3cm 的水泥砂浆面层。同时为增强砂浆面层与土模连接的整体性，当地下水位低，土质较好时，可采用挖土内模。

3.3.2.3 沉井下沉

(1) 下沉施工方法

撤完垫木后，可在井内挖土消除刃脚下土的阻力，使沉井在自重作用下逐渐下沉。井内挖土方法可分为排水挖土和不排水挖土。如图 3-39 所示。只有在稳定的土层中，且渗水量较小（每平方米沉井面积渗水量不大于 $1.0m^3/h$），不会因抽水引起翻砂时，才可边排水边挖土。否则，只能进行水下挖土。

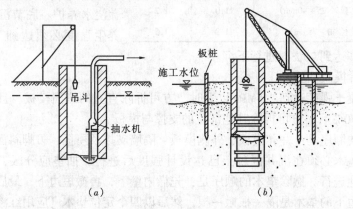

图 3-39 沉井下沉施工法
(a) 排水施工；(b) 不排水施工

挖土方法和机具应根据工程的具体条件，合理选择。在排水下沉时，可用抓土斗或人工挖土。用人工挖土时，必须切实防止基坑涌水翻砂，特别应查明土层中有无"承压水层"，以免在该土面附近挖土时，承压水突破土层涌进沉井，危及人身安全和埋没机具设备。不排水下沉时，可使用空气吸泥机、抓土斗、水力吸石筒、水力吸泥机等。下沉辅助措施有：高压射水、炮振、压重、降低井内水位及空气幕或泥浆套等。

在下沉过程中应注意：①正确掌握土层情况，做好下沉测量记录，随时分析和检验土的阻力与沉井重量关系；②在正常下沉时应均匀挖土，不使内隔墙底部受到支承。在排水下沉时，设计支承位置处的土，应在分层挖土中最后挖除。为防止沉井下沉时偏斜，应控制井孔内除土深度和井孔间的土面高差；③随时调整偏斜，在下沉初期尤其重要；④弃土应远离沉井，以免造成偏压。在水中下沉时，应注意河床因冲刷和淤积引起的土面高差，必要时应在井外除土调整；⑤在不稳定的土层或砂土中下沉时，应保持井内水位高出井外 1~2m，防止翻砂，必要时要向井孔内补水；⑥下沉至设计标高以上 2m 前，应控制井孔内挖土量，并调平沉井。

沉井下沉进度随沉井入土深度、地质情况、沉井大小及形状、施工机具设备能力大小及选择适宜的施工方法等情况而异，其变化幅度很大，特别是土质结构复杂时影响更大。根据部分沉井下沉统计资料，筑岛沉井自抽垫下沉至沉到设计标高、浮式沉井自落入河床至沉到设计标高的全部作业时间内，其平均综合下沉进度为：砂土中 0.3~0.4m/d；卵石中 0.15~0.25m/d；砂黏土及黏砂土互层中 0.20~0.30m/d；黏土中 0.10~0.20m/d。

(2) 接筑沉井和井顶围堰

当第一节沉井顶面沉至离地面只有 0.5m 或离水面只有 1.5m 时，应停止挖土下沉，接筑第二节沉井。这时第一节沉井应保持竖直，使两节沉井的中轴线重合。为防止沉井在接高时突然下沉或倾斜，必要时在刃脚下回填。接高过程中应尽量对称均匀加重。混凝土施工接缝应按设计要求布置接缝钢筋，清除浮浆并凿毛。

以后，每当前一节沉井顶面沉至离地面或水面只有 0.5m 和 1.5m 时，即接筑下一节沉井。

若沉井沉至接近基底标高时，井顶低于土面或水面，则需事先修筑一临时性井顶围堰，以便沉井下沉至设计标高，封底抽水，在围堰内修筑承台及墩身。围堰的形式可用土围堰、砖围堰。若水深流急，围堰的高度在 5.0m 以上者，宜采用钢板桩围堰或钢壳围堰。

(3) 沉井纠偏方法

在沉井下沉过程中，应不断观察下沉的位置和方向，如发现有较大的偏斜应及时纠正。否则，当下沉到一定深度后，就很难纠正了。采取纠正措施前，必须摸清情况，分析原因，如有障碍物，应首先排除。

①偏除土纠偏

当沉井入土不深，采用此法效果较好。纠正倾斜时，可在刃脚较低一侧加撑支垫，在刃脚较高一侧除土。随着沉井的下沉，倾斜即可纠正。纠正位移时，可偏除土使其向偏位的方向倾斜，然后沿倾斜方向下沉，直至沉井底面中心与设计中心位置相合或相近，再纠正倾斜。

②井顶施加水平力，在低的一侧刃脚下加设支垫纠偏

由滑车组在高的一侧沉井顶部施加水平拉力，通过挖土沉井逐渐下沉纠正偏斜。

③井顶施加水平力、井外射水、井内偏除土纠偏

在刃脚高的一侧沉井顶，由滑车组加拉力，并在同一侧井外射水、井内吸泥实现纠偏。

④增加偏土压纠偏

在沉井的一侧抛石填土，增加该侧土压力，可使沉井向另一侧倾斜，达到纠偏的目的。

⑤沉井位置扭转的纠正

在沉井两对角偏除土，另两对角偏填土，可借助不相对的土压力形成扭矩，使沉井在下沉过程中逐渐纠正其位置。

(4) 沉井基底清理、封底及浇筑

沉井下沉到设计标高后，如水可以排干，则可直接检验，否则应由潜水工水下检验。当检验合乎要求后，便可清理和处理沉井井底，以保沉井底面与地基面有良好的接触，之间没有软弱夹层。

当为排水挖土下沉时，与敞坑开挖地基处理相同，比较简单。需水下清基时，可用射水、吸泥和抓泥交替进行，将浮泥、松土和岩面上的风化碎块等尽量清除干净。清理后的有效面积（扣除刃脚斜面下一定宽度内不可能完全清除干净的沉井底面积）不得小于设计要求。

沉井水下混凝土封底时，与围堰内水下混凝土封底要求相同。水下封底混凝土，达到设计要求强度时，把井中水排干，再填充井内圬工。若井孔不填或仅填以砂土，则应在井顶灌制钢筋混凝土顶盖，以支托墩台。接着就可砌筑墩台身，当墩台身砌出水面或土面后就可拆除井顶围堰。

沉井清基后底面平均高程、沉井最大倾斜度、中心偏移及沉井平面扭转角，应符合施工规范的要求。

3.3.3 用泥浆润滑套、空气幕或 SS 沉井工法下沉沉井

3.3.3.1 泥浆润滑套沉井工法

泥浆润滑套是在沉井外壁周围与土层间设置的泥浆隔离层，用以减少沉井下沉过程中的摩擦力（可减少至 3~5kPa）。用泥浆套下沉的沉井结构中，为压注泥浆在沉井四周外壁形成完好的泥浆套，需设置压浆管、泥浆射口挡板和泥浆地表围圈。如图 3-40 所示。

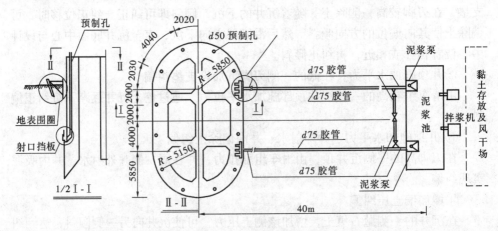

图 3-40 泥浆套沉井工法

压浆管：一般预埋在井壁内，为节约钢材，亦可在井壁内预制孔道。管径为 $\phi 38 \sim \phi 50$，间距 3~4m。射口方向与井壁 45°角。

薄壁沉井中宜采用外管法，即压浆管布置在井壁内侧或外侧。如预留在井壁内的压浆管遭堵塞时，亦可用外管法补救。

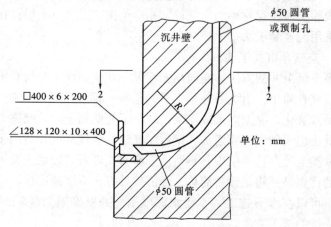

图 3-41　泥浆射口挡板

泥浆射口挡板设置在底节沉井第一台阶的每根压浆管的出口，使射出的泥浆不致直接冲刷土壁，可用角钢或钢板弯制，如图 3-41 所示。

泥浆地表围圈是埋设在地表附近沉井外围保护泥浆套的围壁。它的作用是确保沉井下沉时泥浆套的正确宽度；防止表层土坍落在泥浆内；储存泥浆，保证在沉井下沉过程中泥浆补充到新造成的空隙内；泥浆在围圈内可流动，以调整各压浆管出浆的不均衡。

地表围圈的宽度即沉井台阶的宽度，其高度一般在 1.5～2.0m 左右，顶面高出地面或岛面约 0.5m，上加顶盖，以防土石落入或流入冲蚀。地表围圈可用木板或钢板制作。图 3-42 所示为一钢制地表围圈。地表围圈外侧，应用不透水的土分层回填夯实。

此外，还需配备拌浆机及储浆池、压浆机以及连接压浆机和沉井压浆管的输浆管等。

为形成良好的泥浆套维护土壁完整，减少沉井外侧的摩擦力，选用的泥浆应具有良好的固壁性、触变性和胶体率。泥浆的原料主要是膨润土和水，两者占泥浆成分的 95% 以上。

采用泥浆套下沉沉井的施工要点是：沉井下沉时应及时

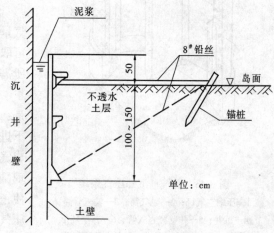

图 3-42　泥浆地表围圈

补充泥浆，以形成完整的泥浆套；使沉井内外水位相近，或井内略高，以防翻砂、涌水破坏泥浆套；由于采用泥浆套，侧面阻力大为减小，沉井下沉时较易倾斜，故沉井内除土应注意对称均匀进行，并避免掏空刃脚下土层；在卵石、砾石层中，不宜采用泥浆套工法。

3.3.3.2 空气幕沉井工法

用空气幕下沉沉井的方法，是向预先埋设在井壁四周上的气管中压入高压气流，气流由喷气孔喷出，沿沉井外壁上升，形成一圈压气层（又叫空气幕），使其周围土松动或液化，黏土则形成泥浆，减小了井壁和土间的摩擦力，促使沉井顺利下沉。此法也叫做空气喷射法、壁后压气法。空气幕沉井适用于地下水位较高的细、粉砂类土及黏性土层中，不适用于卵石、砾石、硬黏土及风化层等地层中。空气幕的优点是：施工设备简单，经济效果好；下沉速度快，下沉中要停要沉容易控制；可以在水下施工，不受水深限制；井壁摩阻力较泥浆套法容易恢复，是一种先进的施工方法。

空气幕沉井在构造上增加了一套压气系统。压气系统决定着空气幕的效果，它由气龛、井壁中的气管、压缩空气机、贮气筒以及输气管路等组成，如图 3-43 所示。

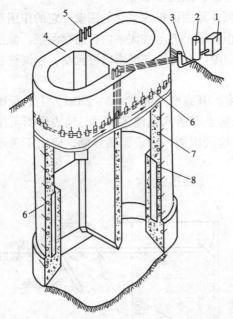

图 3-43 空气幕沉井压气系统
1—压缩空气机；2—贮气筒；3—输气管路；4—沉井；5—井壁竖直气管；6—井壁环形水平气管；7—气龛；8—气龛中的喷气孔

气管有两种，一种是水平环形管或叫水平喷气管，连接各层气龛，每 1/4 或 1/2 周设一根，以便纠偏；另一种是竖管，每根竖管连接二根环形管，并伸出井顶。竖管和环形管可采用内径为 25mm 的硬塑料管，沿井壁外缘埋设。压气时，高压气流有竖管进入环形管，然后从各气龛喷出。

压缩空气机的选用主要由气压和气量决定。空气幕沉井所需的气压，可取静水压力的 2.5 倍。可和吸泥机所需的空压机共用。

采用空气幕下沉沉井的施工要点是：压气时，必须从上层气龛逐次向下进行，绝对不可由下而上，以免造成气流向下经刃脚由孔内逸出，出现翻砂；在整个下沉过程中，当吸泥使正面阻力消除后，还必须及时辅以压气，防止沉井侧面阻力恢复；下沉时应做到均匀除土，勤压气，不得过分除土而不压气;在一般情况下,除土面低于刃脚 0.5~1.0m 时,即应压气下沉;压气时间不宜过长,可在 10min 左右。

3.3.3.3 SS 沉井工法

SS 沉井(SPACE SYSTEM CAISSON)工法,是一种刃脚改形、卵砾填缝的自沉沉井工法。其基本构造如图 3-44 所示。沉井刃脚钢靴刃尖呈八字形,因此井筒下沉时,沉井外壁面与地层之间会出现缝隙,卵砾自动地落入该缝隙中,致使井筒外壁与地层间的摩擦,由原来的滑动面摩擦变为球体滚动摩擦(井筒外壁与卵砾之间的摩擦,地层与卵砾间的摩擦,卵砾群内部卵砾石间的相互摩擦均为滚动摩擦),故井筒下沉时的摩阻力大幅度下降,形成仅靠井筒自重即可顺利下沉的局面。摩阻力与卵砾粒径的大小、均匀程度有关,而与地层土质及下沉深度的关系不大。在粒径 40mm 近似球形河卵石的状况下,该摩阻力为 7kPa 左右。另外,因缝隙中填充了卵砾,使井筒与地层之间保持有一定的距离,所以井筒位置稳定(即倾斜小)。调整刃尖下方土体的阻力,可以及时地修正沉降过程中出现的倾斜。下沉施工完结后,向充满卵砾的缝隙中注入固结浆液,使井筒和地层固结在一起。

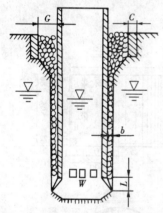

图 3-44 SS 沉井工法
L:刃脚钢靴(八字型);b:缝隙宽度(20cm),填充卵砾;G:井筒外壁到导向墙间的距离(填充卵砾);C:导向墙厚度;W 为射水窗口

SS 沉井工法主要由导向墙、刃脚钢靴、卵砾、循环水和注浆设备等组成。

导向墙是观测沉井下沉状态的定位墙,同时还兼作卵砾贮藏槽的保护墙。导向墙与沉井外壁之间的间隔,因地层与井筒外壁间的缝隙的大小和卵砾贮藏量的不同而不同,一般为 0.7~1.0m。

刃脚钢靴在构筑井筒时是底座,井筒下沉时是贯入地层的贯入头。刃尖的作用是剪切地层,所以应为刃形。另外,刃脚钢靴的刃尖,应向外撇成八字形,使井壁与地层之间形成 15~20cm 的缝隙。内侧钢板的角度为 60°。钢板厚度为 6~9mm。在刃脚钢靴的中部离钢靴上顶 1.5~2.0m 的部位开设窗口,以沟通井筒内外的地下水,防止刃脚下方的土砂上涌。必要时该窗口还可把井壁与地层间的缝隙中的卵砾排放到沉井内侧,以此纠正沉井的倾斜。

该工法已在 32 项工程中得到成功的应用,今后可望在桥梁基础等地下建筑物施工中得到推广应用。

3.3.4 浮式沉井

在深水中,当人工筑岛有困难时,则常采用浮式沉井。它是把沉井做成空体结构,或采用其他措施,使能在水中漂浮;可以在岸边做成后,滑入水中,拖运到设计墩位上,也可以在驳船上做成后,连同驳船一起拖运到墩位上,再吊起放入水中。沉井就位后,在悬浮状态下,逐步用混凝土或水灌入空体中,使其徐徐下沉,直达河底。当沉井较高时,则需分段制造,在悬浮状态下逐节提高,直至沉入河底。当沉井刃脚切入河底一定深度后,即可按一般沉井的下沉方法施工。

浮式沉井的类型很多,如钢丝网水泥薄壁浮式沉井、双壁钢壳底节浮式沉井、带钢气筒的浮式沉井、钢筋混凝土薄壁浮式沉井和临时井底浮式沉井等。

3.3.4.1 钢丝网水泥薄壁浮运沉井

钢丝网水泥由钢筋网、钢丝网和水泥砂浆组成。通常是将若干层钢丝网均匀地铺设在钢筋网的两侧,外面抹以不低于400号的水泥砂浆,使之充满钢筋网和钢丝网之间的空隙,且以1~3mm作为保护层。当钢丝网和钢筋网达到一定含量时,钢丝网水泥就具有一种匀质材料的力学性能,它具有很大的弹性和抗裂性。

由于钢丝网水泥具有上述特性,用来制造薄壁浮运沉井非常适宜,而且制作简单,无需模板和其他特殊设备,可节约钢材和木材。钢丝网水泥浮运沉井的基本构造如图3-45所示。

3.3.4.2 双壁钢壳底节浮式沉井

双壁钢壳底节浮式沉井,是近年来桥梁工程中广泛应用的沉井基础,特别是在深水流急的河段。它可在工厂分段制做,现场拼装成型,下水浮运到位下沉。

双壁钢壳底节浮式沉井可做成圆形、方形和圆端形。其基本构造如图3-46所示。沉井是用型钢构成骨架,用薄钢板(厚度5~6mm)做成内外壳,经焊制而成的沉井底节钢模板。

钢壳沉井壁划分成若干隔仓。隔仓是独立的,互相间不得漏水。在沉井注水落床后,按中心对称的程序,分仓抽水浇筑混凝土,待凝固后再按程序下沉。

当沉井入水较深,直径较大时,宜用双壁钢沉井。虽耗钢料较多,但比较安全,制造不困难,施工方便,而且封底混凝土以上部分,在墩身出水后,可由潜水工在水下烧割回收,

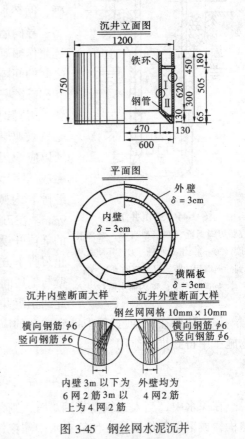

图3-45 钢丝网水泥沉井

重复使用。

3.3.4.3 带钢气筒的浮式沉井

当河水很深、沉井较大时,沉井逐节接高落床前,为使沉井能在水上漂浮,也可在沉井井孔位置上装置若干个钢气筒,向气筒内充压缩空气来浮托沉井。当沉井着床后,切除气筒即为取土井孔。以后的施工步骤就与一般沉井同。

带气筒的圆形钢沉井在构造上可分为三部分:双壁沉井底节(能自浮)、单壁钢壳、钢气筒,如图3-47所示。

(1) 双壁沉井底节

双壁底节是在钢气筒打气前可自浮于水中的浮体。其结构强度,不仅考虑入水自浮时的受力状态,还应满足沉井下沉过程中,在填充混凝土前所承受的水压和气压。双壁沉井底节的外径即为沉井底部的外径,根据沉井基础承载力的要求确定。底节的高度在接高第一层单壁钢壳和全部钢气筒后,其顶面应高出水面1.5m以上。

在沉井的井壁和隔墙中部布置直径700mm探测管,除供探测泥面标高外,还可放入小型空气吸泥机吸除隔墙下的泥土。

(2) 单壁钢壳

单壁钢壳是沉井底节以上接高部分的外壁,它是防水结构,又是接高时灌注沉井外圈混凝土模板的一部分。其高度一般大于沉井落河床时的水深。

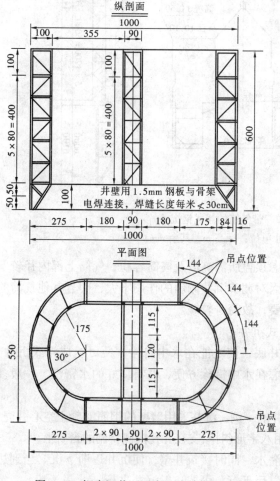

图3-46 钢壳沉井(图中尺寸单位:cm)

(3) 钢气筒

钢气筒的作用是依靠压缩空气排除气筒内的水,提供沉井在接高过程中所需要的浮力。

气筒的高度应使其顶盖高于空气中切割该顶盖时的水面高度,它的容积应满

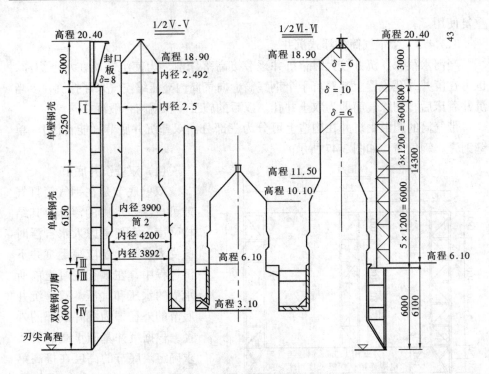

图 3-47 带气筒的浮式钢沉井
（图中尺寸单位：标高 m，其余 mm）

足放气落入河床时的容量。为考虑顶盖所需高度及气筒容积，气筒上部内径较下部为小，以节省钢料。中央气筒因对调节沉井倾斜的作用不大，而且其他气筒的容积已满足放气落入河床时的需要，故筒身较矮。

3.3.4.4　带临时性井底的浮式沉井

若在取土井底部装上临时性井底，使之能在水中自浮，便可组成浮式沉井。临时性井底及其支撑，应充分考虑在水中拆除方便，并有良好的水密性。一般多采用木料制作。

图 3-48 为带临时性井底的沉井的一例。沉井采用薄壁的钢筋混凝土空心井壳，上接防水木模板。临时性木井底用八字形斜撑，支在井孔内侧特制的台阶上。

沉井浮运定位后，向井孔内灌水，同时接筑井壁，使沉井逐渐下沉。当到达河底后，即可打开临时性井底。以后下沉，可按一般沉井进行。

3.3.4.5　浮式沉井施工要点

浮式沉井底节应作水压试验，其余各节应经水密检查，气筒应按受压容器有关规定进行检查。沉井的底节可采用滑道、起重机具、沉船等方式入水；沉井底节入水后宜设在墩位上游适当位置，以考虑浮运状态下接高、下沉和河床冲淤的变化。（我国特大桥施工中，落床前定位在墩位上游 10～30m）；沉井接高必须均

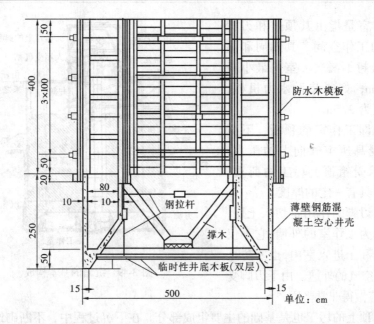

图 3-48 带临时性井底的浮式沉井

匀对称,沉井顶面宜高出水面 1.5m;当沉井刃脚下沉接近河床时,即将沉井从上游溜放至设计位置,然后沉落于河床上。落底位置一般宜偏设计中心下游 10~30cm,以考虑上下游淤积面高差,沉井会用土压力差向上游移动。

3.3.5 沉箱基础施工

压气沉箱工法是向沉箱底节密闭工作室内,压送与地下水压力相当(每水深 10m,压力 0.1MPa)的压缩空气,阻止地下水渗入作业室,从而使开挖作业在干涸状态下进行。该工法从原理上讲是防止地下水涌入,实现人工无水挖掘的最有效的方法。但其有一个致命的弱点,就是随着开挖深度的加深,箱内气压增大。当作业气压大于 0.2MPa 时,作业人员易患所谓的沉箱病,包括醉氮、氧中毒、二氧化碳中毒和减压病等。由于这个原因该工法 150 年来发展不大,甚至一度被认为应弃之不用的工法。

随着自动化技术、机电一体化技术的发展,近十几年来相继出现一些新的沉箱工法,其中包括自动遥控无人单挖型沉箱工法、作业员呼吸充氦混合气体、遥控无人挖掘大深度沉箱压气工法、挖掘机自动回收型沉箱挖掘工法,和适用于多种地层的多功能型自动无人挖掘沉箱工法等。无人沉箱工法被认为是大深度基础施工中最有前途的工法。

3.3.5.1 沉箱的基本构成和主要设备

沉箱的主要构成部分为:工作室、刃脚、箱顶圬工、升降孔、箱顶的各种管路和沉箱作业的气闸和压缩空气站等,如图 3-49 所示。

工作室是指由其顶盖和刃脚所围成的工作空间，其四周和顶面均应密封不漏气。室内最小高度为 2.2m；如要装设水力机械，最小高度为 2.5m。

顶盖即工作室的顶板，下沉期要承受高压空气向上的压力，后期则承受箱顶上圬工的荷重，因此它应具有一定的厚度。

沉箱刃脚的作用是切入土层，同时也作为工作室的外墙；它不仅要防止水和土进入室内，也要防止室内高压空气的外逸。由于刃脚受力很大，应做得非常坚固。

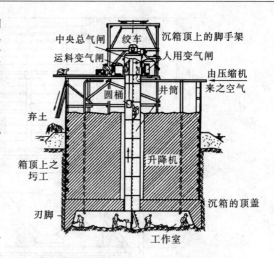

图 3-49 沉箱的基本构成

沉箱顶上的圬工也是基础的主要组成部分。在下沉过程中，不断砌筑箱顶圬工，起到压重作用。圬工可以做成实体，也可沿周边砌成空心环形，视需要而定。

升降孔是在沉箱顶盖和箱顶圬工中安装的连通工作室和气闸的井管，使人、器材及室内弃土能由此上下通过，并经过气闸出入大气中。

气闸是沉箱作业的关键设备。它的作用是，让人用变气闸、器材和挖出之土进出工作室，而又不引起工作室内气压变化。另一作用是，当人出入工作室时，调节气压变化的速度，慢慢地加压或减压，使人体不致引起任何损伤。如加压太快，会使耳膜感到疼痛，引起耳膛病；减压过快，使在高气压下溶解于血液中的氮来不及由肺部排出，而在血管中变成小气泡压迫神经，引起关节炎；同时，高压空气中的乙炔也溶于血液中，如来不及排出，会引起人体中毒。

井管是连接气闸与工作室的交通孔道，随沉箱的不断下沉逐渐接长，以保持气闸始终高出地面或水面。

压缩空气机站供应沉箱工作室和气闸所需要的压缩空气，是沉箱作业的重要设备。为安全计，应配有备用空气压缩机。

3.3.5.2 沉箱的制造与下沉

在岛上制造和下沉压气沉箱的方法，基本上和沉井基础相同。不同者为沉箱需要安装井筒和拆装气闸。

沉箱的制造和下沉工序为：

在岛面上制造沉箱第 1 节→抽垫后安装升降井筒与气闸→挖土下沉及接高沉箱→接长井筒与拆装气闸→基底土质鉴定和基底处理→填封工作室和升降孔。沉箱下沉程序如图 3-50 所示。

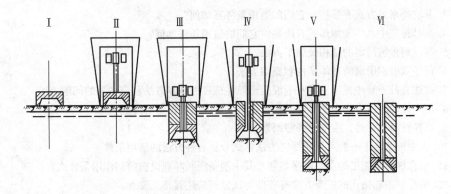

图 3-50 沉箱下沉程序

3.3.5.3 遥控无人开挖沉箱工法

按施工中是否有人进箱作业，沉箱下沉可分为有人挖掘工法和无人挖掘工法。有人挖掘工法是作业人员从入孔进入沉箱作业室人工或机械挖土，沉箱下沉。在挖掘深度不深，对应的作业气压不大的情况下，该工法确实是一种较好的施工方法。作业气压小于 0.2MPa 时，有人挖掘工法是一种切实可行的工法。

但是，当挖掘深度较深时，对应的作业气压较大，作业人员人均日作业量下降，同时作业室内湿度加大，温度上升，感觉难受，患沉箱病的概率增大。所以，施工中也有采用排水、防渗措施控制地下水位，使对应的作业气压不大于 0.2MPa，仍采用有人工法施工。

在施工现场不具备排水条件，或者要求施工对周围地层的沉降影响极小，并且沉箱下沉过深的情况下，应当采用遥控无人挖掘沉箱工法。由于无人井下操作，作业人员不受高气压影响，作业效率也得以提高，安全性好，极适于大深度施工。

遥控无人挖掘沉箱工法，利用安装在沉箱工作室中挖掘机上的立体摄像机，和设置在箱内天顶上的监视摄像机拍摄到的箱内土质状况，挖掘机及排土系统工作状况的图像信息，经电缆传送给地表中央控制室内的监视器。进而通过操作盘、电缆向箱内的挖掘机、排土装置发回工作指令，遥控作业。挖掘作业结束后，挖掘机自动收缩进入回收架，然后整机从回收闸自动退回到地面。另外，机械检修和保养也可用此法将作业放在地表进行，实现了全部箱内作业无人化、机械化和自动化。该沉箱工法在国外实践中已用到作业气压 0.27～0.42MPa，但在国内还是个空白。

思 考 题 与 习 题

1. 在明挖基础施工中，采用基坑不加固的条件是什么？
2. 在明挖基础施工中，在什么情况下应采用基坑开挖后护壁加固？护壁加固的方式有哪些？

3. 基坑排水的方式有哪些？它们的适用条件各如何？
4. 基础施工中水中围堰形式有哪些？它们的适用条件如何？
5. 简述钢板桩围堰的结构及施工方法。
6. 简述双壁钢围堰的基本结构和施工方法。
7. 简述直升导管法桥梁基础水下混凝土灌注施工的基本方法和应注意的问题。
8. 沉入桩的施工方法主要有哪几种？锤击沉桩的主要设备有哪些？
9. 选择桩锤重量时，应考虑哪些因素？
10. 水中桩基施工一般可采用哪些方法？试分析各种方法的适用条件。
11. 钻孔桩基础施工的主要顺序如何？其中制备泥浆和埋设护筒的作用是什么？
12. 钻孔桩基础钻孔的主要方法有哪些？试分别简述其施工要点。
13. 挖孔桩的适用条件和施工要点如何？
14. 简述管柱基础施工的方法。
15. 底节沉井的制造包括哪些工序，在每个工序中应注意什么问题？
16. 简述泥浆润滑套沉井工法、空气幕沉井工法、SS沉井工法的工作原理。
17. 简述浮式沉井的施工要点。
18. 沉箱是由哪些主要部分构成的，各部分的基本作用是什么？

第4章 桥梁墩台施工

§4.1 墩台施工的基本要求

桥墩与桥台的施工是桥梁建造中的一个重要部分。目前公路铁路桥梁墩台的修建常用材料有石料、混凝土、钢筋混凝土、预应力混凝土等。此外还有加筋土桥台等。随着我国桥梁技术的进步,有时跨谷的桥墩很高,如内(江)昆(明)铁路花土坡特大桥工程中,采用了高度110m的钢筋混凝土超高桥墩。它表明我国桥梁墩台施工技术上了一个新台阶。

桥梁墩台施工方法通常分为两大类:一类是现场就地浇筑与砌筑;一类是拼装预制的混凝土砌块、钢筋混凝土或预应力混凝土构件。第一种方法是墩台施工中的主要方法。优点是工序简便,机具较少,技术操作难度较小;但是施工期限较长,需耗费较多的劳力与物力。近年来,交通建设迅速发展,施工机械(起重机械、混凝土泵送机械及运输机械)也随之有了很大进步,采用预制装配构件建造桥梁墩台的施工方法有新的进展。其特点是既可确保施工质量、减轻工人劳动强度,又可加快工程进度、提高工程效益,对施工场地狭窄,尤其对缺少石料地区或干旱缺水地区等,建造墩台更有着重要意义。

桥梁墩台施工过程主要包括模板工程、混凝土工程、砌体工程等几个方面。模板工程在施工过程中是非常重要的,它是保证桥梁墩台施工精度的基础,同时在施工过程中其受力复杂多变,必须保证其具有足够的强度和刚度。

墩台施工的基本要求是保证其位置、高程、各部分尺寸与材料强度均符合设计的规定。墩台位置与尺寸如有误差,容易使墩台产生过大应力,甚至使桥跨结构安装不上。因此,墩台定位要求各墩台中心距相对误差小于1/5000。墩台中心定出后,即可确定墩台的纵、横十字线方向,并根据设计的结构尺寸进行放样施工。在施工过程中随着墩台身的不断起高,应经常进行墩台中心及桥跨尺寸的测量。墩台施工容许误差,在施工规范中都有规定。表4-1给出《铁路桥涵施工规范》(TB 10203—2002)的规定。

混凝土墩台施工容许误差(mm)　　　　表4-1

项　　　目	允　许　偏　差
墩台前后、左右边缘距设计中心线尺寸	±20
采用滑模施工: (1) 桥墩台前后左右边缘距设计中心线尺寸; (2) 桥墩平面扭角	±30 2°

续表

项　　目	允　许　偏　差
墩台支承垫石顶面高程	0　-15
简支钢筋混凝土梁 （1）每片梁一端两支承垫石顶面高差； （2）每孔梁一端两支承垫石顶面高差； （3）无支座垫石顶面高差	3 5 5
简支钢梁 （1）钢梁一端两支承垫石顶面高差； （2）每一主梁两端支承垫石顶面高差： 　　跨度≤56m； 　　跨度>56m； （3）前后两孔钢梁在同一墩顶支承垫石顶面高差	钢梁宽度的1/1500 5 计算跨度的1/10000，并不大于10 5

§4.2 混凝土墩台施工模板的类型和构造

4.2.1 模板的构造要求

墩台轮廓尺寸和表面的光洁通过模板来保证，因此，模板的构造必须具备以下条件：

（1）尺寸准确，构造简单，便于制作、安装和拆卸；

（2）具有足够的强度和刚度，能够承受混凝土的重量和侧压力，以及在施工过程中可能出现的荷载和振动作用；

（3）结构紧密不漏浆，靠结构外露表面的模板应平整、光滑。

模板的结构还要便于钢筋的布置和混凝土灌筑，必要时应在适当位置安设活动挡板或窗口，因此，对于重要结构的模板均应进行模板设计。支撑模板的支柱和其他构件，也应便于安装和拆卸，并能多次重复使用。

4.2.2 模板的类型

桥梁墩台的模板类型有固定式模板、拼装式模板、组合钢模板、滑升模板及整体吊装模板等。

4.2.2.1 固定式模板

固定式模板也称零拼模板，它是采用预先在木工场制备好的模板构件，到工地就地安装而成的。

模板由紧贴混凝土的面板（壳板）、支承面板的肋木、立柱、拉条（或钢箍）、铁件等组成，如图4-1所示。固定式模板安装时，先拼骨架如图4-2所示，后钉壳板，具体做法是先将立柱安装在承台顶部的枕梁（底肋木）上，肋木固定在立柱上，在立柱两端用钢拉条拉紧并加强连结（可临时加横撑和斜撑），形成

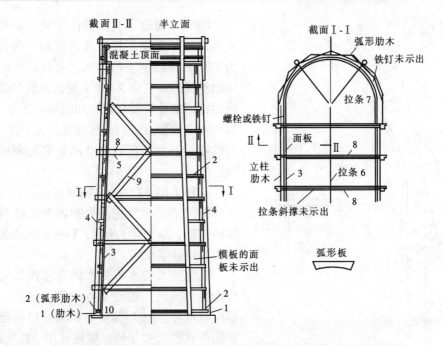

图 4-1 固定式模板
1—肋木；2—弧形肋木；3—面板；4—立柱；5—拉条；6—纵轴拉条；
7—幅向拉条；8—横撑；9—斜撑；10—短木块

骨架。若桥墩较高，应要加设斜撑、横撑和抗风拉索等，如图 4-3 所示。

模板骨架拼成后，即可将面板钉在肋木上。为防止面板翘曲，每块面板宽度最好不超过 200mm，厚度为 30~50mm。在桥墩曲面处，应根据曲度采用较窄木板。圆锥形模板的面板则应做成梯形。与混凝土接触的面板，一般应刨光，拼缝应严密不漏浆，以前常用油灰、木条等嵌塞缝隙，或用搭口缝、企口缝等。现在则多在模板表面铺塑料薄膜、钉胶合板或薄铁皮等。

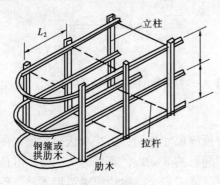

图 4-2 模板骨架

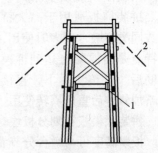

图 4-3 稳定桥墩模板示意图
1—撑杆；2—拉索

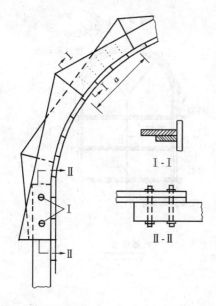

图 4-4 弧形肋木和水平肋木连接

肋木与面板垂直,其作用是把面板连成整体,并承受面板传来的荷载。肋木可为方木或两面削平的圆木。曲面面板的肋木做成弧形,它由 2～3 层交错重叠的弧形板用钉或螺栓连接而成,如图 4-4 所示。弧形肋木应根据准确的样板或在样台上按 1:1 放线加工制做,形状复杂的更宜先制成模型套制。

拉杆采用 $\phi 12 \sim \phi 20$ 钢筋制成。在混凝土外露的表面,宜使用可拆卸的连接螺栓紧固拉杆,如图 4-5 所示,拆模后将表面上的孔穴用砂浆填实。

弧形肋木与水平肋木间除用铁钉或螺栓连接外,还应加设立柱和辐向拉条。圆形桥墩可在立柱外侧安装钢箍,以保证模板的形状和尺寸正确,钢箍常用 $\phi 12 \sim \phi 22$ 钢筋制作。

固定式模板每平方米约用木料 $0.05 \sim 0.10 m^3$,钉、拉条等铁件 4～10kg。这种模板使用一次后,即被拆散或改制,只有一部分能够重复使用,很不经济,故仅适用于个体工程如墩台基础、拱座、帽石、翼墙及涵洞等。

4.2.2.2 拼装式模板

拼装式模板又称盾状模板,它是将墩台表面划分成若干尺寸相同的板块,按板块尺寸预先将模板制成板扇,然后用板扇拼成所要求的模板。拼装模板适用于高大桥墩或同类型墩台较多时使用,其特点是当混凝土达到拆模强度后,可整块拆下,直接或略加修整后重复周转使用。

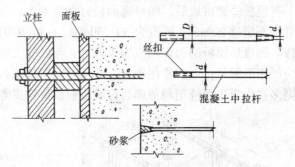

图 4-5 可拆卸的连接螺栓紧固拉杆

拼装式模板在划分板块时,应尽量使板扇尺寸相同,以减少板扇类型(图 4-6)。板扇高度可与墩台分节灌筑的高度相同,约 3～6m,宽可为 1～2m,可依墩台尺寸与起吊条件而定,务必使立模方便、施工安全。单块板扇可用木材、钢材或钢木结合加工制作。木质板扇加工制作简便,制作方法基本与固定式模板相同。图 4-7 为有代表性的一种木质拼装板扇。模板组装时可用连接螺栓连接,如

§4.2 混凝土墩台施工模板的类型和构造

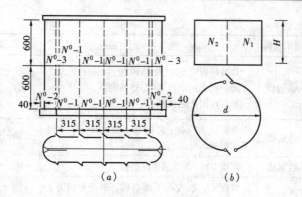

图 4-6 板扇划分示意图 (mm)
(a) 圆端形桥墩；(b) 圆形桥墩

图 4-8 所示，两侧两相对应的立柱间，用穿过模板的拉条拉紧，圆端部分则常要配置固定式模板的弧形模板。

钢模是用钢材加工制作的，需用 3~4mm 厚钢板及型钢骨架，成本较高，加工制作困难。因此，只有在组合钢模、滑模、爬模等类模板中采用。

4.2.2.3 常备式组合钢模板

常备式组合钢模板是桥梁施工中常用的模板之一。铁路、公路施工部门均颁布过有关《组合钢模板技术规则》，为桥梁墩台的施工中应用组合钢模提供了技术依据。还可以按照常见的墩台形式按一定模数设计制造组合钢模板，它的优点是可以进行常规尺寸的拼装，以达到节省材料、重复利用的目的。如公路工程中常用的组合式定型钢模板组成部件见表 4-2。

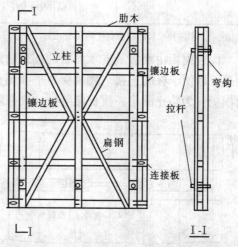

图 4-7 木质拼装板扇

钢模板组成部件表				表 4-2
序号	部件名称	所用材料	规 格 尺 寸 (mm)	使用部件
1	平面模板	A3 钢板	面板厚 2.3 或 2.5；宽 100~300，按 50 进级；长 1500、1200、900、750、600、450 六种。肋条高 55，厚 2.3、2.5、2.8 三种	墩、台平面位置
2	转角模板	A3 钢板	阴角模板：横断面 高×宽：150×150、100×100，长度同平面模板；阳角模板：横断面 高×宽：100×100、50×50，长度同平面模板；连接角：横断面 高×宽：50×50，长度同平面模板	墩、台转角部位

续表

序号	部件名称	所用材料	规格尺寸(mm)	使用部件
3	倒棱模板	A3钢板	角棱模板：宽17及45两种； 圆棱模板：半径20及35两种； 长度均同平面模板	墩、台倒棱部位
4	加腋模板	A3钢板	横断面 高×宽：50×150、50×100，长度同平面模板	墩、台有加腋部位
5	柔性模板	A3钢板	宽度100，长度同平面模板	墩、台圆形曲面部位
6	可调模板	A3钢板	宽度80，长度同平面模板，断面形状为L形，仅一边设肋条	用于拼装模板面小于50mm的补齐部位
7	嵌补模板	A3钢板	长：300、200、150、100四种； 宽：平面嵌板有200、150、100三种； 阴角嵌板：100×150 阳角嵌板：150×100 连接角模：50×50	用于墩、台的接头部位，形状同平面模板及转角模板

注：表中各种模板的肋条高度均为55mm。

组合模板由面板及支承面板的加劲肋组成，在四周边的加劲肋上设有连接螺栓孔，以便于板的连接。图4-9为平面模板，图4-10为阴角模板，图4-11为阳角模板。为防止漏浆，模板接缝处应夹橡胶条或塑料条。

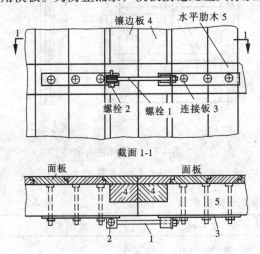

图4-8 木质拼装模板的连接

组合钢模板具有强度高、刚度大、拆装方便、通用性强、周转次数多、能大量节约材料等优点。在实际使用中，组合钢模板可预拼成大的板块后安装使用，这样可提高安装模板的速度。

4.2.2.4 整体吊装模板

整体吊装模板是将墩台模板沿高度水平分成若干节，每一节的模板预先组装成一个整体，在地面拼装后吊装就位。节段高度可视墩台尺寸、模板数量、起吊能力及灌注混凝土的能力而定，一般为3～5m。使用这种模板可大大缩短工期，灌筑完下节混凝土后，即可将已拼装好的上节模板整体吊装就位，继续灌注而不留工作缝。模板安装完后在灌注第一层混凝土时，应在墩、台身内预埋支承螺栓，以支承第二层模板和安装脚手架。

§4.2 混凝土墩台施工模板的类型和构造

整体吊装模板的其他方面优点还有：模板拼装可在地面进行，有利于施工安全；利用模板外框架作简易脚手，不需另搭施工脚手架；模板刚性大，可少设或不设拉条；结构简单、装拆方便。缺点是起吊重量较大。

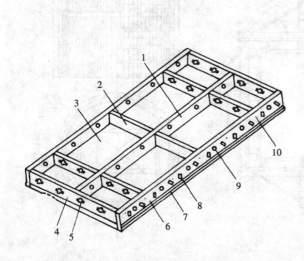

图 4-9 平面模板
1—中纵肋；2—中横肋；3—面板；4—横肋；
5—插销孔；6—纵肋；7—凸棱；8—凸鼓；
9—U形卡孔；10—钉子孔

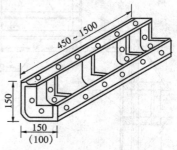

图 4-10 阴角模板（单位：mm）

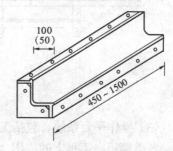

图 4-11 阳角模板（单位：mm）

图 4-12 为整体吊装模板示例，图 4-12（a）的钢框架由型钢或万能杆件组成，间距 0.8～1.0m，上下节模板可利用型钢上的孔眼用螺栓连接。圆形模板在外侧用铁箍扣牢，内部则应增加临时撑杆加固，以防止模板变形。

4.2.2.5 滑升模板

滑升模板是模板工程中适宜于机械化施工的较为先进的一种形式。它是利用一套滑动提升装置，将已在桥墩承台位置处安装好的整体模板连同工作平台、脚手架等，随着混凝土的灌注，沿着已灌注好的墩身慢慢向上提升，这样就可连续不断地灌注混凝土直至墩顶。用滑升模板施工，速度快、结构整体性好，适用于竖立式而断面变化较小的高耸结构，如桥墩、电视塔、水塔、立柱、墙壁等。滑升模板都用钢材制作，其构造依据桥墩类型、提升工具的不同而稍有不同，但其主要组成部分和作用则大致相同，一般有以下三部分组成：

（1）模板系统，包括模板、围圈、提升架以及加固、连接配件等。对于墩身尺寸变化的情况，内外模的周长都在变化，内外模均有固定模板和活动模板两种。滑模收坡主要靠转动收坡丝杠移动模板。

（2）提升系统，包括支承顶杆（爬杆）、提升千斤顶、提升操纵及测量控制装置等；

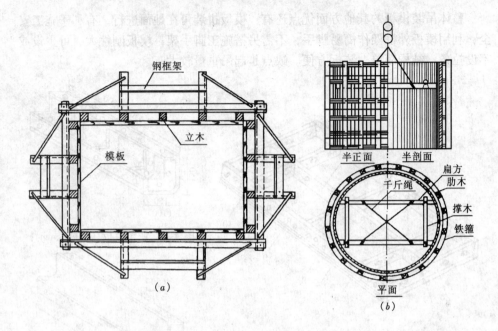

图 4-12 整体吊装模板

(3) 操作平台系统，包括工作平台及内外吊篮等。

各类模板在工程上的应用，可根据墩台高度、墩台形式、机具设备、施工期限等因地制宜，合理选用。

§4.3 模 板 设 计

4.3.1 模 板 荷 载

模板荷载是模板设计的重要依据，下面结合《铁路混凝土与砌体工程施工规范》的规定，简单介绍一下模板荷载的主要类别及其取值。

竖向荷载：

(1) 模板及支架的密度。模板的密度应按图纸取，钢材可取 $7800 kg/m^3$，木材可取 $750 kg/m^3$。

(2) 新浇筑的混凝土的密度。可取 $2500 kg/m^3$，或根据实际确定。

(3) 钢筋混凝土的密度可取 $2600 kg/m^3$。

(4) 人及运输机具作用在模板或支架铺板上的荷载。根据模板和支架的情况取不同的值，如计算模板时可取 2.5kPa，详见规范。

(5) 振捣混凝土时产生的荷载。一般可取 2kPa。

(6) 滑升模板与混凝土之间的摩阻力。钢模可按 1.5～2.0kPa 计；木模可按

2.5kPa 计。

水平荷载：

(1) 新浇混凝土对模板的侧向压力。可按表 4-3 规定计算。

(2) 倾倒混凝土时，因振动产生的水平荷载。可按表 4-4 规定计算。

新浇混凝土侧向压力（kPa）   表 4-3

序号	施 工 条 件	混凝土浇筑速度 v (m/h)			
		0	0.81	0.57	1.80
1	大体积及一般混凝土		19.0	$72v/(v+1.6)$	
2	柱、墙混凝土工程，坍落度大于 10cm 或泵送混凝土一次浇筑到顶，并用强力振捣		19.0	$61v/(v+0.4)$	$\dfrac{72v}{v+1.6}$
3	外部振捣器		50.0	$\dfrac{61v}{v+0.4}$	
4	水下混凝土		$28v(v \geq 0.25\text{m/h})$		
5	液压滑升模板		$72v/(v+1.6)$		

倾倒混凝土时因振动产生的水平荷载（kPa）   表 4-4

序号	浇筑混凝土的方法	作用于侧模的水平荷载（kPa）
1	用溜槽、串筒或导管直接流出	2.0
2	用容积 0.2m^3 以下的运输器具直接倾倒	2.0
3	用容积 $0.2 \sim 0.8\text{m}^3$ 的运输器具直接倾倒	4.0
4	用容积 0.8m^3 以上的运输器具直接倾倒	6.0

模板的计算荷载应按照桥梁设计荷载组合的原则进行组合，并按最不利的情况进行模板设计。模板及模板的附属支架（支撑、支腿）要检算强度、刚度和稳定性，并应考虑作用在模板和支架上的风力。设置在水中的支架，尚需考虑水压力、流冰压力或船只、漂流物的撞击力等荷载。

4.3.2 模板设计计算

根据荷载组合算出作用在模板上的竖向压力和水平压力，并按模板构造布置选取合适的力学计算模型后，即可计算模板的强度和刚度。如何选取合适的力学计算模型，是模板强度和刚度计算的关键。力学计算模型是对实际结构理想化的简化，在简化的过程中不可避免地存在偏差，只要计算结果的误差在允许的范围内，应选取简单的力学计算模型。根据模板构造的不同，模板计算中常用的力学

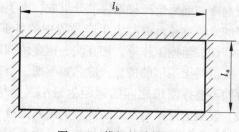

图 4-13 模板的计算图示

计算模型有简支梁、连续梁、四边简支板、四边固结嵌固板等。例如，桥梁用钢模板一般都采用数米长的大块钢模板，大块面板上在长、宽两个方向按一定间距布置加劲肋，所以，一般情况下，可按四边嵌固的板进行计算，如图 4-13 所示。计算包括强度验算和挠度验算。

四边嵌固板承受满布均匀荷载时，在长边中间支点处的负弯矩最大，可按下式计算：

$$M = -Aql_a^2 l_b \tag{4-1}$$

式中 A——内力计算系数，与 l_b/l_a 有关，可查设计手册中的有关表格或其他相关参考书；

l_a、l_b——板的短边与长边长度；

q——模板的计算侧压力，要考虑取最不利的荷载组合。

四边嵌固的板单元，板中心点的挠度，可按下式计算：

$$f = B\frac{ql_{a0}^4}{Eh^3} \tag{4-2}$$

式中 B——计算挠度的系数，与 l_b/l_a 有关，可查设计手册中的有关表格或其他相关参考书；

l_{a0}、h——板的净跨度和板的厚度；

q、E——模板的计算侧压力、钢板的弹性模量。

§4.4 混凝土工程

混凝土工程包括配料、搅拌、运输、灌筑、养护等过程。在整个工艺过程中，各工序是紧密联系又互相影响，其中任一工序处理不当，都会影响到混凝土的质量。

4.4.1 混凝土工厂

4.4.1.1 混凝土工厂的设置

集中进行混凝土生产的场地统称为混凝土工厂。混凝土工厂由砂石堆栈、水泥仓库和混凝土搅拌站等部分组成。为了保证混凝土的不间断生产，并能取得最好的经济效益，混凝土生产过程中的各部分工作，如砂、石、水泥和混凝土的装、卸、运输工作等，相互间一定要协调安排全面考虑。

混凝土工厂的位置，应参照下面三个条件来安排：(1) 砂、石和水泥从卸料存储至搅拌使用之间的运距为最小，要尽量减小或避免工厂范围内的小搬运；(2) 混凝土搅拌站至灌筑地点的距离为最小；(3) 与材料加工及其运输有关的全部操作，按最直接的路线进行，且根据当地条件尽可能机械化。

一个桥梁工地既可设一个混凝土工厂，也可分设若干个混凝土工厂，来供应全桥所需的混凝土。当混凝土的运距难以保证不产生凝结、离析和坍落度变化时（一般不超过45min），或混凝土的需要量很大，又不能解决跨越全河的运输方法等问题时，就可分设几个混凝土工厂，或采用移动搅拌站等办法来解决。下面介绍两个混凝土工厂布置实例。

图4-14为一混凝土工厂。材料均从铁路运来，水泥卸入路边的仓库。砂、石则卸入路边的集料坑中，然后用带有抓斗的动臂吊车把它们抓起来，沿吊车的有效半径堆成弧形料堆。搅拌机靠近水泥仓库，并在吊车的有效半径内，搅拌混凝土时，仍用吊车来供应砂石，混凝土则由安设在搅拌机旁的轻便轨道用斗车分送到灌筑地点。本设计的特点是场地布置紧凑，占地面积小，仅用一台动臂式吊机承担卸料、上料的主要工作。

图4-15为一座水上混凝土工厂。它由两艘铁驳组成，一艘堆放砂石，另一艘安装 $1.2m^3$ 搅拌机一台，其中部则安装高8.5m的塔架一座。砂、石和水泥由吊车送到塔架上的三个储料斗中，分别经由计量器自动衡量重

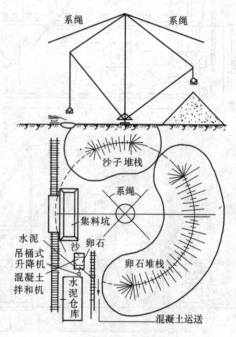

图4-14 混凝土工厂布置示例

量后，漏入一个总滑槽而滑入翻斗中。翻斗则借电动绞车沿翻斗架上下，把砂、石和水泥一齐送入搅拌机内。混凝土吊斗沿小轨道推送到吊车下，再吊入桥墩中。清洗集料及搅拌混凝土所需用水，由水泵抽送到装在塔架上的水柜中，再用胶管直接引出使用。水上混凝土工厂的特点是可以移动，紧靠在施工桥墩的一侧，因而十分方便。

4.4.1.2 混凝土工厂的机械化

桥梁施工中需要灌筑混凝土的数量通常都很大，而混凝土生产工作是一项繁重的劳动，有时还要昼夜不停连续作业，工作时间很长，因此，大规模的混凝土工程如采用人工上料，不但占用的人力太多，且因工作面小，工作拥挤，工作效率低，往往使搅拌机的生产能力不能充分发挥，并造成混凝土供应不及时。当混凝土工程量较大，尤其当采用大容量搅拌机时，混凝土工厂的综合机械化就十分必要，如各式起重运输机械、常备式斗仓、自动计量等，应做到从运料、计量、上料和混凝土的搅拌，直至输送全面实施机械作业，这样可以用很少的劳力而完

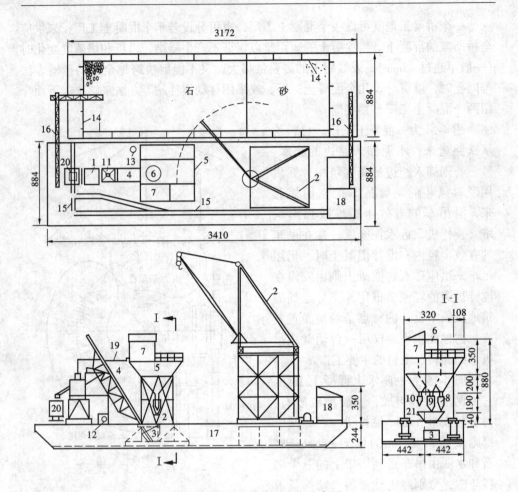

图 4-15 水上混凝土工厂示意图

1—搅拌机；2—吊车；3—1.7m³ 斗；4—翻斗架；5—斗仓；6—水柜及水计量器；7—进料斗的水泥棚；8—砂子计量器；9—碎石计量器；10—水泥计量器；11—滑槽；12—电力绞车；13—ϕ75mm 水泵；14—集料挡板；15—轻便轨道；16—连接铁驳的轻型钢梁；17—4000kN 铁驳；18—水泥棚；19—水管；20—混凝土斗车；21—滑槽

成工程量较大的施工任务。图 4-16 为我国桥梁施工中较常采用的半自动化混凝土工厂布置的一种形式。

4.4.1.3 混凝土工厂的生产率

混凝土工厂的生产率，应根据全桥混凝土灌筑的进度计划及各部分混凝土所需要的灌筑速度来决定。如果在工程进度中，只有一个较短时期需要，就会造成混凝土工厂的浪费，因此，一定要把混凝土的均衡生产，作为安排施工进度的一项主要依据。为降低高峰期混凝土用量，可根据不同的情况采用如下几种方法：(1) 把原订的施工进度加以修改，将过分集中的混凝土灌筑工程分散；(2) 在大

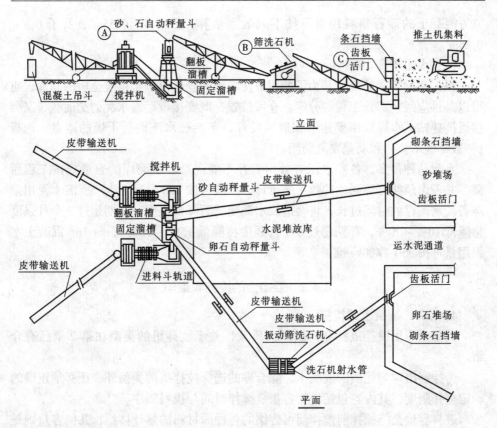

图 4-16 半自动化混凝土工厂布置示意图

面积工程中，采用斜层灌筑或分层分块交错灌筑等方法，减少高峰期混凝土用量；(3) 在短期需要大量混凝土时，可采用临时增加搅拌机的办法，以降低对混凝土工厂生产率的要求。

混凝土工厂需要的生产率 q 可按下式计算：

$$q = \frac{Q}{mn}k \tag{4-3}$$

其中，Q、m、n、k 依次为计划每月最大生产量（m³），每天工作小时数，每月工作天数，混凝土灌注的不均衡系数（一般可取为 1.25~1.5）。

4.4.1.4 砂石堆栈与水泥仓库

(1) 砂石堆栈

砂石堆栈是混凝土工厂的重要组成部分。在混凝土作业中，集料的装、卸、运输等工作占很大的比重，因此，对堆栈的位置、形式、装卸运输方法等，都必须予以综合考虑。

砂石都是露天堆放，其位置应尽量选择在搅拌站附近，要避免工地的小搬运。砂石堆栈的容量，一般应能储备有相当于混凝土工厂 15~20d 的需用量。每立方混凝土的砂石集料用量可按下列数字估算：砂 0.5~0.55m³，石子 0.8~0.85m³。

(2) 水泥仓库

根据桥梁工程的规模并为了使用方便，水泥仓库可以是供应全桥的总库，也可以是供应某一部分工程的分库。仓库位置，既要接近运输水泥的交通线，又要接近搅拌站。水泥仓库要建造在通风良好，不会被水淹而且干燥的地点，地板（一般都铺木板）和墙壁要能防潮。

水泥品种很多，各种水泥应分别贮存不能混杂。水泥库的容量应按工程所需，并考虑预期可能到达的数量来设计，一般可按 30d 混凝土生产所需水泥用量准备。水泥存贮时间过长，将会造成水泥变质而降低强度（存期超过 3 个月强度将降低 10%~20%，存期超过 6 个月强度将降低 15%~30%），每 1m³ 混凝土水泥用量可按 350~400kg 准备。

4.4.2 混凝土的搅拌和运输

4.4.2.1 混凝土的搅拌

混凝土应用搅拌机拌合，以保证质量，关于搅拌机的类型在第 2 章已有介绍。

为拌制出均匀优质的混凝土，除合理的选择搅拌机的类型外，还必须正确的确定搅拌制度，其内容包括进料容量、搅拌时间与投料顺序等。

进料容量是指搅拌前搅拌筒可容纳的各种原材料的累计体积，几何容量则是指搅拌筒内的几何容积。进料容量与几何容量的比值称为搅拌筒的利用系数，其值一般为 0.22~0.40。不同类型的搅拌机都有一定的进料容量，如果装料的松散体积超过额定进料容量的一定值（10%以上），就会使搅拌筒内无充分的空间进行拌合，影响混凝土搅拌的均匀性。但数量也不易过少，否则会降低搅拌机的生产率。故一次投料量应控制在搅拌机的额定进料容量以内。

从原材料全部投入搅拌筒中时起，到开始卸料时止所经历的时间称为搅拌时间。为获得混合均匀、强度和工作性都能满足要求的混凝土，所需的最低限度的搅拌时间称为最短搅拌时间。这个时间随搅拌机的类型与容量、骨料的品种、粒径及对混凝土的工作性要求等因素的不同而异。一般情况下，混凝土的匀质性随着搅拌时间的延长而提高。但搅拌时间超过某一限度后，混凝土的匀质性便无明显改善了。搅拌时间过长，不但会影响搅拌机的生产率，而且对混凝土的强度提高也无益处。甚至由于水分的蒸发和较软骨料颗粒被长时间的研磨而破碎变细，还会引起混凝土工作性的降低，影响混凝土的质量。不同类型的搅拌机，对不同混凝土的最短搅拌时间不同。如《铁路混凝土与砌体工程施工规范》规定，对出料量大于 500 升的强制式搅拌机，混凝土的最短搅拌时间为 1.5min。

确定原材料投入搅拌筒内的先后顺序，应综合考虑到能否保证混凝土的搅拌质量、提高混凝土的强度、减少机械的磨损与混凝土的粘罐现象，减少水泥飞扬，降低电耗以及提高生产率等多种因素。按原材料加入搅拌筒内的投料顺序的不同，普通混凝土的搅拌方法可分为：一次投料法、二次投料法和水泥裹砂法等。

4.4.2.2 混凝土的运输

混凝土从搅拌站运到模板中，可能要进行水平运输、垂直运输和混凝土分配三部分工作。混凝土在运输过程中，应不发生离析分层、灰浆流失、坍落度变化和凝结等现象。混凝土运输延续时间，由搅拌机卸出到振捣完毕止，《铁路混凝土与砌体工程施工规范》规定不得超过表4-5的规定。

混凝土运输工具种类繁多，应根据结构物特点、混凝土灌筑量、运输距离、道路及现场条件等确定选用混凝土的运输设备。水平运距短时，可选取用人力手推车、内燃翻斗车、轻便轨道人力翻斗车等；

混凝土运输允许延续时间　　表 4-5

从搅拌机倾出时的混凝土温度（℃）	运输允许延续时间（min）
20～30	45
10～19	60
5～9	90

运距远时，可选用轨道牵引翻斗车或吊斗、汽车倾卸车、混凝土搅拌运输车等。

泵送混凝土是一种先进的运输方法，能同时满足水平运输与垂直运输的需要，而且可直接灌入模板内，因而可节省劳力和起吊运输机具，从而降低费用。特别适用于施工条件困难，结构复杂的桥梁构筑物，以及需要高速灌筑的大体积混凝土等。混凝土泵车的介绍见本书第2章。

用泵输送的混凝土应有较大的流动性，《铁路混凝土及砌体工程施工规范》规定泵送混凝土入泵坍落度不宜小于80mm；当泵送高度大于100m时，不宜小于180mm。为保证输送的畅通，还应严格控制石料的最大粒径，最好选用卵石。碎石最大粒径与输送管内径之比，宜小于或等于1:3，卵石宜小于或等于1:2.5；含砂率宜控制在40%～50%（混凝土的坍落度和粗骨料最大粒径，必须符合输送泵的规定）。为了提高混凝土的流动性以减少管道堵塞的危险，宜掺加助泵剂（减水剂或加气剂）。

用混凝土泵输送混凝土时，首先要决定泵的安装地点及管道布置。混凝土泵可直接与搅拌机相连接，也可用倾卸汽车或混凝土搅拌运输车等其他运输机械为其运料。管路布置应使管道最短，弯曲最少，管子拆装时混凝土泵的停歇时间最短。混凝土泵的供料必须是连续的，不能有超过30min以上的停歇，否则应每过15～20min，将曲轴开动3～4转，使混凝土沿输送管移动一点，以免发生阻塞现象。通常混凝土泵的输送量很大，因此在浇筑地点应设置布料装置，以便将输送来的混凝土进行摊铺或直接浇筑入模，从而减轻繁重的体力劳动，充分发挥混凝土泵的使用效率。布料装置由可回转、可伸缩的臂架和输送管组成，常称之为布料杆。

在运距近又有高差，而灌筑速度和方式稳定时，可采用带式运输系统输送混凝土。带式运输系统是将搅拌机和输送带组成流水作业线，使上料、搅拌、混凝土输送形成连续作业，能加快速度，节约劳力，提高效益。

混凝土的垂直运输，可利用各种起重机械配合吊斗等容器来装运混凝土，选用起重机械时应考虑桥梁的施工高度及混凝土的运送条件。常见起重机械简介见第2章。

4.4.3 混凝土的灌筑和养护

4.4.3.1 混凝土灌筑

在灌筑混凝土时，应经常检查模板的位置和尺寸是否正确，钢筋及预埋件的位置、数量、直径、形状及保护层厚度是否与设计要求符合，绑扎是否牢固，模板是否湿润。模板内的一切木屑尘土和杂物必须清除和冲洗干净，作好隐蔽工程验收记录。

灌筑混凝土时应保证不使混凝土发生离析现象。混凝土的自由倾落高度，在灌筑无筋混凝土或配筋较少的混凝土时，一般不应超过2m，否则应采用滑槽、串筒，或用底部双开的吊桶运送混凝土，以降低其自由倾落高度。采用上述措施后仍有离析现象时，应重新拌和均匀后再灌筑。在灌筑钢筋较密或不便灌筑捣实的结构混凝土时，尤需尽量缩小自由倾落高度，必要时可在模板侧面预留灌筑窗口。

混凝土的灌筑和振捣一般都采用分层办法进行。每层混凝土的灌筑厚度，应视所用振捣方法、振捣器种类及混凝土的坍落度而定。按照《铁路混凝土及砌体工程施工规范》，灌筑层厚度可参照表4-6的规定。

混凝土的浇筑层厚度　　　　　　　　　　　　　表 4-6

振 捣 方 法		浇筑层厚度（cm）
插入式振动		振捣器作用长度的1.25倍
表面振动	无筋或配筋稀疏的结构	25
	配筋较密的结构	15
附着式振动		30
人 工 捣 固		20

为保证结构的整体性，混凝土应保证连续灌筑，新层的灌筑工作必须在旧层初凝前或振动器尚能顺利插入混凝土为准，一般不超过2h，因此要掌握好灌筑的最小进度。此进度可由单位时间灌筑的高度和体积及初凝时间决定。混凝土灌筑，应在整个截面内进行，仅当结构截面面积大于100m²，并在前层混凝土开始初凝以前不能灌妥捣实时，才允许将墩台截面分块进行灌筑。

墩台分块灌筑，应按下列规定办理：

(1) 分块的接触面应与墩台截面尺寸较小的边平行；(2) 上下两邻层中的分块接缝应互相错开，对于间歇灌筑的接触面应作接缝处理；(3) 每块的宽度可视具体情况而定，宜为1.5~2m，分块数目应尽量减少，每块面积不得小于50m^2。

若设计允许，为节约水泥，墩台及其他大体积混凝土结构中允许埋放片石（包括经破碎的大漂石）。埋放石块的数量不宜超过混凝土结构体积的25%。石块的最大尺寸不得大于填放石块处结构最小尺寸的1/4。片石在混凝土中应均匀分布，平稳安放。片石间的净距，应能插入振捣器进行很好捣实，并不得小于15cm，片石与模板间的净距不宜小于25cm，且不得与钢筋接触。最上一层片石的上部，应覆盖有不少于25cm厚的混凝土层。

4.4.3.2 接缝处理

由于各种原因如混凝土工厂生产率不能保证灌筑的连续性，或因模板安装及偶然事故等原因而要中断混凝土的灌筑，且间歇时间超过规定时，混凝土交接面应作接缝处理。对于不掺外加剂的混凝土，其允许间歇时间不应大于2h；当气温达30℃左右时，不应大于1.5h；当气温至10℃左右时，可延至2.5h。对于掺外加剂或有特定要求的混凝土，其允许间歇时间应根据环境温度、水泥性能、水灰比和外加剂类型等条件通过试验确定。

在混凝土施工缝处继续浇筑新混凝土一般应符合以下规定：(1) 前层混凝土强度达到1.2MPa后；(2) 先将表面层水泥浆膜、松弱层凿除并用水冲洗，但不得存有积水；(3) 宜在横向施工缝处铺一层厚15~20mm的水泥砂浆（成分可与混凝土中砂浆成分相同）或铺一层厚约30cm的混凝土。最好在接缝层周边预埋直径不小于16mm钢筋，加强其整体性，钢筋间距不大于直径的20倍，埋入与露出长度不少于直径的30倍。

4.4.3.3 混凝土的振捣

混凝土浇筑入模后，内部还存在着很多空隙。为了使硬化后的混凝土具有所要求的外形和足够的强度与耐久性，必须使新入模的混凝土填满模板的每一角落，并使混凝土内部空隙降低到一定程度以下，具有足够的密实性。这就需要对混凝土进行振捣。

混凝土的振捣方法有，人工振捣和机械振捣两种。人工振捣是利用捣棍、插钎等用人力对混凝土进行夯插等，使混凝土成型密实的一种方法。它不但劳动强度大，且混凝土的密实性较差，只能用于缺少机械和工程量不大的情况下。人工振捣时，必须特别注意做到分层浇筑。振捣时要注意插匀、插全。大规模的混凝土浇筑必须使用机械振捣。

振捣机械的类型，按其工作方法的不同可分为：插入式振动器、附着式振动器、平板式振动器和振动台等。关于各种振捣机械第2章已有介绍。

大体积混凝土的振捣应采用内部插入式振动器；薄壁构件，可用外部附着式振动器；平板式振动器仅用以振捣面层；人工振捣只能用于工程量很小，或钢筋密无法使用振动器的个别构件中。插入式振动器能在其插入点附近局部地很好振捣，但范围较小，其有效半径约为振动棒直径的5~6倍。附着式振动器作用范围大，但不能有效的振捣某些特定部位，向模板内部传递的振动作用也不太深，所以在灌筑梁部结构时，常采用插入与附着振动同时使用的办法。

使用插入式振动器时，要使振动棒自然地垂直沉入混凝土中。要做到"快插慢拔"。快插是为了防止先将表面混凝土振实，而无法振捣下部混凝土，且使下部混凝土出现分层、离析现象；慢拔是为了让混凝土有充足时间，填满振动棒抽出时形成的空隙。为使上下层混凝土结合成整体，振动棒应插入下一层混凝土中50mm。振动棒不能插入太深，最好应使棒的尾部留露 1/4~1/3。否则，振动棒将不易拔出而导致软管损坏，软轴部分不要插入混凝土中。振捣时，应将棒上下抽动，以保证上下部分的混凝土振捣均匀。

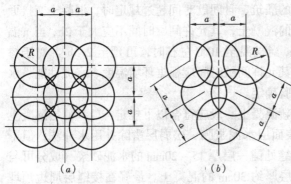

图4-17 插入式振动器的间距

振动棒应避免碰撞钢筋、模板、芯管、吊环和预埋件等。振动棒各插点的间距应均匀，不要忽远忽近，可采用"行列式"或"交错式"的顺序移动，如图4-17。插点间距一般不要超过振动棒有效作用半径的1.5倍（即 $a \leq 1.5R$）。振动棒与模板的距离不应大于其有效作用半径的0.5倍，以免漏振。振动时间要掌握恰当，过短混凝土不易被捣实，过长又可能使混凝土出现离析。一般每个插入点的振捣时间为20~30s，而且以混凝土表面呈现浮浆，不再出现气泡，表面不再沉落为准。

平板式振动器，又称为表面振动器，适用于振捣桥面、基础等平面面积大而厚度较小的混凝土结构构件。平板式振动器的振动力是通过底板传递给混凝土的，故使用时振动器的底部应与混凝土面保持接触。在一个位置振捣到混凝土不再下沉、表面出浆时，即可移至下一位置继续进行振动振捣。每次移动的间距应保证底板能覆盖已被振捣完毕区段边缘50mm左右，以保证衔接处混凝土的密实性。开启的振动器，不应放在已凝固或初凝的混凝土上，以免振伤振动器和振松已凝混凝土。

4.4.3.4 混凝土的养护

混凝土的凝结与硬化，是由于水泥水化反应的结果。为使已浇筑的混凝土能获得所要求的物理力学性能，在混凝土浇筑后的初期，采取一定的工艺措施，建立适当的水化反应条件的工作，称为混凝土的养护。由于温度和湿度是影响水泥水化反应速度和水化程度的两个主要因素，因此，混凝土的养护就是对凝结硬化过程中的混凝土进行温度和湿度的控制。

根据混凝土在养护过程中所处温度和湿度条件的不同，混凝土的养护一般可分为标准养护、自然养护和热养护。混凝土在温度为20±3℃和相对湿度为90%以上的潮湿环境或水中的条件下进行的养护称为标准养护。在自然气候条件下，对混凝土采取相应的保湿、保温等措施所进行的养护称为自然养护。为了加速混凝土的硬化过程，对混凝土进行加热处理，将其置于较高温度条件下进行硬化的养护称为热养护。

(1) 自然养护

在施工现场，对混凝土进行自然养护时，根据所采取的保湿措施的不同，可分为覆盖浇水养护和塑料薄膜保湿养护两类。

1) 覆盖浇水养护

覆盖浇水养护是在混凝土表面覆盖吸湿材料，采取人工浇水或蓄水措施，使混凝土表面保持潮湿状态的一种养护方法。所用的覆盖材料，应具有较强的吸水保湿能力，常用的有麻袋、帆布、草帘、芒席、锯末等。

开始覆盖和浇水的时间，一般在混凝土浇筑完毕后3~12h内（根据外界气候条件的具体情况而定）即应进行。浇水养护日期的长短，主要决定于水泥的品种和用量。在正常水泥用量情况下，采用硅酸盐水泥、普通硅酸盐水泥拌制的混凝土，不得少于7昼夜；掺用缓凝型外加剂或有抗渗性要求的混凝土，不得少于14昼夜。每日浇水次数视具体情况而定，以能保持混凝土经常处于足够的润湿状态即可。但当日平均气温低于5℃时，不得浇水。

2) 塑料薄膜保湿养护

塑料薄膜保湿养护是用防蒸发材料将混凝土表面予以密封，阻止混凝土中的水分蒸发，使混凝土保持或接近饱水状态，保证水泥水化反应正常进行的一种养护方法。它与湿养护法相比，可改善施工条件，节省人工，节约用水，保证混凝土的养护质量。根据所用密封材料的不同，保湿养护又可分为塑料布养护和薄膜养护剂养护。

(2) 蒸汽养护

热养护方法中最常用的是蒸汽养护法。在冬季施工或需要混凝土强度快速增长时，常采用蒸汽养护。蒸汽养护一般分为四阶段：预护、升温、恒温和降温。预护是指混凝土浇筑完毕后在常温下凝固一段时间（约3~4h）。升温速度与结构表面系数有关，一般不得超过10~15℃/h。恒温时间视养护温度和要达到的强度而定，一般在8~12h。降温速度与升温速度相同。养护最高温度与水泥种类有关。《铁路混凝土与砌体工程施工规范》规定当采用快硬硅酸盐水泥、硅酸盐水泥和普通硅酸盐水泥时，养护温度不得高于60℃。

混凝土强度在达到1.2MPa以前不得在其表面上搭设脚手架、支架、模板等，亦不得来往通行。混凝土拆模时的强度应符合设计的要求。混凝土结构拆模期限，应根据模板是否受荷载而定，并要保证结构表面及棱角不因拆除模板而受到损坏。当设计未提出要求时，一般侧模拆除时混凝土强度应达到 2.5MPa。

§4.5 高桥墩施工

公路或铁路桥梁通过深沟宽谷或大型水库时采用高桥墩，能使桥梁更为经济合理，不仅可以缩短线路，节省造价，而且可以提高营运效益，减少日常维护工作。我国内昆铁路贵州威宁境内花土坡特大桥桥墩身高达 110m。高桥墩可分为实体墩、空心墩与刚架墩。自 20 世纪 70 年代以后，较高的桥墩一般均采用空心墩。

高桥墩的特点是：墩高、圬工数量多而工作面积小，施工条件差，因此需要有独特的高墩施工工艺。

高桥墩的施工设备与一般桥墩虽大体相同，但其模板却另有特色，一般有滑升模板、爬升模板、翻升模板等几种。这些模板都是依附于已灌的混凝土墩壁上，随着墩身的逐步加高而向上升高。

4.5.1 滑升模板施工

滑升模板施工的主要优点是施工进度快，在一般气温下，每昼夜平均进度可达 5~6m；混凝土质量好，采用干硬性混凝土，机械振捣，连续作业，可提高墩台质量，节约木材和劳力，有资料统计表明，可节省劳动力 30%，节约木材 70%；滑升模板可用于直坡墩身、也可用于斜坡墩身，模板本身附带有内外吊篮、平台与拉杆等，以墩身为支架，墩身混凝土的浇灌随模板缓缓滑升连续不断地进行，故而安全可靠。

4.5.1.1 滑升模板构造

模板挂在工作平台的围圈上，沿着所施工的混凝土结构截面的周边组拼装配，并随着混凝土的灌筑由千斤顶带动向上滑升。滑升模板的构造，由于桥墩和提升工具的类型不同，模板构造也稍有差异，但其主要部件与功能则大致相同。一般可分为顶架、辐射梁、内外围圈、内外支架、模板、平台及吊篮等。

(1) 顶架。顶架的作用是将模板重量及施工临时荷载传递到千斤顶上，并用以固定内外摸板。顶架由上下横梁及立柱组成，轮廓尺寸应按墩壁厚度、坡度、提升千斤顶类型等因素决定。千斤顶一般多固定在下横梁上。带有坡度的桥墩，顶架应设计成能在辐射梁上滑动的结构。

(2) 辐射梁与内外围圈。辐射梁为滑动模板的平面骨架，从滑模中心向四周辐射，与顶架或支架组合起来承受荷载，又作为施工操作平台。内外围圈用来固定辐射梁两端的相对位置。

(3) 内外支架。支架一般固定在辐射梁上，用调模螺栓来移动模板，模板上端则吊在辐射梁上移动。也可设计能在辐射梁上用调径螺栓来移动的支架。

(4) 模板。滑动模板用 2~3mm 钢板制作，高度一般为 1.1~1.5m。每块内模宽约 0.5m，外模宽约 0.6m，以适应不同尺寸的桥墩。收坡桥墩模板分固定模板与活动模板，活动模板又有边板与心板之分。固定模板应安装在顶架立柱或内外支架上，而活动模板则依靠上下横带悬挂在左右固定模板的横带上。

(5) 工作平台及吊篮。工作平台是供施工人员操作、存放小工具及混凝土分配盘用。即在辐射梁上安设钢制或木制盖板。吊篮设在顶架或支架下面，供调节收坡螺丝杆、修补混凝土表面及养护等需要，宽度约为 0.6~0.8m。

图 4-18、图 4-19 为两种滑模构造示意图。

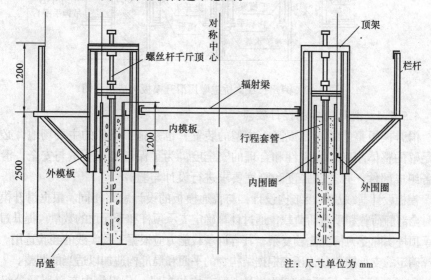

图 4-18　无坡度空心墩滑升模板构造示意图

4.5.1.2 滑升模板提升设备

滑动模板提升设备主要有提升千斤顶、液压控制装置及支承顶杆几部分。

提升千斤顶常用的有螺丝杆千斤顶（图 4-18）和液压千斤顶。液压控制设备是用来控制液压千斤顶提升和回油的机械，分为液压系统及电控系统两大部分。支承顶杆一端埋置于墩、台结构的混凝土中，一端穿过千斤顶心孔，承受滑模及施工过程中平台上的全部荷载。支承顶杆多用 A3 或 A5 圆钢制作。

4.5.1.3 混凝土的垂直运输

采用滑模施工的高桥墩中，混凝土的垂直运输多采用井架提升混凝土，或者以井架为杆，另安装扒杆来吊送混凝土，如图 4-20、图 4-21。也可以不采用井架，利用滑模本身携带的扒杆提升混凝土，如图 4-19。井架可用型钢或万能杆件组装。

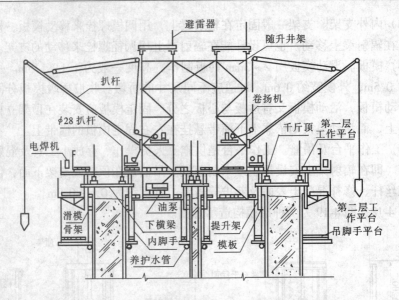

图 4-19 泸州长江大桥主墩用滑升模板构造示意图

4.5.1.4 滑升模板的设计要点

滑升模板整体结构是混凝土成型的装置，也是施工操作的主要场地，必须具有足够的整体刚度、稳定性和合理的安全度。为了保证施工质量与安全，滑升模板各组成部件，必须按强度和刚度要求进行设计与验算。

模板设计荷载及模板结构设计，与普通模板的设计思路相同。根据滑升模板提升时全部静荷载和垂直活荷载，通过计算确定支承顶杆和千斤顶的数量。提升过程中支承顶杆实际受力情况比较复杂，其容许承载能力应根据工程实践的经验选用。上述计算确定的支承杆数量，还应根据结构物的平面和局部构造加以适当的调整。

支承顶杆和千斤顶的布置方案一般有均匀布置、分组集中布置以及分组集中与均匀布置相结合等几种。在筒壁结构中多采用均匀布置方案，在平面较为复杂的结构中则宜采用分组集中与均匀相结合布置方案。千斤顶在布置时，应使各千斤顶所承受的荷载大致相同，以利同步提升。当平台上荷载分布不均匀时，荷载较大的区域和摩阻力较大的区段，千斤顶布置的数量要多些。考虑到平台荷载内重外轻，在数量上内侧应较外侧布置多些，以避免顶升架提升时向内倾斜。

图 4-19 为泸州长江大桥主墩用滑升模板构造示意图。该滑模的最大平面尺寸为 18.5m×11.9m，高度为 4.6m，系按自重、施工卷扬机重力（约 600kN）、起吊荷载（90kN）及摩阻力等总计 1540kN 提升力进行设计。选用 84 个 QY3.5 油压千斤顶进行顶升，为安全考虑，每个千斤顶按 20kN 顶升力计，共可顶升 1680kN。支承顶杆用 A3 钢 $\Phi 28$，共计 84 根。千斤顶共分 9 组，供油根据滑模各部受力的大小，布置在 35 个提升架上，由一台油泵给各千斤顶供油。主墩施工高度为 30~40m。

§4.5 高桥墩施工

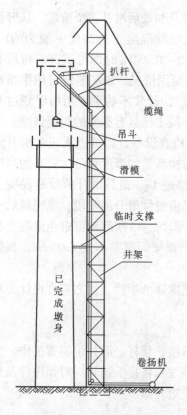

图 4-20 墩外井架布置

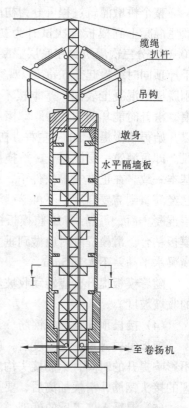

图 4-21 墩内井架布置

4.5.1.5 滑模浇注混凝土施工要点

(1) 滑模组装

在墩位上就地进行组装时，安装步骤为：

1) 在基础顶面搭枕木垛，定出桥墩中心线；2) 在枕木垛上先安装内钢环，并准确定位，再依次安装辐射梁、外钢环、立柱、顶杆、千斤顶、模板等；3) 提升整个装置，撤去枕木垛，再将模板落下就位，随后安装余下的设施；4) 内外吊架模板滑升至一定高度，及时安装；5) 组装完毕后，必须按设计要求及组装质量标准进全面检查，并及时纠正偏差。

(2) 灌筑混凝土

滑模宜灌筑低流动度或半干硬性混凝土，灌筑时应分层、分段对称地进行，分层厚度 20~30cm 为宜，灌筑后混凝土表面距模板上缘宜有不小于 10~15cm 的距离。混凝土灌筑的其他注意事项如本章第 4.4.3 所述。脱模后 8h 左右开始养护，用吊在下吊架上的环绕墩身的带小孔的水管来进行。养护水管一般以设在距模板下缘 1.8~2.0m 处效果较好。

(3) 提升与收坡

整个桥墩灌筑过程可分为初次滑升、正常滑升和最后滑升三个阶段。从开始灌注混凝土到模板首次试升为初次滑升阶段，初灌混凝土的高度一般为 60~70cm，分三次灌筑，在底层混凝土强度达到 0.2~0.4MPa 时即可试升。将所有千斤顶同时缓慢起升 5cm，以观察底层混凝土的凝固情况。现场鉴定可用手指按刚脱模的混凝土表面，基本按不动，但留有指痕，砂浆不沾手，用指甲划过有痕，滑升时能耳闻"沙沙"摩擦声，这些表明混凝土已具有必要的脱模强度，可以开始再缓慢提升 20cm 左右。初升后，经全面检查设备，即可进入正常滑升阶段。即每灌筑一层混凝土，滑模提升一次，使每次灌筑的厚度与每次提升的高度基本一致。在正常气温条件下，提升时间不宜超过 1h。最后滑升阶段是混凝土已经灌筑到需要高度，不再继续灌筑，但模板尚需继续滑升的阶段。灌完最后一层混凝土后，每隔 1~2h 将模板提升 5~10cm，滑动 2~3 次后即可避免混凝土与模板粘合。滑模提升时应做到垂直、均衡一致，顶架间高差不大于 20mm，顶架横梁水平高差不大于 5mm。

随着模板提升，应转动收坡丝杆，调整墩壁曲面的半径，使之符合设计要求的收坡坡度。

(4) 接长顶杆、绑扎钢筋

模板每提升至一定高度后，就需要穿插进行接长顶杆、绑扎钢筋等工作。为不影响提升的时间，钢筋接头均应事先配好，并注意将接头错开。对预埋件及预埋的接头钢筋，滑模抽离后，要及时清理，不使之外露。

(5) 混凝土停工后的处理

在整个施工过程中，由于工序的改变，或发生意外事故，使混凝土的灌筑工作停止较长时间，即需要进行停工处理。例如，每隔半小时左右稍为提升模板一次，以免粘结；停工时在混凝土表面要插入短钢筋等，以加强新老混凝土的粘结；复工时按施工缝处理规定办。

4.5.2 翻板式模板施工

翻板式模板施工的特点是一般配置多节模板（两节或三节）组成一个基本单元，每节为 1.5~3m。当浇筑完上节模板的混凝土后，将最下节模板拆除翻上来，拼装成即将浇筑部分混凝土的模板，以此类推，循环施工。翻板式模板施工根据模板翻升的工艺不同又可分为滑升翻模、爬升翻模和提升翻模等。

4.5.2.1 滑升翻模

滑升翻模近年来在一些高桥墩和斜拉桥、悬索桥的索塔施工中使用较多。此种模板保留了滑升模板和大模板施工的优点，又克服了滑模的不足。主要用于不变坡的方形高墩和索塔。

滑升翻模是在塔柱的一个大面模板的背面上设置竖向轨道，作为竖向桁架的爬升轨道。竖向桁架滑升带动水平桁架摇头扒杆及作业平台整体上升。桁架由万能杆件组拼,竖向桁架作为起重扒杆的中心立柱,与摇头扒杆共同受力。

一个配三节模板的滑升翻模的施工程序为:

(1) 灌筑完两节混凝土并安装桁架及起重设备;

(2) 用起重设备安装第三节模板并灌注混凝土;

(3) 混凝土强度达到 10~15MPa 后,安装提升桁架设备,并将桁架及起重设备滑升1层高度(2.5m);

(4) 把竖向桁架固定在第二、第三节模板背面的竖向轨道上,锁定后即可拆除第一节模板;

(5) 用扒杆起吊安装第四节模板。

至此,便完成了一个滑升翻模的施工循环。

滑升翻模兼有滑升模板施工与普通模板施工的优点,既像滑升模板那样有提升平台和模板提升系统,又像普通模板那样分节分段进行安装定位,可根据模板的安装能力制定模板的分块尺寸。滑升翻模施工技术最早用于四川省犍为桥,后来在湖北郧阳汉江公路大桥索塔施工中得到进一步的发展。图 4-22 为该桥索塔施工采用的滑升翻模的构造。详细情况可参考相关文献。

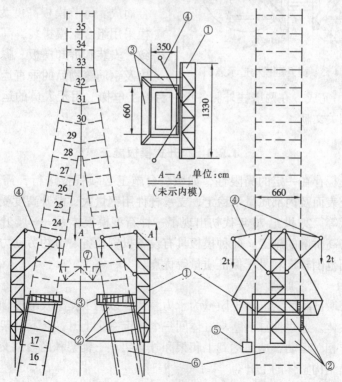

图 4-22 滑升翻模构造示意图
1—竖向桁架;2—模板;3—工作平台;
4—扒杆;5—吊斗;6—已灌节段;7—横向撑架

4.5.2.2 提升翻模

因支承滑升架的需要,滑升翻模更适宜采用大板式模板,所以主要用于不变坡的方形塔柱施工,对于变坡的或者弧形截面的塔墩,应用提升翻模可能更为方便。

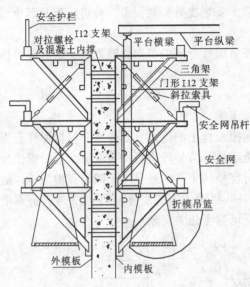

图 4-23 提升翻模构造示意图

提升翻模的特点是模板没有滑升架,模板也可由大板改成小块模板,以适应墩身变坡和随着墩高变化而引起的直径曲率变化。模板和物料的提升依靠其他起重运输机械协同工作,如缆索吊车、塔吊等。

侯月线海子沟大桥高桥墩是最早采用提升翻模施工的,如图 4-23。广东虎门大桥悬索桥东塔采用提升翻模施工,塔身高度达 147.55m。外模分上下两节,每节由六块模板用螺栓拼合而成。每节模板高度为 4.55m。内模采用组合钢模拼装,高度与外模一致。安装和拆卸模板、提升工作平台以及钢筋等物品的垂直运输均由 2 台 QT80EA 塔吊完成,在两塔柱外侧各设一台施工电梯,用于人员的运送。详细情况可参考相关文献。

4.5.3 爬升式模板施工

滑升模板存在一定的局限性,如墩、台施工必须昼夜进行,需要劳动力较多,混凝土表面及内部质量不稳定,支承杆件用钢量大,滑升高度受到限制,施工精度较低等。20 世纪 70 年代初出现了一种新型模板体系——爬升模板,特别适宜于空心高桥墩的施工。此种模板具有设备投资较省、节约劳动力、降低劳动强度、适用范围较广和易于保证质量等优点。

4.5.3.1 工艺原理

以空心墩已凝固的混凝土墩壁为承力主体,以上下爬架及液压顶升油缸为爬升设备的主体。通过油缸活塞与缸体间一个固定一个上升,上下爬架间也是一个固定一个作相对运动,从而达到上爬架和外套架、下爬架和内套架交替爬升,最后形成爬模结构整体的上升。

4.5.3.2 爬模结构组成示例

图 4-24 为一用于高桥墩的液压爬模结构。主要组成部分简介如下:
(1) 网架工作平台:采用空间网架结构。其上安装中心塔吊,下面安装顶升

爬架，四周安装L形支架，中间安装各种操纵控制、配电设备。其主要作用是承担上面塔吊重力和吊料时的冲击力、下面液压缸通过外套架的顶升力以及四周L形支架的支撑反力。网架平台采用万能角铁杆件和几种联板用螺栓连接组成，方便运输与装拆。

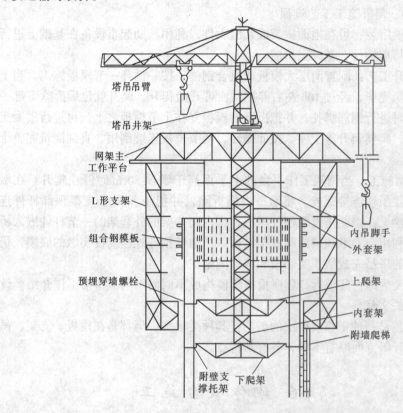

图 4-24　爬模构造示意图

(2) 中心塔吊：安装在网架平台中心处，随着整个爬模的上升而上升。采用双悬臂双吊钩形式以减少配重，可双向上料并能旋转。

(3) L形支架：上部连接于网架平台四周，下部与已凝固的墩壁混凝土连接，以增加整体爬模的稳定性，并可作为墩身施工过程的脚手架。采用型钢杆件和连接板拼接而成。

(4) 内外套架：系顶升传力机构。靠内外套架相对运动而使爬模不断爬升。为保持升降平稳，在内外套架间设有导向轮，采用306轴承，调整、滚动均较方便。

(5) 内爬支架机构：即上下爬架。是整体爬模设备的爬升机构，依靠上下爬架的交替上升，从而达到爬模的升高。爬架可用箱型结构。

(6) 液压顶升机构：为爬升模板的动力设备。采用单泵、双油缸并联的定量系统。既可完成提升作业，又可将整个内外套架、内爬架沿壁逐级爬下，以便在墩底拆卸。

(7) 模板体系：一般采用专用的大模板，以加快支拆速度，提高墩身混凝土表面质量。也可采用组合钢模板。

4.5.3.3 爬模施工工艺流程

(1) 爬模组装：可在地面拼装成几组大件，利用辅助起重设备在基础上进行组拼，也可将单构件在基础上拼装。

(2) 爬升工艺：配置两层大模板或组合钢模，按一循环一节模板施工。当上一节模板灌筑完毕，经过 10h 左右养护，便可开始爬升，爬升就位后拆除下部一节模板，同时进行钢筋绑扎，并把拆下的模板立在上节模板之上，再进行混凝土灌筑、养护、爬模爬升等工序。按此循环，两节模板连续倒用，直到浇筑完整个墩身。

(3) 墩帽施工：当网架工作平台的上平面高于墩顶 30cm 时停止爬升。在墩壁的适当位置预埋连接螺栓，将墩壁内模拆除，并把 L 形外挂支架顶部杆件连接在预埋螺栓上，以此搭设墩帽外模板。将内爬井架的外套架的一节杆件嵌入桥墩帽里，并利用空心墩顶端内爬井架结构以及墩壁预埋螺栓支设实墩的底模，仍用爬模本身的塔吊完成墩顶实心段和墩帽的施工。

(4) 爬模拆卸：爬模拆卸程序根据爬模构成不同而不同，本书不作介绍，读者可参考相关文献。

爬模工艺是一种正在发展中的工艺，其种类很多，但都是在模板、支架、吊运方法及爬升等方面略有不同，各有其特点。

§4.6 砌体墩台施工

石砌墩台具有就地取材和经久耐用等优点，在石料丰富地区建造墩台时，在施工期限许可的条件下，为节约水泥，应优先考虑石砌墩台方案。

4.6.1 石料及砂浆

石砌墩台系用片石、块石及粗料石以水泥砂浆砌筑的，石料与砂浆的规格要符合相关规定。浆砌片石一般适用于高度小于 20m 的墩台身、基础、镶面以及各式墩台身填腹；浆砌块石一般用于高度大于 20m 以上的墩台身、镶面或应力要求大于浆砌片石砌体强度的墩台；浆砌粗料石则用于磨耗及冲击严重的分水体及破冰体的镶面工程以及有整齐美观要求的桥墩台身等。

石料应质地坚硬，不易风化，无裂纹。石料表面的污渍应予清除。石料按加工程度分为片石、块石、粗料石、细料石，加工程度越来越细。

砌体工程所用砂浆的强度等级应符合设计要求，当设计未提出要求时，主体工程不得小于 M10,一般工程不得小于 M5。

将石料吊运并安砌到正确位置是砌石工程中比较困难的工序。当重量小或距地面不高时,可用简单的马凳跳板直接运送,当重量较大或距地面较高时,可采用固定式动臂吊机或桅杆式吊机或井式吊机,将材料运到墩台上,然后再分运到安砌地点。

4.6.2 墩台砌筑施工要点

4.6.2.1 在砌筑前应按设计图放出实样,挂线砌筑。形状比较复杂的工程,应先作出配料设计图(如图 4-25),注明块石尺寸;形状比较简单的,也要根据砌体高度、尺寸、错缝等,先行放样配好料石再砌。

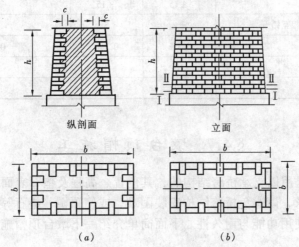

图 4-25 桥墩配料大样图
(a)桥墩Ⅰ-Ⅰ剖面;(b)桥墩Ⅱ-Ⅱ剖面

4.6.2.2 砌筑基础的第一层砌块时,如基底为土质,只在已砌石块的侧面铺上砂浆即可,不需坐浆;如基底为石质,应将其表面清洗、润湿后,先坐浆再砌石。

4.6.2.3 砌筑斜面墩台时,斜面应逐层放坡,以保证规定的坡度。

4.6.2.4 砌筑方法和要求。不同类型的石料、不同的结构形式,相应的砌筑方法也略有不同,实际施工应按相关的规范进行。现简介部分要点如下:

(1)砌块间用砂浆粘结并保持一定的缝厚,所有砌缝要求砂浆饱满。

(2)同一层石料及水平灰缝的厚度要均匀一致,每层按水平砌筑,丁顺相同,砌石灰缝互相垂直。砌石顺序为先角石,再镶面,后填放腹石。填腹石的分层高度应与镶面相同。

(3)圆端、尖端及转角形砌体的砌石顺序,应自顶点开始,按丁顺排列接砌镶面石。

（4）砌缝宽度、错缝距离符合规定，勾缝坚固、整齐，深度和型式符合要求。

（5）砌体位置、尺寸不超过允许偏差。《铁路桥涵施工规范》关于墩台砌体位置及外形尺寸允许偏差见表 4-7。

砌体墩台允许偏差（mm）　　　　　　　　　　表 4-7

项　目	允　许　偏　差		
	片石	块石	粗料石（混凝土块）
砌体边距设计中心线尺寸	±30	±20	±15
顶面高程	±15	±15	±15
两相邻砌块外表面相互错开	—	5	3
垂直度或坡度	0.5%	0.3%	0.3%
轴线偏位	10	10	10
大面积平整度	50	20	10

§4.7 墩台顶帽施工

墩台顶帽是用以支承桥跨结构的，其位置、高程及垫石表面平整度等，均应符合设计要求，以避免桥跨结构安装困难，或使顶帽、垫石等出现碎裂缝影响墩台的正常使用功能与耐久性。下面简单介绍一下墩台顶帽施工需注意的主要问题。

4.7.1 墩、台帽放样

墩台混凝土（或砌石）灌筑至离墩、台帽底下约 30～50cm 高度时，即需测出墩台纵横中心轴线，并开始竖立墩、台帽模板，安装锚栓孔或安装预埋支座垫板、绑扎钢筋等。台帽放样时，应注意不要以基础中心线作为台帽背墙线。模板立好后，墩台帽浇筑前均应复测核实，以确保墩台帽中心、支座、垫石等位置方向与水平标高等不出差错。

4.7.2 墩、台帽模板

墩、台帽系支承上部结构的重要部分，其尺寸位置和水平标高的准确度要求较严，墩台身混凝土灌筑至墩台帽下约 30～50cm 处应停止灌筑，以上部分待墩、台帽模板立好后一次浇筑，以保证墩、台帽底有足够厚度的密实混凝土。台帽背墙模板应特别注意纵向支撑或拉条的刚度，防止灌筑混凝土时发生鼓肚，侵占梁端空隙。

4.7.3 预埋件的安设

墩、台的预埋件一般有支座预埋件（支座锚栓和支座垫板）；防振锚栓；供运营阶段使用的扶手、检查平台和栏杆；防震挡块的预埋钢筋等。

墩、台帽上的支座垫板的安设一般采用预埋支座垫板和预留锚栓孔的方法。前者须在绑扎墩台帽和支座垫石钢筋时，将焊有锚固钢筋的钢垫板安设在支座的准确位置上，即将锚固钢筋和墩、台帽骨架钢筋焊接固定，同时采取措施将钢垫板固定在墩、台帽模板上，此法在施工时垫板位置不易准确，应经常检查与校正。后者须在安装墩台帽模板时，安装好预留孔模板，在绑扎钢筋时注意将预留孔位置留出。此法安装支座施工方便，支座垫板位置准确。

预埋件安装时应注意以下几点：

(1) 为保证预埋件的位置准确，应对预埋件采取固定措施，以免振捣混凝土时预埋件发生移动。

(2) 预埋件下面及附近的混凝土要注意振捣密实。

(3) 预埋件在墩、台帽上的外露部分要有明显标识。

§4.8 拼装式墩台施工

拼装式桥墩台是将墩台分解成若干轻型部件，在工厂或工地集中预制，再运往现场拼装成桥墩台。拼装式桥墩台可以加快施工进度，宜用于水源、砂石料困难地区。拼装式墩台形式主要有杆件拼装式墩台及块件拼装式墩台。

4.8.1 杆件拼装式墩台

杆件拼装式桥墩又可分为板凳式、排架式及双柱式等。在构造上拼装式桥墩由帽梁、墩柱和基础组成。图 4-26 为一排架式拼装墩。杆件拼装式墩台仅用于跨度和墩高较小的情况。

杆件拼装式墩台施工应注意以下几点：

(1) 墩台柱构件与基础顶面预留杯形基座应编号，并检查各个墩、台高度和基座标高是否符合设计要求。

(2) 墩台柱吊入基杯内就位时，应在纵横方向测量，使柱身竖直度或倾斜度以及平面位置均符合设计要求；对重大、细长的墩柱，需用风缆或撑木固定，方可摘除吊钩。

(3) 在墩台柱顶安装盖梁前，应先检查盖梁口预留槽眼位置是否符合设计要求，否则应先修凿。

(4) 柱身与盖梁（顶帽）安装完毕并检查符合要求后，可在基杯空隙与盖梁槽眼处灌筑稀砂浆，待其硬化后，撤除楔子、支撑或风缆，再在楔子孔中灌填砂浆。

4.8.2 块件拼装式墩台

块件拼装式墩台适合于在桥梁跨度较大、墩身较高条件下使用。拼装式预应力钢筋混凝土墩台分为基础、实体墩身和装配墩身三大部分。装配墩身由基本构件、隔板、顶板及顶帽四种不同形状的构件组成，用高强钢丝穿入预留的上下贯通的孔道内，张拉锚固而成。实体墩身是装配墩身与基础的连接段，其作用是锚固预应力钢筋，调节装配墩身高度及抵御洪水时漂流物的冲击等。

块件拼装式墩台施工应注意以下几点：

（1）实体段墩台身灌注时要按拼装构件孔道的相对位置，预留张拉孔道及工作孔。

（2）构件的水平拼装缝采用的水泥砂浆，不宜过干或过稀。砂浆厚度为15mm左右，便于调整构件水平标高，不使误差积累。

（3）构建起吊时，要先冲洗底部泥土杂物。同时在构件四角孔道内可插入一根钢管，下端露出约30cm作为导向。

（4）注意测量纵横向中心线位置，检查中心线无误后方可松开吊钩。

（5）注意进行孔道检查，如孔道被砂浆堵塞无法通开时，只能在墩身内壁的相当位置凿开一小洞，清除砂浆积块，用环氧树脂砂浆修补。

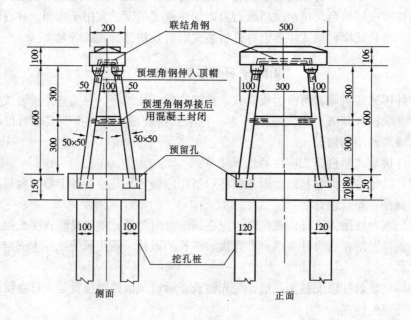

图 4-26 排架式拼装墩

思 考 题 与 习 题

1. 墩台施工的基本要求有哪些?
2. 桥梁墩台的模板类型有哪些?
3. 墩台固定式模板的组成和构造特点如何?
4. 常备式组合钢模板的优点有哪些?其主要组成部件和构造特点如何?
5. 滑升模板的特点是什么?由哪几部分组成?
6. 简述一个跨河大桥水中墩施工时混凝土工厂的组成及各部分作用。
7. 简述泵送混凝土的特点及施工注意事项。
8. 墩台的分块灌筑和接缝处理要满足哪些规定?
9. 混凝土振捣机械的类型有哪些?使用插入式振捣器时如何保证振捣质量?
10. 高墩施工的模板有哪几种类型?
11. 简述滑升模板的特点、构造及主要施工步骤。
12. 爬升式模板施工的特点是什么?简述其工艺原理和组成。
13. 简述墩台砌筑施工的要点。

第5章 混凝土简支梁制造与架设

简支梁桥是最常用的一种桥型。钢筋混凝土和预应力混凝土简支梁的施工可分为就地灌筑（或简称"现浇"）和预制安装两大类。

预制安装就是将一孔梁分成多片在工厂（场）预制，然后运至桥位处，进行现场架设的施工方法。这种方法的主要优点是：上、下部结构可平行施工，工期短；工厂生产易于组织管理，结构质量容易保证；混凝土收缩徐变的影响小。但是，这种方法需要有预制场地，和必要的运输、吊装设备。

现浇法施工勿需预制场地，不需要大型吊运设备。但是，工期长，施工质量不易保证。

长期以来，随着大型运、架设备的发展，预制安装的施工方法得到普遍推广。我国第一条铁路客运专线－秦沈客运专线的大量箱型截面简支梁，就采用了预制安装的施工方法。

本章主要介绍钢筋混凝土和预应力混凝土简支梁的制造工艺和常用的运输安装方法。

§5.1 模板的构造

模板虽然是施工中的临时性结构，但对于梁体的制作十分重要。模板不仅控制着梁体尺寸的精度、直接影响施工进度和混凝土的灌注质量，而且关系到施工安全。因此，模板应符合下列要求：

(1) 具有足够的强度、刚度和稳定性。能安全可靠地承担施工中可能出现的各种荷载。

(2) 保证结构的设计形状、尺寸及各部分相互之间位置的准确性。

(3) 模板的接缝必须密合，确保混凝土浇筑过程中不漏浆。

(4) 构造简单，拆装方便，便于周转使用，应尽量做成装配式组件或块件。

5.1.1 模板分类及构造

按模板的梁体成型时的作用：内模、外模、侧模、端模、底模等。

按模板所用的材料不同，分为木模板、钢模板、钢木模板、胶合板模板、钢竹模板、塑料模板、玻璃钢模板、铝合金模板等。桥梁施工常用的模板有木模、钢模和钢木结合模板。塑料模板、玻璃钢模板、铝合金模板具有重量轻、刚度大、拼装方便、周转率高的特点，但由于造价较高，在施工中尚未普遍使用。

就地浇筑桥梁的模板，常用木模和钢模。对预制安装构件，除钢、木模外，也可采用钢木结合模板、土模、砖模和钢筋混凝土模板等。模板形式的选择，主要取决于同类桥跨结构的数量和模板材料的供应。当建造单跨或多跨不同桥跨结构，一般采用木模；当有多跨同样的桥跨结构时，为了经济可采用大型模板块件组装或用钢模。

5.1.2 木　　模

木模包括胶合板木模，可采用整体定型的大型块件，它可按结构要求预先制作，然后在支架上用连接件迅速拼装。木模板的基本构造包括：紧贴混凝土表面的壳板（又称面板）、支承壳板的肋木和立柱或横档。壳板可以竖直拼装（图5-1a）或水平拼装（图5-1b）。

壳板的接缝可做成平缝（图5-1b）、搭接缝或企口缝（图5-1c）。当采用平缝拼接时，应在拼缝处衬压塑料薄膜或水泥袋纸以防漏浆。为了增加木模的周转次数并方便脱模，往往在壳板面上加钉一层薄铁皮。

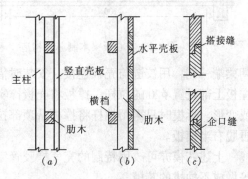

图 5-1　木模板基本构造

为防止板在施工过程中变形，壳板不能过宽和过薄，厚度一般为 2～5cm，宽 15～18cm，不宜超过 20cm。肋木、立柱或横档的尺寸，可根据经验或计算确定。肋木的间距一般为 0.7～1.5m。

常用 T 形梁的分片装拆式木制模板结构如图5-2 所示。相邻横隔板之间的模板，形成一个柜箱。在柜箱内的横档上，可安装附着式振捣器。梁体两侧的一对柜箱，用顶部横木和穿通梁肋的螺栓拉杆来固定。并借柱底的木楔进行装、拆调整。

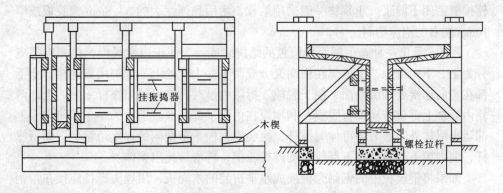

图 5-2　T 形梁木模构造

图 5-3 所示是常用于公路空心板梁的木制芯模构造。芯模是形成空心所必需的特殊模板。其结构形式直接影响到制作是否简便经济，装拆是否方便，周转率是否高的问题。为了便于搬运装拆，每根梁的模板分成两节。木壳板的侧面装置铰链，使壳板可以转动。芯模的骨架和活动撑板，每隔约70cm 一道。撑板下端的半边朝梁端一侧，用铰链与壳板连接。安装时借榫头顶紧壳板纵面的上下斜缝，并在撑板上部设置 $\phi 20$ 的拉杆。撑板将壳板撑实后，在模壳外用铅丝捆扎，以防散开或变形。拆模时只需用拉杆将撑板从顶部拉脱，并借铰链先松左半模板，取出后再脱右半模板。

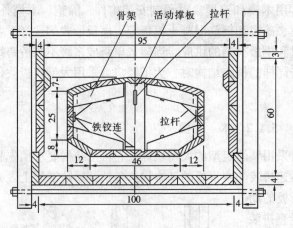

图 5-3 空心板梁木制芯模构造

上述芯模亦可改用特制的充气橡胶管完成。在国外，还采用混凝土管、纸管等做成不抽拔的芯模。

5.1.3 钢 模

桥梁用钢模一般做成大型块件，长 3~8m。图 5-4 示出一种分片装拆式 T 梁钢模板的结构组成。侧模由厚度一般为 4~8mm 的钢壳板、角钢做成的水平肋和竖向肋、支托竖向肋的直撑、斜撑、固定侧模用的顶横杆和底部拉杆，以及安装在壳板上的振捣架等构成。底模通常用 6~12mm 厚的钢板制成，它通过垫木支承在底部钢横梁上。在拼装钢模板时，所有紧贴混凝土的接缝内部，都用止浆垫使接缝密闭不漏浆。止浆垫一般采用柔软、耐用和弹性大的 5~8mm 橡胶板或厚 10mm 左右的泡沫塑料。

图 5-5 示出一种箱形截面钢模板的结构组成。为便于内模脱模，内模在竖向分为上、下两部分，上下部在横向又分成两半，中线处上下部都用铰连接。上部在竖向连接处做成斜面，便于脱模。拆除内模时，将可伸缩撑杆缩短，上部两侧内模绕上部铰转动即行脱模，利用设在内模下部顶面轨道上的小车可将内模上部运出梁体外。然后将可伸缩撑杆，换装到内模下部两侧的连接角钢上，缩短撑杆，使内模下部两侧绕下部铰转动即行脱模，再滑移托出梁体。

如果将钢模板中的钢制壳板换成水平拼装的木壳板，用埋头螺栓连接在角钢竖肋上，在木壳板上再钉一层薄铁皮，这样就做成钢木结合模板。这种模板不仅节约木材，成本低，而且具有较大的刚度和紧密稳固性，也是一种较好的模板。

不管何种模板，为了避免壳板与混凝土粘连，以利脱模，通常均需在壳板面上涂以隔离剂，如专用脱模剂、石灰乳浆、肥皂水、润滑油或废机油等。

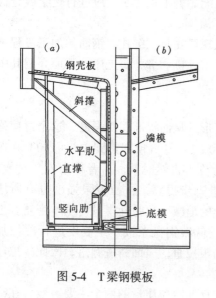

图 5-4 T梁钢模板

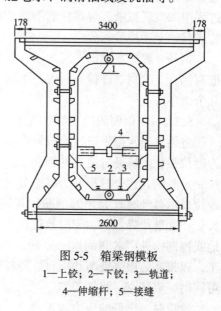

图 5-5 箱梁钢模板
1—上铰；2—下铰；3—轨道；
4—伸缩杆；5—接缝

§5.2 钢筋混凝土简支梁制造

5.2.1 模板与支撑工程

在浇筑混凝土之前应对支架和模板进行全面、严格的检查，核对设计图纸的要求。工厂预制时，梁体一般不设较高的支架，而是多在台座上。这时要保证台座下的基础处理好，下沉、变形要符合施工规范的要求。对于现场浇筑的梁体，支架必须有足够的强度和刚度以保证梁体在设计标高位置，支架的接头位置应准确、可靠，卸落设备要符合要求。应检查模板的尺寸，制作是否密贴，螺栓、拉杆、撑木是否牢固，是否涂抹模板油及其他脱模剂等。

5.2.2 钢筋的加工与安装

钢筋混凝土结构中，常用钢筋的直径一般为 6~40mm。钢筋按强度不同分为 5 级，级别愈高，其强度和硬度愈高，但塑性则降低。Ⅰ~Ⅳ为热轧钢筋，Ⅴ级为Ⅳ级经热处理后制成。Ⅰ级为低碳钢，Ⅱ~Ⅳ级为普通低合金钢。Ⅰ级钢筋外表为光圆；Ⅱ~Ⅲ级钢筋外表带肋，按形状分有月牙肋和等高肋，统称为带肋钢筋；Ⅳ级为精轧螺纹钢筋，一般用作预应力筋。

钢筋应有出厂质量证明书或试验报告单，每捆（盘）钢筋应有标牌。进场时应按炉罐（批）号及直径分别存放、分批验收。验收内容包括查对标牌、外观检查，并按有关标准的规定，抽样作机械性能试验，合格后方可使用。钢筋在加工过程中如发现脆断、焊接性能不良或机械性能显著不正常时，应进行化学成分检验或其他专项检验。

钢筋一般先在钢筋车间加工，然后运至现场安装或绑扎。钢筋的加工过程一般有调直、除锈、冷拉、时效、下料、弯钩、焊接、绑扎等工序。下面介绍其中几个工序。

5.2.2.1 钢筋的冷拉及时效强化

将钢材于常温下进行冷拉使产生塑性变形，从而提高屈服强度，这个过程称为冷拉强化。将经过冷拉的钢筋于常温下存放 15~20d 或加热到 100~200℃并保持一定时间，这个过程称为时效处理。前者称为自然时效。后者称为人工时效。冷拉以后再经时效处理的钢筋，其屈服点进一步提高，抗拉极限强度也有所增长，塑性继续降低。由于时效过程中内应力的消减，故弹性模量可基本恢复。工地或预制构件厂常利用这一原理，对钢筋或低碳钢盘条按一定制度进行冷拉加工，以提高屈服强度节约钢材。冷拉时钢筋被拉直，表面锈渣剥落，因此冷拉还可同时完成调直、除锈工作。

冷拉时，钢筋的应力和延伸率，是影响钢筋冷拉质量的两个主要参数。在冷拉时最好采用同时控制钢筋应力和延伸率的方法，即"双控"，以应力控制为主，延伸率控制为辅。

为使钢筋变形充分发展，冷拉速度不宜过快，当拉到规定的控制应力（或冷拉长度）后，须稍停（约 1~2min），待钢筋变形充分发展后，再放松钢筋，冷拉结束。冷拉后，钢筋表面不得有裂纹，或局部颈缩现象，并应按施工规范要求，进行拉力试验和冷弯试验。

5.2.2.2 钢筋焊接连接

钢筋连接常用的方法有：绑扎连接、焊接连接、冷压连接。除个别情况（如不准出现明火）外应尽量采用焊接连接，以保证质量、提高效率和节约钢材。如现行《铁路混凝土与砌体施工规范》规定：当设计对钢筋接头无明确要求时，应采用闪光对焊或电弧焊连接，并以闪光对焊为主；仅在确无条件施焊时，对直径 25mm 及以下钢筋方可采用绑扎搭接。

钢筋对焊原理，是将两钢筋成对接形式水平安置在对焊机夹钳中，使两钢筋接触，通以低电压的强电流，把电能转化为热能（电阻热）。当钢筋加热到一定程度后，即施加轴向压力挤压（称为顶锻），便形成对焊接头。

闪光对焊具有生产效率高、操作方便、节约钢材、焊接质量高、接头受力性能好等许多优点。钢筋闪光对焊过程如下：先将钢筋夹入对焊机的两电极中（钢筋与电极接触处应清除锈污，电极内应通入循环冷却水），闭合电源，使钢筋两端面轻微接触，这时即有电流通过。由于接触轻微，钢筋端面不平，接触面很小,故电流密度和接触电阻很大,因此接触点很快熔化,形成"金属过梁"。过梁进一步加热,产生金属蒸气飞溅(火花般的熔化金属微粒自钢筋两端面的间隙中喷出,此称为烧化),形成闪光现象,故称闪光对焊。通过烧化使钢筋端部温度升高到要求温度后,便快速将钢筋挤压(称顶锻),然后断电,即形成对焊接头。

根据所用对焊机功率大小及钢筋品种、直径不同,闪光对焊又分连续闪光焊、预热闪光焊、闪光—预热闪光焊等不同工艺。钢筋直径较小时,可采用连续闪光焊;钢筋直径较大,端面较平整时,宜采用预热闪光焊;直径较大,且端面不够平整时,宜采用闪光—预热闪光焊。

(1) 连续闪光焊。采用连续闪光焊时,先闭合电源,然后使两钢筋端面轻微接触,形成闪光。闪光一旦开始,应徐徐移动钢筋,形成连续闪光过程。待钢筋烧化到规定的长度后,以适当的压力迅速进行顶锻,使两根钢筋焊牢。连续闪光焊所能焊接的最大钢筋直径,应随着焊机容量的降低和钢筋级别的提高而减小。

(2) 预热闪光焊。预热闪光焊是在连续闪光焊前增加一次预热过程,以达到均匀加热的目的。采用这种焊接工艺时,先闭合电源,然后使两钢筋端面交替地接触和分开。这时钢筋端面的间隙中即发出断续的闪光,而形成预热过程。当钢筋烧化到规定的预定的预热留量后,随即进行连续闪光和顶锻,使钢筋焊牢。

(3) 闪光—预热闪光焊在预热闪光焊前加一次闪光过程。目的是使不平整的钢筋端面烧化平整,使预热均匀。这种焊接工艺的焊接过程是,首先连续闪光,使钢筋端部闪平。然后断续闪光,进行预热。接着连续闪光,最后进行顶锻,以完成整个焊接过程。

冬季钢筋的闪光对焊宜在室内进行。焊接时的环境温度,不宜低于0℃。困难条件下,对以承受静力为主的钢筋,闪光对焊的环境气温可适当降低,但最低不应低于-10℃。在低温条件下焊接时,焊件冷却快,容易产生淬硬现象,内应力也将增大,使接头力学性能降低,给焊接带来不利因素。因此在低温条件下焊接时,应掌握好冷却速度。为使加热均匀,增大焊件受热区域,宜采用预热闪光焊或闪光—预热闪光焊。

5.2.2.3 钢筋的弯制成形

下料后的钢筋,可在工作平台上用手工或电动弯筋器按规定的弯曲半径弯制成形。钢筋的两端亦应按图纸弯成所需的弯钩。如钢筋图中对弯曲半径未作规定,则宜按相应施工规范的要求进行弯制。如需要较长的钢筋,最好在接长以后再弯制,这样较易控制尺寸。

5.2.2.4 钢筋骨架的组成与安装

钢筋骨架,可以焊接成形,也可以绑扎成形,但都必须保证骨架有足够的刚度,以便在搬运、安装和灌筑混凝土过程中不致变形、松散。

焊接钢筋骨架应在紧固的焊接工作台上进行施工。骨架的焊接一般采用电弧焊，先焊成单片平面骨架，再将它组拼成立体骨架。在焊接过程中，由于焊缝填充金属及被焊金属的温度变化，骨架将会产生翘曲变形，同时在焊缝内将引起甚至会导致焊缝开裂的收缩应力。为了防止或减小这种变形和应力，一般以采用双面焊缝为好，即先焊好一面的焊缝，而后把骨架翻身，再焊另一面的焊缝，当大跨径骨架翻身困难而不得不采用单面焊时，则须在垂直骨架平面的方向做成预拱度（其大小可由实地测验而定）。同时，在焊接操作上应采用分层跳焊法，即从骨架中心向两端对称地、错开地焊接，先焊骨架下部，后焊骨架上部；在同一断面处，如钢筋层次多，各道焊缝也应互相交错跳焊。

实践表明，装配式简支梁焊接钢筋骨架焊接后在骨架平面内还会发生两端上翘的焊接变形。为此，尚应结合骨架在安装时可能产生的挠度，事先将骨架拼成具有一定的预拱度，再行施焊。焊接成形的钢筋骨架，安装比较简单，用一般起重设备吊入模板即可。

绑扎骨架钢筋的安装，应事先拟定安装顺序。一般的梁肋钢筋，先放箍筋，再安下排主筋，后装上排钢筋。在钢筋安装工作中为了保证达到设计及构造要求，应注意下列几点：

(1) 钢筋的接头应按规定要求错开布置。

(2) 钢筋的交叉点应用铁丝绑扎结实，必要时可用电焊焊接。

(3) 除设计有特殊规定者外，梁中箍筋应与主筋垂直。箍筋弯钩的叠合处，在梁中应沿纵向置于上面并交错布置。

(4) 为了保证混凝土保护层的厚度，应在钢筋与模板间设置垫块，如水泥浆块、混凝土垫块、钢筋头垫块或其他形式的垫块。垫块应错开设置，不应贯通截面全长。

(5) 为保证及固定钢筋相互间的横向净距，两排钢筋之间可使用混凝土分隔块，或用短钢筋扎结固定。

(6) 为保证钢筋骨架有足够的刚度，必要时可以增加装配钢筋。

5.2.3 混凝土工程

关于混凝土搅拌、运输、浇筑及养护的基本要求已在第4章作了介绍，下面将简单介绍梁体混凝土工程须重点注意的内容。

5.2.3.1 混凝土浇筑

在正式浇筑前，应对灌注的各种机具设备进行试运转，以防在使用中发生故障。要依照浇筑顺序，布置好振捣设备，检查螺帽紧固的可靠程度。对大型就地浇筑施工结构，必须准备备用的机械、动力。

在浇筑混凝土前，应会同监理部门对支架、模板、钢筋、预留管道和预埋件进行检查合格后，方可进行浇筑混凝土工作。

对任何一种形式的桥梁，在考虑主梁混凝土浇筑顺序时，都不应使模板和支架产生有害的下挠。

当梁较高时,为了对浇筑的混凝土进行振捣,应采用相应的厚度分层浇筑,见图5-6。对于跨径不大的简支梁桥,可在一跨全长内分层浇筑,在跨中合拢。横隔梁与梁肋同时浇筑。分层的厚度视振捣器的能力而定,一般选用15~30cm;当采用人工振捣时,可选取15~20cm。为避免支架不均匀沉陷的影响,浇筑速度应尽量快,以便在混凝土失去塑性之前完成。

对于又高又长的梁体,混凝土的供应量跟不上水平分层浇筑的进度时,可采用斜层浇筑,一般从梁的一段浇向另一端。采用斜层浇筑时,混凝土的倾斜角与混凝土的稠度有关,一般可用20°~25°。

当桥梁跨径较大时,可先浇筑纵横梁,待纵横梁完成浇筑后,再沿桥的全宽浇筑桥面混凝土。在桥面与纵横梁间应按设置工作缝处理。

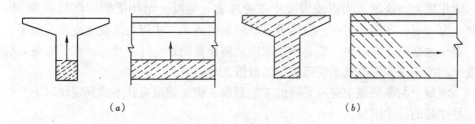

图5-6 分层浇筑混凝土
(a) 水平层浇筑;(b) 斜层浇筑

当桥面较宽且混凝土数量较大时,可分成若干纵向单元分别浇筑。每个单元可沿其长度分层浇筑。在纵梁间的横梁上设置连接缝,并在纵横梁浇筑完成后填缝连接。之后,桥面板可沿桥全宽一次浇筑完成。桥面与纵横梁间设置水平工作缝。

在施工缝处开始继续浇筑混凝土的时间不能过早,以免已凝固的混凝土受到振动而破坏,必须待已浇筑混凝土的抗压强度不小于1.2MPa时才可进行。在施工缝处继续浇筑前,为解决新旧混凝土的结合问题,应按规定对已硬化的施工缝表面进行处理。主要包括清除表层的水泥薄膜和松动石子及软弱混凝土层,必要时还要加以凿毛;清除钢筋上的油污、水泥砂浆及浮锈等杂物;然后用水冲洗干净,并保持充分湿润,且不得积水;在浇筑前,宜先在施工缝处铺一层水泥砂浆或与混凝土成分相同的水泥砂浆等。

5.2.3.2 混凝土养护及拆模

混凝土预制梁一般都采用蒸汽养护,以提高强度增长速度,加快预制台座的周转,确保工期。现场浇筑的混凝土梁多采用自然养护,但冬期施工时一般采用热养护的方法。

混凝土拆模时的强度应符合设计的要求。当设计未提出要求时,一般侧模拆除时混凝土强度应达到 2.5MPa；当混凝土强度大于设计强度的 70% 以后，方可拆除各种梁的底模。

《铁路混凝土与砌体工程施工规范》规定，当梁部结构混凝土拆模时，梁体表面温度与环境温度之差不宜大于 20℃。

5.2.3.3 混凝土的冬期施工

《铁路混凝土与砌体工程施工规范》规定，当工地昼夜平均气温（最高和最低气温的平均值或当地时间 6 时、14 时及 21 时室外气温的平均值）连续 3d 低于 5℃或最低气温低于 -3℃时，应按冬期施工处理。《公路桥涵施工技术规范》规定，室外日平均气温连续 5d 稳定低于 5℃，应按冬期施工处理。

混凝土强度的高低和增长速度，决定于水泥水化反应的程度和速度。温度决定着水化反应的速度，温度愈高反应愈快。另外，由于在负温下大量的水转变为冰体积增大，这就成为促使混凝土遭受冻害、混凝土结构受到破坏的根源。因此，混凝土在冬期施工中，应尽量采取适宜的施工方法避免混凝土受冻。如果不可避免地会遭受冻结时，则必须采取措施防止其浇筑后过早受冻。在受冻前，混凝土的抗压强度不得低于规范规定的数值 5MPa。

混凝土的冬期施工有一系列的工艺要求，施工规范有详细的规定。以下介绍一些主要的技术措施。

配制冬期施工的混凝土，在保证混凝土必要的和易性同时，应尽量采用较小的水灰比和较低的坍落度。

混凝土所用骨料必须清洁，不得含有冰、雪等冻结物及易冻裂的矿物质，在掺用含有钾、钠离子防冻剂的混凝土中，不得混有活性骨料。

冬期拌制混凝土时应优先采用加热水的方法，当加热水仍不能满足要求时，再对骨料进行加热，水及骨料的加热温度应根据热工计算确定，且最高温度不得超过规范的限值。

搅拌前应用热水或蒸汽冲洗搅拌机，搅拌时间应较常温延长 50%。在运输过程中要有保温措施以防止混凝土热量散失和被冻结。

混凝土在浇筑前，应清除模板和钢筋上的冰雪和污垢。当环境温度低于 -10℃时，应将直径大于或等于 25mm 的钢筋和金属预埋件加热至正温。

混凝土冬期养护方法有蓄热法、蒸汽养护法、电热法、暖棚法以及掺外加剂法等。

§5.3 预应力混凝土简支梁制造

5.3.1 先 张 法

先张法的制梁工艺，是在浇筑混凝土前张拉预应力筋，并将其临时锚固在张拉台座上。然后立模浇筑混凝土，待混凝土达到规定强度（一般不低于设计强度的70%）时，逐渐将预应力筋放松。这样就因预应力筋的弹性回缩，通过其与混凝土之间的粘结作用，使混凝土获得预压应力。

先张法生产可采用台座法或流水机组法。采用台座法时，构件施工的各道工序全部在固定台座上进行。采用流水机组法时，构件在移动式的钢模中生产，钢模按流水方式通过张拉、灌筑、养护等各个固定机组完成每道工序。流水机组法可加快生产速度，但需要大量钢模和较高的机械化程度，且需配合蒸汽养护，因此适用于工厂内预制定型构件。台座法不需复杂机械设备，施工适用性强，故应用较广。下面重点介绍台座、预应力筋制备、预应力张拉、混凝土灌注、预应力筋放松等工艺。

5.3.1.1 台座

台座的承力结构有多种不同的形式，从其基本原理上，可分为两大类：一类为压柱式，包括轴心压柱式、偏心压柱式、墩柱式、梭形等几种形式；另一类为底板承压式。

(1) 压柱式台座

压柱式台座主要特点为在台座两侧设传力柱，承受水平张拉荷载。此时，传力柱处于轴心受压或偏心受压状态。

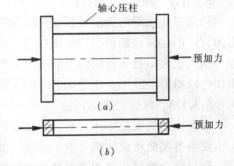

图 5-7　轴心压柱式台座示意图
(a) 平面；(b) 立面

1) 轴心压柱式台座。该台座的受力特点为张拉荷载合力中心与压柱的轴心相重合，见图5-7。这种台座具有受力直接明确、承载力大、工程量小、节省材料等特点，是先张梁台座的最早形式，尤其适用于小型预制场。为解决传力柱较高，对绑筋、灌注、拆模等不便，可采用将传力柱顶降至地面同一标高，形成地槽形式，以利于施工。

图 5-8　偏心压柱式台座示意图

2) 偏心压柱式台座。其构造特点为将压柱标高降至接近地面齐平，并在压柱端部加设牛腿，水平张拉荷载则作用于牛腿，通过牛腿传至压柱，见图5-8。这种台座具有承载力大的优点。但采用偏心受压形式在相同张拉荷载下将导致压柱截面增大或配筋增加。为平衡偏心荷载对台座的倾覆力矩，常在台座端部增设平衡重结构，如平衡梁或平衡板加重等，较适合于固定预制工厂。

3) 墩柱式台座。它将牛腿和端节压柱分开，之间设置传力铰。牛腿下伸与重力墩连成整体。压柱由偏心受压转为轴心受压，使压柱高度降低，具有结构合理、承载力大、方便施工、降低材料消耗等特点。

4) 梭形台座。该台座为整体偏心压柱结构，采用牛腿承受张拉荷载，传力柱在端节处向内弯折，在端节用较短的端横梁连成整体，压柱处于双向偏心受压状态。具有整体性好和可免除大型钢端横梁等特点。该台座为整体式结构，只适于固定预制工厂。

(2) 底板承压式台座

底板承压式台座主要特点为利用台座底板来代替传力柱承受水平张拉荷载。它具有结构简单，受力明确的特点。通过刚度很大的前横梁，把集中荷载转化为对底板的均布荷载。通过立柱后下方设置重力墩平衡重与立柱形成整体。具有台座表面简洁，占地小，施工方便等优点。适于固定预制工厂或现场预制较多数量的预制场。

5.3.1.2 预应力筋的线形

从适应简支梁内力沿梁长变化的角度出发，预应力筋的线形以折线形和曲线形为宜。但是，从制造工艺简便的角度出发，预应力筋的线形以直线形为宜。目前，国内绝大多数先张梁的力筋线形为直线。近来，针对折线配筋先张梁的研发工作已取得阶段成果，在近期的实际工程中有望被采用。

5.3.1.3 预应力筋的张拉

预应力筋的张拉工作，必须严格按照设计要求和张拉操作规程进行。张拉设备主要为各类液压拉伸机（由千斤顶、油泵、连接油管组成）。

张拉可分单根张拉和多根整批张拉两种。多根整批张拉时为使每根力筋的初应力基本相等，在整体张拉前要进行初调应力，应力一般取张拉应力的 10% ~ 15%。

张拉前，应先在端横梁上安装预应力筋的定位钢板，同时检查其孔位和孔径是否符合设计要求。安装定位板时，要保证最下层和最外侧预应力筋的混凝土保护层尺寸。进而在台座上安装预应力筋，将其穿过端横梁和定位板后用锚具固定在板上。穿筋时应注意不碰掉台面上的隔离剂和沾污预应力筋。长线同时生产几根梁时，梁与梁间的钢筋可用连接器临时串联。

预应力筋的控制张拉力是通过油压表显示出的。在理论上将油压表读数乘以千斤顶油缸内活塞面积就可得张拉力的大小。但由于油缸与活塞之间存在摩阻损失，实有的张拉力要小于理论计算值。另外，油压表本身也有示值误差。因此，事前就要用标准压力计（如压力环或传感器等）和标准油压表，分级（一般 50kN 一级）来测定所用千斤顶的校正系数 K_1 和油压表的校正系数 K_2。

为了减少预应力筋的应力松弛损失，通常采用超张拉的方法。根据力筋种类不同，张拉程序略有不同，应按照设计要求或相应的施工规程进行。《公路桥涵施工技术规范》中关于张拉程序的规定见表 5-1。

为了避免台座承受过大的偏心力，应先张拉靠近台座截面重心处的预应力筋。

张拉时，台座两端不得站人，操作人员要站在台座侧面的油泵外侧进行工作，以策安全。钢筋拉到张拉力后，要静停 2-3min，待稳定后再锚固。

先张法预应力筋张拉程序 表 5-1

预应力筋种类	张 拉 程 序
钢筋	0→初应力→$1.05\sigma_{CON}$（持荷 2min）→$0.9\sigma_{CON}$→σ_{CON}（锚固）
钢丝、钢绞线	0→初应力→$1.05\sigma_{CON}$（持荷 2min）→0→σ_{CON}（锚固） 对于夹片式等具有自锚性能的锚具： 普通松弛力筋 0→初应力→$1.03\sigma_{CON}$（锚固） 低松弛力筋 0→初应力→σ_{CON}（持荷 2min 锚固）

注：1. 表中 σ_{CON} 为张拉控制应力；
  2. 张拉钢筋时，为保证施工安全，应在超张拉放张至 90% 的控制应力时安装模板、普通钢筋及预埋件等。

5.3.1.4 混凝土灌注和养护

预应力混凝土梁的混凝土工作，除了因所用强度等级较高而在配料、制备、浇筑、振捣和养护等方面更应严格要求外，基本操作与钢筋混凝土结构中相仿。为加快台座周转，一般采用蒸汽养护。此外，在台座内每条生产线上的构件，其混凝土必须一次连续灌筑完毕；振捣时，应避免碰击预应力筋。

5.3.1.5 预应力筋放张

预应力筋的放张是先张法生产中的一个重要工序。放张方法选择得好坏和操作是否正确，对构件的质量都将有直接的影响。

预应力筋的放张，必须待混凝土养护达到设计规定的强度（一般为混凝土强度等级的 70%~80%）以后才可以进行。放张过早会造成较多的预应力损失（主要是收缩、徐变损失），或因混凝土与钢筋的粘结力不足，而造成预应力筋弹性收缩滑动和在构件端部出现水平裂缝的质量事故。放张过迟，则影响台座和模板的周转。放张操作时速度不应过快，尽量使构件受力对称均匀。只有待预应力筋被放张后，才能切割每个构件端部的钢筋。

放张预应力筋的方法有：千斤顶放张；砂筒（箱）放张；滑楔放张；螺杆、张拉架放张等。

（1）千斤顶放张：当混凝土达到规定强度后，再安装千斤顶重新将钢筋张拉至能够扭松固定螺帽时止，随着固定螺帽的扭松，逐渐放张千斤顶，让钢筋慢慢回缩。当逐根放张预应力筋时，应严格按有利于梁受力的次序分阶段地进行。通常自构件两侧对称地向中心放张，以免较后一根钢筋断裂时使梁承受大的水平弯曲冲击作用。放张的分阶段次数，应视张拉台座至梁端外露钢筋长短而定，较长时分阶段次数可少些，过短时次数应增多。

（2）砂筒放张：在张拉预应力筋之前，在承力架（或传力柱）与横梁间各放置一个灌满（约达 2/3 筒身）烘干细砂子的砂筒（图 5-9）。张拉时筒内砂子被压实,需要放张预应力筋时,可将出砂口打开,使砂子慢慢流出,活塞徐徐顶入,直至张拉力全部放张为止。

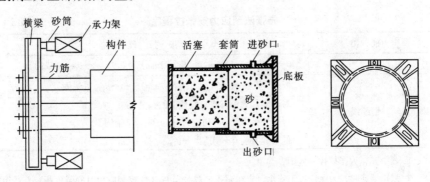

图 5-9　砂筒放张示意图

(3) 滑楔放张:代替上述的砂筒,也可用图 5-10 所示的钢制滑楔来放张张拉力。滑楔由三块钢楔块组成,中间一块上装有螺丝。将螺丝拧进螺杆就使三个楔块连成一体。需要放张时,将螺丝慢慢往上拧松,由于钢筋的回缩力,随着中间楔块的向上滑移,张拉力就被放张。

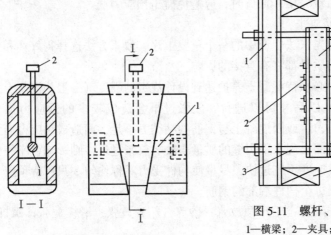

图 5-10　钢滑楔

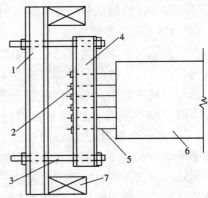

图 5-11　螺杆、张拉架放张示意图
1—横梁；2—夹具；3—螺杆；4—张拉架；
5—预应力筋；6—构件；7—承力架

(4) 螺杆、张拉架放张:在台座的固定端,设置锚固预应力筋的螺杆和张拉架(图 5-11)。放张时,拧松螺杆上的螺帽,钢筋慢慢回缩,张拉力即被放张。但由于作用在螺帽上的压力很大,拧松螺帽比较费力。

5.3.2　后　张　法

后张法制梁的步骤,是先制作留有应力筋孔道的梁体。待其混凝土达到规定强度后,再在孔道内穿入预应力筋,进行张拉并锚固。最后进行孔道压浆并浇筑梁端封头混凝土。

后张法工序较先张法复杂（例如需要留孔道、穿筋、灌浆等）、且构件上耗用的锚具和预埋件等增加了用钢量和制作成本，但鉴于此法不需要强大的张拉台座，便于在现场施工，而且又适宜于配置曲线形预应力筋的大型和重型构件制作，因此目前在公路、铁路桥梁上得到广泛的应用。

后张法预应力混凝土桥梁常用高强碳素钢丝束、钢绞线和冷拉Ⅲ、Ⅳ级粗钢筋作为预应力筋。对于跨径较小的T形梁，也可采用冷拔低碳钢丝作为预应力筋。

5.3.2.1 高强钢丝束的制备

钢丝束的制作包括下料和编束工作。高强碳素钢丝都是盘圆，若盘径小于1.5m，则下料前应先在钢丝调直机上调直。对于在厂内先经矫直回火处理，且盘径为1.7m的高强钢丝，一般不必整直就可下料。如发现局部存在波弯现象，可先在木制台座上用木锤整直后下料。下料前除应抽样试验钢丝的力学性能外，还要测量钢丝的圆度。对于直径为5mm的钢丝，其正负容许偏差为+0.8mm和-0.4mm。

调直好了的钢丝，最好让它成直线存放。如果须将钢丝盘起来存放时，其盘径应不小于钢丝直径的400倍，否则钢丝将发生塑性变形而又弯曲。

钢丝的下料长度 L 应为：

$$L = L_0 + L_1$$

式中　L_0——构件混凝土预留孔道长度；

　　　L_1——固定端和张拉端（或两个张拉端）所需要的钢丝工作长度。

当构件的两端均采用锥形锚具、双作用或三作用千斤顶张拉钢丝时，其工作长度一般可取140~160cm。当采用其他类型锚具及张拉设备时，应根据实际需要，计算钢丝工作长度。

对于采用锥形螺杆锚具和墩头锚具的钢丝束，应保证每根钢丝下料长度相等，这就要求钢丝在应力状态下切断下料。

为了防止钢丝扭结，必须进行编束。编束时，可将钢丝对齐后穿入特制的梳丝板，如图5-12所示，使排列整齐。然后一边梳理钢丝一边每隔1.0~1.5m衬以长3~4cm的螺旋衬圈或短钢管，并在设衬圈处，用2号铁丝缠绕20~30道捆扎成束。图5-13表示用24Φ5钢丝配合锥形锚编制的钢丝束断面。这种制束工艺对防锈、压浆有利，但操作较麻烦。另一种编束方式是每隔1.0~1.5m先用18~20号铅丝将钢丝编成帘子状。然后每隔1.5m设置一个螺旋衬圈，并将编好的帘子绕衬圈围成圆束。

绑扎好的钢丝束，应挂牌标出其长度和设计编号，并按编号分批堆放，以防错乱。

当采用环销锚锚具时，钢丝宜先绑扎成小束而后绑扎成大束。绑束完毕后，在钢丝束的两端按分丝的要求，将钢丝束分成内外两层，并分别用铅丝编结成帘状或做出明显的标志，以防两端内外层钢丝交错张拉。

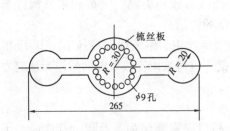

图 5-12 梳丝板

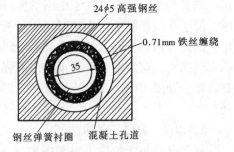

图 5-13 钢丝束断面

5.3.2.2 钢绞线束的制备

钢绞线是用若干根钢丝围绕一根中心芯丝绞捻而成的。如 7ϕ5 钢绞线系由六根直径为 5mm 的钢丝围绕一根直径为 5.15～5.20mm 的钢丝扭结后，经低温回火处理而成。出厂时缠于圆盘上。使用时按需要长度下料。

钢绞线束的下料长度，也由孔道长度和工作长度决定。

钢绞线的下料方法有氧气—乙炔切割法、电弧熔割法和机械切割法。

钢绞线在编束前应进行预拉，或在梁上张拉前进行。钢绞线的成束，也可采用与钢丝束编扎相同的方法，即用 18～20 号铅丝每隔 1～1.5m 绑扎一道。当采用专门穿束机时，钢绞线不需预拉和编束。

5.3.2.3 孔道形成

后张法施工的预应力梁，在浇筑梁体混凝土前，须在预应力筋的设计位置预先安放制孔器，以便在梁体制成后在梁内形成孔道。在进行预应力工艺时，即可将预应力筋穿入孔道，然后进行张拉和锚固。

孔道形成包括制孔器的选择、安装和抽拔以及通孔检查等工作。

1) 制孔器的种类。制孔器分为埋置式和抽拔式两类。

埋置式制孔器，主要有铁皮管和铝合金波纹管。塑料波纹管也已在工程中应用。埋置式制孔器在梁体制成后将留在梁内。形成的孔道壁对预应力筋的摩阻力小，但它们加工成本高，使用后也不能回收。铁皮管用薄铁皮制作，安放时分段连接。这种制孔器制作时，费人工，速度慢，在接缝和接头处容易漏浆，造成以后穿束和张拉的困难。波纹管由铝合金片材用制管机卷制而成，横向刚度大，不易变形，不会漏浆，纵向也便于弯成各种线型，与构件混凝土的粘结也较好，故比较适用。塑料波纹管的应用越来越广泛，它具有以下主要优点：抗腐蚀性好；能防止氯离子侵入；不导电，可防电流腐蚀；强度高，不怕踩压；耐疲劳性好等。

抽拔式制孔，即利用制孔器预先安放在预应力束的设计位置上，待混凝土强度达到抽拔要求后将它拔出，构件内即形成孔道。这种方法制孔的最大优点是，制孔器能够周转使用，应用较广。常用的抽拔式制孔器（俗称抽拔管）有以下三种：

①橡胶管制孔器，分夹布胶管和钢丝网胶管两种。通常选用具有 5~7 层夹布的高压输水（气）管作为制孔器，要求管壁牢固，耐磨性能好，能承受 5kN 以上的工作拉力，并且弹性恢复性能好，有良好的挠曲适应性。

预应力混凝土 T 梁的预留孔道长度一般在 25m 以上，而胶管的出厂长度却不到 25m，并且考虑到制孔器安装和抽拔的方便，故常采用专门的接头。接头要牢固严密，防止灌筑混凝土时脱节或进浆堵塞。

胶管内如利用充气或充水来增加刚度，管内压力不得低于 500kPa。充气（水）后胶管的外径应符合孔道直径的要求。为增加胶管的刚度和控制位置的准确，需在橡胶管内置一圆钢筋（称芯棒）。

②金属伸缩管制孔器，它是一种用金属丝编织成的可伸缩网套，具有压缩时直径增大而拉伸时直径减小的特性。为了防止漏浆和增强刚度，网套内可衬以普通橡胶衬管和插入圆钢或 5mm 钢丝束芯棒。

③钢管制孔器，是用表面平整光滑的钢管焊接制成。焊接接头应磨平。钢管制孔器抽拔力大，但不能弯曲，仅适用于短而直的孔道。混凝土浇筑完毕后，要定时转动钢管。

无论采用何种制孔器，都应按设计规定或施工需要预留排气排水和灌浆用的孔眼。

2) 制孔器的抽拔。制孔器可由人工逐根地或用机械（电动卷扬机或手摇绞车）分批地进行抽拔。抽拔完毕后，应用通孔器进行通孔检查。抽拔时先抽芯棒，后拔胶管；先拔下层胶管，后拔上层胶管。混凝土灌筑后，合适的抽拔时间，是能否顺利抽拔和保证成孔质量的关键。如抽拔过早，混凝土容易塌陷而堵塞孔道；如抽拔过迟，则可能拔断胶管。因此，制孔器的抽拔要在混凝土初凝之后与终凝之前。由于确定可能抽拔时间的幅度较大，施工中也可通过试验来掌握其规律。根据经验，抽拔胶管的时间可参考表 5-2 或按下式估计：

$$H = \frac{100}{T}$$

抽拔制孔器的时间表　　表 5-2

环境温度（℃）	抽拔时间（h）
30 以上	3
30~20	3~5
20~10	5~8
10 以下	8~12

式中　H——混凝土浇筑完毕至抽拔制孔器的时间（h）；

　　　T——预制构件所处的环境温度（℃）。

5.3.2.4 穿钢丝束

当梁体混凝土的强度达到设计强度的 70% 以上时，才可进行穿束张拉。穿束前，可用空压机吹风等方法，清理孔道内的污物和积水，以确保孔道畅通。穿束工作一般采用人工直接穿束。工地上也有借助一根 $\phi 5$ 长钢丝作为引线，用卷扬机牵引较长的束筋进行穿束。穿束时，钢丝束从一端穿入孔道。钢丝束在孔道两头伸出的长度要大致相等。

目前也常用专门的穿束机，将钢绞线从盘架上拉出后从孔道的一端快速地（速度为 3～5m/s）推送入孔道，当戴有护头的束前端穿出孔道另一端时，按规定伸出长度截断（用电动切线轮），再将新的端头戴上护头穿第二根。直到穿完一束规定的根数。

5.3.2.5 张拉设备

张拉设备包括张拉千斤顶、高压油泵和压力表。

张拉千斤顶是直接对预应力钢筋或钢丝束施加张拉力的机具。千斤顶的类型与相应锚具类型有关。三作用千斤顶适用于张拉用锥形锚具的钢丝束。如今，群锚体系应用广泛，相应的千斤顶一般为穿心式千斤顶。

高压油泵是为各种油压千斤顶及拉伸机供油用的。常用的有电动高压油泵和手动高压油泵两种。电动高压油泵又有立式和卧式两种。油泵又分柱塞式和齿轮式。

油压表显示对预应力筋（束）施加预拉力过程中千斤顶油缸油压的大小。也代表预加力的大小。不但直接影响预应力构件的质量，而且对安全生产也影响极大。油压表的种类很多。在预应力施工中，为保证油压表读数有足够的准确度，并确保使用安全与不易损坏，一般均选用精度不低于 1.5 级的弹簧管油压表。其表面最大读数，应为实际使用读数的 1.5～2.0 倍。

5.3.2.6 张拉工艺

张拉前须做好千斤顶和压力表的校验，与张拉吨位相应的油压表读数和钢丝伸长量的计算、张拉顺序的确定和清孔、穿束等工作。应对千斤顶和油泵进行仔细的检查，以保证各部分不漏油，并能正常工作；应画出油压表读数和实际拉力的标定曲线，确定预应力筋（束）中应力值和油压表读数间的直接关系。

后张法构件长度或跨度等于或大于 25m 时，宜用两端同时张拉的工艺。只有短的构件可用单端张拉，非张拉端用死锚头。

张拉程序随预应力筋（束）种类和锚具形式不同而略有不同，和先张法类似。

各钢丝束的张拉顺序，应对称于构件截面的竖直轴线，同时考虑不使构件的上下缘混凝土应力超过容许值。

张拉时钢筋或钢丝应力用油压表读数来控制，同时测量伸长量作校核。根据应力与伸长的比例关系，实测的伸长量与计算的伸长量相差不应大于 5%。

5.3.2.7 孔道压浆和封锚

压浆的目的是防护预应力筋（束）免于锈蚀，并使它们与构件相粘结而形成整体。

压浆是用压浆机（拌和机加水泥泵）将水泥浆压入孔道，使孔道从一端到另一端充满水泥浆，并且不使水泥浆在凝结前漏掉。为此需在两端锚头上或锚头附近的构件上，设置连接带阀压浆嘴的接口和排气孔。如今，为提高压浆效果，真空压浆法已在工程实践中应用。

水泥浆内往往使用塑化剂（或掺铝粉），以增加水泥浆的流动性。使用铝粉，能使水泥浆凝固时的膨胀稍大于体积收缩，因而使孔道能充分填满。

压浆前先压入水冲洗孔道。然后从压浆嘴慢慢压入水泥浆。这时另一端的排气孔有空气排出，直至有水泥浆流出为止，关闭压浆和出浆口的阀门。

施锚后压浆前须将预应力筋（束）露于锚头外的部分（张拉时工作长度）截除。压浆后将所有锚头用混凝土封闭，最后完成梁的预制工作。

§5.4 混凝土简支梁整孔（片）架设

我国新建公路、铁路的中、小跨度普通钢筋混凝土梁和预应力混凝土梁，多采用工厂预制，现场架设的方法。预制混凝土简支梁的架设，包括起吊、纵移、横移、落梁等工序。铁路梁更多地采用专用架桥机架设；公路梁重量相对轻一些，除专用架桥机外，另有多种灵活、简便的架设方法。

从架梁的工艺类别来分，有陆地架设、浮吊架设和利用安装导梁或塔架、缆索的高空架设等。每一类架设工艺中，按起重、吊装等机具的不同，又可分成各种独具特色的架设方法。

随着经济、社会的发展，高速铁路、高速公路、轻轨交通和城市高架道路得到蓬勃发展，桥梁结构形式也向多样化发展。其中预制箱型截面混凝土简支梁成为高速铁路、高速公路及城市轻轨桥梁最常用的梁型之一。大型箱型预制梁的发展，也促进了大型机械化运、架梁设备的发展。同时，日新月异的机械化施工技术，也为桥梁向新型、大跨发展，提供了更广阔的空间。如今，可架设重达1000t箱梁的架桥机已应用于工程实践。

5.4.1 架桥机架梁

由于大型预制构件的大量应用，架桥机在公路、铁路中的应用十分普遍。架桥机架梁速度快，不受桥高、水深的影响。架桥机架梁时，一般需要专用的运梁设备，将梁由预制场地或桥头临时存梁地点，运至架桥机尾部，但运架一体式架桥机除外。

目前，在我国使用的架桥机类型很多。既有 20 世纪 60~70 年代研制并逐渐改进的传统架桥机，也有 20 世纪 90 年代以后研制的新型、大吨位架桥机；既有国外产品，也有国内厂商研制的产品。目前没有统一的架桥机命名、分类标准。

工程实践中，习惯以各生产厂家的型号来表示。根据划分标准的不同，架桥机大致可以划分为以下几种：

按所架设桥梁的用途划分，有公路架桥机、铁路架桥机、公铁两用架桥机及其他专用架桥机。

按架梁时架桥机的受力状态划分，有悬臂式和简支梁式。由于悬臂式轴重很大，且稳定性较差，现在很少采用。

按架桥机组成构件的来源划分，有专用架桥机和拼装式架桥机。前者指架桥机的主要构件为该型号架桥机专用；后者指架桥机是由万能杆件、贝雷梁、拆装梁、军用梁等常备式构件拼装而成。

按架桥机主梁的数目划分，有单梁式架桥机和双梁式架桥机。有的拼装式架桥机横向两侧的主梁由多片拼装桁架组成，仍可认为是双梁式架桥机。由于双梁式架桥机架梁时预制梁从两个主梁中间穿过，所以也形象地将其称为穿巷式架桥机。

按架桥机主梁的结构形式划分，有桁梁式、箱梁式、板梁式及蜂窝梁式等。

此外，还有用运架梁一体式架桥机，下导梁式架桥机等。

伴随着我国铁路建设的发展，铁路架桥机的结构和功能也逐步改进，新型的架桥机不断问世。1948年，我国铁路职工为抢修铁路，将旧钢板梁拼制成我国第一台80t板梁式双悬臂架桥机，开创了我国铁路架桥机的先河。1966年，西南铁路建设时研制成功简支状态下架梁的单梁式66型架桥机，以后又经改进，统称为胜利型架桥机。1970~1972年间，我国一些铁路局研制出双梁式架桥机，如燎原130型、红旗130型、井冈山130型等。1978年起到20世纪90年代中期，随着改革开放、经济技术的发展，单梁式架桥机又有JQ130型、JQ160型、DJK140型、JD90$_g$-130型等问世。双梁式研制出长征系列架桥机、PG28型、DPK32型等架桥机。近年来，随着秦沈客运专线的修建，可以架设大型预制箱梁的新型架桥机相继投入使用，如JQ600型架桥机、下导梁式架桥机、运架梁一体式架桥机、DF 450型架桥机、SPJ 450型架桥机等。

公路架桥机早期以联合架桥机、拼装式双梁架桥机为主。近年来也发展了若干专用架桥机，如DF Ⅲ型系列架桥机、JQL架桥机等。另外，上述用于铁路的架桥机稍加改进也可架设公路梁。图5-14是架桥机架梁的情况。

以下介绍几种铁路、公路常用架桥机的特点及架梁步骤。

5.4.1.1 胜利型架桥机架梁

（1）结构特点：

胜利型架桥机的机臂是单一的箱形截面梁，故又称为单梁式架桥机，其最大起吊能力为130t，可架设跨度32m铁路简支T形梁。

其基本特点是：机臂能做升降、水平摆动；可在隧道洞口及半径450m的曲线上，连续架设跨度32m以内的各种混凝土梁；不需架梁岔线；机械化程度较

§5.4 混凝土简支梁整孔（片）架设　153

图 5-14　架桥机架梁

高，本身设有自动行驶的动力装置，既能架梁又能铺轨；一般不须使用超重车压道和特殊加固路基；能依靠自身装置装梁、自行运梁、直接喂梁；架桥机不需吊梁运行，安全性好。该机型的主要缺点是，不能使梁片一次就位，需墩上人工移梁，费时费工也会降低安全性。在胜利型基础上改进的 JQ130 型、JQ160 型、DJK140 型等，都具有机上横移梁功能。

（2）架桥机的构造：

架桥机由 1 号车（主机）、2 号车（机动平车）和龙门架三部分组成，如图 5-15 所示。

1 号车：1 号车是架梁作业的主机。车的前端有 1 号柱，由此向后 7m 处装有 2 号柱。1、2 号柱上装有机臂。0 号柱吊在机臂的前端，架梁时支承在前方墩台上，使机臂呈简支状态。机臂上部装有吊梁小车两部，下部装有吊轨小车两部。1 号车车底板上，装有拖梁小车一部。

2 号车：2 号车是运送梁的机动车，可以自行。梁用龙门架装上 2 号车，由 2 号车运到 1 号车。2 号车底部装有一组柴油发电机组，作为动力电源。在车辆后端的两侧，各设有一个司机室。在车辆前端两侧底部，各装有一个油压千斤顶。当梁拖运到 1 号车时，要用它来起落。车上还设有一台拖梁小车，拖梁时用来支承梁。

龙门架：整套设备包括两个龙门架，和一组 75kW 的移动式柴油发电机组，用来将装在运梁平车上的梁换装到机动平车上起吊。两台龙门架应设置在靠近桥

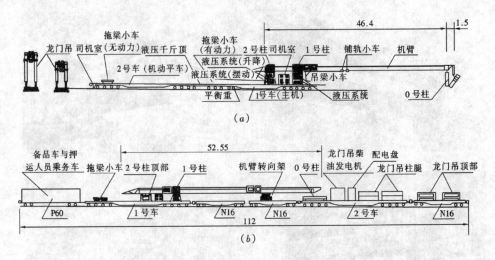

图 5-15 胜利型架桥机
(a) 架桥机总图；(b) 运输状态

位的路基上，以缩短机动平车的运距。

(3) 架梁作业过程

架梁作业全过程如图 5-16 所示。按照顺序分述如下：

①架桥机自行至桥头。架梁前，架桥机应在车站组装完毕。在半悬臂状态下（机臂回缩 13m）与机动平车联挂，由主机控制运行至前方，待架梁的桥头约 150m 处停下。

②组装换装龙门吊。因车站的设备较好（如股道多，有吊装设备），龙门吊的组装宜在车站组装。龙门吊组装完毕后，可骑在待架的梁片上，由机车在后面将他们一起向前顶进。

③梁片换装。龙门吊将梁吊起后，机车将运梁平车拉出龙门吊。机动平车自行至梁下对位后，将梁放在其上。梁放在机动平车上时，前端搁在枕木上，后端搁在拖梁小车上。

④架桥机对位。2号柱下拉，使机臂前端 0 号柱处于上翘状态（此举为调整由于大悬臂引起的挠度）。主机以 500m/h 的速度前进，达到桥孔架设位置时停下。机臂前伸，直到 0 号柱达到前方桥墩上空，放下 0 号柱，2 号柱上升。

⑤运梁至桥头。利用机动平车前端的液压千斤顶将梁顶起，拆除枕木，落下千斤顶，使梁前端落在主机的拖梁小车上（有动力），后端落在机动平车的拖梁小车上（无动力）。

⑥架梁。拖梁使梁前端到第一部吊梁小车下。用第一部吊梁小车将梁前端吊起。通过千斤顶的顶、落将梁的后端落在主机的拖梁小车上。然后由吊梁小车向前运梁。当梁后端达到第二部吊梁小车时，第二部吊梁小车再将梁后端吊起。继

§5.4 混凝土简支梁整孔（片）架设

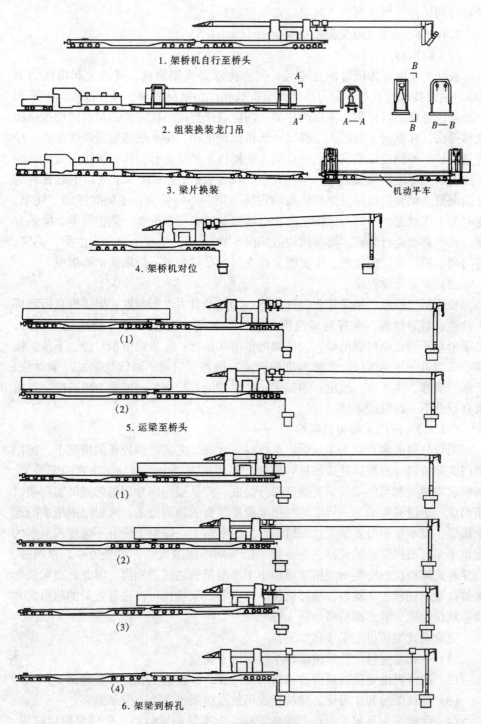

图 5-16 胜利型架桥机架梁作业过程

续前行到桥位，然后落梁。落梁后需横移梁。

5.4.1.2 长征130型架桥机架梁

(1) 结构特点：

长征130型架桥机有两片主梁，又称为双梁式架桥机，其最大起吊能力为130t。主要技术特点如下：与单梁式架桥机相比，喂梁简单，可直接从运梁平车上吊梁，桥梁不需换装。架设两片梁，均能直接落梁一次就位，勿需使用拨道法或移梁法，在墩台上勿需人工移梁；架桥机轴重小，桥头线路勿需特殊加固，压道量小；不需铺设桥头岔线；吊点低，架桥机不吊梁走行，作业平稳、安全；能在隧道口及隧道内架梁；可在半径大于350m的曲线上架设32m及以下的各种跨度的混凝土梁和钢板梁；架桥机两端均能架梁，不需转向；主梁间距能宽能窄，宽时为工作状态，窄时为运输状态；电动机械设备完整配套，结构简单，操纵方便，具有自动走行装置。架桥机构造如图5-17所示。主要由台车、主梁、机臂、前门架、后门架、前支腿、中支腿、后支腿、吊梁桁车、活动横梁等组成。

(2) 架梁作业程序

长征型架桥机的架梁作业过程如下：①起动自力走行装置，架桥机自行到桥头就位，对准位置，支好台车及前、中、后支腿；②运梁平车将梁运入机身，吊梁桁车开到相应位置吊梁；③吊梁桁车吊梁运行；④吊梁桁车对位、下落，横移小车将第一片梁落位，然后起吊扁担梁、横移、后退，继续将第二片梁对位、下落、横移、再下落、就位；⑤架完一孔梁并铺好桥面后，缩短支腿高度，架桥机自行到下一跨继续架梁。

5.4.1.3 闸门式架桥机架梁

架设公路的多片简支T形梁，在桥高、水深，尤其是桥较长的情况下，可用闸门式架桥机（或称穿巷式吊机）架梁。架桥机主要由两根分离布置的安装梁、两根起重横梁和可伸缩的钢支腿三部分组成。安装梁用四片钢桁架或贝雷桁架拼组而成。下设移梁平车，可沿铺在已架设梁顶面的轨道行走。两根型钢组成的起重横梁，支承在能沿安装梁顶面轨道行走的平车上。横梁上设有不带复式滑车的起重小车。根据穿巷式架桥机安装梁主桁架间净距的大小，可分为窄、宽两种。窄穿巷式架桥机的安装梁主桁架净距小于T型梁肋之间的距离。因此，边梁要先吊放在墩顶托板上，然后再横移就位。宽穿巷式架桥机可以进行边梁的起吊，并横移就位。宽穿巷式架桥机如图5-18所示。

宽穿巷式架桥机架梁步骤如下：

(1) 一孔架完后，前后横梁移至尾部做平衡重；

(2) 架桥机沿梁顶轨道向前移动一孔位置，并使前支腿支撑在墩顶上；

(3) 前横梁吊起T形梁，梁的后端仍放在运梁平车上，继续前移；

(4) 后横梁也吊起T形梁，缓慢前移，对准纵向梁位后，先固定前后横梁，再用横梁上的吊梁小车横移梁就位。

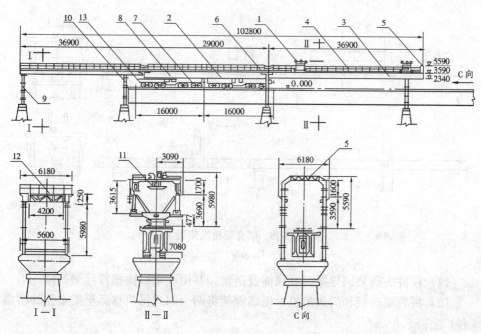

图 5-17 长征 130 型架桥机外型图

1—吊梁行车；2—主梁；3—机臂；4—人行道及栏杆；5—后门架；6—机臂摆动机构；7—台车；8—活动横梁；9—前支腿及油顶；10—中支腿；11—吊梁扁担；12—前门架；13—架桥机走行机构

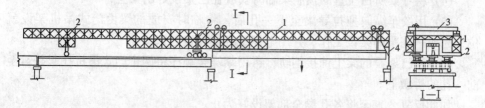

图 5-18 宽穿巷式架桥机

1—安装梁；2—支承横梁；3—起重横梁；4—可伸缩支腿

5.4.1.4 联合架桥机架梁（蝴蝶架架梁）

架设中、小跨度公路简支梁时，常用联合架桥机架梁，如图 5-19 所示。此法架设过程中不影响桥下通航、通车，预制梁的纵移、起吊、横移、就位都较方便。缺点是架设设备用钢量较多，但可周转使用。

联合架桥机由一根两跨长的钢导梁，两套门式吊机和一个托架（又称蝴蝶架）三部分组成。导梁顶面铺设运梁平车和托架行走的轨道。门式吊车顶横梁上，设有吊梁用的行走小车。为了不影响架梁的净空位置，其立柱底部还可做成在横向内倾斜的小斜腿。这样的吊车俗称拐脚龙门架。钢导梁由贝雷梁装配。门式吊机由工字梁组成。蝴蝶架是专门用来托运门式吊机转移的，它由角钢组成。

联合架桥机架梁顺序如下：

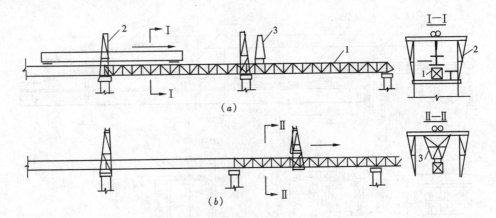

图 5-19 联合架桥机架梁
1—钢导梁；2—门式吊车；3—托架（蝴蝶架）

(1) 在桥头拼装钢导梁，梁顶铺设钢轨，并用绞车纵向拖拉导梁就位；

(2) 拼装蝴蝶架和门式吊机，用蝴蝶架将两个门式吊机移运至架梁孔的桥墩（台）上；

(3) 由平车轨道运送预制梁至架梁孔位，将导梁两侧可以安装的预制梁，用两个门式吊机吊起，横移并落梁就位；

(4) 将导梁所占位置的预制梁临时安放在已架设好的梁上；

(5) 用绞车纵向拖拉导梁至下一孔后，将临时安放的梁由门式吊机架设就位，完成一孔梁的架设工作，并用电焊将各梁连接起来；

(6) 在已架设的梁上铺接钢轨，再用蝴蝶架顺序将两个门式吊机托起并运至前一孔的桥墩上。

如此反复，直至将各孔梁全部架设好为止。

5.4.1.5 下导梁式架桥机架梁

下导梁式架桥机分成上、下两个梁体，下梁为导梁，上梁为吊装梁。架设时，运梁车从后部行驶至两梁之间，此时上梁的后支腿先向上折起，然后落下后支腿于已架好的梁体上。利用钢下导梁作运输通道，用运梁车将混凝土梁运到被架桥跨上方，通过靠近支腿位置的起重小车将混凝土梁提离运梁车，运梁车退出后将下导梁往前纵移一跨，让出梁体位置，上梁吊梁小车再将梁准确落到正式支座上。

现简介中铁大桥工程局研制，用于秦沈客运专线架梁的下导梁式架桥机。

下导梁式架桥机由下导梁、主梁（上梁）、前支腿、后支腿、喂梁支腿、起重小车等组成。如图 5-20 所示。

架梁过程如下：

(1) 架桥机通过后支腿的走行系统，运行到架梁的适当位置，固定好支腿；

(2) 轮轨式运梁车喂梁就位；

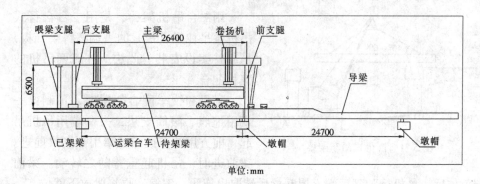

图 5-20　下导梁式架桥机

(3) 起吊箱梁，退运梁车；

(4) 前移下导梁，落梁就位；

(5) 铺运输轨道，架桥机前移一跨。

5.4.1.6　轮胎运架一体式架桥机架梁

轮胎运架一体式架桥机是集吊、运、架梁为一体的多功能桥梁施工设备。它主要由运架梁机和导梁两大部分组成。运架梁机的两组轮胎可以纵横向移动，解决了在预制场内将箱梁从存梁场（或直接从制梁台座）吊出横行的问题。轮胎运架一体式架桥机架梁情况见图 5-14。

意大利 NICOLA 生产的轮胎运架一体式架桥机架梁过程如下：

运架梁机在制梁场取梁→运架梁机运梁→运架梁机前行走轮组驶到导梁滚动小车上托梁→导梁与桥墩锚固、运架梁机携梁沿导梁前行就位→稳固运架梁机、导梁前行至下一墩位→腾出落梁位置→安装桥梁支座→落梁就位→导梁后移一段距离→运架梁机前轮组驶下导梁→运架梁机退出→进行下一个循环。

5.4.2　其他常用架梁方法

5.4.2.1　陆地架设法

(1) 自行式吊车架梁

在桥不高，场内又可设置行车便道的情况下，用自行式吊车（汽车吊车或履带吊车）架设中、小跨径的桥梁十分方便。由于大型的自行式吊机的逐渐普及，且自行式吊机本身有动力，架设迅速、可缩短工期，不需要架设桥梁用的临时动力设备，不必进行任何架设设备的准备工作，不需要如其他方法架梁时所具备的技术工种，因此，一般中小跨径的预制梁（板）的架设安装越来越多地采用自行式吊机。此法视吊装重量不同，可以采用一台吊机架设、二台吊机架设、吊机和绞车配合架设等方法。

当预制梁重量不大，而吊机又有相当的起重能力，河床坚实无水或少水，允许吊机行驶、停搁时，可用一台吊机架设安装，如图 5-21 所示。

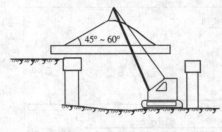

图 5-21 自行式吊车架梁

用二台吊机架梁，是用二台自行式吊机各吊住梁（板）的一端，将梁（板）吊起并架设安装。此法应注意两吊机的互相配合。

吊机和绞车配合架梁时，预制梁一端用拖履、滚筒支垫，另一端用吊机吊起，前方用绞车或绞盘牵引预制梁前进。梁前进时，吊机起重臂随之转动。梁前端就位后，吊机行驶到后端，提起梁后端取出拖履、滚筒，再将梁放下就位。

(2) 跨墩门式吊车架梁

对于桥不太高，架梁孔数又多，沿桥墩两侧铺设轨道不困难的情况下，可以采用一台或两台跨墩门式吊车架梁。此时，除了吊车行走轨道外，在其内侧尚应铺设运梁轨道，或者设便道用拖车运梁。梁运到

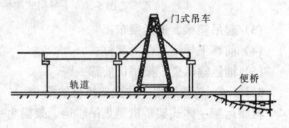

图 5-22 跨墩门式吊车架梁

后，就用门式吊车起吊、横移，并安装在预定位置（图 5-22）。

在水深不超过 5m、水流平缓、不通航的中小河流上，也可以搭设便桥并铺轨后，用门式吊车架梁。

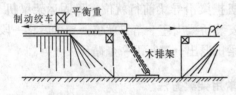

图 5-23 摆动式支架架梁

(3) 摆动式支架架梁法

本法是将预制梁（板）沿路基牵引到桥台上并稍悬出一段，悬出距离根据梁的截面尺寸和配筋确定。从桥孔中心河床上悬出的梁（板）端底下设置人字扒杆或木支架，如图 5-23 所示。前方用牵引绞车牵引梁（板）端。此时支架随之摆动而到对岸。为防止摆动过快，应在梁（板）的后端用制动绞车牵引制动。

摆动式支架架梁法，较适宜于桥梁高跨比稍大的场合。当河中有水时也可用此法架梁，但需在水中设一个简单小墩，以供设立木支架用。

(4) 移动支架架梁法（图 5-24）

此法是在架设孔的地面上，顺桥轴线方向铺设轨道，其上设置可移动支架，预制梁的前端搭在支架上，通过移动

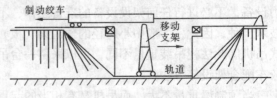

图 5-24 移动式支架架梁

支架将梁移运到要求的位置后,再用龙门架或人字扒杆吊装;或者在桥墩上设枕木垛,用千斤顶卸下,再将梁横移就位。

利用移动支架架设,设备较简单,但可安装重型的预制梁;无动力设备时,可使用手摇卷扬机或绞盘,移动支架进行架设。但不宜在桥孔下有水、地基过于松软的情况下使用,为保证架设安全,一般也不适宜桥墩过高的场合。

5.4.2.2 浮吊架设法

(1) 浮吊船架梁

在海上和深水大河上修建桥梁时,用可回转的伸臂式浮吊架梁比较方便(图5-25(a))。这种架梁方法高空作业少,施工比较安全,吊装能力也大,工效也高,但需要大型浮吊。鉴于浮吊船来回运梁航行时间长,要增加费用,故一般采取用装梁船贮梁后成批一起架设的方法。

浮吊架梁时需在岸边设置临时码头,移运预制梁。架梁时,浮吊要认真锚固。如流速不大,则可用预先抛入河中的混凝土锚作为锚固点。

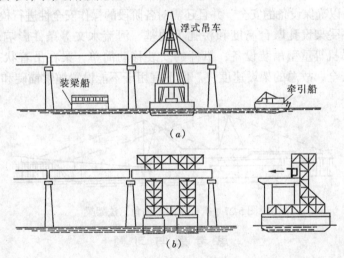

图 5-25 浮吊架设法

(2) 固定式悬臂浮吊架梁

在缺乏大型伸臂式浮吊时,也可用钢制万能杆件或贝雷钢架,拼装固定式的悬臂浮吊进行架梁(图 5-25(b))。

5.4.2.3 高空架设法

架桥机架梁也属于高空架设法。在此简介架桥机以外的高空架设法工艺特点。

(1) 自行式吊车桥上架梁法

在预制梁跨径不大,重量较轻且梁能运抵桥头引道上时,可直接用自行式伸臂吊车(汽车吊或履带吊)架梁(图 5-26)。对于架桥孔的主梁,当横向尚未连

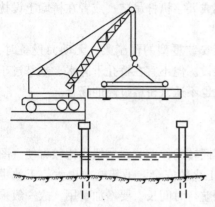

图 5-26 自行式吊车桥上架梁

成整体时，必须核算吊车通行和架梁工作时的承载能力。此种架梁方法简单方便，几乎不需要任何辅助设备。

(2) 扒杆纵向"钓鱼"法架梁

此法是用立在安装孔墩台上的两副人字扒杆，配合运梁设备，以绞车互相牵吊。在梁下无支架、导梁支托的情况下，把梁悬空吊过桥孔，再横移落梁、就位安装的架梁法，如图 5-27 所示。

用此法架梁时，必须根据预制梁的重量和墩台间跨径，在竖立扒杆、放倒扒杆、转移扒杆或架梁或吊着梁进行横移等各个工作阶段，对扒杆、牵引绳、控制绳、卷扬机、锚碇和其他附属零件，进行受力分析和应力计算，以确保设备的安全。并且还需对各阶段的操作安全性进行检查。

本法不受架设孔墩台高度和桥孔下地基、河流水文等条件影响；不需要导梁、龙门吊机等重型吊装设备；扒杆的安装移动简单，梁在吊着状态时横移容易，也较安全，故总的架设速度快。但不宜用于不能设置缆索锚碇和梁上方有障碍物处。

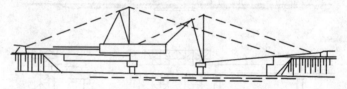

图 5-27 扒杆纵向"钓鱼"法架梁

思 考 题 与 习 题

1. 制梁模板应符合哪些要求？
2. 按材料分模板有哪些类？各类模板的构造特点是什么？
3. 箱梁内模的构造应如何适应拆装方便的要求？
4. 模板设计计算荷载有哪些？如何取值？
5. 钢筋连接有哪几种方法？钢筋对焊的原理是什么？对焊有哪几种工艺？
6. 当混凝土的供应不能及时满足时，梁体混凝土浇筑可采用什么方法？
7. 混凝土养护应注意什么？养护不当会出现什么后果？拆模要满足什么条件？
8. 混凝土的冬期施工要注意什么？
9. 先张法预应力混凝土梁的制梁台座有哪几种？各有什么优缺点？
10. 简述先张法预应力混凝土梁的预应力筋放张工艺。
11. 如何保证后张梁预应力筋孔道的精确位置？抽拔橡胶管制孔有哪些注意事项？
12. 我国常用架桥机的类型有哪些？各自有何主要特点？

第6章 混凝土连续梁施工

预应力混凝土连续梁的施工方法,根据桥跨的长度、地形情况和施工机具设备等条件,可采用膺架法、先简支后连续法、移动支架法、模架逐孔施工法、顶推法和悬臂法等。

膺架法就是在支架上就地建造预应力混凝土梁,适用于膺架不高、地基承载力较好的情况。

先简支后连续法,是先将简支梁安装就位后,再通过张拉支座处上翼缘的负弯矩钢束,形成连续梁体系。先简支后连续的桥梁造价低、材料省、施工简便快捷。但连续梁性能只对二期恒载及活载有效,不利于大跨度桥梁。

移动支架、模架逐孔施工法,是使用一套支架就地拼装梁段,或使用一套模架就地灌筑混凝土,从桥的一端逐孔施工,直至全桥建成。

顶推法施工是在沿桥纵轴方向,采用无支架的方法将桥跨推移就位。因此在水深、桥高以及高架道路等情况下,可避免大量施工脚手架、可不中断现有交通,施工安全可靠。同时,可以使用简单的设备建造长大桥梁。

悬臂施工法建造预应力混凝土连续梁桥,是先从墩顶开始立模灌筑一段梁体,待混凝土达到要求强度后,再从墩的两侧平衡悬臂灌筑或拼装梁段,直到跨中合拢。在修建过程中,不需要繁重费工的支架工程,不影响桥下航行,梁的跨度也可做得较大。

采用平衡悬臂灌筑或悬臂拼装法,施工过程中结构内力呈悬臂梁负弯矩分布,在桥墩截面处达最大值,和连续梁在运营状态下负弯矩的分布接近。所以为悬臂施工需要而安设的临时预应力钢筋数量较少。这也是悬臂施工法建造连续体系桥得到广泛应用的重要原因之一。

§6.1 悬臂法施工

悬臂施工法也称为分段施工法。它是以桥墩为中心向两岸对称的、逐节悬臂接长的施工方法。预应力混凝土桥梁采用悬臂施工法,是从钢桥悬臂拼装法发展而来的。现代的悬臂施工法,最早主要是用来修建预应力混凝土T型刚构桥。由于此法的独特优越性,后来又被推广应用于建造预应力混凝土悬臂梁桥、连续梁桥、斜拉桥和拱桥等。随着桥梁事业的发展,尤其近年来采用悬臂施工法在国内外大跨径预应力混凝土桥梁中得到广泛采用。据资料统计,国内外1952年以来100m以上大跨径混凝土桥梁中,采用悬臂灌筑法施工者占80%左右,采用悬臂拼装法施工者占 7% 左右。它们的主要特点如下：

（1）在跨间不需要搭设支架。在施工过程中，施工机具和人员的重量，全部由墩台和已建的梁段承受。随着施工的进展，悬臂逐渐延伸，机具设备也逐步移置于梁的伸臂端，始终勿需用支架自下对梁作支撑。

（2）施工期间可不影响桥下通航或行车。所以悬臂施工法可应用于通航河流及跨线立交大跨径桥梁。

（3）能减少施工设备，简化施工工序。应用悬臂施工法易于做到施工时的内力状态与桥梁建成后较为一致。

（4）对每个墩有两个工作面平行作业。对几个墩可同时施工，有利于加快施工速度，缩短工期。

（5）悬臂施工法充分利用预应力混凝土悬臂结构承受负弯矩能力强的特点，将跨中正弯矩转移为支点负弯矩，使桥梁的跨越能力提高。

（6）悬臂施工用的悬拼吊机或挂篮设备可重复使用，施工费用较省，可降低工程造价。

采用悬臂施工方法，一般会出现施工过程体系转换问题。对于预应力混凝土连续梁桥，采用悬臂施工时，结构的受力为 T 形刚构状态。一侧端部合拢就位，更换支座后，呈单悬臂梁状态。两跨以上悬臂梁合拢后，呈连续梁的受力状态。因此，施工时要及时调整所施加的顶应力，以适应这一体系转换。

悬臂拼装法是将预制好的节段，用支承在已建成悬臂上的专门悬拼吊机，悬吊于梁位上逐段拼装。一个节段张拉锚固后，再拼装下一节段。悬臂拼装的预制长度，主要决定于悬拼吊机的起重能力，一般以 2~5m 为宜。节段过长则块件自重大，需要庞大的起重设备。节段过短则拼装接缝多，并使工期延长。一般在悬臂根部，截面面积较大，节段长度较短，以后向端部逐段加长。

悬臂灌筑法是用挂篮（即悬吊模架）就地分段灌筑。待每段混凝土养护并张拉力筋后，再将挂篮前移，以供灌筑下一节段之用。悬臂灌筑的每个节段长度一般 2~6m（在斜拉桥施工中现已达到 8~10m）。节段太长，一方面将增加混凝土自重与挂篮结构的重量，另一方面还要相应增加平衡重。当这两者之和过大时，由施工荷重产生的内力会过大。我国已建成的大跨度预应力混凝土连续体系桥梁，大多数都采用此种方法施工。

两种施工方法的比较：

（1）施工进度：

悬臂灌筑施工，每个节段的施工周期，通常约为 6~9d。采用底板、腹板一次灌筑的施工工艺时，一个节段的施工周期可缩短到 5~7d。依节段混凝土的数量和结构复杂程度而定。在悬臂施工中，如何提高混凝土的早期强度，对缩短施工周期关系极大。一般可采用由快凝水泥配制的强度为 C30~C60 的混凝土。在自然条件下灌筑 30~36h 后，混凝土强度可达到设计强度的 70% 左右。

悬臂拼装的梁体节段预制工序，也和悬臂灌筑法大体相同，但其预制工作是在预制场提前与桥梁下部构造施工同时进行的。拼装时占用施工周期的，仅有吊装定位和穿束张拉等工序。一个节段的施工周期仅需 1~1.5d。故从施工进度方面看，悬臂拼装要比悬臂灌筑快得多。

(2) 施工质量

悬臂灌筑法施工时，混凝土的整体性较好。但空中作业工作量大，工作面小，节段混凝土灌筑质量较难保证。并且梁体不能与墩台平行施工，梁段混凝土的加载龄期较短，对混凝土收缩、徐变影响较大。

悬臂拼装法施工时，梁体拼装块件在专门场地制造，布料、振捣、养护条件均较好，预制块的质量易于保证，受气候影响较小。但梁体钢筋的连续性不好处理，在采用湿接缝和环氧树脂胶接缝以后，也能得到改善。拼装块提前预制，梁段混凝土的加载龄期较长，可减少混凝土收缩、徐变的影响。

(3) 施工变形控制

悬臂拼装时对施工变形较不易控制。通过许多桥的悬拼施工实践，已从多方面研究摸索了一些控制施工上翘的有效方法。

悬臂灌筑时，对施工过程中的变形则较易控制，可以逐段测量调整。

(4) 适应性

悬臂灌筑用挂篮施工，一般不受桥孔下的地形、地质、水文、船只或建筑物的影响。而悬臂拼装就必须要求桥孔下的地形或水文情况，允许安全运送块件、吊装预制段。

悬臂灌筑施工时，一般希望气温比较高，使混凝土易于早强。若冬季施工，在悬浇挂篮上采用蒸汽养护则比较复杂。悬臂拼装预制节段时，不受或少受气候的影响。拼装时若用干接缝结合，则不怕低温影响。即使是环氧树脂胶接缝，也有在零下15℃施工成功的实例。

(5) 施工起重能力

采用挂篮悬浇时，仅要求起重量为 1.5t 以上的吊机，吊运钢筋骨架和混凝土。挂篮本身的转移，可视起重能力的大小而将杆件拆成相应的单元。

采用预制拼装时，一般需要有 40t 以上的起重能力。从当前情况看，用贝雷桁架或万能杆件拼装起重量为 100t 左右的悬拼吊机，也是比较容易的。

此外，预制拼装需有较大的预制场地和运输道路条件。

6.1.1 悬臂灌筑法

悬臂灌筑法又称无支架平衡伸臂法或挂（吊）篮法，所用的主要设备是挂篮。为了拼制挂篮，在墩柱两侧常先采用托架支撑，灌筑一定长度的梁段。这个长度称为起步长度。以此节段为起点，通过挂篮的前移，对称地向两侧跨中逐段灌筑混凝土，并施加预应力，如此循环作业。

6.1.1.1 悬臂灌筑施工的主要工序

当挂篮安装就位后，即可在其上进行梁段悬臂灌筑的各项作业，其施工工艺流程如图 6-1 所示：

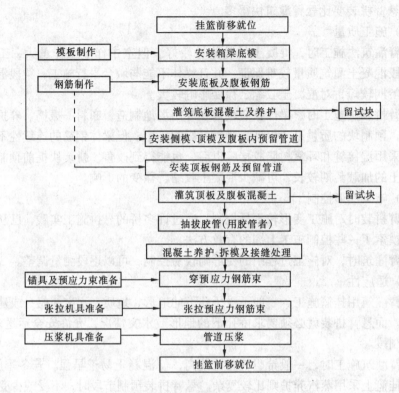

图 6-1 悬臂灌筑流程图

以上工艺流程，是按每一梁段的混凝土分两次灌筑排列的，即先灌筑底板，后灌筑腹板及顶板混凝土，和用橡胶管制孔器成孔安排的。当采用一次灌筑时，则将灌筑底板混凝土的工序与灌筑腹板及顶板混凝土的工序合并，其他工序不变。

6.1.1.2 施工挂篮的构造及设计

(1) 挂篮的类型及构造

挂篮是悬臂灌筑混凝土施工的主要施工设备。它是一个能沿轨道走行的移动脚手架，悬挂在已经张拉锚固与墩身固定联结的箱梁节段上。在挂篮上可进行下一节段的模板、钢筋、管道的安设，混凝土灌筑和预应力筋张拉、孔道灌浆等作业。完成一个循环后，新节段即成为悬臂梁的一部分。挂篮即可前移一个节段，再固定在新的节段位置上。如此循环直至悬臂梁灌筑完成。

挂篮的结构形式很多，变化发展也很快。按结构形式分挂篮有：型钢式、桁架式、斜拉式、弓弦式、滑动斜拉式、菱形等。按抗倾覆平衡方式分挂篮有：压重式、锚固式和半压重半锚固式等。按其走行方式，又可分为滚动式、滑动式和组合式等。

挂篮通常都由以下几部分组成：承重梁、悬吊模板、锚固装置、走行系统和工作平台。

承重梁（上部悬臂吊架）是挂篮的主要受力构件。它支承于已灌筑梁段的顶面。如果用钢板梁、工字钢做承重梁，则就是型钢式挂篮。型钢式挂篮用钢量大、笨重，现已较少采用。若用万能杆件或其他杆件组成平行桁架或弓弦式桁架，则称为桁架式挂篮和弓弦式挂篮。

承重梁承受施工设备和新灌筑节段混凝土的全部重量，并通过支点和锚固装置传到已施工完毕的梁体上。挂篮的下部为工作平台，用于架设模板、安装钢筋和张拉预应力束等工作。当一个节段全部施工完毕后，挂篮可通过走行系统向前移动。走行系统可为轨道轮或聚四氟乙烯滑板等装置，由电动卷扬机牵引。

图 6-2 为用万能杆件组拼成的挂篮，吊架长 20m，高 2m。在后端节点处，设

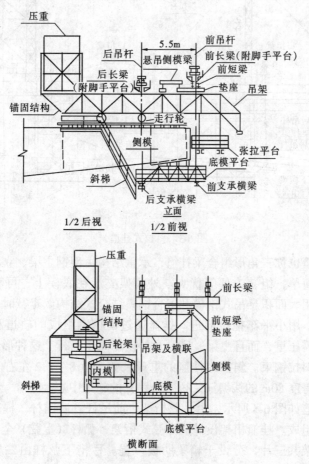

图 6-2 桁架式挂篮

有后锚杆及平衡重。中间下弦节点设有走行轮。这种装置用撬棍即可移动,且走行平稳,方向和速度都易控制。模板和梁段混凝土重量,则通过底模平台、后吊杆及前吊杆,再通过吊架,分别传到已成梁段上。这套挂篮设备的缺点是笨重、用钢量大、安装费时,但利用万能杆件是其特点之一,且刚度较大。

挂篮的重量系数(挂篮自重/承重量),是衡量挂篮的主要技术指标之一。重量系数大,不仅要多用钢材,增加施工难度,而且还直接影响到桥梁截面的设计。桁架式挂篮的重量系数为0.8~2.0,很不经济。这种形式的挂篮,曾用于跨度160m的三门峡黄河公路大桥的施工中。

将型钢或桁架与斜拉杆(带)结合起来,又可组成各种式样的斜拉式(如图6-3)或混合式挂篮。

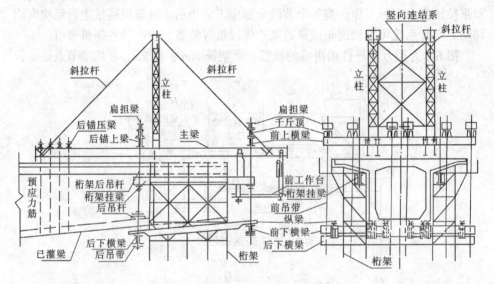

图6-3 斜拉式挂篮

斜拉式挂篮也称三角形组合梁挂篮,承重结构由型钢主梁、立柱和斜拉杆组成。具有加工简单,组装方便等优点。外模架支承在底模上,可和挂篮一起移动。内模是采用大面积悬吊式钢模和组合钢模结合式结构。走行时在箱梁底板上铺设有轨滑道,用小平车拖拉前进。挂篮通过由槽钢组成的轨道和走行装置移动,走行时无需压重,而且主梁、底模及外模能同步走行。这种形式的挂篮,门架拉杆可采用斜拉钢束。斜拉式挂篮的重量系数为0.8~1.2左右。这种形式的挂篮,曾用于跨度80m的钱塘江二桥(公路)的施工中。

弓弦式挂篮如图6-4所示,由弓弦桁架、前吊杆、后锚杆、提升系统、走行系统和模板等组成。挂篮桁架设计成弓弦式桁架,弧杆(上弦)全为拉杆,腹杆全为压杆。桁架共三片,分设于箱梁肋板位置。弓桁下弦杆由二根槽钢拼成"][" 形断面,与弧杆铰接。弦杆前、后端设有由槽钢组成的空腹工字型承载横

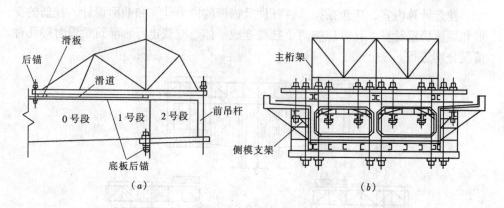

图 6-4 弓弦式挂篮
(a) 挂篮侧面；(b) 挂篮正面

梁和后锚梁，以支承挂篮吊杆和后锚杆。为消除桁架拼装时产生的非弹性变形，对桁架施加了预应力，使弦杆上翘，同时也改善了桁架的受力状况。

该挂篮的前吊杆为 12ϕ25 的Ⅳ级精轧螺纹钢筋，用螺栓连接于桁架前横梁与底模前横梁上。吊杆的作用是将混凝土及模板重量等传到桁架上。

后锚杆为 10ϕ25 的Ⅳ级精轧螺纹钢筋。底模后横梁预留有为调升标高而安装的千斤顶，可通过对后锚杆施以 100~150kN 的预拉力，使模板产生预压弹性变形，承受混凝土重量后不漏浆。

底模以"]〔"形空腹梁为前后梁，并与前吊杆、后锚栓连接，由槽钢组成的纵梁通过吊杆与前后主梁连接。

走行系统分为桁架走行系统，底模、外模走行系统和内模走行系统三部分。在三片弓弦桁架下面的箱梁顶面上铺设两根钢轨。钢轨与桁架之间设一船形传力支点，用导链或卷扬机牵引桁架滑行到位。弓弦挂篮是一种结构合理的轻型挂篮，其重量系数在 0.35~0.50 之间。这种型式的挂篮，曾用于跨度 270m 的虎门大桥副航道桥混凝土刚构桥的施工中。

滑动斜拉式挂篮和菱形挂篮，曾分别用于跨度 100m 的湖北襄樊汉江长虹大桥，和跨度 80m 的京九铁路泰和赣江大桥的施工中。

用挂篮灌筑墩侧初始几对梁段时，由于墩顶位置受限，往往需要将两侧挂篮的承重结构连在一起，如图 6-5 (a) 所示。待灌筑到一定长度后，再将两侧承重结构分开，如图 6-5 (b) 所示。

(2) 挂篮的设计

挂篮是悬臂灌注施工方法中的专用装备。它除了要能承受梁段自重和施工荷载外，还要求自重轻、变形小、稳定性好，装、拆、移动灵活和施工速度快等。因此，选择何种形式的挂篮就显得十分重要。外形简单、受力明确、重量轻常是选择的依据。

挂篮计算内容，应包括挂篮各杆件及锚杆的内力计算和截面设计，挂篮的变形和倾覆稳定计算。计算应按两个挂篮连成一体、空载走行、灌筑梁段时等几种情况分别进行。

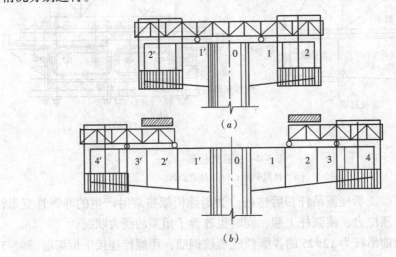

图 6-5 挂篮的两种工作状态

图 6-6（a）为两挂篮连成一体时的计算图式，图中 P 为拟灌筑梁段重量，P_1、P_2、P_3 为挂篮自重及施工设备等的重量。由此可求得 N、R_1、$R_上$、$R_下$ 及各杆件的内力。

图 6-6（b）为挂篮空载走行时，绕 B 点作纵向倾覆稳定检算图式，要求抗倾覆稳定系数不小于 1.3，并由此而确定所需要的平衡重量 N。

图 6-7 为灌筑梁段时，后锚及纵梁后端已锚固在已成梁段上，挂篮的计算荷载应包括梁段重、机具设备、施工人员等全部重量。依此确定锚杆及挂篮各杆件的内力。

挂篮的变形，主要计算挂篮在最大荷载作用下，挂篮前端的挠度值（包括弹

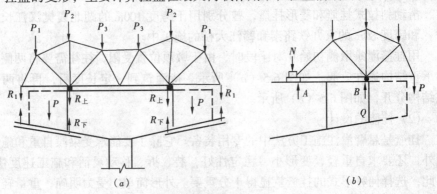

图 6-6 挂篮荷载示意图（一）

性与非弹性变形）。挂篮设计时应预留下沉量，以抵消可能有的挠度值。挂篮吊架在灌筑梁段中所产生变形的调整，可采用调整前吊杆高度（吊杆两侧设千斤顶起顶）的办法，也可采用预压重调整办法（随梁段混凝土灌筑释放压重），也可通过装在后锚梁处的千斤顶起顶，使挂篮前端上抬等，以免新老混凝土的连接处产生裂缝。

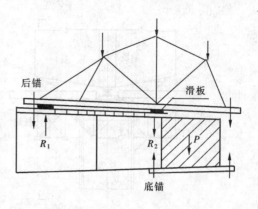

图 6-7 挂篮荷载示意图（二）

6.1.1.3 施工托架和临时固结措施

用悬臂施工法从桥墩两侧逐段延伸，建造预应力混凝土梁时，为了承受施工过程中可能出现的不平衡力矩，需要采取措施保证梁体稳定。常用的方法有二种：一种是在墩旁搭设临时塔架（或托架），塔架顶设置千斤顶，用以支承墩顶梁段，如图 6-8 所示。另一种方法是将墩顶的节段与桥墩临时固结起来，如图 6-10 所示。

悬臂法施工中，桥墩顶部的梁体块件（通常称 0 号块），因混凝土体积大，一般都要就地灌筑。同时为了拼装挂篮、往往对悬臂根部节段，也与墩上 0 号块一同就地灌筑（如图 6-5 中的 1 和 1′号梁段）。为支承这部分重量，就需要在桥墩两侧搭设临时支承托架。施工托架可根据墩身高度、承台形式和地形情况，分别利用墩身、承台或地面作支承，设立支承托架。当桥墩较低时，支架可支承在桥墩承台或地基上（图 6-8），桥墩较高时、则可利用桥墩锚设托架（图 6-9）。

托架的作用一是保证墩上两侧悬臂的平衡，二是作为灌筑墩顶梁段的支承平

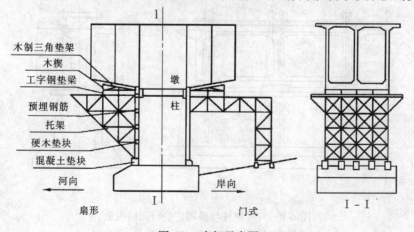

图 6-8 支架示意图

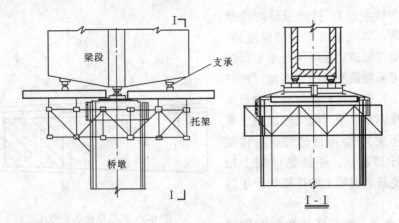

图 6-9 托架示意图

台。在计算托架时,必须考虑对悬臂产生不平衡力矩的因素。

(1) 作用在梁体和挂篮上的顺桥向风力,风压可按 8MPa 计算;
(2) 灌筑时两端悬臂上的不平衡震动力,可按每台附着式震动器 9kN 计;
(3) 两悬臂端灌筑混凝土的数量差异,一般可按 $1\sim2m^3$ 考虑;
(4) 走行在两端悬臂上的吊篮,相互不等距离所引起的作用力,不与 (2)、(3) 两项组合。

上述不平衡力矩,可由设置在支座两侧的千斤顶传给托架来平衡。

托架可采用万能杆件拼制。托架的高度和长度视拼装挂篮的需要和拟浇块件长度而定。横桥向的宽度一般应比箱梁底板宽出 $1.5\sim2.0m$,以便于设立箱梁边肋的外侧模板。托架顶面应与箱梁底面纵向线型的变化一致。

为了消除托架在灌筑梁段混凝土时产生的变形,常用如千斤顶法、水箱法等对托架预加变形。

图 6-10 示出我国天津狮子林桥(跨径为 $(24+45+24)$ m 的三孔悬臂梁桥),

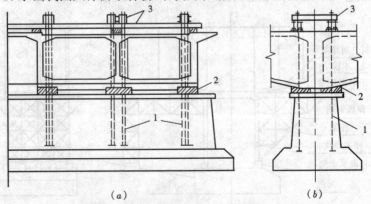

图 6-10 0 号块件与桥墩的临时固结构造
1—预埋临时锚固用预应力筋;2—支座;3—工字钢

在施工中采用临时固结措施构造（该桥悬臂梁采用悬拼施工）。在灌筑0号块件之前，在墩顶靠两侧先灌筑50号混凝土楔形垫块。待0号块达到设计强度70%以上时，在桥墩两侧各用10根 $\phi32$ 预应力粗钢筋，从块件顶部张拉固定。这样就使拼装过程中出现的不平衡力矩，完全由临时的混凝土垫块和预应力筋共同承受。张拉力的大小，以悬拼时梁墩间不出现拉应力为度（每根钢筋的张拉力为210kN）。待全部块件拼装完毕后，即可拆卸临时固结措施，使悬臂梁的永久支座发生作用。这样就使施工过程中的T形刚构受力图式转化为悬臂梁受力图式。这种体系转换是施工中的重要环节，在拟定预应力筋张拉顺序时，必须满足各阶段内力变化的需要，应该通过计算事先加以确定。

图6-11示出另外几种临时固结的做法。图6-11（a）是当桥不高、水又不深，而易于搭设临时支架时的支架式固结措施。在此情况下，拼装中的不平衡力矩，完全靠梁段的自重来保持稳定。图6-11（b）是利用临时立柱和预应力筋，锚固上下部结构的构造。预应力筋的下端锚固在基础承台内，上端在箱梁底板上张拉并锚固，借以使立柱在施工过程中始终受压，以维持稳定。在桥高水深的情况下，也可采用围建在墩身上部的三角形撑架来敷设梁段的临时支承，并可使用沙筒作为悬臂拼装完毕后转化体系的卸架设备，如图6-11（c）所示。

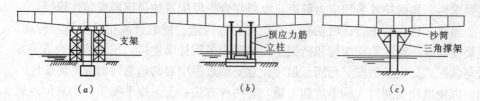

图6-11 临时固结措施

6.1.1.4 混凝土灌筑和合拢段施工

采用挂篮悬臂法灌筑混凝土时，挂篮组拼后，应作载重试验，以测定挂篮前端各部件的变形量，同时消除其永久变形。施工时应对每一梁段前端，分别在灌筑前后和张拉前后，按设计提供的挠度值进行测定，以控制设计预拱度。同时应进行桥梁中轴线的测定（中线偏差不得大于5mm）。混凝土的配合比、灌筑顺序及震捣方法，应严格按施工工艺操作。梁段灌筑应自悬臂端向后分层铺灌振捣。挂篮在梁段灌筑时的弹性变形，应分次进行调整。每次调整值为4～6mm，并不得超过实际下挠量。

合拢段施工时通常由两个挂篮向一个挂篮过渡，所以先拆除一个挂篮，用另一个挂篮走行跨过合拢段至另一端悬臂施工梁段上，形成合拢段施工支架。也可采用吊架的形式形成支架。

在合拢段施工过程中，由于昼夜温差影响，现浇混凝土的早期收缩、水化热影响，已完成梁段混凝土的收缩、徐变影响，结构体系的转换及施工荷载等因素影响，因此，需采取必要措施，以保证合拢段乃至全桥的质量。

1) 合拢段长度选择。合拢段长度在满足施工操作要求的前提下，应尽量缩短，一般采用 1.5~2.0m。

2) 合拢温度选择。合拢温度应与设计考虑的温度一致，一般宜在低温合拢，遇夏季应在清晨合拢，并用草袋等覆盖，并加强合拢段混凝土养护，使混凝土早期硬化过程中处于升温受压状态。

3) 合拢段混凝土选择。混凝土中宜加入减水剂、早强剂，以便及早达到设计要求强度，及时张拉预应力筋，防止合拢段混凝土出现裂缝。

4) 合拢段采用临时锁定措施，采用劲性型钢安装在合拢段上下部，将两侧悬臂结构临时固定连接，然后张拉部分预应力筋，浇筑合拢段混凝土，待合拢段混凝土达到设计强度后，张拉其余预应力筋，最后再拆除临时锁定装置。

5) 对于多跨连续梁桥，为保证合拢段施工时，始终处于稳定状态，在浇筑混凝土前应在各悬臂端配置与混凝土重量相当的压重，浇筑混凝土时分级卸载。

为方便施工，也可将劲性骨架作预应力束筋的预留管道打入合拢混凝土内，将劲性钢管安装在截面顶板和底板管道位置，钢管长度可用螺纹套管调节，两端支承在梁段混凝土端面上，并在部分管道内张拉预应力筋，待合拢段混凝土达强度要求后，再张拉其余预应力筋束。也可在合拢段配置加强钢筋或劲性管架。

箱梁 T 构在跨中合拢时初期，常用剪力铰构造，使悬臂能相对位移和转动，但挠度连续。现在箱梁 T 构和桁架 T 构的跨中多用挂梁连接。预制挂梁的吊装方法与装配式简支梁的安装相同。但须注意安装过程中对两边悬臂加载的均衡性问题，以免墩柱受到过大的不均衡力矩。有两种方法：①采用平衡重，②采用两悬臂端部分批交替架梁，以尽量减少墩柱所受的不平衡力矩。

用悬臂施工法建造的连续刚构桥、连续梁桥和悬臂桁架拱，则需在跨中将悬臂端刚性连接、整体合拢。这时合拢段的施工常采用现浇和拼装两种方法。现浇合拢段预留 1.5~2m，在主梁标高调整后，现场灌筑混凝土合拢，再张拉预应力筋，将梁连成整体。节段拼装合拢对预制和拼装的精度要求较高，但工序简单，施工速度快。

6.1.2 悬臂拼装法

悬拼按照起重吊装方式的不同可分为：浮吊悬拼、牵引滑轮组悬拼、连续千斤顶悬拼、缆索起重机（缆吊）悬拼及移动支架悬拼等。悬拼的核心是梁的吊运与拼装，梁体节段的预制是悬拼的基础。

悬拼施工工序主要包括梁体节段的预制、移位、存放、运输；梁段起吊拼装；悬拼梁体体系转换；合拢段施工。

6.1.2.1 梁段预制及运输
(1) 预制方法

悬臂拼装施工法，要求构件各节段尺寸准确、外表光洁、钢束管道或主筋位置正确，接缝处理方便，钢束管道压浆及非粘结钢筋的防锈可靠。

节段预制的质量，直接关系着梁段悬拼施工的质量和速度，因此预制时应严格控制梁段断面和形体的精确度，并充分注意预制场地的选择与布置、台座和模板支架的制作、工艺流程的拟订以及养护和储运的每一环节。梁段预制的方法，通常有长线预制和短线预制。

节段预制方法视节段间的接缝形式而定。当采用宽接缝时，结构的中线、水平和曲率均可在接缝处调整。拼装质量主要取决于安装工作的准确性，而与节段本身制造的准确度关系较小。因此节段可以分开单独灌筑，但仍须保证外形尺寸及钢筋（或管道）位置准确。

如采用密接接缝，则相邻两端必须平整且角度符合设计要求。为了保证施工拼装质量，节段预制应采用密接灌筑法（或称间隔灌筑法）。此法是将每个台座上的奇数或偶数块先后分两批灌筑。在前一批梁块端面涂隔离剂（如石灰水），作为下一批灌筑梁块的端模。预制好的块件在接缝处应做出对准标志，以便拼装时控制块件位置，保证接缝密贴，外形准确。

1) 长线预制

长线预制是在预制厂或施工现场，按桥梁底缘曲线制作固定台座。在台座上安装底模进行节段混凝土灌筑工作。组成T构半悬臂或全悬臂的诸梁段，均在固定台座上的活动模板内灌筑，且相邻段应相互贴合灌筑。缝面浇前涂抹隔离剂，以利脱模。长线预制需要较大的场地，台座两侧常设挡土墙，内填不沉降的砂石加20cm混凝土封顶并涂抹高强找平砂浆。其上加铺一层镀锌铁皮，待砂浆未达到要求强度时用铁钉固定。其底座的最小长度，应为桥孔跨径的一半。底座的形成有多种方法，它可以利用预制场的地形堆筑土胎，经加固夯实后铺砂石层并在其上面做混凝土底板。盛产石料的地区，可用石砌圬工筑成所需的梁底缘的形状。在地质情况较差的预制场地，可采用打短桩基础，在桩基础上搭设排架形成梁底缘曲线。排架可用木材或型钢组成。图6-12表示在长线台座上用间隔法进行块件的预制（图中 A_i 表示已灌筑好的节段）。

图 6-12 梁块的长线预制

梁体节段的预制一般在底板上进行。模板常采用钢模，每段一块，以便于装拆使用。为加快施工进度，保证节段之间密贴，常采用先灌筑奇数节段，然后利用奇数节段混凝土的端面密合灌筑偶数节段。也可以采用分阶段的预制方法。当节段混凝土强度达到设计强度70%以后,可吊出预制场地。

2) 短线预制

短线预制是在固定台位且能纵移的模板内灌筑,由可调整内、外部模板的台车与端梁完成的。当第一节段混凝土灌筑完成后,在其相对位置上安装下一节段模板,并利用第一节段混凝土的端面,作为第二节段的端模完成第二节段混凝土的灌筑工作。这种方法适合节段的工厂化生产预制,设备可周转使用,台座仅需3个梁段长,但节段的尺寸和相对位置的调整要复杂一些。短线台座除基础部分外,多采用钢料加工制作。图6-13为短线预制台座的构造。此法亦称活动底座法。

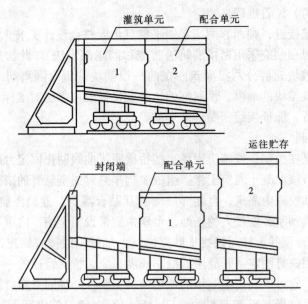

图6-13 梁块短线预制

可以看出:采用长线台座法制梁,成桥后梁体线形较好。长线台座使梁段存贮有较大余地,但占地较大,地基要求坚实,混凝土的灌筑和养护移动分散。短线预制场地相对较小,灌筑模板及设备基本不需移动,可调的底、侧模便于平、竖曲线梁段的预制;但要求精度高,施工严,周转不便,工期相对较长。

(2) 梁段运输

梁段运输有水、陆、栈桥及缆吊等各种形式。

梁体节段自预制底座上出坑后,一般先存放于存梁场,拼装时节段由存梁场移至桥位处的运输方式,一般可分为场内运输、装船和浮运三个阶段。

1) 场内运输

节段的出坑和运输一般由预制场上的龙门吊机担任。节段上船也可用预制场的龙门吊机。节段的运输,当预制场与栈桥距离较远时,应首先考虑采用平车运输。

当采用无转向架的运梁平车时,运输轨道不得设平曲线,纵坡一般应为平坡。当地形条件限制时,最大纵坡也不得大于1%。

2) 装船

梁段装船在专用码头上进行。码头的主要设施是施工栈桥和节段装船吊机。栈桥的长度应保证在最低施工水位时驳船能进港起运。栈桥的高度要考虑在最高施工水位时,栈桥主梁不被水淹。栈桥宽度要考虑到运梁驳船两侧与栈桥之间需有不小于0.5m的安全距离。栈桥起重机的起重能力和主要尺寸(净高和跨度)应与预制场上的吊机相同。

3) 浮运

浮运船只应根据节段重量和高度来选择,可采用铁驳船、坚固的木筏船、水泥驳船或用浮箱装配。为了保证浮运安全,应设法降低浮运重心。开口舱面的船应尽量将节段置于船舱底板。必须置放在甲板面上时,要在舱内压重。

节段的支垫应按底面坡度用碎石子堆成,满铺支垫或加设三角形垫木,以保证节段安放平稳。节段一般较大,还需以缆索将节段系紧固定。

6.1.2.2 梁段拼装及接缝处理

(1) 悬拼方法

预制节段的悬臂拼装,可根据现场布置和设备条件采用不同的方法。当靠岸边的桥跨不高且可在陆地或便桥上施工时,可采用自行式起重机(如履带起重机)、门式起重机拼装。对于河中桥孔,也可采用水上浮吊进行安装。如果桥墩很高,或水流湍急而不便在陆上、水上施工时,就可利用各种吊机进行高空悬拼施工。

1) 悬臂吊机拼装法

悬臂吊机由纵向主桁架、横向起重桁架、锚固装置、平衡重、起重系、行走系统和工作吊篮等部分组成,如图6-14所示。纵向主桁为吊机的主要承重结构,可由贝雷架、万能杆件、大型型钢等拼制。一般由若干桁片构成两组,用横向联

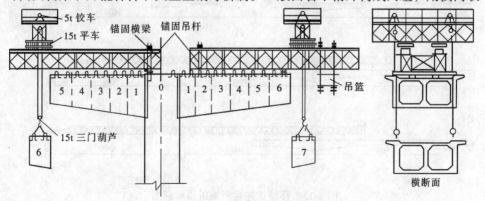

图6-14 悬臂吊机拼装示意图

结系连成整体，前后用两根横梁支承。横向起重桁是供安装起重卷扬机直接起吊箱梁节段之用的构件，多采用贝雷架、万能杆件及型钢等拼配制作。纵向主桁的外荷载，就是通过横向起重桁传递给它的。横向起重桁支承在轨道平车上，轨道平车搁置于铺设在纵向主桁上弦的轨道上。起重卷扬机安置在横向起重桁上弦。这种起重机结构简单、使用方便，施工单位可自行拼制。

2) 浮吊拼装法

重型的起重机械装配在船舶上，全套设备在水上作业就位方便，40m 的吊高范围内起重力大，辅助设备少，相应的施工速度较快，但台班费用较高。一个对称干接悬拼的工作面，一天可完成 2~4 段的吊拼。

3) 连续桁架（闸式吊机）拼装法

连续桁架悬拼施工，可分移动式和固定式两类。移动式连续桁架的长度大于桥的最大跨径。桁架支承在已拼装完成的梁段和待拼墩顶上，由吊车在桁架上移运节段进行悬臂拼装。固定式连续桁架的支点均设在桥墩上，而不增加梁段的施工荷载。

如图 6-15 所示，移动式连续桁架吊机，其长度大于两个跨度，有三个支点。这种吊机每移动一次可以同时拼装两孔桥跨结构。首次悬拼国内最大跨度为 96m 铁路混凝土连续梁湘江大桥，最大吊重 2×160t。本支架也可悬臂拼装、灌筑跨度 64~96m 铁路、公路预应力混凝土梁，也可整孔吊装跨度 32mT 形梁和 40m 箱形梁。

4) 缆索起重机（缆吊）拼装法

缆吊勿需考虑桥位状况，且吊运结合，机动灵活，作业空间大。在一定设计范围内，缆吊几乎可以承担从下部到上部，从此岸到彼岸的施工作业。因此，缆吊的利用率和工作效率很高。其缺点是一次性投入大，设计跨度和起吊能力有

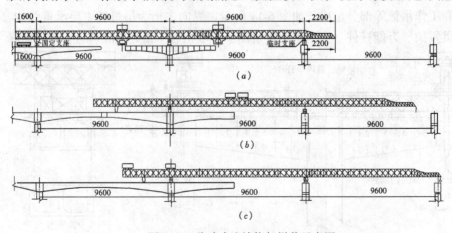

图 6-15 移动式连续桁架拼装示意图
(a) 悬拼状态；(b) 支架移动状态；(c) 支架就位状态

限，一般起吊能力不宜大于500kN。目前我国使用缆吊悬拼连续梁都是由两个独立单箱单室并列组合的桥型。为了充分利用缆吊的空间特性，特将预制场及存梁区布设在缆吊作用面内。缆吊进行拼合作业时，增加风缆和临时手拉葫芦，以控制梁段就位的精度。

缆机运吊结合的优势，大大缩短了采用其他运吊方式所需的转运时间，可以将梁段从预制场，直接吊至悬拼结合面。施工速度可达日拼2个作业面4段，甚至可达3个作业面6段。

5）起重机拼装法

尚可采用伸臂吊机、龙门吊机、人字扒杆、汽车吊、履带吊、浮吊等起重机进行悬臂拼装。根据吊机的类型和桥孔处具体条件的不同，吊机可以支承在墩柱上、已拼好的梁段上或处在栈桥上、桥孔下。

不管是利用现有起重设备或专门制作，悬臂吊机需满足如下要求：

①起重能力能满足起吊最大节段的需要；

②吊机能便于作纵向移动，移动后又能固定于一个拼装位置；

③吊机处在一个位置上进行拼装时，能方便地起吊节段作三个方向的运动：竖向提升和纵、横向移动，以便调整节段拼装位置；

④吊机的结构尽量简单，便于装拆。

(2) 接缝处理

梁段拼装接缝有湿接缝、干接缝和胶接缝等几种。不同的施工阶段和不同的部位，将采用不同的接缝形式。

1号梁段即墩柱两侧的第一个节段，一般与墩柱上的0号块以湿接缝相接。1号块是T形刚构两侧悬臂箱梁的基准节段，是全跨安装质量的关键。T构悬拼施工时，防止上翘和下挠的关键，在于1号块定位准确。因此，必须采用各种定位方法，确保1号块定位的精度。定位后的1号块，可由吊机悬吊支承，也可用下面的临时托架支承。为便于进行接缝处管道接头拼接、接头钢筋的焊接和混凝土振捣作业，湿接缝一般宽0.1～0.2m。当拼装梁段的位置调整准确后，用高铝快凝水泥砂浆（或小石子混凝土）填实（3d混凝土强度可达30MPa）。

跨度大的T形刚构桥，由于悬臂很长，往往在伸臂中部设置一道现浇箱梁横隔板，同时设置一道湿接缝。这道湿接缝除了能增加箱梁的结构刚度外，也可以调整拼装位置。在拼装过程中，如拼装上翘的误差很大，难以用其它办法补救时，即可以增设一道湿接缝来调整。但应注意，增设的湿接缝宽度，必须用凿打节段端面的办法提供。

湿接缝铁皮管的对接，是一项施工工艺很高且很复杂的技术，在对接中往往不易处理，常会出现铁皮管长度、直径与接缝宽度不相称，预留管道位置不准确，管孔串浆、排气的三通铁皮管错乱等现象，施工时应特别注意。

桥跨其他节段可用胶接缝或干接缝连接。胶接缝是用环氧树脂胶粘剂连接。

胶粘剂由环氧树脂、间苯二胺、邻苯二甲酸、二丁脂和水泥拌合而成，其配方应根据施工环境、温度、固化时间和强度要求选定。胶粘剂的抗压强度在24h内可达60MPa以上，抗拉强度可达16MPa以上，抗剪强度高于混凝土的强度。接缝施工时，要求胶粘剂在36h以内达到梁体混凝土设计强度，固化时间应不少于10h。梁段拼装时，要求相邻段接缝处各方向错位不大于2mm，全梁纵向轴线偏移值不大于5mm。涂胶应均匀涂满全部拼接面。胶拼后应用0.2~0.25MPa压力予以拼压，使胶缝不大于1mm。因此，在拼装时必须张拉一定数量的钢丝束，使接缝胶粘剂在一定压力下挤压密实直至固化。

胶接缝不仅能使接触面密贴，还可提高结构的抗剪能力、整体刚度和不透水性，已广泛应用于悬臂拼装中。干接缝因其接缝间无任何填充料，实际工程中很少采用，主要担心接缝不密封会导致钢筋锈蚀。

6.1.3 悬臂施工时挠度控制

6.1.3.1 悬臂施工时的挠度计算

施工过程中所产生的挠度，涉及到梁体自重、预应力、混凝土徐变、施工荷载等的作用。鉴于施工挠度与许多不定因素有关（例如各段混凝土间材料性能、温度、湿度以及养护等方面的差异、各段的工期也很难准确估计），并由于施工中荷载的随时间变化以及梁体截面组成也随施工进程中预应力筋的增多而发生变化等等，故要精确计算施工挠度是非常困难的。

（1）弹性挠度计算

对于变截面的悬臂梁变形的计算，以采用共轭梁（虚梁）法较为方便。图6-16（b）中示出了由于荷载、预应力等在悬臂梁上所产生的弯矩 M 引起的虚梁上的弹性荷载图形。由此可得任意截面 x_j 处的挠度 f_j，其表达式为：

$$f_j = \sum_{i=1}^{j} \frac{M^{(i)}}{E_i I_i}(x_j - \xi_i) d_i \quad (i \leq j)$$

式中　$M^{(i)}$——第 i 段梁段的弯矩平均值，可近似地取该段始末截面弯矩之算术均值；

　　　E_i——第 i 段梁段的混凝土弹性模量平均值；

　　　I_i——第 i 段梁段的截面惯矩，可近似地取该段始末截面惯矩之算术均值。

其他符号如图6-16所示。

上式实际上就是 j 截面以前各梁段的平均挠曲角，引起 j 截面挠度的总和。同时也不难知道，引起某梁段平均挠曲角的弯矩也是由该段本身，以及其后逐段施工加载（包括预加应力）所产生弯矩的总和。例如：在施工完毕后，梁段①的总弯矩 $M^{①}$ 可表示为：

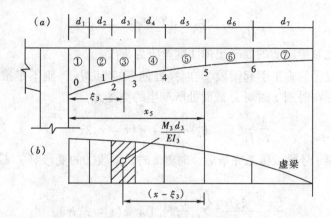

图 6-16 刚构悬臂梁挠度计算图

$$M^{①} = M_1^{①} + M_2^{①} + M_3^{①} + \cdots + M_i^{①} + \cdots + M_n^{①} = \sum_{i=1}^{n} M_i^{①}$$

式中 $M_1^{①}$、$M_2^{①}$、$M_3^{①}$、……分别为梁段①、②、③、……施工时对梁段①中点截面处产生的弯矩。

(2) 考虑混凝土徐变的挠度计算

悬臂施工中，混凝土的不同加载龄期和随时间变化，各梁段挠度的计算中，应考虑徐变对挠度的影响。设梁段①加载时混凝土龄期为 τ，相应的弹性模量为 E_1，则考虑徐变影响时，在龄期为 t 时梁段①对 x_j 截面处所产生的挠度为：

$$\frac{M_1^{①}}{E_1 I_1}(x_j - \xi_1) d_1 [1 + \varphi(t,\tau)]$$

由梁段②的荷载以及此时所施加的预应力，在梁段①截面 ξ_1 处产生的弯矩为 $M_2^{①}$，则龄期为 t 时它对 x_j 截面处所产生的挠度为：

$$\frac{M_2^{①}}{E_2 I_1}(x_j - \xi_1) d_1 [1 + \varphi(t,2\tau)]$$

式中，鉴于梁段②加载时其自身的混凝土龄期仍为 τ，则此时梁段①的混凝土龄期应是 2τ，相应的弹性模量为 E_2。

由此可得，第 j 号梁段施工完毕后龄期为 t 时，梁段①的变形对 x_j 截面处所产生的挠度为：

$$\frac{(x_j - \xi_1) d_1}{I_1} \sum_{i=1}^{j} \frac{M_i^{①}}{E_i}[1 + \varphi(t,i\tau)]$$

同理，梁段②的荷载以及施加的预应力在自身截面 ξ_2 处产生的弯矩为 $M_2^{②}$，则在时刻 t，即梁段②的历时为 $t - \tau$ 时，单由梁段②自身的变形对 x_j 截面处挠度所作的贡献为：

$$\frac{M_2^{②}}{E_1 I_2}(x_j - \xi_2) d_2 [1 + \varphi(t - \tau, \tau)]$$

注意：此时梁段②的混凝土弹性度量应为 E_1。

由于梁段③的施工引起梁段②在 ξ_2 处的弯矩为 $M_3^{②}$，则不难推得它所引起梁段②的变形在时刻 t 时对 x_j 截面处所产生的挠度为：

$$\frac{M_3^{②}}{E_2 I_2}(x_j - \xi_2) d_2 [1 + \varphi(t - \tau, 2\tau)]$$

因此，第 j 号梁段施工完毕后，时刻 t 时，梁段②的变形对 x_j 截面处所产生的挠度为：

$$\frac{(x_j - \xi_2) d_2}{I_2} \sum_{i=1}^{j-1} \frac{M_{i+1}^{②}}{E_i}[1 + \varphi(t - \tau, i\tau)]$$

用同样的原理，可写出梁段③、④、……的变形（平均挠曲角）分别对 j 截面处所产生的挠度表达式。最后可得梁段①的混凝土龄期为 t 时，由梁段①至梁段 ⓙ 各段上的荷载以及各阶段施加的预应力作用，所产生 x_j 截面处计入徐变影响的总挠度为（设每一梁段的施工周期均为 τ 天）：

$$f_j = \frac{(x_j - \xi_1) d_1}{I_1} \sum_{i=1}^{j} \frac{M_i^{①}}{E_i}[1 + \varphi(t, i\tau)]$$
$$+ \frac{(x_j - \xi_2) d_2}{I_2} \sum_{i=1}^{j-1} \frac{M_{i+1}^{②}}{E_i}[1 + \varphi(t - \tau, i\tau)]$$
$$+ \frac{(x_j - \xi_3) d_3}{I_3} \sum_{i=1}^{j-2} \frac{M_{i+2}^{③}}{E_i}[1 + \varphi(t - 2\tau, i\tau)] + \cdots$$
$$+ \cdots + \frac{(x_j - \xi_j) d_j}{E_j I_j} M_J^{ⓙ} [1 + \varphi(t - (j-1)\tau, \tau)]$$

上式不但计入了施工过程中各个梁段的龄期差异，而且还考虑了混凝土弹性模量随时间的变化。但应注意，为了能得到较精确的结果，在计算各阶段预施应力所引起的弯矩时，也应计及所考虑时刻 t 时相应的预应力损失值。上式可用来计算任意梁段 ⓙ 施工完毕时的端点挠度（此时 $t = j \times \tau$）当悬臂梁共分成 n 段时，悬臂端的挠度可代入 $j = n$ 而求得。

如要计算已施工梁段 ⓙ 之前任一截面 $x_r, (r < J)$ 处的挠度，则只要取上式中的前 r 项之和，并应将 x_j 换成 x_r 即可。

6.1.3.2 预拱度的设置

预应力混凝土悬臂梁桥和 T 形刚架桥，在悬臂施工过程中，应预先算出每一施工阶段的悬臂挠度值，以便在块件预制时设置预拱度（对于悬拼施工），或在施工中控制挂篮的高程（对于悬浇施工）。

以成桥后的线形为基准点，各段端点施工预拱度的设置正好抵消由于悬臂施工引起的各段端点挠度，使合拢成桥后的线形满足设计要求。

下面用一个简单实例来阐明逐段施工时，各段端点预拱度的设置方法。图6-17示出悬臂梁分成四个节段悬臂施工时，各施工阶段可能发生的挠度变化情况。

假定节段①按水平位置施工时，由于节段本身自重和张拉预应力筋引起的端点1挠度为-5mm。由于梁端转角而引起，节段②端点2的初挠度-11mm，节段③端点3的初挠度-17mm，节段④端点4的初挠度-23mm。

节段②施工完毕时，节段①的端点1产生的挠度为1mm，节段②的端点2产生的挠度为5mm。此时，由于梁端转角而引起，节段③端点3的挠度9mm，节段④端点4的挠度13mm。

节段③施工完毕时，节段①的端点1产生的挠度为5mm，节段②的端点2产生的挠度为10mm，节段③的端点3产生的挠度为20mm。此时，由于梁端转角而引起，节段④端点4的挠度30mm。

节段④施工完毕时，节段①的端点1产生的挠度为8mm，节段②的端点2产生的挠度为18mm，节段③的端点3产生的挠度为29mm，节段④的端点4产生的挠度为49mm。

施工完毕时悬臂梁各点的最终挠度如图6-17所示。为了简明起见，图中以折线代替实际的挠度曲线。

由此可见，若各节段在施工中不设一定的预拱度，则最终的挠曲线不可能恢复到设定的直线。但只要将各点的挠度值反向作成预拱度曲线，如图6-18所示，并按该曲线设置各节段端点的预拱度进行施工，就可使施工完毕时达到理想的悬臂梁线形。实际做法是：在施工中使各节段间预设微小的相对转角$-\alpha_1$、$-\alpha_2$、$-\alpha_3$和$-\alpha_4$，或者预设相对预拱度y_{0-1}、y_{1-2}、y_{2-3}和y_{3-4}来实现（参见图6-17和6-18）。例如：节段①在悬臂施工时预设反向角$-\alpha_1$，也即其端点设预拱度$y_{0-1} = -9$mm；节段②施工时，使与节段①构成相对转角$-\alpha_2$，也即在端点设置相对预拱度$y_{1-2} = -22 - (-18) = -4$mm；其余类推。

6.1.3.3 安装误差的控制和纠正

在悬臂灌筑施工中，影响挠度的因素主要是预应力、自重、施工荷载，以及混凝土的弹性模量等的取值，此外还有环境温度等的影响。如果施工中发现现状与计算值有偏差，可在下一阶段施工中予以纠正。若偏差较大，也可在后几段施工中逐渐予以纠正，重新进行后几段的预拱度设置。

在悬臂拼装施工中，影响挠度的因素主要是预应力、自重力和在接缝上引起的弹性和非弹性变形，还有块件拼装的几何尺寸误差。当前，有不少采用悬臂拼装施工的T构桥，上挠值大大超过计算值。这种情况主要是由安装误差引起的。

影响安装误差的因索很多，最关键的是1号块件定位和胶接缝施工。1号块定位不准，则以后拼装的各个块件，均将偏离预计的位置，其偏离值与该块件距梁根部的距离成正比。胶接缝施工时，胶浆涂层太厚、接缝加压不均匀，势必也

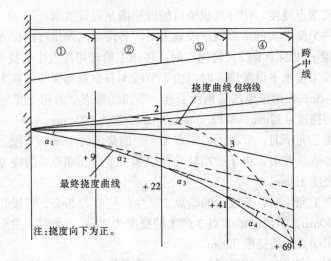

灌注和张拉	竖向挠度 (mm)			
	1	2	3	4
节段①	-5	(-11)	(-17)	(-23)
节段②	1	5	(9)	(13)
节段③	5	10	20	(30)
节段④	8	18	29	49
总挠度	+9	+22	+41	+69

图 6-17 每一施工阶段由于自重和张拉引起的挠度

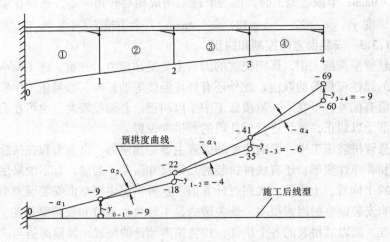

图 6-18 逐段施工时相对预拱度的设置方法

引起梁的意外上翘。为控制和纠正过大上翘,可采取如下措施:

(1) 1号块定位时,按计算的悬臂挠度及需设的预拱度,确定正确的位置;并仔细准确地进行定位;

(2) 其他块件胶接缝的涂层尽量减薄,并使在临时的均匀压力下固化;

(3) 悬拼过程中发现实际悬拼挠度过大时,需认真分析原因,及时采取措施;可采取的措施按上翘程度的不同大体上有:

1) 通过多次涂胶将胶接缝做成上厚下薄的胶接层,以调整上翘度;

2) 在接缝上缘的胶层内加垫钢板,增加接缝厚度;

3) 凿打端面,将块件端面凿去一层混凝土,凿去的厚度沿截面的上、下方向按需要变化,然后涂胶拼接;

4) 增加一个湿接缝,即改胶接缝(或干接缝)为湿接缝,将块件调整到要求的位置。

§6.2 逐孔施工法

逐孔施工是中等跨径预应力混凝土梁长桥较常采用的一种施工方法,它使用一套设备从桥梁的一端逐孔施工。桥愈长,施工设备的周转次数愈多,其经济效益愈高。

采用逐孔施工的主要特点在于施工能连续操作,可以使桥梁结构选择最佳的施工接头位置和合理的结构形式。同时,由于连续施工,也便于使用接长的预应力索筋,不仅简化了施工操作,而且可按最优的位置布置索筋,节省高强材料。连续梁桥采用逐孔施工的另一特点是在施工的过程中,结构的体系将不断转换,这也是本节带有共性的特点。

逐孔施工方法很多,可归纳有以下三种:一是将连续梁分成若干梁段,预制时对梁段先施加一部分预应力,以承受自重内力,然后逐孔安装施工,主要方法有:简支—连续、悬臂—连续等施工方法,也称之为预制梁的逐孔施工法;二是将梁先预制为若干节段,使用临时支架将预制节段组拼成梁,张拉预应力索筋并与完成的梁连接成整体后,移动临时支架逐孔施工,称为移动支架法,也称之为组拼预制节段逐孔施工法;三是使用一孔支架和模板现场灌筑混凝土,当混凝土达到设计强度后,张拉预应力索筋,移动支架、模板逐孔施工,称移动模架法,也称之为逐孔现浇施工法。本节主要介绍后两种方法,即移动支架法和移动模架法。

6.2.1 移动支架法

每孔梁分成若干预制节段,使用移动式脚手架临时支承节段自重,待本孔安装就位后,张拉预应力索筋,使安装桥跨就位,之后脚手架移至前一孔逐孔安装施工。

我国目前用于逐孔施工节段拼装混凝土简支梁的移动支架,主要由带有导梁的长度大于两跨桥长的拼梁桁架、下托梁、叉式梁节升降装置,及活动纵梁、梁节移动及调位装置、桁架拖拉滚筒等组成。如图6-19所示。

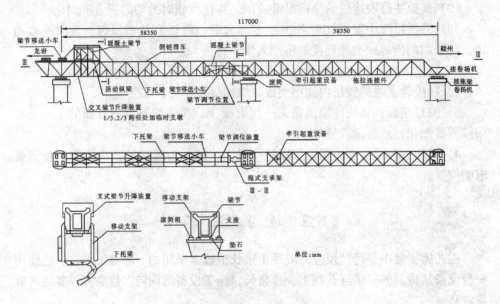

图 6-19 移动支架逐孔施工

梁段在桥头预制,用跨桥龙门吊机将梁段吊于桥上运梁小车上,并运至支架端。通过叉式升降装置,将梁段落至支架下托梁上(即成桥梁的高度上),待梁段拼装完毕,张拉梁截面力筋等即完成一孔梁的施工。然后拖拉支架前移,再进行下一孔梁的施工。

科威特的巴比延桥(Bubiyan),全长2383m,由11联预应力混凝土桁式箱形连续梁组成,每联5~6孔,标准孔跨径40.16m,也采用预制节段组拼逐孔施工。标准孔按全宽沿纵向分10节段,每段重833.6kN,节段组拼由斜缆索式架桥

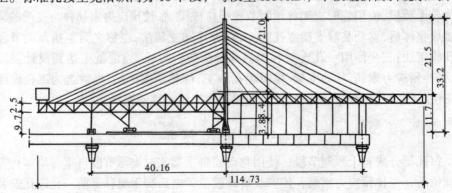

图 6-20 用斜缆式架桥机逐孔拼装施工

机完成,该机全长114.73m,机体自重2452kN,配件重1667kN,共重4118.8kN,机高30m,由主塔及跨过主塔的20对斜缆索配高低钢桁梁组成,见图6-20。

采用预制节段组拼逐孔施工的方法安全、可靠,施工速度快,巴比延桥的主体工程仅用一年的时间施工完成,同时对起重能力要求较低,一般可控制在1000kN之内,所需机具设备可多次周转使用。

6.2.2 移动模架法

移动模架法是使用移动式的脚手架和装配式的模板,在桥位上逐孔现浇施工。随着施工进程不断移动连续现浇施工,因此移动模架法也称为"活动的桥梁预制厂"和"造桥机"法。这种施工方法自从1959年在联邦德国的克钦卡汉桥(该桥总长511.5m,为13孔跨径39.2m)使用以来,得到了较广泛的应用,特别对于桥长多孔的高架桥,使用十分方便。施工速度快,机械化程度高,节省劳力,减轻劳动强度,少占施工现场,不影响桥下建筑。同时也适用于斜、弯、坡桥。从模架构造上,移动模架法可分为移动悬吊模架和移动模架两种。

移动模架的构造形式较多,其中一种构造型式由承重梁、导梁、台车和桥墩托架等构件组成。在混凝土箱形梁的两侧各设置一根承重梁,支撑模板和承受施工重力。承重梁的长度要大于桥梁跨径,灌筑混凝土时承重梁支承在桥墩托架上。导梁主要用于运送承重梁和移动模架,因此需要有大于两倍桥梁跨径的长度。当一孔梁施工完成后进行脱模卸架,由前方台车(在导梁上移动)和后方台车(在已完成的梁上移动)沿桥纵向将承重梁和移动模架运送至下一孔,承重梁就位后导梁再向前移动,图6-21是我国秦沈客运专线小凌河特大桥(49孔跨度

(a)

图6-21 移动模架的构造(MZ32造桥机)(一)

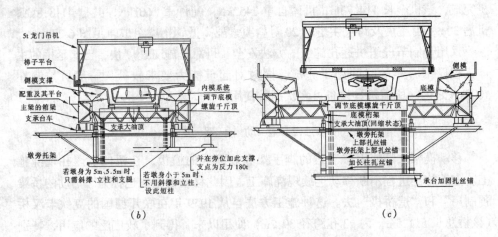

图 6-21 移动模架的构造（MZ32 造桥机）（二）

（a）MZ32 型造桥机原位施工小凌河特大桥双线箱梁；（b）灌筑状态；（c）脱模状态 32m 双线简支箱梁）施工采用的移动模架构造。

§6.3 顶 推 施 工 法

顶推施工法可以说是从钢桥架设中的纵向拖拉法发展而来的。顶推法用水平千斤顶取代了卷扬机和滑车，用板式滑动取代了滚筒。这些取代改善了由于卷扬机和滑车组在启动时造成的冲击，和滚筒的线支承作用引起的应力集中。

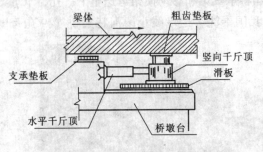

图 6-22 千斤顶顶推装置

预应力混凝土连续梁桥采用顶推法施工在世界各国颇为盛行。它是在台后开辟预制场地，分节段预制梁身并用纵向预应力筋将各节段连成整体，然后通过水平与竖向千斤顶的联合作用，借助不锈钢板与聚四氟乙烯板组成的滑动装置（图 6-22）将梁逐孔向对岸推进。待全部顶推就位后，落梁、更换正式支座，完成桥梁施工。我国采用顶推法施工的桥梁已有数十座，最大跨度达 100m，最大的顶推跨度为 52m（国外相应为 168m 和 63m）。

顶推装置的另一种方法为拉杆式（如图 6-23 所示），通常采用两个水平千斤顶分别固定在墩（台）顶部箱梁左右腹板的两侧，在梁的底板下面设置滑板和滑块。拉杆式不需每次循环起顶，对梁体不产生附加力，而且可以做到自动连续顶推。但顶推力通过拉杆传递给梁，梁体内需预埋连接零件，每次循环后需拆移拉杆上的拉锚器。拆移拉杆时，有时会出现高空作业。

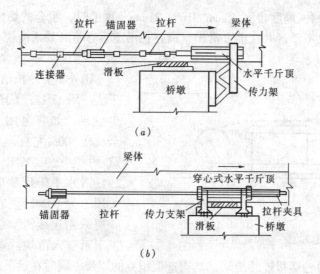

图 6-23 拉杆式顶推装置

根据顶推装置布置不同,可有单点顶推与多点顶推。集中设在一处的为单点顶推,将总的顶推力分散到多个桥墩上的为多点顶推。

顶推装置是采用集中的单点顶推方式还是多点的分散方式,应根据施工单位的设备情况及桥墩的刚度情况确定。单点方式设备数量少,易于集中控制和同步,但要求的功率大,传递给墩台的水平力也大。分散方式则相反。

6.3.1 单点顶推法

顶推的装置集中在主梁预制场附近的桥台或桥墩上,前方墩各支点上设置滑动支承。顶推装置如前所述又可分为两种:一种是依赖水平与竖向千斤顶的联合作用使梁顶推前进(图 6-22),其方法是在竖向千斤顶的底部与墩台顶帽之间设置滑板,而在竖向千斤顶的顶部与梁底之间放橡胶垫板(或粗齿垫板),利用竖向千斤顶将梁顶起后,启动水平千斤顶推动竖顶(推头)使其前进,一个行程推完后,退回千斤顶重复上述步骤继续进行。这种方式的全部操作可在墩台顶上进行,传力直接,但不能连续顶推,且对梁体受力不利。另一种则是如图 6-23 所示的拉杆顶推装置。

滑道支承设置在墩上的混凝土临时垫块上,它由光滑的不锈钢板与组合的聚四氟乙烯滑块组成滑道,其中的滑块由氟板与具有加劲钢板的橡胶块构成,外形尺寸有 420mm × 420mm、200mm × 400mm、500mm

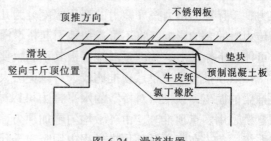

图 6-24 滑道装置

×200mm 等数种,厚度也有 40mm、31mm、21mm。顶推时,组合的聚四氟乙烯滑块在不锈钢板上滑动,并在前方滑出,通过在沿道后方不断喂入滑块,带动梁身前进,见图 6-24 所示。

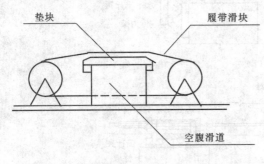

图 6-25 空腹式滑道装置

国外单点顶推法称 TL 顶推施工法。用 TL 施工的桥梁取得了不少成果,如著名的卡罗尼河桥,全长在 500m 左右,上部结构顶推重约为 98100kN,采用两台 2943kN 水平千斤顶单点顶推,最大顶力为 3924kN。在原苏联,已普遍采用连续滑动装置来代替人工不断喂入滑块。这种装置具有固定的聚四氟乙烯板连续滑动,其构造似坦克的履带,同时在梁下设置钢板,每块钢板的滑动面为不锈钢板。另一面则带动主梁前进,这样的滑动装段施工十分方便,如图 6-25 所示。

6.3.2 多点顶推法

在每个墩台上设置一对小吨位(400~800kN)的水平千斤顶,将集中的顶推力分散到各墩上。由于利用水平千斤顶传给墩台的反力,平衡梁体滑移时在桥墩上产生的摩阻力,从而使桥墩在顶推过程中承受较小的水平力。因此可以在柔性墩上采用多点顶推施工。同时多点顶推所需的顶推设备吨位小,容易获得,所以我国在近年来用顶推法施工的预应力混凝土连续梁桥,较多地采用了多点顶推法。

在顶推设备方面,国内一般较多采用拉杆式顶推方案,当水平千斤顶施顶时,带动箱梁在滑道上向前滑动。

多点顶推在国外称 SSY 顶推施工法。

多点顶推施工的关键在于同步,因为顶推水平力是分散在各桥墩上,一般均需通过中心控制室控制各千斤顶的出力等级,保证同时启动,同步前进,同时停止和同时换向。为保证在意外情况下能及时改变全桥的运动状态,各机组和观测点上,需装置急停按钮。对于在柔性墩上的多点顶推,为尽量减小对桥墩的水平推力,千斤顶的出力按摩擦力的变化幅度分为几个等级通过计算确定。由于千斤顶传力时间差的影响,将不可避免地引起桥墩沿桥纵向摆动,同时箱梁的悬出部分可能上下振动。这些因素对施工极其不利,要尽量减少其影响。

多点顶推与集中单点顶推比较,可以免去大规模的顶推设备,能有效地控制顶推梁的偏离,顶推时对桥墩的水平推力可以减到很小,便于结构采用柔性墩。在弯桥采用多点顶推时,由各墩均匀施加顶力,同样能顺利施工。采用拉杆式顶推系统,免去在每一循环顶推过程中用竖向千斤顶将梁顶起使水平千斤顶复位的操作，简化了工艺流程，加快顶推速度。但多点顶推需要较多的设备，操作要求也比较高。

6.3.3 使用与永久支座兼用的滑动支承顶推施工

这是一种使用施工时的临时滑动支承与竣工后的永久支座兼用的支承，进行顶推施工的方法。它将竣工后的永久支座安置在桥墩的设计位置上，施工时通过改造作为顶推施工时的滑道，主梁就位后不需要进行临时滑动支座的拆除作业，也不需要用大吨位千斤顶落梁。

国外把这种施工方法定名为 RS 施工法。它的滑动装置由 RS 支承、滑动带、卷绕装置组成（图 6-26），其特点是支承兼用，滑动带自动循环，工艺简单，省工省时，但支承构造复杂，价格较高。

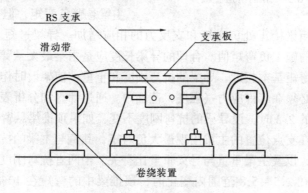

图 6-26 RS 滑动装置

6.3.4 顶推施工中的横向导向

顶推作业中心线应与桥梁中心线重合，梁底必须平整，作业线必须是同一坡度且与桥梁设计坡度一致。这些都是顶推法施工顺利安全进行的关键。顶推施工中的横向导向，可在制梁台座前端，设横向水平千斤顶，而在桥墩上设导向滑道支墩（图 6-27），用楔形滑块的办法进行纠偏。

6.3.5 施工中的临时设施

通过计算可知，顶推施工的弯矩包络图与连续梁运营状态的弯矩包络图相差较大，为了减少施工中的内力，扩大顶推法施工的使用范围，同时也从安全施工（特别在施工初期，不致发生倾覆失稳）和方便施工出发，在施工过程中会使用一些临时设施，如导梁（鼻梁）、临时墩、拉索、托架及斜拉索等结构。

(1) 导梁

导梁设置在主梁的前端，为等截面或变截面的钢桁梁或钢板梁。主梁前端装

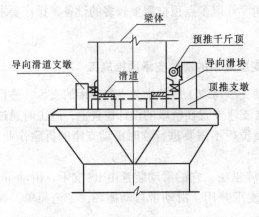

图 6-27 导向滑道支墩

有预埋件与钢导梁临时联结。导梁在外形上，底缘与箱梁底应在同一平面上，前端底缘呈向上圆弧形，以便于顶推时顺利通过桥墩。导梁的结构需要通过计算。从受力状态分析，导梁的控制内力是位于导梁与箱梁连接处的最大正、负弯矩和下弦杆（或下缘）承受的最大支点反力。国内外的实践经验表明：导梁的长度一般取用顶推跨径的 0.6~0.7 倍。较长的导梁可以减小主梁悬臂负弯矩，但过长的导梁也会导致导梁与箱梁接头处负弯矩和支反力的相应增加。导梁过短（$0.4l$ 以下），则要增大主梁的施工负弯矩值。合理的导梁长度应是主梁最大悬臂负弯矩与运营状态的支点负弯矩基本相近，导梁的抗弯刚度和重量，使架设时作用在主梁上的应力最小，且必须在容许应力（强度）范围内。通过计算和分析表明：当导梁长度为顶推跨径的 2/3 时，设导梁的抗弯刚度不变，如果顶推梁悬臂伸出长度在跨中位置时，则在支点位置的主梁出现最大负弯矩，其值与主梁的抗弯刚度与导梁的抗弯刚度比，以及主梁重量与导梁重量比有关。当两者抗弯刚度比在 5~20 范围内，重量比在 2.5~5.8 范围内变化时，顶推梁中的弯矩在 10% 范围内变化。如导梁的刚度过小，主梁内就会引起多余应力，刚度过大则支点处主梁负弯矩将急增。此外，在设计中要考虑动力系数，使结构有足够的安全储备。

由于导梁在施工中正负弯矩反复出现，连接螺栓易松动，在顶推中每经历一次反复均需检查和重新拧紧。施工时要随时观测导梁的挠度。根据施工经验，实测挠度往往大于计算挠度，有的甚至大到一倍。主要原因有如滑块压缩量不一致、螺栓松动、混凝土收缩及温度变化等影响。这样将会影响导梁顶推进墩，目前做法是在导梁的前端设置一个竖向千斤顶，通过不断地将导梁端头部顶起进墩，这一措施被认为是行之有效的。

曲线桥顶推施工也可设置导梁，其导梁的平面线型在圆曲线的切线方向，当曲线半径较小时，也可采用折线形导梁。

（2）临时墩

临时墩由于仅在施工中使用，因此在符合要求的前提下，要造价低，便于拆装。钢制临时墩因在荷载作用和温度变化下变形较大而较少采用。目前用得较多的是用滑升模板灌筑的混凝土薄壁空心墩、混凝土预制板，或预制板拼砌的空心墩，或混凝土板和轻便钢架组成的框架临时墩。临时墩的基础，依地质和水深诸情况决定，可采用打桩基础等。为了减小临时墩承受的水平力和增加临时墩的稳定性，在顶推前将临时墩与永久墩用钢丝绳拉紧。也可在每个墩的上、下游侧各设一束钢索拉紧，效果较好，施工也很方便。通常在临时墩上，不设顶推装置而仅设置滑移装置。施工时，是否设置临时墩，需在总体设计中考虑，要确定桥梁跨径与顶推跨径之间的关系。如卡罗尼河桥，分孔时考虑在中孔内设置一个临时墩。该桥的顶推跨径选用 45m，而桥梁的跨径为 48m + 2×96m + 48m。因此，在设计中可以通过设置临时墩来调整顶推跨径，从而扩大了顶推法施工用于等跨径桥的范围。但顶推法施工绝大多数为等截面梁，过分加大跨径将是不经济的。目前在大跨径内，最多设两个临时墩。使用临时墩要增加桥梁的施工费用，但是可以节省上部结构材料用量，需要从桥梁分跨、通航要求、桥墩高度、水深、地质条件、造价、工期和施工难易等因素来综合考虑。

(3) 拉索、托架

用拉索加劲主梁，用以抵消顶推时的悬臂弯矩，这样的临时设施在法国和意大利建桥中使用，获得成功。如法国的波里佛桥，桥长 $L = 286.4$m，分跨为 35.7m + 5×43m + 35.7m，桥宽 $B = 13.34$m，采用单箱，导梁长 25m，同时采用拉索，无临时墩。采用拉索加劲的一般布置见图 6-28 所示。

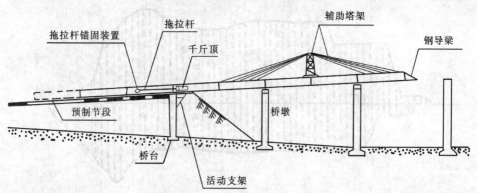

图 6-28 用拉索加劲的顶推法施工

拉索系统由钢制塔架、连接构件、竖向千斤顶和钢索组成。设置在主梁的前端拉索的范围为两倍顶推跨径左右。塔架支承在主梁的混凝土固定块上，用钢铰连接，并在该处对箱梁截面进行加固，以承受塔架的集中竖向力。在顶推过程中，箱梁内力不断变化，因此要根据不同阶段的受力状态调节索力。这项工作由设在塔架下端的两个竖向千斤顶来完成。

在桥墩上设托架用以减小顶推跨径和梁的受力。如前苏联的西德维纳河桥，桥长 $L = 231$m，分跨为 33m + 51m + 63m + 51m + 33m，导梁长 30m。该桥在主墩的每侧设有 10.4m 的托架，使顶推跨径减小为 42.2m，施工后托架与主梁连成整体，形成连续撑架桥。

斜拉索在顶推时用于加固桥墩，特别对于具有较大纵坡和较高桥墩的情况下,采用斜拉索可以减小桥墩的水平力,增加稳定性。这种加固方法宜在水不太深或跨山谷的桥梁上采用。顶推法施工适合于中等跨径的多跨桥梁,近年来采用顶推法施工的桥梁跨径达50m可不设临时墩。实践经验表明:当使用单向顶推时,桥梁的总长在500～600m比较适当。根据设计实践得出:推荐的顶推跨径为42m。

6.3.6 顶推施工时梁的内力分布、力筋布置与施工验算

6.3.6.1 顶推施工时梁的内力

预应力混凝土连续梁在运营状态下的内力为支点截面,有一个最大的负弯矩峰值,而在跨中附近出现最大正弯矩。而在顶推施工中,梁的内力也在不断地变化。虽然在施工时的荷载仅为梁的自重和施工荷重,其内力峰值没有桥梁在运营状态时的峰值大,但每一截面的内力为正、负弯矩交叉出现。其中在第一孔出现较大的正、负弯矩峰值之后各孔的正负弯矩值较稳定,而到顶推的末尾几孔的弯矩值较小。图6-29示意一座六孔连续梁顶推施工的弯矩包络图。可在初步设计中使用,以便估算施工钢索用量。

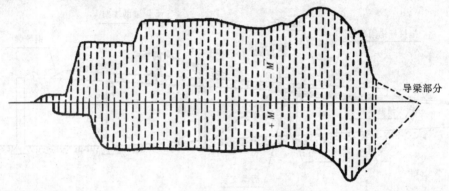

图 6-29 顶推施工的弯矩包络图

6.3.6.2 力筋布置

由于梁的施工内力与运营状态下的内力差异,因此在梁的力筋配置上要同时满足施工阶段和运营状态的需要。

预应力混凝土连续梁桥的纵向力筋可分三种类型,一种是兼顾运营与施工要求所需的力筋;第二是为施工阶段要求配置的力筋;第三是在施工完成之后,为满足运营状态的需要而增加的力筋。第一、二类力筋需要在施工时张拉,因此也称前期力筋,要求构造简单、便于施工,这样对加快施工速度是有利的,所以常采用直索,布置在截面的上下缘,对梁施加一个近于中心受压的预应力。顶推阶段所需要的力筋数量可由截面的上、下边缘不出现拉应力,及不超过正截面的抗弯强度作为控制条件来确定。对于兼顾运营与施工要求的力筋,通常采用墩头

锚，并用连接器接长。为了不致使接头集中在同一截面，钢索的长度取用两个主梁节段的长度，交错排列，使一半数量的钢索通过某一接头位置，而另一半钢索在该截面接头。对于施工需要而临时配置的力筋（约占永久力筋的15%~20%），一般选用短索，布置在梁的跨中部位的上缘及支点部位的下缘，在施工完成后拆除。至于顶推完成后增配的后期力筋（也称二期力筋），可采用直索与弯索，锚在箱梁内的齿板上。在布索和张拉施工中，应注意以下几个问题：

（1）在同一截面上，钢索的布置要对称、均匀，不要过于集中；

（2）弯索的布置应尽量避免平弯，弯索的锚固设在横梁后的竖向齿板上；

（3）纵向力筋在同一截面不能断索过多，以免应力集中；但也不能过于分散，使齿板过密。一般宜采用相对集中设齿板，以减少箱梁的预制规格，使张拉施工方便，缩短预制周期；

（4）为能重复利用临时钢索材料，在后期力筋中可设计一些比临时索短一些的直索；

（5）为加强箱梁与导梁部位的连接，同时为抵抗前端经常处于悬臂的应力状态，在导梁附近的箱梁应配有一定数量的力筋；

（6）力筋张拉的顺序宜采用先临时索后永久索、先长索后短索、先直索后弯索的顺序，上下交替、左右对称地进行。

6.3.6.3 施工验算

顶推法施工过程中，需要进行的施工验算主要内容有：

（1）各截面的强度验算

将每跨梁分为10~15等份，计算各截面在不同施工状态所产生的内力。验算的荷载有梁的自重、机具设备重量、预加力、顶推力和地震力等，同时还要考虑对梁施加的上顶力、顶推时梁底不平以及临时墩的弹性压缩，对梁产生的内力影响。在施工验算时，可不考虑混凝土的收缩、徐变二次力、温度内力等。如果在顶推施工中使用钢导梁，应按变刚度梁进行内力计算。

在强度验算时，根据规范规定混凝土与钢的强度和容许应力均可提高。但考虑到梁段的预制质量，混凝土的龄期尚短、有的钢索尚未灌浆等原因，也可以不予提高。

梁的施工内力计算可结合梁在运营阶段的内力计算同时进行，按不同阶段计算各截面的内力，需注意的是：施工阶段内力计算的截面要多些。当桥梁的纵向力筋布置之后，可同时进行施工状态和运营状态的强度验算。

（2）顶推过程中的稳定计算

1）主梁顶推时的倾覆稳定计算：施工时可能发生倾覆失稳的最不利状态一般在顶推初期，导梁或箱梁尚未进入前方桥墩，呈最大悬臂状态时。要求倾覆安全系数要大于或等于1.2。当不能保证有足够的安全系数时，应考虑采取加大锚固长度或在跨间增设临时墩的措施。

2) 主梁顶推时的滑动稳定计算：在顶推初期，由于顶推滑动装置的摩擦系数很小，抗滑能力很弱，当梁受到一个不大的水平力时，很可能发生滑动失稳。特别是地震区的桥梁和具有较大纵坡的桥梁，更要注意检算各阶段的滑动稳定，满足大于或等于1.2的安全系数。

(3) 施工中临时结构的设计与计算

采用顶推法施工，可能在梁的前端设置钢导梁，在桥墩间设置临时支墩，或是其他临时设施，如预制台座、拉索等。这些临时结构均需要进行设计和内力计算，确定结构形式、材料规格、数量以及连接的方式。对于多次周转使用的临时结构，其容许应力和强度不予提高。

(4) 确定顶推设备、计算顶推力

根据施工的各阶段计算顶推力。计算时应按实际的摩擦系数、桥梁纵坡和施工条件进行。通常可按下式计算顶推力 P：

$$P = W(\mu \pm i)K_1$$

式中　　W——顶推总重力；

　　　　μ——滑动摩擦系数，在正常温度下 $\mu = 0.05$，当在低温情况下，μ 可能达到 0.1；

　　　　i——顶推坡度，当向下坡顶推时用减号；

　　　　K_1——安全系数，通常可取用 1.2。

千斤顶的顶推能力：

$$P_f = \frac{P}{n} \cdot K_2$$

式中　　n——水平千斤顶台数；

　　　　K_2——千斤顶的安全系数，一般取 1.2~1.25。

当需要用竖向千斤顶顶升主梁时，每个竖向千斤顶的起顶力可由下式计算：

$$P_v = \frac{V}{m} \cdot K$$

式中　　V——顶推时的最大反力；

　　　　m——竖向千斤顶台数；

　　　　K——安全系数，取用 1.4。

在计算顶推力时，如果顶推梁段在桥台后连有台座、台车等需同时顶推向前时，也应计入这一部分影响。

有了所需的顶推力，即可根据所采用的顶推施工方法，确定施工中所需的机具、设备（规格、型号和数量）和滑道设计，并进行立面、平面布置，确定预推时的支承。

(5) 顶推过程中，桥墩台的施工验算

在顶推过程中对桥墩台将产生水平力，需要计算各施工阶段墩台所承受的水平力。在顶推施工时,加在墩台和基础上的荷载与运营阶段不同,桥墩台的静力计算图式也不相同。顶推时,主梁在桥墩上滑动,作用在桥墩上的水平力,取决于桥梁上部结构的重量、顶推坡度与滑动支座的摩擦系数。

(6) 顶推施工时,梁的挠度计算

在顶推施工时,桥梁的结构图式在不断地变化,要求计算各施工阶段梁的挠度,用以校核施工精度和调整施工时梁的标高。这项工作十分重要,当计算结果与施工观测结果出现较大误差时,必须要查明原因,确定对策,以保证施工顺利进行。

思 考 题 与 习 题

1. 预应力混凝土连续梁桥的施工方法有哪些?试述其适用范围。
2. 悬臂施工法的分类及其特点有哪些?
3. 悬臂拼装法和悬臂灌筑法比较有哪些不同?
4. 试述悬臂灌筑法挂蓝类型及构造。
5. 采用挂篮悬臂法灌筑混凝土合龙段时,施工应注意哪些问题?
6. 悬臂拼装施工法中梁段预制有哪些方法?试述其适用情况和接缝处理方法。
7. 如何进行悬臂施工时的挠度计算?
8. 逐孔施工方法有哪些?试述各种施工方法的特点。
9. 顶推施工方法中的临时设施有哪些?
10. 顶推法施工过程中,需要进行的施工验算主要内容有哪些?

第 7 章　混凝土拱桥施工

混凝土拱桥传统的施工方法是搭设拱架，在拱架上现浇或组拼拱圈。为了改进拱桥的施工方法，提高它在大跨度桥梁中的竞争能力，在架设方法和机具设备方面，近年来取得了很大的进步。无支架施工技术的扩大应用，大大促进了混凝土拱桥的发展。

目前，在允许设置拱架或无足够吊装能力的情况下，一般仍采用有支架施工方法修建拱桥。为了节省拱架用材，使上、下部结构同时施工，缩短工期，可采用无支架预制装配施工。其中缆索吊装是常用的方法，目前，缆索吊装的最大单跨跨度已达 500m 以上。根据两岸地形及施工现场的具体情况，还可采用转体法施工，目前其施工跨度已达到 200m。

劲性骨架施工法，是特大跨度混凝土拱桥有效的施工方法之一。在我国用这种方法施工的桁架式劲性骨架拱跨度达 240m。钢管混凝土劲性骨架拱桥，跨度达 420m。

悬臂施工法，也是特大跨度混凝土拱桥有效的施工方法之一。我国用这种方法施工的桁架组合拱，跨度达 330m。

§7.1　拱架的构造和安装

拱架是混凝土拱桥施工过程中，支撑拱圈和拱上结构的临时结构。它应有足够的强度、刚度和稳定性。并且作为临时结构，尚应构造简单、拆装方便和能多次重复使用。

7.1.1　拱架的形式和构造

拱架随拱桥跨度的大小、材料供应情况、机具设备条件和桥址环境，采用不同的结构形式。

7.1.1.1　满布式拱架

满布式拱架一般有拱架（拱架上部，即拱盔），支架（拱架下部，包括基础）和拱架卸落设备。如图 7-1 所示。

拱架是直接支撑拱圈重量的部分。在其顶部用弓形垫木形成拱圈底部曲线。支架是支承拱架的部分，其构造同一般脚手架。在拱架与支架间，应设置卸落设备，以备施工完毕后拱架卸载拆除。

木质满布式拱架，目前仅用于拱涵和个别小桥的施工中。对于大中跨度拱桥，可采用碗扣式、扣件式钢管拱等，目前用钢管架修建拱桥的跨度已发展到 110m，拱架高度达 30m。

扣件式等钢管拱架，一般不再分支架和拱盔部分，是两者形成一体，也不需设置卸落拱架设备。

7.1.1.2 墩架式拱架

墩架式拱架用具有一定间距的少数框架，代替数目众多的立柱，既能减少支架材料，又能在桥下留出适当的空间，方便交通。

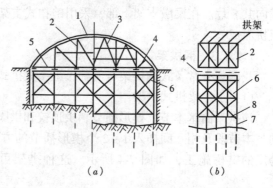

图 7-1 满布式拱架的构造
1—弓形木；2—立柱；3—斜撑；4—落拱设备；
5—水平拉杆；6—斜夹木；7—桩木；8—水平夹木

图 7-2 是比较适合中等跨度拱桥施工的墩架式拱架形式之一。工字梁的跨度可达 12～15m，墩架可用制式器材或扣件式钢管做成。

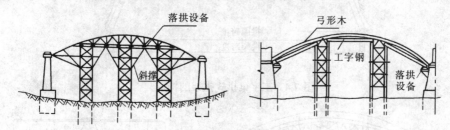

图 7-2 墩架式拱架的构造

图 7-3 是跨度 220m 高速公路箱形拱桥现浇支架的构造简图。支墩采用六五式铁路军用墩，最高 36.6m，梁部采用双层六四式铁路军用梁，跨度均为 20m，

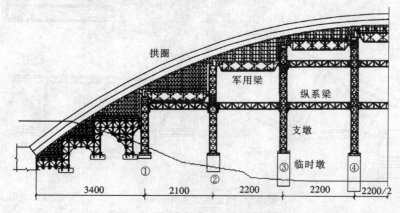

图 7-3 大跨度拱现浇支架的构造

横向共8片。在梁墩支架上部，采用碗扣式支架形成拱弧。纵系梁等由万能杆件组拼而成。

7.1.1.3 钢拱架

我国现有常备式钢拱架有两种：工字梁拱式拱架和桁架式拱架。

(1) 工字梁拱式拱架

该拱架由基本节、楔形插节、拱顶铰和拱脚铰等基本构件组成。用选配不同的基本节段及相互间插入1~2个楔形插节的方法，可使拱架适用于多种拱度和跨度的拱桥施工，如图7-4所示。这种拱架可用于建造跨度40m以下的石拱桥。

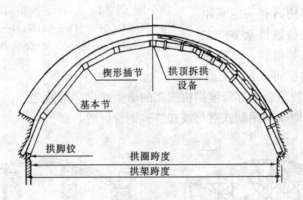

图7-4 工字梁拱式拱架的构造

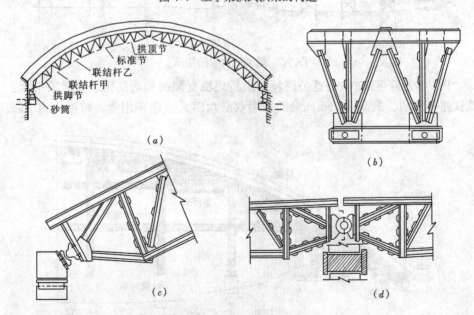

图7-5 桁架拱式拱架的构造
(a) 常备拼装式；(b) 标准节；(c) 拱脚节；(d) 拱顶节

工字梁拱架可做成三铰拱或两铰拱。落架设备可置于拱顶或拱脚。若置于拱顶，则拱顶铰改用落架设备。

(2) 桁架式拱架

常备拼装桁架式拱架，由多榀拱形桁架构成。榀与榀之间的距离可为0.4m或1.9m。桁架榀数视桥跨宽度和重量决定。拱架一般采用三铰拱。拱架由标准节、拱顶节、拱脚节和联结杆等（如图7-5所示），以钢销或螺栓联结而成。可用变换联结杆长度的方法，调整拱架的曲度和跨度。当拟建拱桥跨度很大（例如大于180m）时，可用两层拱架。

除常备拼装桁架式拱架外，尚有贝雷梁拼装式拱架和万能杆件拼装式拱架等不同结构类型，但其构造原理基本相同。

7.1.2 拱架的制作与安装

为了使拱架各部具有准确的尺寸，保证拱架顺利安装，在制作拱架前，应在样台上按拱圈内弧线加施工预拱度值，放出拱架大样。拱架与拱圈内弧线间，一般需留出30~50mm的间隙，以便放置横梁、弓形木和模板等构件。放出大样后，就可制作杆件的样板，以便按样板加工杆件。

满布式拱架一般是在桥孔中逐根安装。工字梁拱式拱架由于跨度较小，多采用半孔吊装组拼。桁架式拱架多采用悬臂法逐节拼装，如图7-6所示，或半跨旋转法施工，如图7-7所示。有条件时也可利用浮船浮运整孔安装。

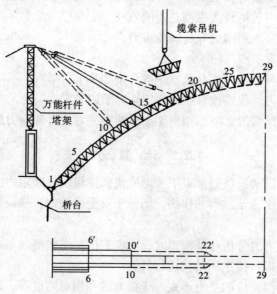

图7-6 悬臂法逐节拼装拱架

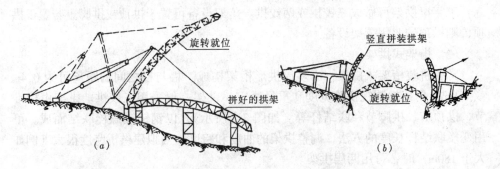

图 7-7 半拱旋转法安装拱架
(a) 半跨拱架在桥孔位置拼装后旋转升高合拢；(b) 半跨拱架在竖立位置拼装后旋转降低合拢

§7.2 拱架的计算要点

拱架应在选择合理的计算图式的基础上，进行内力分析，对杆件进行截面强度和刚度检算，及拱架整体抗倾覆稳定性检算。并且，一般还应计算拱架的预拱度。

7.2.1 计算荷载

(1) 拱圈圬工重力。当采用分环砌筑时，应按实际作用于拱架的环层，计算拱圈圬工重力。一般可计入拱圈总重的 60%～75%。

(2) 模板、垫木和横梁等材料的重力。

(3) 拱架自重。

(4) 施工人员及小型机具重。一般可按 $2kN/m^2$ 估算。

(5) 横向风力。仅在检算拱架稳定性时予以考虑。

(6) 根据当地情况，考虑钢拱架上下弦温差对变形和应力的影响。

7.2.2 计算方法

(1) 在计算拱架荷载时，可不考虑拱块和模板间的摩阻力，及拱块部分重量可由下一拱块逐次传至拱脚的作用，而偏于安全的假定，拱块全部重量均由拱架承受。

(2) 在拟定内力分析计算模型时，考虑到拱架结构横向是对称的，且基本上是承受恒载，所以可按平面结构进行计算。

(3) 基于拱架杆件的受力形式、连接方式和相对刚度等，进行单元类型的选择：例如铁路军用梁可按刚铰混合刚架处理，即焊接的各三角内部杆件，按刚结点的梁元处理，而各三角之间是销接的，按铰结点处理。立柱与水平连杆的刚度相差很大，所以立柱采用梁元，而水平和斜向连接杆件，则按杆元处理等。

7.2.3 施 工 预 拱 度

拱架在施工荷载作用下，会产生弹性的和非弹性的变形。另外，当拱圈砌筑完毕，且强度达到要求卸落拱架时，在自重和温度变化等因素影响下，拱圈也会产生弹性下沉。为了使拱圈的拱轴线符合设计要求，需要在拱架上预设拱度以抵消上述各项竖向变形。

拱架在各种荷载下产生的弹性下沉，和拱圈在自重、温度变化、墩台位移及混凝土收缩、徐变等因素作用下产生的弹性下沉，均不难根据结构理论进行计算。而拱架受载后的非弹性下沉，是由于拱架杆件结合不紧密引起的局部变形，其值一般只能按经验估算。木材顺纹相接，每条接缝变形值可取 2.0mm；横纹相接可取 3.0mm；顺纹与横纹相接可取 2.5mm；木材与金属或圬工相接可取 2.0mm。

砂筒的非弹性压缩量，一般可取 200kN 压力时为 4.0mm；400kN 压力时为 6.0mm；砂子未预先压实者为 10mm。

支架基础受载后的非弹性压缩量，对枕梁在砂类土上，一般为 5~10mm；在黏性土上为 10~20mm。对打入砂土中的桩为 5.0mm，黏性土中的桩为 10.0mm。

拱架在拱顶处的总预拱度值，可按 $L/(400~800)$ 作为参考进行校核。其中 L 为拱的跨度值。

§7.3 拱圈及拱上建筑的施工

7.3.1 拱 圈 的 施 工

拱圈的施工一般可根据跨度的大小、构造形式等分别采用不同繁简程序的施工方法，以使在灌（砌）筑过程中，拱架受力均匀，变形量小，不使已筑圬工产生裂缝，并且施工过程尽可能简单。

(1) 连续灌筑法

在拱的跨度较小时，按拱圈的全宽和全厚，自两端拱脚向拱顶对称的连续灌筑，并且在拱脚处混凝土初凝前全部完成。否则，须在拱脚处预留隔缝，并最后灌筑隔缝混凝土。

(2) 分段灌筑法

一般当拱的跨度大于 16m 左右时，为避免因拱架不均匀变形而导致拱圈产生裂缝，以及为减小混凝土的收缩应力，应利用分段灌筑法施工。分段的长度约为 6.0~15.0m，视灌筑能力、拱架结构和跨度大小而定。分段位置应使拱架受力对称均匀，一般分段点应设在拱架支点、节点处，及拱顶、拱脚处。

一般在分段点处设间隔缝，其宽度为 50~100cm 左右，以利施工操作和钢筋连接。为缩短拱圈合拢和拱架拆除的时间，间隔缝内混凝土的强度，可采用比拱圈高一个等级的半干硬混凝土。

填充间隔缝混凝土，应在拱圈分段混凝土强度达到70%设计强度后进行。且应由两拱脚向拱顶对称进行，最后填充拱顶和两拱脚间隔缝。封拱合拢温度一般宜接近当地的年平均温度。

(3) 分环灌筑法

为减轻拱架的负担，箱形截面拱圈一般采用分环、分段的灌筑方法施工。若底板分段灌筑合拢后，再灌筑上面一环（腹板和顶板，或仅为腹板和隔板），则合拢后的底板可与拱架共同受力。其施工顺序如图7-8所示。

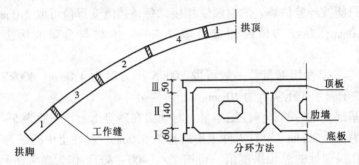

图 7-8 拱圈灌筑顺序

(4) 钢管混凝土灌注

钢管混凝土拱桥施工，一般采用节段悬拼法或转体施工法安装钢管拱，然后灌筑钢管混凝土。钢管拱既是灌注混凝土的支架和模板，又是钢管混凝土拱的组成部分。

钢管混凝土拱多采用泵送顶升灌筑法施工。输送泵一般设于两岸拱脚处，大跨度拱也可分段对称泵送混凝土。在钢管上应每隔30m左右设一排气孔，以减小管内空气压力，有助于空气的排出，加强管内混凝土的密实度。

另外，施工时混凝土中应加入适量的减水剂和微膨胀剂，以提高混凝土的和易性，并减小混凝土凝结时的收缩。

7.3.2 拱上建筑的施工

拱上建筑的施工，应在拱圈合拢、圬工强度达到设计强度30%以上时进行。若拱架先松离拱圈，则应在圬工强度达到70%后进行。

为避免拱圈产生过大的不均匀变形，一般应从拱脚向拱顶分层、对称进行拱上建筑施工。

对多孔连续拱桥，若桥墩不是按单孔受力设计，则应注意相邻对称均衡施工。

7.3.3 拱架卸落与拆除

(1) 落架设备

为了使拱架所承受的重量能够逐渐地转移到由拱圈自身承受，安装拱架时应在适当的位置安放卸落拱架的专用设备，以保证拱架能均匀卸载。在满布式拱架中，落架设备应置于拱盔的立柱下面，而在拱式拱架中，应置于拱铰的位置上。

常用的卸落设备有木楔、砂筒和千斤顶。

1) 木楔

木楔分简单木楔和组合木楔两种形式。图7-9(a)为简单木楔的构造，它由两块带有1:6~1:10（小于摩擦角）斜面的楔块构成。落架时敲击小头，即可挤出楔块，使拱架卸落。这种木楔构造简单，但施力大小不易控制，造成拱架下落不匀，常用于跨度小于10m的拱架。

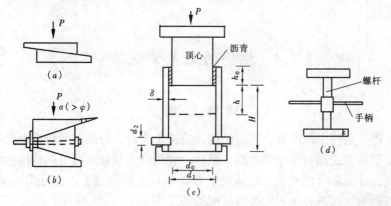

图 7-9 卸落设备

组合式木楔，如图7-9(b)所示，由三块木楔组成，其斜面坡度大于摩擦角，受载后靠联结螺栓中的拉力使其平衡。卸架时，只需扭松螺栓，楔木即可下降。组合木楔较易控制，常用于跨度较大的满布式拱架和拱式拱架中。

2) 砂筒

砂筒的构造如图7-9(c)所示。钢圆筒内装干燥、均匀、洁净的砂子。木塞打开后，砂子在压力作用下，从下部泄砂孔流出。由砂子的泄出量，可控制拱架的卸落高度，且可使拱架卸落均匀不受震动，其构造简单且承载力较大，是一种相当完善的落架设备。我国曾用直径0.86m的砂筒，卸落跨度170m的混凝土箱形拱桥的拱架，效果良好。

砂筒的直径和筒壁厚度，可根据砂的容许承压应力（可取10.0MPa）和薄壁圆筒理论计算确定。

3) 千斤顶

手动螺旋千斤顶如图7-9(d)所示，可用于满布式拱架的卸落，灵活可靠、控制方便。

大吨位液压千斤顶卸落拱架，常与拱圈内力调整同时进行，多用于大跨度拱桥的建造。其卸落方法是，利用拱顶处的千斤顶，撑开两个半拱，则拱顶上升。当上升高度达到拱在自重下的挠度与拱架的弹性挠度之和时，拱架荷载被解除，拱架即可卸落。控制千斤顶在拱顶处的位置和作用力的大小，便可实现拱圈内力的调整。

扣件式钢管拱架没有卸落设备。卸落时，只需缓缓调低顶托即可。

(2) 拆除拱架

拱架荷载通过落架设备逐渐解除。拱架脱离拱圈体后，即可拆除。

工字梁拱式拱架，一般跨度较小，常采用半拱临时悬吊于已建成的拱体上，然后通过放松绞车，将拱架卸落至地面拆除。

桁架式拱架可利用拱圈体作临时支承，进行分节拆除。拆除的拱架节段，可利用吊车吊移。

§7.4 拱桥的无支架施工

7.4.1 转体法施工

转体法施工是将拱圈或整个上部结构分成两个半跨，分别在河的两岸利用地形或简单支架灌筑或预制装配成半拱。然后，利用动力装置将两半拱转动至桥轴线位置上或设计标高合拢成拱。它适用于各类单孔拱桥的施工，也可用于梁桥、斜拉桥和斜腿刚构桥等各种不同类型桥梁的施工中。

转体法施工可减少大量的高空作业，施工安全、质量可靠，节省较多的临时支架，并可大幅度的减少对桥下交通的干扰，是具有明显技术、经济效益的一种桥梁施工方法。

转体法施工有平面转体、竖向转体和平竖结合转体三种。

7.4.1.1 平面转体施工

平面转体可分为有平衡重转体和无平衡重转体两种。

1) 有平衡重平面转体施工

有平衡重转体施工系统由转动体系、平衡体系和牵引体系组成。其中施工的关键结构是转体装置。目前我国使用的转体装置，有以聚四氟乙烯板为滑道的转盘和混凝土球面铰两种，如图 7-10 所示。在实践中都取得了较好的效果。

①环形式滑道转盘

在上盘和底盘之间，设转动轴心和上下环道，其构造如图 7-11 所示。转体时，整个上部重量由滑道平面承受，牵引上盘、上环道压在下环道转动。

环形滑道在平面上以转动轴为心呈圆环形布置，其直径一般可取拱肋悬臂长

§7.4 拱桥的无支架施工

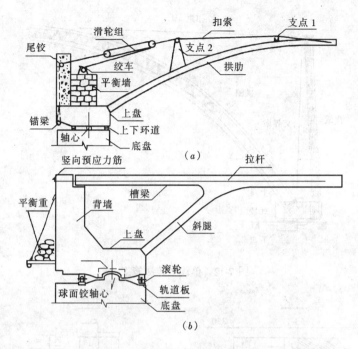

图 7-10 有平衡重平面转体施工

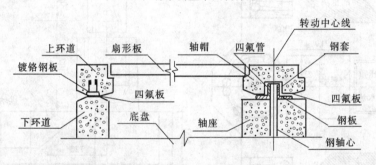

图 7-11 环形式滑道转盘构造

度的 1/4～1/6。四氟板的工作压力控制在 10MPa 以内。

②球面铰转轴体系

这是一种以球面铰为轴心承重的转动装置。它的特点是整个转动体系的重心，必须落在轴心铰上。球面铰既起定位作用，又承受全部转体重力。为了防止在转动过程中转动体系行驶不稳，在转动体系中还应有平衡保险装置。

图 7-12 为跨度 236m 铁路钢管混凝土拱的转体结构立面示意图。主肋拱采用单铰平转法施工，在一岸平转 135°，另一岸平转 180°。整个转动体系有上盘、下盘、球铰、交界墩、牵引系统等组成。

上盘平面呈十字形，球铰支撑部位中心，位于交界墩前 3.5m 处。上盘与交

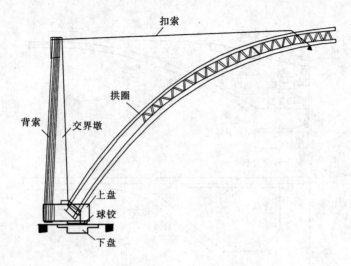

图 7-12 单铰平转法施工

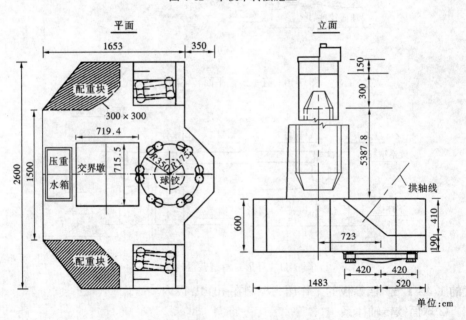

图 7-13 上盘与交界墩构造

界墩构造如图 7-13 所示。

下盘为转体结构的基础。转体完成后,与上盘共同形成主拱基础。其上附设保险腿滑道、牵引反力座等。

球铰传递转体重量,兼作转体定位轴,如图 7-14 所示。转体球铰由上下两个球面,采用 25mm 厚钢板压制而成。在下球面钢板上镶嵌聚四氟乙烯片,以减小上下球面之间的摩擦系数。

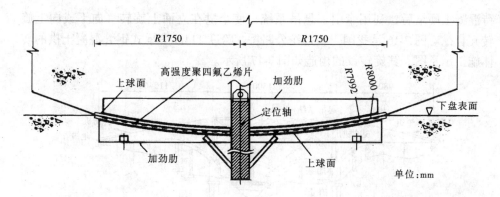

图 7-14 球铰构造

在上盘底面上,距球铰中心 3.5m 半径的圆周上,等距离设 6 根保险支腿,每根支腿由 2 根钢管混凝土杆并联而成。下盘顶面设滑道与之配合。支腿与下盘滑道表面留有 5mm 间隙,以控制转体结构的稳定。转体重量达 104000kN。

2）无平衡重平面转体施工

无平衡重转体施工,是把有平衡重转体施工中的拱圈和索拉力,锚在两岸的岩体中,从而节省了庞大的平衡重材料。其一般构造如图 7-15 所示。锚固体系由锚碇、尾索、平撑、锚梁及立柱组成。锚碇设在引道或边坡岩石中,锚梁支于主柱上。两个方向的平撑及尾索形成三角形稳定体,使锚块和上转轴为一确定的固定点。拱箱转至任意角度,均可由锚固体系平衡拱箱的扣索力。重庆涪陵乌江大桥跨度 200m 空腹式无铰拱桥,采用无平衡重双向对称同步转体施工法修建。与有平衡重转体施工相比,省去了 $2 \times 3000 m^3$ 平衡重混凝土。

7.4.1.2 竖向转体施工

将桥跨分为两个半拱,分别竖向或靠山仰坡,或水平的在简易支架上制拱。

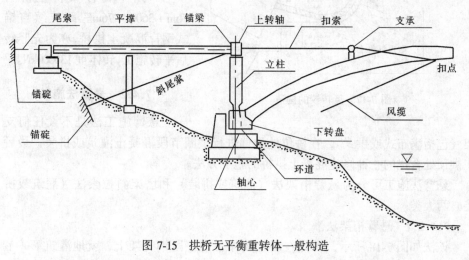

图 7-15 拱桥无平衡重转体一般构造

待混凝土硬结后，利用牵引、悬吊系统，使半拱在立面上旋转（向下或向上旋转）合拢。图7-16是我国三峡莲沱公路桥，跨度114m中承式钢管混凝土拱的转体施工示意图。其旋转铰的构造如图7-17所示。

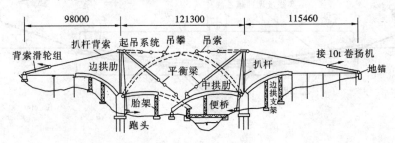

图7-16 竖向转体施工

7.4.1.3 平竖结合转体施工

在地面条件受限制的情况下，采用平面和竖向相结合的转体施工法架设拱桥，有时会取得很好的效果。

例如，安阳市文峰路立交桥为净跨135m钢管混凝土系杆拱桥，跨越运输繁忙的京广铁路。施工先在大致与京广线平行方向铁路两侧拼装半拱，然后竖转26°至设计标高后，平转（西侧50°，东侧78°）至桥梁中轴线上，拱顶合拢。

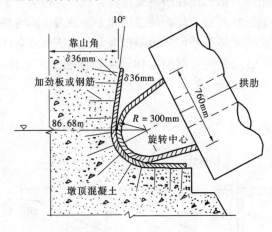

图7-17 竖转铰的构造

竖向铰采用设于拱脚处带转动轴的固定钢支座。而平转则采用设于墩底与承台间的混凝土球面铰完成。在下盘球面铰上，涂以四氟粉加黄油混合物，以减小摩擦系数。

广州丫髻沙大桥主桥为76m+360m+76m三跨连续自锚式钢管混凝土拱桥，亦为先竖转后平转施工，转体重136000kN。

7.4.2 悬臂法施工

悬臂施工法是不设任何支架（包括满布式或拱式），在桥位处悬臂进行拱圈节段混凝土灌筑或拼装，最后在拱顶处合拢的一种修建混凝土拱桥的施工方法。

悬臂法施工可分为悬臂桁架法（灌筑或拼装）和塔架斜拉索法（灌筑或拼装）两大类。

7.4.2.1 悬臂桁架法灌筑

该法如图7-18所示，首先在斜拉筋扣吊的一段钢支架上，就地灌筑第一节段拱箱（拱脚段）。以后各段均用挂篮从左右两岸悬臂灌筑混凝土施工。施工至立柱部位，用临时斜杆和上拉杆，将立柱、拱圈组成桁架，并用拉杆或缆索将其锚固于台后，然后逐节向跨中施工。

在拱圈阶段中应设置预应力筋，以承受自重悬臂弯矩。

1974年日本首次成功地采用悬臂桁架灌筑法，建成了1孔跨度170m混凝土两铰拱桥（外津桥）。

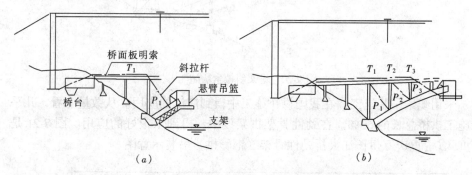

图 7-18 悬臂桁架法灌筑

7.4.2.2 悬臂桁架法拼装

将拱圈的各个组成部分（如箱形截面底板、腹板和顶板）先悬拼组成拱圈，然后利用立柱与临时斜杆和上拉杆组成桁架体系，逐节拼装直至合拢。我国已用这种方法建成许多跨度40m以上的公路拱桥。

也可将拱圈的组成部分事先预制，然后将桥垮的拱肋、斜杆、立柱和上弦杆组成桁架拱片，并沿桥跨分成几段，再用横系梁和临时风构，将两个桁架片段组装成框构，整体运至桥孔，由两端向跨中逐段拼装直至合拢。如图7-19所示。

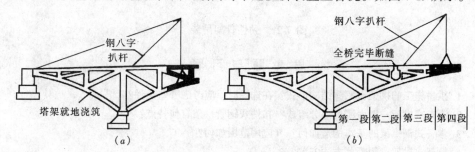

图 7-19 悬臂桁架法拼装

目前世界上最大跨度330m的混凝土桁式拱桥——贵州省江界河桥，就是采用这种悬臂桁架法拼装架设的。前南斯拉夫KRK桥（390m），也是采用悬臂法拼装架设的。

7.4.2.3 塔架斜拉索法

在拱脚墩台处安装临时塔架，用斜拉索一端拉住拱圈节段，另一端与塔架连接。这样逐节向跨中悬臂架设（或灌筑），直至拱顶合拢。如图 7-20 所示。

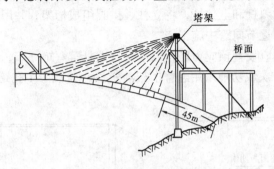

图 7-20　塔架斜拉索法施工

采用缆索吊装施工，在我国拱桥施工中得到广泛的应用。从数量上看，几乎占施工拱桥总长的 60%。在劲性骨架拱架设中，得到了很好的应用。图 7-21 是跨度 420m 重庆万州长江大桥劲性骨架（钢管拱）吊装示意图。

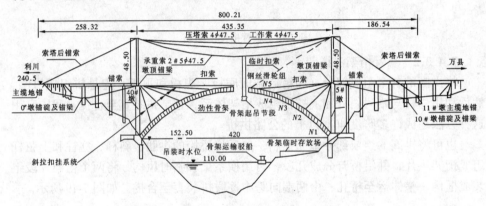

图 7-21　劲性骨架吊装

思考题与习题

1. 拱桥施工的拱架有哪些结构形式？在选择时，应考虑哪些条件？
2. 满布式拱架一般由哪些部分组成？扣件式钢管拱架有何特点？
3. 常备式钢拱架的基本构造如何？其应用范围如何？
4. 桁架式拱架可用哪些方法安装？
5. 拱架为什么要设置预拱度？怎样确定预拱度的大小？
6. 混凝土拱圈灌筑有哪些方法？钢管混凝土灌筑有什么特点？
7. 常用的拱架卸落设备有哪些？各有何特点？
8. 简述转体施工法类型和基本原理。
9. 简述目前我国使用的转体装置的基本构造。
10. 拱桥悬臂法施工有哪些类型？

第8章 斜拉桥和悬索桥施工

斜拉桥的上部结构由主梁、桥塔和斜拉索三大部分组成。各部分的结构可采用的材料和形式多种多样，因此其施工的方法也有许多种。斜拉桥主梁的施工方法，除要考虑施工技术设备和现场环境条件等因素外，还与桥梁结构特点，如结构体系、索型、索距和主梁断面型式等密切相关。一般大跨度斜拉桥主梁，多采用悬臂浇筑或悬臂拼装的方法施工。中小跨度的斜拉桥，则可根据桥址处的地形水文气象条件和结构自身的特点，采用支架法、顶推法或平转等施工方法。需要强调的是，不同的施工方法，在各施工阶段的内力是不同的，有时结构设计往往由施工内力所控制，所以结构设计必须考虑施工方法、施工内力与变形。而施工方法的选择，应符合设计要求。新颖的设计构思，能推动施工技术的进步；而先进合理的施工技术和经验，也能推动设计理论的发展。

悬索桥的施工主要包括：锚碇、桥塔、主缆、吊索和加劲梁等的制作和安装。其中锚碇结构分重力式、隧道式及岩锚式三种，以前两种为主。岩锚式一般与隧道式相组合。大跨度悬索桥塔采用钢或混凝土材料建造。小跨度悬索桥则有采用圬工材料建造的实例。悬索桥的主缆架设一般采用空中纺线法（air spinning）或预制平行丝股法（prefabricate parallel wire strands）施工。加劲梁的架设则一般采用预制拼装施工。

本章主要介绍斜拉桥与悬索桥上部结构的施工，包括桥塔施工、悬索桥锚碇施工、斜拉索（主缆）的制作与架设、主梁（加劲梁）的施工等内容。桥塔与锚碇基础的施工，与其他桥型基础施工相同，本章不再重复。

§8.1 桥 塔 的 施 工

大跨度斜拉桥与悬索桥一般采用钢桥塔或混凝土桥塔；在混凝土桥塔中，也有采用钢结构的横系梁的结构形式。对钢桥塔，一般采用预制吊装的施工方法进行架设。而对混凝土桥塔，则采用现场浇筑的方式进行施工。斜拉桥与悬索桥的桥塔结构形式虽然有较大差异，但施工方法则一般是相同的，因此在本节一起介绍。

8.1.1 钢桥塔的施工

根据其规模、形状、施工地点的地形条件，以及其经济性，可以采用浮式吊机施工法、塔式吊机施工法、爬升式吊机施工法等。

浮式吊机施工法，是将桥塔施工的部件或桥塔节段，由水上浮吊架设施工。其优点是可以大大缩短施工期。对于高度较小的桥塔（一般在80m以下）或较高桥塔的底部节段，可以采用陆上或海上的起重设备架设。20世纪70年代以来，大型起重机和浮吊的发展，使桥塔可分少数节段进行吊装。例如进行塔高126m的东京港弯桥钢桥塔的架设时，将桥塔分为两段，重量分别为1850t和3400t，采用浮吊进行安装。

塔式吊机施工法，是在桥塔侧旁预先安装塔式吊机，以其进行桥塔节段的起吊架设施工。由于施工机具和设备与桥塔无关，所以桥塔施工的垂直度容易得到控制。

爬升式吊机施工法，是在桥塔塔柱上安装爬升导轨。爬升式吊机沿此导轨，随桥塔的施工增高而向上爬升的施工方法。由于施工中吊机的重量和吊机的爬升是靠塔柱支撑的，所以塔柱施工中的垂度要严格控制。

目前，对很高的桥塔，斜拉桥多采用塔式吊机起重法。悬索桥多采用爬升式吊机施工法施工，其施工顺序如图8-1所示。

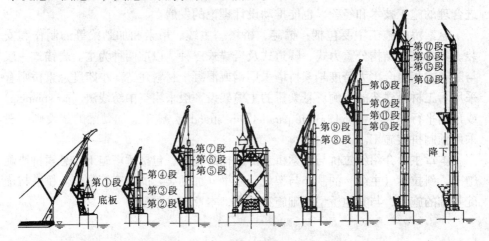

图8-1 爬升式吊机施工法的施工顺序

采用爬升式吊机施工法进行悬索桥桥塔的施工，一般是先作爬升式吊机的安装，而后作桥塔底部的施工、塔柱的施工及附属工程施工。

8.1.1.1 桥塔底部的施工

（1）吊机锚固底架的安装。吊机锚固底架定位准确与否，对以后桥塔施工的精度影响很大，因此其安装精度应严格控制。首先在安装基础中预埋螺栓，并在灌注基础混凝土时，保证其位置不变。然后用汽车吊或浮吊安装吊机底架和爬升式吊机，位置的调整可采用千斤顶。

（2）基顶混凝土的施工精度。因基顶混凝土面的施工精度直接影响着桥塔的标高和垂直度、所以其施工精度应严格控制。为此，整个基准面范围内的不平整度应控制在2mm以下，而垂直度控制在1mm之内。

(3) 爬升式吊机安装。爬升式吊机由吊机底座和吊机机身两部分组成。桥塔施工时是先在锚固底架上安装桥塔3～4节段，以后就是靠吊机底座沿两根塔柱不断爬升进行施工作业。

(4) 桥塔底板安装。在进行塔柱施工前，先由塔位旁吊机安装塔底板，底板一般厚约70～100mm，其位置调整可用千斤顶。

8.1.1.2　桥塔塔柱的施工

桥塔底部施工完成后，就可用爬升式吊机进行桥塔塔柱的施工，其步骤如下：

(1) 第1节段的施工。桥塔的第1节段由塔位旁吊机吊至桥塔底板上。同样用千斤顶调整其安装位置。最后由桥塔基础中的预埋螺栓，将其与桥塔基础相连。预埋锚固螺栓的施拧顺序，应从对称位置对称向角点进行。

施拧分三次进行：第一次施拧力，为螺栓设计轴力的40%；第二次为70%；第三次为设计轴力。每个螺栓的实际轴力，都应用轴力计认真检测。

(2) 第2节段以后的施工。如上所述，自第2节段后至3～4节段桥塔的施工，都是由塔位旁吊机在其锚固底架上进行吊装。而再后的节段施工，是爬升式吊机靠其底座在塔柱上，随塔柱的增高而爬升进行。塔柱节段的连接是用高强螺栓。其施拧也分两次，第一次施拧力为设计轴力的80%，第二次达设计轴力。节段拼装施工中，对其拼接面的密贴度和塔柱的垂直度，都需随时进行严格监测和精确控制。

(3) 水平横撑的施工。钢桥塔的水平横撑一般分为左、右和中间三段。施工中首先在塔柱上拼装左、右两段。此时，水平横撑在塔柱上为两悬臂梁；其变形受温度影响较大，所以应在温度较高时作中段的拼接施工。

(4) 施工精度的检查。因为桥塔施工的精度对今后加劲梁的架设影响很大，所以桥塔的施工精度应随时监测。对塔柱连接面的密贴度，应该用厚度为0.04mm的塞片规进行检查。对桥塔的高度和垂直度，应随时用钢尺和经纬仪进行测量。

8.1.1.3　桥塔附属工程的施工

当桥塔的主体工程完成后，就要进行塔顶主索鞍的安装、爬升式吊机的撤除、抗风减振装置的安装，以及钢塔油漆和电梯、电路的安装等附属的施工工作。

目前我国的悬索桥还没有采用钢桥塔的实例。斜拉桥中南京三桥则采用了钢桥塔，以缩短施工工期。

8.1.2　混凝土桥塔的施工

8.1.2.1　塔柱的施工

混凝土桥塔常采用滑模法、爬模法、翻转模板法和提升支架法等与高桥墩相同的方法进行施工。对高度较小的桥塔，也可采用搭支架法施工。

(1) 翻转模板法。首先在两塔柱外侧的塔座上安装附着式塔吊和电梯，用于塔身材料及设备的垂直运输以及人员的自由上下。塔身混凝土采用泵送运输，泵管可分别布置在两塔柱内侧，随着浇筑高度增长而接长，混凝土直接泵送入模。泵送混凝土可一次泵送至200m的高度。混凝土标号可达C50级。塔柱混凝土施工时，将爬架系统与模板系统分离，爬架高可为20m左右。翻模每节段高5m左右，通过预留螺栓与塔柱相锚固。塔柱内进行竖向钢筋的绑扎，也可在塔内埋设劲性骨架。钢筋接头可采用焊接接长或冷挤压、钢套筒接长等技术。塔柱内混凝土泵送浇筑后，由插入式振捣器振捣密实。每节段混凝土浇筑完成后，应洒水保湿养护。

(2) 爬模法。爬模系统由模板、爬升架、工作架、附着架组成。爬模系统通过附着架，附在已灌注完毕并具有足够强度的塔柱混凝土节段上，为下一节塔柱灌筑提供空中作业面。如汕头海湾大桥和西陵长江大桥的混凝土塔柱，均采用爬模法施工。根据桥塔的实际情况，可将爬模的每一爬升高度设定为4.5m左右。按底塔柱→下横梁→中塔柱→中横梁→上塔柱→上横梁的顺序进行施工。当爬模遇横梁时则暂停爬升，待施工完横梁后再继续爬升。其他工艺同上面翻模法要求。

(3) 滑模法。是利用混凝土随时间硬化的性质，将混凝土浇入模板内，经一定时间待混凝土强度达到能自立时，利用油压千斤顶使模板上滑，进行连续混凝土施工。

(4) 提升支架法。提升支架由钢筋柱、顶框、中框、底框、顶紧器、提升支架的滑车组并通过横、斜撑连接成整体。钢筋柱一般可用3ϕ32钢筋焊接成三角形组成，每节长约6m，用法兰盘接高。每一塔柱内外侧，一般可各设2根钢筋柱。桥塔柱外侧是斜腿时，外侧钢筋柱可用钢轴铰接接高，使钢筋柱能随塔柱高度的倾斜度自由变化。顶框、中框及底框均用型钢组成，采用滑车组提升支架。

8.1.2.2 横系梁的施工

混凝土桥塔的横系梁，一般采用支架法现浇施工。支架的材料可采用钢管、万能杆件、贝雷梁、型钢等。根据桥塔的受力特点，横系梁一般均是预应力混凝土结构，因此应按相关规范进行施工。

在高空进行大跨度、大断面现浇高强预应力混凝土梁施工难度很大，施工过程中要考虑到模板支承系统的连接间隙变形、弹性变形、支承的不均匀沉降变形，混凝土梁、柱与钢支撑之间不同的线膨胀系数影响，日照温差对混凝土、钢的不同时间效应等产生的不均匀变形的影响，以及相应的调整措施。混凝土横系梁可根据设计要求、构造特点和施工机具设备能力一次或多次浇筑完成。

8.1.2.3 桥塔施工的起重设备

桥塔施工属于高空作业，工作面狭小，其施工工期将直接影响到全桥的总工期。在制定桥塔施工方案时，起重设备的选择和布置，是桥塔施工的关键。目前大多数桥塔施工均是采用塔吊辅以人货两用电梯的起重设备。

一般采用附着式自升塔吊。可根据桥塔结构构造特点、工期要求、塔柱施工方法等因素确定应选用的塔吊型号和布置方式。塔吊选择应考虑如下几点：塔吊的性能参数满足施工要求；起吊能力和生产效率满足施工的进度要求，匹配合理，功能大小合适；适应施工现场的环境，便于进场、安装架设和拆除退场。

塔吊的布置方案，常采用如图 8-2 所示的几种形式。在有些 H 形塔柱施工中，也有先在桥塔基础上设置一塔吊进行施工，待横系梁建完后，再在横系梁上设置另一塔吊。多数桥塔的施工中，采用在塔柱一侧附着塔吊，另一侧附着人货两用电梯的布置方案。

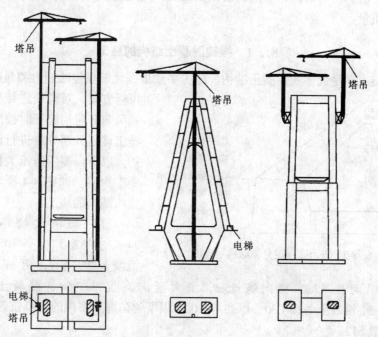

图 8-2 塔吊的布置形式

8.1.3 桥塔施工中的制振减振问题

大跨度悬索桥和斜拉桥的塔很高时，在缆索体系尚未就位时，在风荷载作用下有可能会发生较大的振动，特别是桥塔将要到顶的时候。在考虑施工方案时，应对可能出现的振动进行分析或风洞试验，设计减振装置或采取必要的减振措施。目前工程中应用的减振措施，有被动阻尼减振和半主动减振等。也有采用张拉抗风索、将两岸塔柱用缆索联成一体，以减小振动等形式的减振措施。

§8.2 悬索桥锚碇的施工

悬索桥的锚碇是支承主缆的重要结构之一。大跨悬索桥的锚碇由锚块、锚块基础、主缆的锚室及固定装置、散索鞍支墩等部分组成。图8-3是目前常用的锚体为空腹三角形框架结构形式的重力式锚碇总体结构示意图。在小跨径悬索桥中，除了锚块外其他部分可作简化。重力式锚块混凝土的浇筑，应按大体积混凝土浇筑。注意水化热影响，防止锚块产生裂缝。锚块与基础应形成整体。隧洞式锚块应注意隧洞中排水和防水措施。对于岩洞式锚块，在开挖岩石过程中，不应采用大药量的爆破，应尽量保护岩石的整体性。对岩洞周围裂缝较多的岩石应加以处理。隧洞内的岩面，开挖到设计截面后，应迅速加设衬砌，避免岩面风化影响锚块质量。

8.2.1 锚碇混凝土结构的施工

锚碇一般是大体积混凝土结构。施工中要根据施工单位的能力和温度控制的可行方案，对锚块进行平面分仓和竖向分层。施工时按照一定的施工计划分期分层进行浇筑和养护。以下以厦门海沧大桥锚碇的施工为例。如图8-4所示，介绍锚块结构的施工。

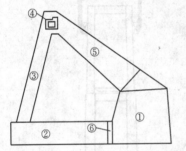

①—锚块
②—基础
③—散索鞍支墩
④—横梁
⑤—前锚室
⑥—后浇段

图8-3 重力式锚碇总体结构示意图

厦门海沧大桥东锚碇长74m，宽52m，标高10～61.5m，混凝土总方量7.5万m^3。其中南北锚块纵向长32m，横向宽25m，最大竖向高度35.96m，混凝土总方量3.75万m^3。混凝土等级C30，标高+6.00m以下为防海水腐蚀的C30抗渗混凝土，抗渗等级S12。

该项工程分三期进行施工。首先单独浇筑南北锚块混凝土，然后浇筑南北箱式基础，最后浇筑四个分项工程之间的后浇段，形成锚碇整体。南北锚块混凝土采用平面分仓、竖向分层、平行对称方式浇筑。

箱形基础单个仓面面积为1150m^2。竖向分5层，底板层厚1.2m，顶板层厚1.0m，一次浇筑；腹板分三层浇筑，每层厚2.6m。

分块浇筑完成后，待南北锚块混凝土温度降至稳定温度20.8℃后，采用微膨胀混凝土浇筑后浇段。后浇段的浇筑顺序是：先浇南北箱形基础和锚块之间的纵向后浇段（桥轴线位置部分），后浇锚块与箱形基础之间的横向后浇段。同样需要分层浇筑。

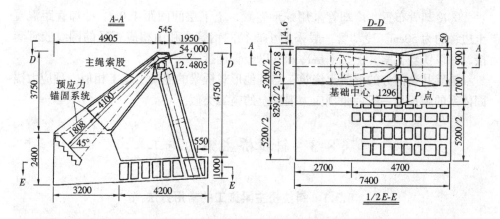

图 8-4 海沧大桥锚碇的构造（单位：cm）

8.2.2 大体积混凝土温度控制

锚碇大体积混凝土施工阶段产生的温度应力，往往超过外荷载引起的结构应力，使混凝土块产生温度裂缝，影响锚碇的使用寿命。因此大体积混凝土施工中的温度控制，是保证质量的非常关键的一项内容。在国内外大跨度悬索桥的施工中，都采取了多项措施来控制混凝土体内外的温度。这些措施包括：

（1）砂石料与拌和水预冷却

①冷却拌和用水；

②集料预冷。

（2）混凝土入泵温度控制

根据施工期间的大气温度，制定相应的各阶段混凝土入泵温度控制值。为了达到温控要求，一般需要采取以下温控措施：

①混凝土搅拌站生产出的商品混凝土经过搅拌运输车运到现场，随着运输距离的增加和运输车停置时间增长则温度升高，故运输过程中采用洒冰水用麻袋覆盖，减少现场停滞时间等措施，降低入泵混凝土温度。在入泵前测量每车混凝土的入泵温度，超标者坚决拒收。

②在高温季节浇筑混凝土时，在泵管上覆盖湿麻袋，以降低混凝土在泵送过程中的摩擦发热和吸收太阳的辐射热。

③在当日 19:00 至次日 7:00 间气温较低时进行混凝土的浇筑。

（3）利用冷却水管通水降低混凝土内部温度

①冷却系统。针对锚块现场的实际情况，可采用海水或河水作冷却水。先将海水或河水抽至锚坑内蓄水池，再由蓄水池抽水至锚块冷却管供水泵后接可调安全阀；调节系统压力，另接 4 个闸阀，调整供排水方向。冷却水不循环，经过一次冷却流通后便汇集至排水总管，引至排水沟流走。

②冷却管布置。冷却管采用蛇形布置，上下层间间距1.0m。冷却管距混凝土边缘约为50cm。冷却管一般采用小直径的钢管，利用相应直径的网纹胶管套接，并以铁丝扎紧，上、下层冷却管以竖管连接。

锚碇其余部分的混凝土浇筑，与其他形式桥梁的混凝土施工相似。预应力锚固体系的施工与一般后张预应力混凝土的施工类似。

§8.3 斜拉桥主梁的施工

8.3.1 斜拉桥主梁施工的常用方法

斜拉桥主梁施工方法与梁式桥基本相同，大体上可以分为顶推法、平转法、支架法（临时支墩拼装和临时支架上现浇）和悬臂法（分悬臂拼装和悬臂浇筑，悬臂拼装又有吊机拼装、浮吊拼装、缆索起吊和千斤顶起吊等几种形式）等4种方法。其特点及适用性简述如下：

(1) 顶推法

顶推法的特点是施工时需在跨间设置若干临时支墩，顶推过程中主梁要反复承受正、负弯矩。该法较适用于桥下净空较低、修建临时支墩造价不高、支墩不影响桥下交通、抗压与抗拉能力相同，能承受反复弯矩的钢斜拉桥主梁的施工。对混凝土斜拉桥主梁而言，由于拉索水平分力能对主梁提供预应力，而利于顶推，但若在拉索张拉前顶推主梁，临时支墩间距又超过主梁负担自重弯矩能力时，施工中需设置临时预应力束，在经济上便不太合算。

前苏联1976年建成的第聂伯河桥，为跨度300m独塔钢斜拉桥，通过多种架设方法的比较，最后选择在跨内设置三个滑动支座的顶推法施工，临时墩间跨度75m。主梁拼装及滑移全部工作在13个月内完成。目前，国内还没有用顶推法施工斜拉桥的实例。

(2) 平转法

将上部构造分别在两岸或一岸顺河流方向的矮支架上现浇，并在岸上完成所有的安装工序（落架、张拉、调索等），然后以墩、塔为圆心，整体旋转到桥位合拢。平转法适用于桥址地形平坦，墩身较矮和结构体系适合整体转动的中小跨径斜拉桥。比利时1988年建成的跨越默兹河的邦纳安桥，是一座$3 \times 42m + 168m$的独塔斜拉桥，其主梁在平行于河流的岸边制造。在斜拉索安装和调整后，将整个桥塔—斜拉索—梁体以塔轴为中心转体70°就位。我国四川马尔康地区的金川桥是一座跨径为68m+37m，塔、梁、墩固结体系的钢筋混凝土独塔斜拉桥。塔高25m，中跨为空心箱梁，边跨是实心箱梁。由于桥址处河滩平整且墩身较矮，适合于平转法施工。施工方法是先在河滩上搭设低支架浇筑梁身，索塔卧地预制。梁、塔预制完成后，将索塔竖转与主梁固接并安装斜拉索后，平转到设计位置。1997年建成的位于秦皇岛站疏解线上的汤河大里营铁路混凝土斜拉桥（50m+40.75m），也是采用转体法施工的。

(3) 支架法

有在支架上现浇、在临时支墩间设托架或劲性骨架现浇、在临时支墩上架设预制梁段等几种施工方法。其优点是施工最简单方便，能确保结构满足设计线型，但仅适用于桥下净空低、搭设支架不影响桥下交通的情况。我国天津永和桥（主跨260m）是在临时支墩上拼装主梁的。昆明市园通大桥是一座跨径为70.5m+70.5m、全宽24m的独塔单索面斜拉桥，采用支架法现浇。

支架法的施工步骤为（见图8-5）：

阶段1 在永久性桥墩和临时墩上架设主梁。其施工方法与一般梁的架设一样，因而可以应用梁桥施工中所用的任意一种架设方法。

阶段2 从已完成主梁的桥面上安装塔柱。

阶段3 安装拉索。在此阶段内只需适度地张拉钢索，最终的张拉将在下一阶段内实现。

阶段4 全部拉索安装完毕后拆除临时墩，使荷载传至缆索体系。在

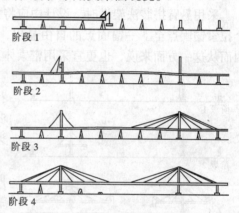

图8-5 支架法架设斜拉桥

此过程中梁将向下挠曲，因此需要先将梁架设在提高的位置，以便当全部恒载传至拉索时，梁达到最终所要求的几何形状。

日本在六甲桥的施工中采用上述的架设步骤。该桥由于两层桥面的桁架具有很大的弯曲刚度，就可能在主跨内只用两个临时墩，同时能用浮吊来架设很大的节段。而且，由于此桥修建在神户港，在施工期间无繁忙船舶往来于填筑地点，便于应用临时墩。

(4) 悬臂法

悬臂法一般是在支架上修建边跨，然后中跨采用悬臂施工的单悬臂法，也可以是对称平衡施工的自由悬臂法。悬臂施工法一般分为悬臂拼装法和悬臂浇筑法两种。

1) 悬臂拼装法，一般是先在塔柱区，现浇一段放置起吊设备的起始梁段。然后用起吊设备从塔柱两侧依次对称安装节段，使悬臂不断伸长直至合拢（见图8-6）。

采用自由悬臂法架桥，可完全避免临时墩，架设步骤包括下列阶段：

阶段1 在桥墩上安装墩柱和主墩上的梁段并（临时）固定之。

阶段2 利用在桥面上操作的动臂起重机，起吊用驳船运至施工地点的梁

段，进行平衡的自由悬臂施工。

阶段3　随着悬臂的伸展，安装拉索，并经初步张拉以降低梁内弯矩。往往先对半座桥完成悬臂施工过程，然后将起重机移至另外半桥。

阶段4　桥梁在主跨中央合拢，进行桥面铺装、安装栏杆等附加荷载。

采用这种架设步骤时，在整个施工期间使上部构造与主墩具有十分有效的固结作用是很重要的。因为在梁达到边墩之前，整个稳定性依赖于这一固结作用。而且梁的横向弯曲刚度一定要足以保证长度为主跨长度一半的悬臂的稳定性。因而对于梁的宽跨比大的桥梁，这种架设步骤特别有利。

采用悬臂拼装法架设时，设计中应将拉索锚固点的间距，选得使加劲梁从一个拉索锚固点至下一锚固点的自由悬出，可不需要临时支承（如用临时钢索）。因而从这一方面来说，也更宜采用密索体系。

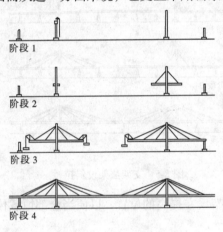

图8-6　自由悬臂法架设斜拉桥

应当强调指出，为了能传递在紧接着张拉拉索时所引起的轴力，斜拉桥要求在梁段就位时就封合全部梁段的接头。

在许多情况下可将图8-5和8-6的两种架设方法结合起来，形成以下的四个施工阶段（见图8-7）：

阶段1　利用临时墩架设边跨加劲梁，当达到桥墩时即安装塔柱。

阶段2　单侧悬臂施工主跨加劲梁。当悬拼至主跨内相应锚固点时安装主拉索和相应的边跨拉索。

阶段3　完成桥的半跨之后，进行另外半跨的悬臂施工。

阶段4　在主跨中央使桥合拢。

对于这一架设方法，宜采用带临时墩的边跨。并且主跨的悬臂施工，可以从支承于主墩，同时也支承于边墩的边跨加劲梁，构成的十分稳定的体系开始。因此不需要与主墩临时固结。

如果边跨可不用临时墩来架设（或本身设计有辅助墩），在主跨内用单侧悬臂施工的方法会特别有利。只要边跨主梁具有足够强度，而作为边墩和主墩间跨越的梁来承受其自重的话，这将是可能的。

上海泖港大桥是采用单悬臂法，即利用挂篮和拼装吊机悬臂拼装预制梁段，节段间用现浇混凝土湿接缝相连。

美国哥伦比亚（P-K）桥，采用双悬臂拼装法。即把钢吊架安装并锚固在架好的梁上，由塔顶的辅助钢束保持平衡。钢架上安装与吊杆相连的千斤顶，当驳船将预制块件运至桥下时，吊杆与预制梁段铰结，通过千斤顶起吊，使杆件缓缓提升到桥面标高就位。节段间用环氧树脂和预应力相连。待环氧树脂凝固后，张拉斜拉索，重复上述步骤，安装下一节段。

广东九江大桥（$2 \times 160m$）预制梁段，是用大型浮吊进行悬臂拼装的。对于中小跨径斜拉桥，当构件重量不大时，也可采用缆索吊装，并利用已浇好的塔柱兼作安装索塔，利用缆索吊进行主梁拼装。浮吊和缆索吊的最大优点是施工荷载最轻，不会控制设计。

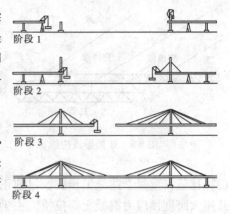

图 8-7 边跨支架主跨悬臂的施工方法

2）悬臂浇筑法 是从塔柱两侧用挂篮对称逐段就地浇筑混凝土。我国大部分混凝土斜拉桥主梁都是采用悬臂浇筑法施工的。斜拉桥主梁的悬臂施工与连续梁和连续刚构桥类似，不同的是如果能利用斜拉索，可以采用更轻型的挂篮施工。

综上所述，可见支架法和悬臂施工法是目前斜拉桥主梁施工的主要方法。前者适用于城市立交或净高较低的岸跨主梁施工；后者适用于净高较大或河流上的大跨径斜拉桥主梁的施工。

8.3.2 斜拉桥主梁施工特点

斜拉桥与其他梁桥相比，主梁高跨比很小，梁体十分纤细，抗弯能力差。所以考虑施工方法，必须充分利用斜拉桥结构本身特点，在施工阶段就充分发挥斜拉索的效用，尽量减轻施工荷载，使结构在施工阶段和运营阶段的受力状态基本一致。

对于单索面斜拉桥，一般都需采用箱形断面。如全断面一次浇筑，为减少浇筑重量，要在一个索距内纵向分块，并需额外配置承受施工荷载的预应力束。所以，一般做法是将横断面适当地分解为三部分，即中箱、边箱和悬臂板。先完成包含主梁锚固系统的中箱，张拉斜拉索，形成独立稳定结构。然后以中箱和已浇节段的边箱为依托，浇筑两侧边箱。最后用悬挑小挂篮浇筑悬臂板，使整体箱梁按品字形向前推进。如重庆石门桥的施工，中箱采用桁梁作劲性骨架，斜拉索与劲性骨架先连接，然后利用劲性骨架作支撑，架立模板进行施工。边箱则滞后于中箱，利用中箱作支撑进行施工。

对于双索面斜拉桥，如上海泖港大桥，把主梁节段在横断面方向，划分为二个边箱和中间车行道板共三段。边箱安装就位后张拉斜拉索，利用预埋于梁体内的小钢箱传递斜拉索的水平分力，使边箱自重分别由二边拉索承担。从而降低了挂篮承重要求，减轻了挂篮自重。最后安装中间桥面板并现浇纵横接缝混凝土。

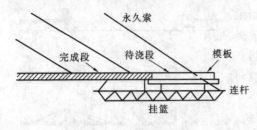

图 8-8 挂篮形式构思

随着扁平双主肋断面的出现,美国 Dames Point 桥开创了新的挂篮型式,如图 8-8 所示。挂篮后端锚固在已浇梁段上,把待浇段斜拉索通过工具式连杆锚固到挂篮前端,由斜拉索和已浇梁段共同承担待浇节段混凝土重量。待混凝土达到强度后,拆除连杆,让节段重量转换到斜拉索上,再前移挂篮,重复上述施工步骤。目前正在修建的重庆长江二桥、铜陵长江大桥等几座大跨度预应力混凝土斜拉桥,主梁均采用双主肋断面,其施工挂篮也都采用这种构思。

§8.4 斜拉桥斜拉索的施工

斜拉索一般采用高强度钢筋、钢丝或钢绞线制作。主要有平行钢筋索、平行钢丝索、钢绞线索和封闭钢丝绳等几种形式(如图 8-9 所示)。在我国的大跨度斜拉桥中,主要采用平行钢丝索和钢绞线索。目前,我国已有专门生产制作这类拉索的工厂,且遵循有关标准生产。

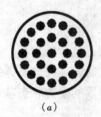 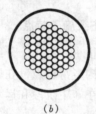 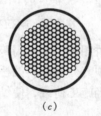 

(a) (b) (c) (d)

图 8-9 斜拉索的基本类型
(a)平行钢筋索;(b)平行钢丝索;(c)平行钢绞线索;(d)封闭式钢缆

斜拉索的架设包括设置锚固部件、架设斜拉索、斜拉索张拉和调整以及斜拉索防护等施工工序。斜拉索的架设方法要考虑桥梁规模(斜拉索长度)、桥塔形状、斜索的布置形状和斜索的材料和防锈方法等因素后,进行综合研究确定。

8.4.1 设置锚固部件

斜拉索两端安装在钢结构上或埋置于混凝土中的锚固件位置应精确定位。一般将桥塔一侧的锚固部件,先在钢塔柱上安装就位。如为混凝土塔柱时,则先在地面用钢构架作临时固定后,再整体或分批起吊就位。这样只要将钢构架固定好,就能确保各根斜索锚固部件位置的精确度。

位于主梁一侧的锚固部件,如主梁为钢结构,则在工厂内事先安装就位,可利用移动式吊篮的构架，或利用模板作支点予以固定。

8.4.2 斜拉索的引架

斜拉索的引架作业，是将斜拉索引架到桥塔锚固点与主梁锚固点之间的位置上。斜拉桥中使用的拉索可以分为两大类，一类是在工厂内制造后，运到现场的"预制索"，另一类是与主梁及桥塔的施工同时进行的，在现场直接制造的"现场制索"。

预制索常常是直接用吊机将斜拉索起吊就位，或用导向缆绳及绞车等引拉就位的方法架设。现制索则常用导索缆绳等将保护管先架设好，然后再将斜索本身插入保护管。斜拉索的引架一般有4种方式：

(1) 塔顶直接引架

图8-10（a）所示，此法是使用塔顶吊机，将在主梁桥面上展开的斜拉索，通过导向滑轮及引拉装置等直接引拉就位。当斜拉索被吊拉到桥塔锚固点附近时，即利用设在塔上的引拉装置将斜索锚头引拉到锚固构件上。此法工作效率较高，一般适用于由单根钢索组成的斜拉索。如果用于引拉由多根钢索组成的斜拉索时，则必须有工作猫道。

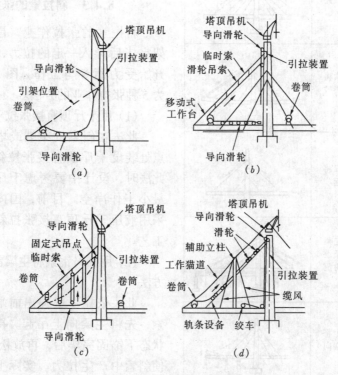

图8-10 斜拉索引架方式

(2) 设置临时索和滑轮吊索引架

如图 8-10（b）所示，此法为在塔顶与主梁前端之间设置临时钢索，然后用若干根滑轮吊索，引拉预先已展开好的斜索。滑轮吊索的下端将斜索吊起，上端则有滑轮可沿临时钢索向上滑行。此法的缺点是，临时钢索要随着主梁的伸出经常变换位置，架设效率稍低。但它可架设大截面的斜索。

(3) 设置临时索和垂直吊索引架

如图 8-10（c）所示，此法与（2）法同样，先要设置临时钢索。临时钢索上设置若干根带有滑车组的垂直吊索。依靠这些吊索将在梁上已展开的斜索垂直地起吊就位，并引入塔内锚固。此法的缺点也是临时钢索的位置要随着主梁的伸出而变化。如果斜索可以按从上到下的次序逐根安装，则也可利用上面已安装好的斜索代替安装下一根斜索所需的临时钢索。

(4) 在工作猫道上引架

如图 8-10（d）所示，此法将若干个滑轮安装在工作猫道上。然后将展开的斜索放在这些滑轮上向上引拉就位，此法常与（2）法一起使用，即塔方向的斜索锚头同时由临时钢索的吊索来吊拉。

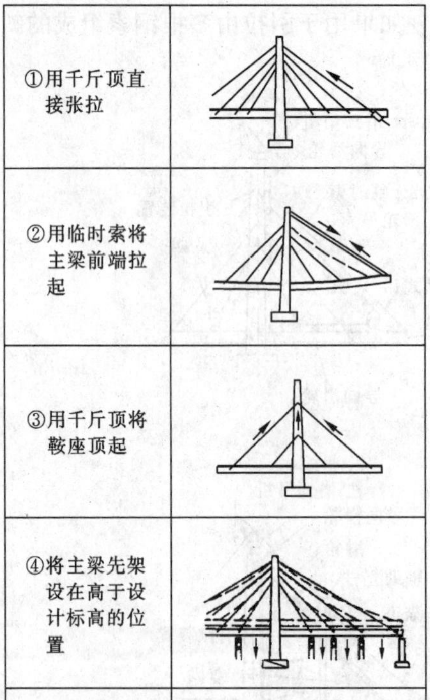

8.4.3 斜拉索的张拉

斜拉索的张拉作业，是在斜索引架完毕后导入一定的拉力，使斜拉索开始受力而参与工作。图 8-11 所示，为 5 种张拉作业的方法。

(1) 用千斤顶直接张拉

此法在斜索的梁端或塔端的锚固点处装设千斤顶直接张拉斜索。采用此法时，设计中要考虑千斤顶所需的最小工作净空。目前，国内几乎都是采用液压千斤顶直接张拉斜索的施工工艺。

(2) 用临时钢索将主梁前端拉起的方法

此法依靠主梁伸出前端的临时钢索，先将主梁向上吊起。待斜索在此状态下锚固完毕后，再放松临时钢索，使斜索中产生拉力。实际上是将临时钢索中的拉力以大于 1 倍的数值转移到需要张拉的斜索中去。

①用千斤顶直接张拉	
②用临时索将主梁前端拉起	
③用千斤顶将鞍座顶起	
④将主梁先架设在高于设计标高的位置	
⑤在膺架上将主梁前端向上顶起	

图 8-11 斜拉索的张拉方法

此法虽可省去大规模的机具设备，但仅靠临时钢索，有时很难满足主梁前端所需的上移量。因此常在最后还需用其他方法来补充斜索的拉力。所以此法较少采用。

(3) 用千斤顶将塔顶鞍座顶起的方法

安装塔顶鞍座时，先将鞍座放置在低于设计高度的位置上。待斜索引架到鞍座上之后，再用千斤顶将鞍座顶高到设计标高，由此使斜索得到所需的拉力。当斜索长度很大时，采用此法进行张拉，有时鞍座的顶高量达 2m 之多。

(4) 梁先架设在高于设计标高位置上的方法

主梁的架设标高，先高于设计位置，待全部斜索安装锚固后，再用放松千斤顶落梁，并由此使斜索中得到所需的拉力。

(5) 在膺架上将主梁前端向上顶起的方法

此法实际上与 (2) 法相似，仅仅是向上拉与向上顶的区别而已。但此法只适用于主梁可用膺架架设的斜拉桥。主梁前端在水面上时，也可采用浮吊，将主梁前端吊起或借助于驳船的浮力，完成此项使命的方法。当然也可以在驳船上将主梁前端顶高。

8.4.4 斜拉索索力的调整与控制

斜拉索的张拉一般可分为拉丝式（钢绞线夹片群锚）锚具张拉和拉锚式锚具张拉两种。其中拉锚式锚具张拉因施工操作方便及现插工作量较少等优点被更多地采用。根据设计要求及现场实际情况，有采用塔部一端张拉的，有采用梁部一端张拉的，也有采用塔、梁部两端张拉的，其中以塔部一端张拉使用最为广泛。

(1) 拉丝式夹片群锚钢绞线斜拉索的张拉

对于配装拉丝式夹片群锚锚具的钢绞线斜拉索，挂索时先要在拉索上方设置一根粗大钢缆作为辅助索。拉索的聚乙烯套管，先悬挂在辅助索上，然后逐根穿入钢绞线，用单根张拉的小型千斤顶，调好每根钢绞线的初应力，最后用群锚千斤顶整体张拉。新型的夹片群锚拉索锚具，第一阶段张拉使用拉丝方式，调索阶段使用拉锚方式。

(2) 拉锚式斜拉索的张拉

拉锚式斜拉索张拉均为整体张拉。根据目前的技术水平，国内外拉索锚具、千斤顶、拉索的设计吨位已达到"千吨"级水平。大吨位拉索整体张拉工艺已十分成熟。无论是一端张拉还是两端张拉，一般情况下都需在斜拉索端头接上张拉连接杆。之后使用大吨位穿心式千斤顶实施斜拉索的张拉调索。为方便施工，张拉杆大都采用分节接长，而非整根通长。拉锚式斜拉索张拉调索施工要点如下：

① 对张拉千斤顶和配套油泵进行标定。同时对预计的调整值划分级别，根据标定得出的张拉值和油表读数之间的直线关系，计算并列出每级张拉值和相应的油表读数。

② 对索力检测仪器进行标定。

③ 计算各级调整值，并列出相应的延伸量。

④ 作好索力检测和其他各种观测的准备工作。

⑤ 将张拉工具、设备一一就位。先将千斤顶撑架用手拉葫芦等固定在斜拉索锚固面上，然后将千斤顶用螺栓连接支撑在撑架上；将张拉杆穿过千斤顶和撑架，旋接在斜拉索锚头端，再将张拉杆上的后螺母从张拉杆尾端旋转穿进；将千斤顶与油泵用油管接好，开动油泵，使千斤顶活塞空升少许，如调索要求降低索力，可根据情况多升一定量；接着将后螺母旋至与活塞接触紧密。如调索是在斜拉索锚头还未被牵出锚固面的情况下进行，则上述过程已在牵索过程完成。如索力检测采用测量张拉杆拉力的方式，则应在张拉杆后螺母间安装穿心式压力传感器测量张拉力，需先将传感器从张拉杆后端插入，再将张拉杆后螺母旋入。

⑥ 按预定级别的相应张拉力，通过电动油泵进油或回油逐级调整索力。如果是降低索力，则先进油拉动斜拉索，使锚环能够松动，在旋开锚环后可回油使斜拉索索力降低。在调索过程中，如千斤顶达到行程允许伸长量，即可将斜拉索锚头的锚环旋紧，使其临时支承于锚固支承面上。这时千斤顶可回油并进行下一行程的张拉。如果调索是在斜拉索锚头还未牵出其锚固面的情况下进行，则临时锚固由叠撑在锚环上的张拉杆前螺母即两半边螺母承担临时锚固。

张拉调索过程中，应以检测、校核数据配合油表读数共同控制张拉力，并通过对结果的随时观测，防止不正常情况的发展。

(3) 斜拉索的索力量测

斜拉索的索力，是斜拉桥设计的一个重要参数，必须确保准确可靠。而采用可靠的索力量测手段及工具，是确保索力准确的根本。根据国内外多座斜拉桥的施工实践，目前比较常用且成熟的索力量测方法有压力表测定法、压力传感器测定法和频率振动法等三种。

① 压力表测定法：是利用张拉千斤顶的液压与张拉力之间的关系，通过测定张拉过程中的油压，而后换算成索力的一种索力测定方法。采用此法测定索力时，需使用 0.3～0.5 级精密压力表，使得压力表测定的索力精度达到 1%～2%。此法测量索力简单易行，是斜拉桥施工过程中，最为常用的一种索力测量方法。

② 压力传感器测定法：是在张拉连接杆套一个穿心式压力传感器。张拉时处在千斤顶和张拉螺母之间的传感器受压发出电讯号，在配套的二次仪表上读出千斤顶张拉力，从而得到索力值。采用此法精度较高，可达到 1% 以下，但价格比较昂贵，只能在特定条件下使用。

③ 频率振动法：是利用斜拉索振动频率和索力之间的关系，通过测定频率间接换算索力的办法量测索力。采用此法量测索力时，首先要根据不同工况及拉索相应的约束条件，准确设定拉索的计算长度。其次要准确测定拉索频率，特别是低阶频率。目前随着科技发展，测定拉索频率的电子仪器日趋成熟化，整套仪器

携带、安装都十分方便,测量结果也比较可信。故采用此法量测索力比较普遍。

8.4.5 斜拉索的防腐

斜拉索是斜拉桥的主要受力构件,全部布置在梁体外部,且处于高应力状态,对锈蚀比较敏感。它的防护质量,决定整个桥梁的安全和使用寿命。斜拉桥是按照超静定结构体系设计的,它虽能经受某单根拉索的突然损坏,但如果破坏是由于腐蚀引起的,那么锈蚀产生以后,则直接影响了钢丝的疲劳抗力。而力的进一步重分配,可能引起更多拉索的破坏,剩余拉索结构的整体性也会被损害。在此情况下结构有可能渐渐崩溃。因而,拉索防护有着十分重要的意义。

斜拉索防护可分为临时防护和永久防护两种。

(1) 临时防护

1) 钢丝或钢绞线从出厂到开始作永久防护的一段时间内,所需要的防护称为临时防护。国内目前采用的临时防护法一般是钢丝镀锌,即将钢丝纳入聚乙烯套管内,安装锚头密封后喷防护油,并充氨气,以及涂漆、涂油、涂沥青膏处理等。具体实施可根据防锈蚀效能、技术经济比较、设备条件及材料种类决定。

2) 通常在钢丝或钢绞线穿入套管前,每根钢丝或钢绞线应在水溶性防腐油中浸泡或喷一层防腐油剂。

3) 在临时防护中,镀锌钢丝的锌层应均匀连续,附着牢固,不允许有裂纹、斑痕和漏块。另外,不镀锌处理的钢丝,在贮存和加工期间应进行其他涂漆、涂油等临时防护措施。

(2) 永久防护

从拉索钢材下料到桥梁建成的长期使用期间,应做永久防护。永久防护应满足防锈蚀、耐日光曝晒、耐老化、耐高温、涂层坚韧、材料易得、价格低廉、生产工艺成熟、制作运输安装简便、更换容易等要求。永久防护包括内防护与外防护。内防护是直接防止拉索锈蚀,外防护是保护内防护材料不致流出、老化等。

内防护所用的材料一般有沥青砂、防锈脂、黄油、聚乙烯塑料泡沫和水泥浆等。外防护所用的材料有:聚氯乙烯管,其质较脆,抗冻和抗老化性能差,且易破裂失效;铝管则需注水泥浆,而水泥浆的碱性作用易使铝管腐蚀;钢管作外套时本身尚需防腐蚀且笨重;多层玻璃丝布缠包套,目前效果尚可,但价格高,施工繁琐。我国目前一般采用碳黑聚乙烯,在塑料挤出机中旋转挤包于拉索上而成的热挤索套防护拉索方法,即 PE 套管法。所用高密度聚乙烯(PE)与其他方法所用材料相比具备以下优点:

①在设计寿命期限内,能抵抗循环应力引起的疲劳;

②在聚乙烯树脂中加碳黑,能有效抵抗紫外线的侵蚀;

③与灌浆材料和钢材无化学反应;

④在运输、装卸、制造、安装和灌注时能抗损坏;

⑤能防止水、空气和其他腐蚀物质的入侵;
⑥徐变小;
⑦对周围环境有一定的适应性。

同时,黑色 PE 管的热膨胀系数大约是水泥浆和钢材的 6 倍。因此,为了控制温度变化,并减小可能导致 PE 管损坏的不均匀应力,通常在 PE 管上缠绕或嵌套一层浅色胶带或 PE 面层。采用热挤索套不象 PE 管压浆工艺那样,存在拉索钢丝早期锈蚀问题。它可在很短的时间内完成防腐、索套制作、拉索密封等工艺。

总之,拉索防护绝大多数是在生产制作的过程中完成的。与生产材料、工艺以及生产标准、管道等密切相关。故此,要做好拉索的防护工作,就必须严格控制好生产的各个环节、工序,以确保拉索的质量。

§8.5 悬索桥主缆的施工

8.5.1 缆索工程概要

(1) 准备工作

在架设缆索之前的准备工作有:安装塔顶吊机、塔顶主鞍座、支架副鞍座、散索鞍座以及包括各种绞车和转向设备等的驱动装置。

(2) 架设导索

导索是缆索工程中最先拉过江河(或海湾)的一根钢丝绳索,也是缆索工程中的第一道难关。一般架设导索有如下四种方法。

1) 海底拽拉法

较早时期的导索架设用的办法,是将导索从一岸塔底临时锚固;然后将装有导索索盘的船只驶往彼塔,并随时将导索放入水底,然后封闭航道,用两端塔顶的提升设备,将导索提升至塔顶,置入导轮组中,并引至两端锚碇后,再将导索的一端引入卷扬机筒上,另一端与拽拉索(主或副牵引索或无端牵引绳)相连。接着开动卷扬机,通过导索将拽拉索牵引过河。此时,若采用往复式拽拉系统,则拽拉索(主或副)与等候在此的牵引索(副或主)通过拽拉器相连。若采用环状无端牵引绳系统,则将牵引绳的两端绕过卷扬机,同时与导索相连,并将其牵拉过河,然后将两端连接形成环套的无端牵引绳。

2) 浮子法

如图 8-12(a)所示,将准备渡江(或海)的导索每隔一定距离装上一个浮子,使导索由浮子承重而不下沉水中。然后由曳船将导索的一端,从始发墩旁浮拖至需到达的墩旁,再由到达墩的塔顶垂挂下来的拉索直接拉到塔顶。此法在潮流速度缓慢、且无突出岩礁等障碍物时,是较为可靠的。日本的关门桥和因岛桥均采用此法。

3) 自由悬挂法

当桥位处水流较急时，采用浮子法会使水面上拖运的导索流散得较远，同时导索所受水流的冲击力也大，故导索所需截面也大。另外，当桥位附近有岩礁时，导索流散越远，它被挂阻于岩礁的可能性也越大，此时就可用自由悬挂法。如图8-12（b）所示，自由悬挂法是在桥台锚碇墩附近，设置可连续发送导索的一种装置。从此装置引拉出的导索，经过塔顶后其前端固定在曳船上。随着曳船横越水面，可使连续发送出来的导索不沉落到水中，并在始终保持悬挂状态下来完成导索的渡架。为提高安全度，有时还用重锤作平衡重，以调整导索在引拉过程中的拉力。

4) 直升飞机牵引法

日本明石海峡大桥采用直升机空中牵引架导索的方法获得成功。此法回避了通航及潮流条件的限制，由直升飞机直接从空中放索架设。导索垂度最低点，始终满足桥下通航净空。

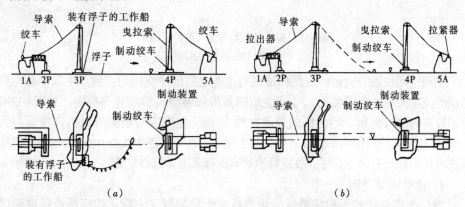

图 8-12 架设先导索的浮子法和自由悬挂法
(a) 浮子法；(b) 自由悬挂法

通常悬索桥两侧主缆的两根导索都用同法渡架。但当渡架作业较为困难时，也可只渡架一根导索；而另一根导索可直接在第一根完成后设法在高空横渡。

(3) 架设曳拉索及猫道

曳拉索是布置在两岸之间的一根环状无端头的钢丝绳索，可由两岸的驱动装置来使曳拉索走动，从而一来一往地引拉其他需要架设的缆索或钢丝。曳拉索架设完毕后，首先要架设猫道。所谓猫道，就是悬索桥架设施工中，为其空中架设的工作走道。它是主缆编制和架架必不可少的临时设施。每座悬索桥的施工，一般设有两个猫道。每个猫各供一侧主缆施工所需。因猫道是悬索桥施工的特有设备，下面加以简介。

1) 猫道的构造与布置

猫道由猫道承重索、猫道面层结构（包括栏杆立柱及扶手索等）、横向天桥及抗风索等组成。猫道承重索是猫道的承重构件。悬索桥的两侧猫道，各有若干根猫道承重索。猫道面层结构（包括横梁及面层）可以吊挂于猫道承重索之下，如旧金山—奥克兰海带桥。也可固接在猫道承重索之上，如日本关门桥及大鸣门桥等。

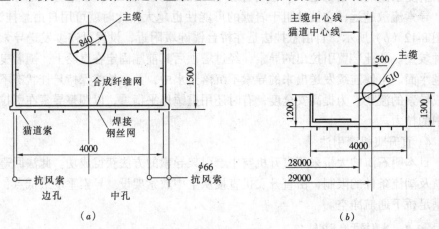

图 8-13 猫道截面与布置（单位：mm）
(a) 大鸣门桥；(b) 关门桥

猫道空间位置的决定，应使猫道面与主缆之间的净空均匀一致。主缆中心与猫道面的位置关系由主缆截面尺寸及主缆捆紧机和缠绕机的尺寸等决定。如图8-13所示，日本的关门桥和大鸣门桥的猫道宽均为4m。主缆中心距猫道面的高度分别为1.3m及1.5m。关门桥考虑作业方便，其主缆中心线与猫道中线有0.5m的偏心。但后来发现还不如没有偏心为好，故以后的悬索桥都采用无偏心布置。

2) 猫道面层结构

当每个猫道的若干根猫道索，由曳拉索引拉架设完之后，即可铺设猫道面层及架设横向天桥。横向天桥是沟通两个猫道之间的空中工作走道。它除了工作所需之外，还有增加猫道横向稳定的作用。

猫道面层结构包括横梁及面层铺料。面层铺料早期采用木板材，后来为了防火、减轻重量和阻风，以及施工方便和经济等原因，一般均改用在焊接钢丝网上再加铺合成纤维网或钢丝网布。焊接钢丝网钉在横木梁上，它已有足够的支承强度，但其孔眼尺寸对工作走道面来说过于粗大，故在它上面用小孔眼的网材覆盖以提供良好的走道面，并可防止小工具的掉落。

猫道面层结构，一般先将横木和面材预制成可折叠并能卷起的节段，然后由塔顶吊机将它吊到塔顶后，沿着猫道索逐节滑下。在下滑过程中，各节之间进行逐节连接，待全部铺到最后位置时，再将横木固定在猫道索上。然后，再在横木端部装上拦杆立柱，并在立柱上安装扶手索及栏杆横索等。为了架设主缆工作的需要，沿猫道相隔一定距离还设置有门式框架。在猫道面上还铺设有各种管路和照明系统。在两侧猫道之间的横向天桥也可和面层结构一起铺设。

3) 抗风索的布置

设置抗风索的目的是提高猫道的抗风稳定性，同时还可调整猫道的曲线形状。猫道的抗风体系除抗风索外，还包括连接猫道索与抗风索之间的垂直吊索或斜吊索。

为了减小猫道承重索的荷载，同时在某些通航的水域由于净空等限制不能布置抗风索，近期的发展趋势是在保证猫道抗风稳定性的条件下，不设抗风索。国内的厦门海沧大桥、重庆鹅公岩大桥等桥的猫道，都没有设置抗风索。

(4) 架设主缆

在猫道架设全部完成后，就可在猫道上正式开始架设主缆。主缆的架设方法目前有两种：一种为空中编缆法（简称 AS 法）含送丝、纺丝、纺线、架线之意；另一种为预制丝股法（简称 PS 法，也有简称 PWS 法），此为 Parallel Wire Strand 之意。这里，AS 法是以钢丝为单元，先在空中编成丝股，然后再由若干丝股组成主缆；PS 法则是以工厂预制成的股缆在空中组成主缆。

(5) 架吊索

主缆架设完毕，将猫道转载于主缆后，拆除抗风索，并在猫道上开始架设吊索。全桥主缆缠丝防护工作完成后，即可拆除猫道。至此，悬索桥的缆索工程遂告全部完成。

8.5.2 空中编缆 (AS) 法

用 AS 法架设主缆之前，先要在猫道上编制组成主缆的钢丝索股。然后，再将若干根钢丝索股捆紧扎成主缆。编制钢丝索股的施工步骤如下：

(1) 将出厂的成卷钢丝用钢丝连结器接长后，卷入专用卷筒运至悬索桥一端锚碇旁。

(2) 利用无端头的环形曳拉索，将接长的钢丝引拉到猫道上。引拉的方法是，将两个编丝轮分别连于环形曳拉索的两个分支上。当曳拉索受动力机驱动引拉作环状运动时，两个编丝轮即作一来一往的走动。编丝轮上带有绕挂钢丝的槽口，将置于桥两端的接长钢丝从卷筒中拉出，并绕挂在编丝轮的槽口内。此时，先将钢丝端头临时固定，然后由曳拉索带动一个编丝轮从桥的一头走到另一头。此编丝轮即在猫道上拉铺有 2 根钢丝。与此同时，另一编丝轮从另一头走到此一头，它也带来 2 根钢丝，故共拉铺有 4 根钢丝。如果每个编丝轮改单槽为双槽时，每走动一次拉铺的钢丝根数也加倍。当钢丝根数达到能组成一股钢丝股时，即可捆紧成股。当丝股数达到可以组成一根主缆的数量时，即可捆紧成主缆。

图 8-14 是维拉扎诺海峡桥（1298m，美国）主缆架设过程示意图。该桥每根由 61 股钢丝索股组成，每股有 428 根钢丝，共计有钢丝 26108 根。6 号镀锌钢丝的公称直径镀锌前为 4.87mm，镀锌后为 4.97mm，4 根主缆的钢丝总重为

282000kN。主缆挤紧后直径为89.6cm，每对两根主缆中至中间距为2.7m，两索对间距为31.3m。我国江阴长江公路大桥（1385m），每根主缆中跨为169股，每索股含127根镀锌高强（1600MPa）钢丝。

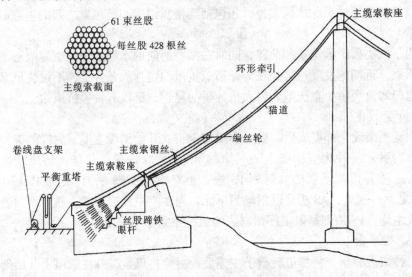

图 8-14　AS法送丝工艺示意图

一根索股的具体编制过程见图8-14。沿着主缆设计位置，从锚到锚，布置一无端环形牵引索，也称曳拉索。这无端环形牵引索，实际上就是将两牵引绳的端头互相连接起来，共同形成一从这岸到那岸的长绳圈，且在牵引索上安设有编丝轮。然后由一岸锚碇旁设置的卷丝筒中抽出一钢丝头，将其暂时固定在某梨形丝股蹄铁上（可编为1号），也称此为"死头"。继续将钢丝向外抽，将由此形成的钢丝套圈套在编丝轮的槽路上。由牵引机驱动牵引索，将编丝轮带着钢丝套圈送到对岸。这里，不断从卷筒放钢丝的一头称"活头"。当每套圈送到对岸锚碇时，将套圈从编丝轮上取下，并将其套到对应的梨形蹄铁上（相应编号为2）。与此同时，对岸的一组钢丝卷筒和编丝轮也同样带着一钢丝套圈过来，从而完成编号为3、4梨形蹄铁间的编股。随着牵引索的驱动，两编丝轮就这样不断将钢丝套圈"活头"抽出的丝，形成下一个套圈带到对岸，并套在对岸相应的梨形蹄铁上。当编丝轮这样走行几百次，在其套在两岸对应梨形蹄铁（如1、2号）上的丝数达到绳股钢丝的设计数目时，就将钢丝"活头"剪断，并将该"活头"同上述暂时固定的"死头"用钢丝连结器连起来。这样一根丝股的空中编制即告完成。

8.5.3　预制丝股法（PS法）

预制丝股法，是在工厂或桥址旁的预制场事先将钢丝预制成平行丝股，利用拽拉设施将其通过猫道拽拉架设。其主要工序为：丝股牵引架设→测调垂度→锚跨拉力调整。其与 AS 法比较，由于每次牵拉上猫道的是丝股而不是单根钢丝，故重量要大数倍，所需牵引能力也要大得多，一般采用全液压无级调速卷扬机。牵引方式则有门架支承的拽拉器和轨道小车两种。

无论采用何种方式，都必须在猫道上设导向滚轮，以支撑丝股并使其顺利前行。每丝股牵引完成后，即将其从滚轮上移入鞍座，然后调整主跨及边跨的垂度（调整应在夜间温度稳定时进行）。对中上层丝股，为观察其丝股垂度，需将其位置稍微抬高。调好后再落下。

至今我国所建的大跨度悬索桥，都是采用的预制平行丝股法架设，以下从丝股制造、架设施工、线形调整与控制等方面对该方法进行介绍。

8.5.3.1 平行丝股的制造

丝股制造前对原材料——高强钢丝、锚杯和合金填料、定型带等按设计的各项技术指标进行检验，应保证所提供的材料和构件是合格品。

根据各桥的具体情况，制定严格的生产工艺流程，并在生产过程中严格执行。图 8-15 所示为一般丝股制造的生产工艺流程图。

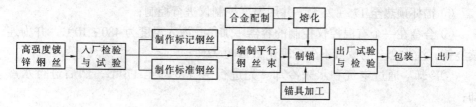

图 8-15 主缆丝股生产工艺流程

（1）标记丝制作

为了在架设主缆时检测平行钢丝束的扭曲，在平行钢丝束六角形截面的一顶点设置一根着色醒目的标记钢丝（采用涂漆工艺）。标记钢丝的制作长度，须与生产束股时钢丝的倍尺相匹配。

（2）标准丝制作

为了控制平行钢丝束的长度精度，在平行钢丝束六角形截面的另一顶点，设置一根标准钢丝。标准钢丝长度精度，一般要求不低于 1/15000。

标准钢丝的制作方法有两种，一是基线测长法；二是直流脉冲磁信号测长法。相对而言，磁信号测长法测长精度较基线测长法低，但基线测长法占地大、人员多。在我国制作的平行丝股中，为了保证标准钢丝的制作精度，都是采用基线测长法或分段基线测长法制作。

（3）平行钢丝束制作

1）工艺流程

其工艺流程为：放线→分丝→聚并→整形→矫直→绕包→颜色标记→牵引→

成盘。

在整个制束过程中,牵引是保证丝股长度精度的关键。生产厂家一般采用一套机械自动装置作牵引,在保证束股长度精度的同时,还解决了其与成盘之间速度同步的问题,及绕包时束股扭转的问题。

2) 制锚

主缆丝股通过热铸锚工艺,使平行钢丝束与锚具相固接。其原理是,依靠锌铜合金对钢丝的粘结力以及热铸料锥体锲入锚杯的共同作用达到锚固目的。合金成分的配比、钢丝表面的处理、合金浇铸时的温度及速度、合金的冷却方式与速度都会影响合金对钢丝的粘结力。因此,在制作时须严格按工艺规程操作。具体要点是:

① 锚杯内腔用清洗液清洗干净,并灌水测量容积;
② 用配制的清洗溶液去除钢丝表面的杂质和油污;
③ 钢丝穿入锚杯并固定,按工艺卡控制伸入锚杯的钢丝长度;
④ 锚杯与钢丝束用夹具垂直固定,并用角尺校正,钢丝束的轴线与锚杯的前表面成直角,其公差应小于 0.5;
⑤ 锚杯预热至 $175 \pm 25℃$,并用温度控制仪进行控制;
⑥ 合金在一个有温控仪控制的容器中加热;灌入温度为 $480 \pm 10℃$,并为连续浇铸,注入合金的数量不少于理论数量的 92%;
⑦ 冷却　通过空气和水来冷却。先进行空气冷却至 170℃,然后进行水冷却;
⑧ 反顶　进行反顶压检验。

主缆丝股热铸锚的锚固力,由锌铜合金的致密性和粘结力决定。而考核锌铜合金致密性的一项重要指标是合金铸入率。每个锚具的合金铸入率,是通过锚杯腔体注水法测定。用量杯灌水测量出锚杯的内腔容积,乘以锌铜合金的比重即为合金理论铸入重量,再称量合金浇包在铸入锚杯前后的重量差,即为合金的实际铸入量,由此得出锚具的合金铸入率。

8.5.3.2　丝股的架设

预制平行丝股法架设主缆的作业工序,如图 8-16 所示。

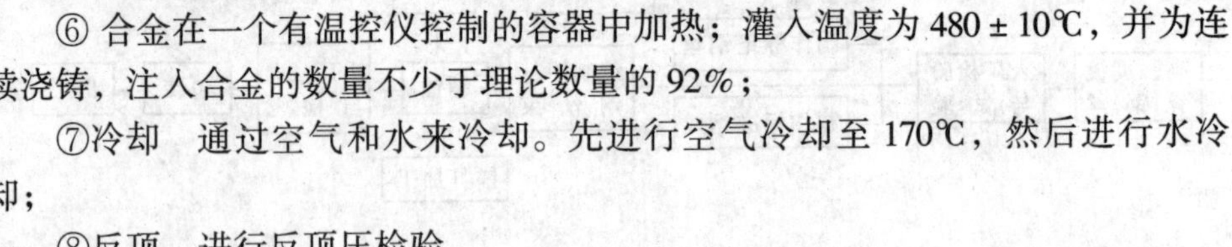

```
┌索股锚头引出─┬─把锚头连接在拽拉器上─┬─索股牵引─┬─索股前端到达西锚碇─┬─检查索股的扭曲并校正
├把前端锚头从拽拉器上卸下─┬─前端、后端锚头安装引入装置─┬─鞍座部位安装临时拽拉装置
├中跨上提横移─┬─边跨上提横移─┬─塔顶鞍座部分整形就位─┬─与固定侧塔顶标记对合
└散索鞍部分整形就位─┬─两端锚头引入、临时锚固─┬─确认向上的抬高量─┬─索股线形调整
```

图 8-16　主缆丝股架设作业的一般程序

§8.5 悬索桥主缆的施工

(1) 丝股牵引

架设 PPWS 索股的牵引系统，根据猫道承载装置的不同，可分为三种：架空索道牵引系统、轨道小车牵引系统和门架式牵引系统。

1) 门架式牵引系统

如图 8-17 所示。该系统除猫道滚筒外，还需在猫道上设置若干猫道门架（一般间距 40m 左右），并在猫道门架、塔顶门架、锚碇门架上，安装相应的门架导轮组。牵引索通过这些导轮组。牵引索上固接有拽拉器，通过牵引索带动拽拉器，穿过这些导轮作往复运动。索股前端锚头与拽拉器相连，使得索股前端约 30m 长的索股在空中运行，其余部分则支承在猫道滚筒上运行。这种索股拽拉系统，源于空中送丝法（AS 法），后来通过改进应用于平行丝股架设。

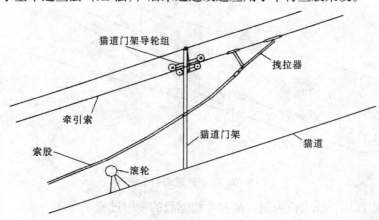

图 8-17 门架式牵引系统示意图

该系统具有技术要求高、系统结构复杂、自动化程度高、机加工件多、造价昂贵等特点。我国的虎门桥、厦门海沧桥及润扬大桥等桥的施工中，都采用了此种牵引法。

2) 轨道小车牵引系统

如图 8-18 所示，轨道小车丝股架设系统是针对架设预制平行丝股而设计的。它的牵引索运行于猫道滚筒上。小车运行于铺在猫道滚筒两边的轨道上。索股前端锚头置于小车上。小车与牵引索固接，通过卷扬机牵引，使牵引索带着小车在轨道上作反复运动。这种系统自丹麦首次采用以后，得到了进一步完善和发展，轨道由初期的木质轨道发展为采用钢丝绳作为小车运行轨道，大大提高了系统运行的可靠度。但该系统仍存在系统要求高、加工件偏多等缺点。

3) 架空索道牵引系统

架空索道牵引拽拉法与架空索道运输方式相同。承重绳载着运输小车将丝股前端锚头吊起一定的高度。牵引索与丝股前端锚头相连并运行于猫道滚筒上，如图 8-19 所示。我国的江阴长江大桥、丰都长江大桥的主缆架设采用了此种方法。

第 8 章 斜拉桥和悬索桥施工

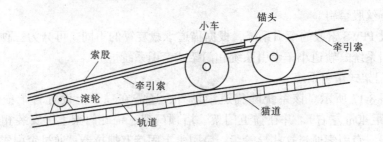

图 8-18 轨道小车牵引系统

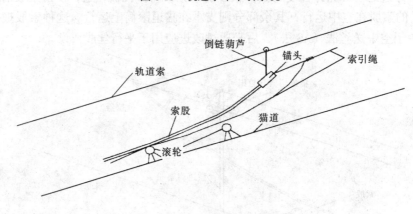

图 8-19 架空索道牵引系统

以下以江阴长江大桥为例,简要介绍丝股的牵引过程。

江阴大桥丝股的牵引方向由北(靖江)向南(江阴)。牵引开始前,将索盘吊上放索架,使放索架与刹车装置连接好。引出一定长度的索股,将前锚头装入承载架,利用北锚碇后部斜面中央的转臂吊机,配合一套 3t 短距牵引系统,使前锚头通过锚跨到达散索鞍后部,用设于该处钢结构下方的辅助设施,牵引锚头过散索鞍。将锚头承载架与 7.5t 主牵引系统连接,通过 2 台 7.5t 卷扬机的协作,经过在北塔顶、南塔顶、南散索鞍三次锚头重量的转移,前锚头到达南锚碇后墙,完成一根索股的牵引。

在猫道上,每隔约 60m 布置了一个主缆成形夹,如图 8-20 所示,其底部的形状与主缆断面相同,为六角形,在索股牵引完成并入鞍后置于成形夹内。一定编号的丝股,被固定在成形夹上,

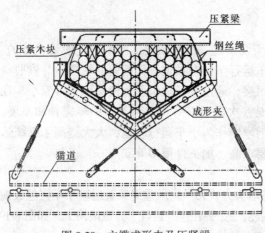

图 8-20 主缆成形夹及压紧梁

§8.5 悬索桥主缆的施工

以保证索股按照六角形排列。索股牵引时,将成形夹上方的联系梁与成形夹,用束紧钢丝绳箍紧在猫道上,以增加猫道刚度。调索时,放松束紧钢丝绳,使索股处于自由状态,便于调索。

(2) 索股提升、横移和入鞍

1) 索股提升和横移

牵引结束后,索股是位于猫道一侧的滚轮上。需要将其从滚轮上提起,并移至其正确的位置。该操作一般是通过设于塔顶及锚上的拽拉装置,或钢索张拉千斤顶来完成的。如江阴桥的索股提升过程如下:

① 在主鞍两侧,散索鞍之前各30m的地方,将索股局部整圆安装握索器;

② 将握索器连接到张拉千斤顶上,张拉使索股脱离滚轮;

③ 继续张拉,直到索股在每一跨的跨中,位于其最终水平高度的上方,呈"自由悬浮状态",3个跨度的张拉可同时进行,但主跨的张拉应比边跨先完成;

④ 利用鞍座处的倒链葫芦,将丝股提升横移至鞍座上方,准备入鞍。

2) 整形入鞍

预制平行丝股的外形,为保持其截面稳定性和排列密实,一般截面是正六边形。但在鞍座内为了排列最紧密和保持索股的位置,应将其丝股形状改为四边形。由六边形改为四边形的过程就是整形。只有在鞍座附近被改为四边形后,才能放入鞍座内。图8-21为虎门桥整形入鞍的过程。

丝股提起移到排放位置后,在索鞍区段内处于无应力状态下进行整形。目的是在索鞍前3m至索鞍后3m段,将正六边形的丝股整成矩形。散索鞍处整形方向,从锚跨向边跨方向进行。而主索鞍处整形方向,是从边跨向中跨前进。整形分为初整形和连续整形两个阶段。

初整形是用整形器在局部把正六边形的丝股整理成矩形丝股。

连续整形是用连续整形器,将用初整形器整成的局部矩形索股往前延伸,把

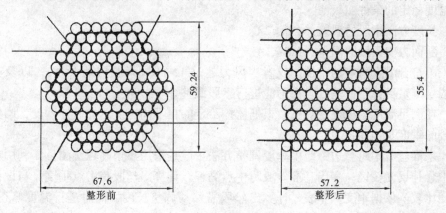

尺寸单位:mm

图 8-21 丝股整形

索鞍段索股全部整成矩形。

整形后进行入鞍。入鞍时，先主鞍，后散索鞍。在主鞍处，从边跨端向主跨方向进行；在散索鞍，从锚跨端向边跨方向进行。入鞍时要严格控制索股的着色丝在鞍槽中的位置，以防索股扭转。为防止已入鞍索股的侧向力使隔板变形，应在该索股的相邻鞍槽内填进锲形块。

入鞍后，索股高于其最终位置。一个桥塔处的索股标记，处在鞍座的中线上。而另一桥塔处索股标记向边跨偏离主鞍中线一定的距离。

(3) 丝股线形控制

为了使架设后的主缆线形与设计一致，必须在施工中对主缆的形成进行控制。主缆由基准丝股和非基准丝股组成。丝股线形控制，就是指丝股架设时，基准丝股的跨中绝对标高和非基准丝股的跨中相对标高及锚跨张力的控制。

基准丝股是非基准丝股调整的基础。因此，首先要选定和监控好基准丝股。基准丝股的选择原则是：丝股要处于相对自由状态，周围丝股对其干扰性最小；便于测量其他丝股；每根基准丝股，管理一定数量的非基准索股。丝股应分组以减少误差累积。

一般选择第一根丝股作为主缆的基准丝股，如果主缆中丝股数较多，或者根据施工需要，也可设置第二根甚至多根基准丝股。

丝股矢度的调整，一般选择在温度相对稳定、风力不大的夜间进行。调整前要事先进行外界气温和丝股温度的计测，一般桥的丝股调整时间选择在晚上12点到第二天凌晨6点，主要根据当地气候条件确定。温度对丝股的线形影响很大。如广东虎门大桥，中跨为±40mm/℃，边跨为±2.4mm/℃，线形调整前先要监测好温度。索股温度的测定用接触温度计，沿长度方向布置，一般是边跨1/2处、东、西塔顶处及中跨1/4、1/2、3/4处。沿断面方向布置为索股上缘、下缘的点。每隔5~10min同时读数一次，并注意不要让灯光直接照射索股。判定索股温度稳定的条件：

长度方向索股的温差：$\Delta T \leqslant 2℃$

断面方向索股的温差：$\Delta T \leqslant 1℃$

不符合温度稳定的条件，或者当风力超过12m/s（索股摆动太大），以及雾太浓（测量目标不清楚）时都不能进行索股调整。

在满足温度的稳定条件下，根据监控给定的在不同温度下的设计垂度，调整丝股的垂度及锚固张力。

基准丝股中跨与边跨跨中垂度调整方法一般是采用三角高程法测量。利用在跨中悬挂反光棱镜，测出基准丝股跨中点高程，计算出丝股跨中点垂度，与设计垂度比较。依据垂度调整表，计算出丝股需移动调整长度，同时进行温度修正，来进行垂度调整。

调整时，首先锚固一侧塔顶主索鞍鞍槽内的丝股（固定侧），适当放松另一塔主索鞍处的锚固点,利用倒链葫芦及专用夹具,调整中跨丝股长度。并用木榔头敲打索鞍附近的丝股,使丝股在鞍槽内滑动,直至调整好中跨丝股。为了加快调整速度,在进行中跨索股的垂度调整的同时调整靠丝股固定塔侧的边跨丝股的垂度。在中跨跨中垂度符合设计要求后,活动侧塔主索鞍处丝股锚固好,不产生移动,进行另一边跨丝股垂度调整,如图8-22所示。

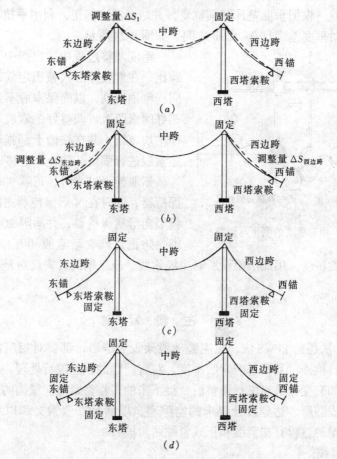

图8-22 丝股线形调整过程
(a);(b)边跨索股调整;(c)锚跨索股调整;(d)索股调整完毕

中边跨垂度调整好,然后调整锚跨拉力。施工中专用千斤顶顶压丝股锚头,通过松紧拉杆螺母使锚跨索股拉力达到设计要求。为了确保基准丝股拉力值的精度,一般还利用传感器及索力仪进行双重校核。

在稳定的温度时间内,多次观察索股垂度,并连续观察三个夜晚以上,确认基准丝股垂度稳定度达到要求。如观察中,因天气或其他原因引起变化,需重新调整直至达到设计要求。

在单根基准丝股的绝对垂度满足要求的同时要调整两根丝股的相对垂度。通过横向通道桥上设置的连通器水管，利用钢板尺测量水管内液面距基准丝股的高度，调整两根基准丝股的相对高差。

一般丝股的架设方法、垂度调整顺序同基准丝股。垂度调整方法，采用相对垂度调整法；在各跨垂度调整点，利用专用大型卡尺测出待调索股与基准索股之间相对垂度差。根据垂度差计算调整量，并结合温度修正，利用手拉葫芦纵移索股，直至相对垂度差满足 0~5mm 之间。如图 8-23 所示。

垂度调整过程中，根据中、边跨的垂跨比，在索股整形入鞍固定前，均进行不同程度预抬高，以确保索股不致于压在已调好的索股上。调整好的索股及时采用硬柞木块填压，并在鞍槽上部施以千斤顶反压索股进行固定，防止产生移动。

索股架设过半时，每隔 80m 设置 V 形保持器，同时在 V 形保持器之间，设置主缆竖向形状保持器，并间隔 20m 用麻绳捆绑，防止大风吹动索股相互撞击、摆动，

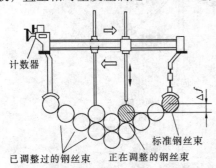

图 8-23 相对垂度的测量与调整

影响已调索股精度。用此法架设所有主缆索股，施工期间，需要对基准索股进行多次复测。

8.5.4 主缆紧缆

无论 AS 法还是 PPWS 法，在主缆丝股架设完毕后，都要对相应部位各丝股排列顺序进行检查，复测基准索股垂度，对有问题的钢丝进行处理，并全面复测锚跨拉力。如有变化适当进行调整后，接下来的工作是紧缆。紧缆的目的是为了使主缆压紧成圆形，达到设计要求的空隙率，以满足安装索夹和以后的长期防护。一般紧缆的过程有初紧缆和正式紧缆两阶段。

(1) 初紧缆

紧缆工作应在夜间气温稳定时段进行。利用手拉葫芦、千斤顶对主缆进行初整圆，同时拆除形状保持器、V 型保持器及捆绑绳。初紧缆按照先疏后密原则进行，每间距 5m 用临时钢带捆扎。在挤压过程中拆除表面缠包带，用大木锤敲打，直至主缆表面平顺。主缆初紧缆后的孔隙率，控制在 28%~30% 之间。

(2) 正式紧缆

初紧缆完成后，利用紧缆机进行正式紧缆。4 台紧缆机分别从两条主缆中跨跨中，向塔顶方向进行挤紧作业。首先由跨中一侧的两台紧缆机正式紧缆，紧至 5m 左右，另一侧两台紧缆机向已紧缆一侧回退至跨中的第一条钢带就位，开始紧缆。正式紧缆挤紧间距为 1.0m，每距 1m 打一标志点，并统一编号。当紧缆机

挤压蹄块挤压后,在紧靠挤压蹄处用打带机连续打两道3cm宽的镀锌钢带,对主缆进行捆扎。双钢带间距为5cm,这样钢带受力均匀。紧缆过程中测量主缆横径和竖径,计算出空隙率,与设计空隙率比较,使得空隙率符合要求。考虑主缆重力刚度影响,紧缆时通过液压系统适当调整6块挤压蹄块上下两块高度,克服打带后主缆直径回弹影响。由于主缆横径超过竖径对安装索夹产生影响,则采用特殊工装克服。当中跨正式紧缆完毕,移至边跨进行,紧缆顺序由锚跨向塔顶进行。紧缆过程中,靠近索鞍处挤压力较大。

8.5.5 索夹、吊索安装和缠丝

紧缆后,就可进行装索夹铸件的施工。由于每个索夹在主缆上位置处,主缆的斜度各不同,所以夹紧两半索夹所需螺栓数量亦不同。这样索夹铸件的长度也不相同。以下以维拉扎诺桥为例介绍索夹和吊索的安装。

该桥的索夹分为上下两半结构。下索夹从塔顶运送到在主缆上的安装位置后,安放在主缆索对上装有4小轮的框架小车上。框架设计为能装载136kN,并带有一台小型吊机和倒链滑车,能提升最重的索夹安装就位。小车由在主塔顶上的吊机装载,然后从主塔溜放至主缆的索夹安装处。小车的返回,是用安装在塔顶上的一台卷扬机拉回的。

为确定索夹在主缆上的准确位置,首先应在夜间温度均恒和主缆摇摆最小时准确确定主缆的竖向中心线,且测量时要解除主缆与猫道的连接,使其处于不受约束的状态。然后,沿主缆用测链测定,以准确定出索夹位置。

索夹螺栓的施拧分三个阶段。首先,所有螺栓初拧至498kN。以后随着架梁和载重增加,主缆伸长、钢丝在索夹压力下重新排列、镀锌层变形等,使螺栓初始轴力逐渐降低。在灌注桥面混凝土前应使每个螺栓轴力恢复到498kN。在上层桥面混凝土灌注完后,开始终拧。此时所有螺栓轴力拧紧至544kN±10%。

第一次和第二次拧紧后,与模型缆索中取得的试验结果相同。在拧紧后约3星期,达到稳定的螺栓轴力,很快降至初轴力的70%。终拧后,松弛的值是早期示值之半。

配装好索套的吊索,每根单独卷好,装在甲板式平底驳船上,拖运至其需安装位置下,系靠于那里的一艘铁驳上。吊索在平底驳甲板上摊开后,从猫道上的一台卷扬机放下一根钢丝绳,其端部系在吊索钢丝绳的中点。提升吊索的一端,并带着它的索套通过主缆夹箍槽口。当吊索的中心与索夹中心相吻合时,解掉提升绳。在主缆的中心线下2.1m处装上吊索夹紧器。

梁架设完成,主缆索力已达恒载拉力的75%,开始缠缆。及早缠缆可提前拆除猫道和加快随后的工序,并加快施工进度。

8台缠丝机,每台都是由2个可以开闭的钢环组成,打开是为着能越过索夹,闭合是为着缠缆。钢环是隔着圆弧形衬板而骑在主缆上。绕在环外的软钢

丝，被一由电动机驱动而迅速旋转的飞轮抽出，并且紧紧缠在主缆之外。

缠丝机沿主缆的前进，是靠支承在已包缠表面的压力支脚，及手动牵引器的一根拉绳牵引。其缠绕走向总是沿上坡向前进。这样也可用机器重量压紧包缠线。缠丝顺序，是先缠边跨，后缠中跨。

缠丝之前，要在主缆钢丝表面涂防护腻子。在缠丝过程中，应随时将挤出的腻子刮去。缠丝后还要进行索夹嵌缝。两个半索夹间顶部接缝，用一层麻絮嵌缝，再用铝绒盖顶。对底部接头，只从索夹铸件每端嵌缝至第一个螺栓，以利主缆的排水。嵌缝用人工和风动工具进行。

包缠的嵌缝完成后，在每个索夹处安装支柱及扶手钢丝绳。安装主缆的轮廓照明，及航空标志的电器设备。最后进行主缆油漆和猫道拆除。

§8.6 悬索桥加劲梁的架设

8.6.1 悬索桥加劲梁的架设方法

悬索桥加劲梁的架设方法按其推进方式分，主要有两种：（1）先从跨中节段开始，向两侧主塔方向推进，此例有旧金山-奥克兰海湾大桥、维拉扎诺海峡桥、小贝尔特桥等；（2）从主塔附近的节段开始，向跨中及桥台推进，此例有金门桥及日本本四连络线上的悬索桥等。我国近期施工的大跨度悬索桥，都是采用从跨中向两塔方向吊装的方式。

但无论采用哪种方法，均须考虑主缆变形对加劲梁线形的影响。故有条件时，应在施工前进行加劲梁施工架设的模型试验，或架设过程模拟计算。根据试验和计算资料，验证或修正架设工序。一般在架设中，为使加劲梁的线形能适应主缆变形，架上的各加劲梁节段之间不应马上作刚性连接，可在上弦先作铰结连接、而下弦暂不连接。待某一区段或全桥加劲梁吊装完毕，再作永久性连接。

图8-24为加劲梁从跨中向两侧主塔推进的施工步骤，一般分为下4个阶段：

（1）加劲梁从主跨中央开始架设，当加劲梁节段的重量逐段加于主缆时，梁的线形不断变化，所以，梁段间的连接仅作施工临时连接，以避免梁段的过分变形。

（2）边跨加劲梁开始架设，以减小塔顶水平位移。

（3）主塔处加劲梁段合拢。

（4）加劲梁所有接头封合。

此架设方法的优点是：靠近塔柱的梁段，是主缆在最终线形时就位的。这样，靠近塔柱的吊索索夹的最后夹紧，可推迟到塔顶处主缆仅留有很小永久角变阶段。所以能减小主缆内的次应力。

图8-25是加劲梁从主塔向跨中架设方法的施工步骤。可以看出，此法的施工步骤正好与图8-24相反。

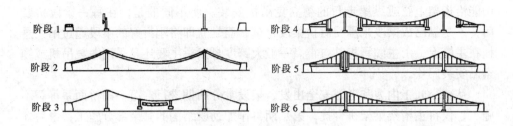

图 8-24　加劲梁由跨中向塔方向吊装推进图

这种架设方法，有利于施工操作和管理。这是因为此方法中施工操作和管理人员可以很方便地从塔墩到桥面，而且可很方便地在主跨和边跨之间往返。而图 8-24 所示方法中，工作人员必须通过狭窄的空中猫道才能到达主跨内已被架好的加劲梁段上。

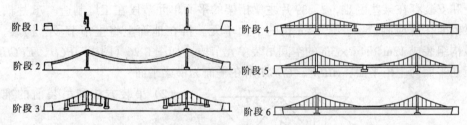

图 8-25　加劲梁由桥塔方向向跨中吊装推进图

如上所述，悬索桥加劲梁架设一大特点是：可以将其先架设完成的主缆作为一悬吊脚手。但这脚手架是柔性的，它的几何形状随着梁段的逐渐增加而不断改变。其情况是，当所架梁段不多时，梁段的上弦或上翼缘板相互挤压，而梁段的下弦或下翼缘板互相分离而出现"张口"，若过早使下弦或下翼缘板闭合，则梁段结构或连接就有可能因强度不够而破坏。因此悬索桥的加劲梁，要先作施工临时连接。

加劲梁梁段或杆件的吊装方式，主要分为 3 种形式：采用能沿桁架上弦或纵梁走行的德立克吊机安装、缆索吊机吊装和缆载吊机安装。前两种吊装方式是一般桥梁施工中常用的方式，后一种专用于大跨度悬索桥施工。其特点是，利用已架好的两条主缆为支承，将提升梁段用的设备固定于主缆上，进行垂直提升吊装。它的吊装和移动不能同时进行。缆载吊机提升的方式有两种：一种是利用卷扬机收卷钢丝绳，另一种是利用液压提升系统拉拔钢绞线。

下面按悬索桥加劲梁的两种主要结构形式：钢桁梁式和扁平钢箱梁式，介绍其架设施工的具体方法。

8.6.2　钢桁梁式加劲梁架设

悬索桥钢桁梁式加劲梁的架设方法，可采用一般钢桁梁架设的方法，即可采用能沿桁架上弦或纵梁走行的德立克吊机安装。所不同的是，在每一梁段拼装后，不是靠已成梁段来承受后拼梁段自重，而是立即将刚拼好的梁段通过吊索悬挂在主缆上，由主缆承担其自重。一般大跨度悬索桥主要还是采用缆载吊机或缆索吊安装。

从减小施工内力和考虑安全出发，架设常分两期进行。第一期桥面系等暂不施工，仅将主桁架梁架拼合拢，第二期再作加劲梁结构的其余部分施工，最后才浇注混凝土桥面。

下面以丰都悬索桥的施工架设为例，介绍其施工技术。

(1) 加工制造

该桥加劲梁采用平弦三角型桁架。主梁杆件断面为焊接 H 形，其宽度为 360mm，高度为 340mm 和 240mm，板厚为 12～16mm，材质为 16Mn。横梁桁架均位于吊索处，按 6m 间距设置，采用型钢组成的平面三角形桁架。考虑到工地制造和安装存在某些困难，2×39 片主梁桁架的平面单元节段在工厂制造。76 片横梁桁架在工地制造，作成 14m 长的平面单元。再在地面上将主桁节段、横梁、风构组装成 $12m\times14m\times3m$ 的空间吊装单元节段，如图 8-26（图中 *ABCD*、*EFGH* 所在平面为主桁平面，*ABEF*、*CDGH* 所在平面为横梁平面）。

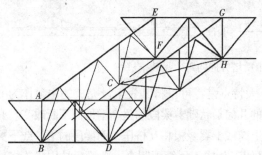

图 8-26 加劲梁的吊装节段单元示意图

(2) 吊装方法和吊装前的准备

丰都悬索桥采用空间吊装单元节段进行吊装架设。其吊装重量比较轻，因此施工中采用了一套吊重为 30t 的缆索吊机，进行起吊与运输。

该桥采用从跨中向两侧桥塔方向架设加劲梁的施工顺序，吊装前须做好如下的施工准备工作：

对索道、卷扬机等进行全面检查，使其处于良好的工作状态；测定主缆跨中垂度、塔顶偏移量、主鞍后移位置、两塔间跨度，并在塔顶标定主鞍的设计位置；将锚道钢绳固定约束解除，吊挂在主缆上，并拆除两侧猫道间的横通道；测量吊索长度，调整主桁架上的吊耳调节螺栓后再将吊索与主缆索夹相连；根据悬索桥主缆的受力特性，在加劲梁架设过程中应分阶段将主鞍顶推到设计位置，故在其吊装前需检查顶推装置是否处于良好的工作状态等。

(3) 加劲梁空间单元节段的吊装

空间单元节段采用缆索吊机进行吊装。4 根 $\phi55$ 密封式主绳，根据吊重情况和施工需要，既可联合作业，又可分开作业。缆索吊机用 2 台 10t 卷扬机作牵引，用 2 台 8t 卷扬机作起重。吊装加劲梁施工步骤如下：

§8.6 悬索桥加劲梁的架设

1）将两组索的索鞍移至与桥中线相距6m处，即两组主索相距12m。

2）吊点选择在加劲梁横梁上，共4个吊点。并设防滑拉索、千斤索与10t链条葫芦。将卸扣与专用吊具相连。吊具与钢横梁接触面填以木板，防止钢梁防护面漆受到损坏。

3）将加劲梁从存放场运至丰都岸桥塔下面。在加劲梁主桁架上，安装与吊杆相连的吊耳，并调节其上的两根螺栓，确定吊杆所需长度。

4）将中跨空间单元节段，由丰都岸经缆索吊机吊运到桥的跨中后，进行四根吊杆的安装。中跨空间单元节段安装后，向两塔对称地拼装其他空间节段。由于安装跨中节段时，主缆设有对拉绳所以在吊装其他节段时必须将其提升，超过主缆高程，再送到适当位置与已安装好的单元节段对接。拼至距桥塔尚剩两个节段时，应先吊装支座节段，并用钢丝绳将支座节段固定牢固。最后吊装合拢节段，并用普通螺栓将合拢与支座节段及已安装好的相邻节段进行销连接。

(4) 车道板、人行道板的安装及铺装层预压

1）安装顺序

根据该桥钢桁梁的特殊性及工艺要求，并考虑钢桁梁及桥塔的受力情况，安装顺序为：先由两岸向跨中对称架设车道板中间两线，然后对称架设车道板边上两线及人行道板。

2）施工

预制现场采用25t汽车吊吊车道板。汽车运输至索道下，高架索道吊运就位安装。首先以高强螺栓连接端横梁主桁架，并用汽车吊安齐车道板，以便汽车能上桥及高架索道能吊板。然后按安装顺序，吊装车道板就位。

车道板吊运就位后，按顺序吊运人行道板就位。为防桁梁风构焊接时损伤氯丁橡胶块，人行道板采取间隔吊装，即焊接风构处的人行道板不就位，待焊完风构后，补铺橡胶块并补吊就位。

3）桥面预压

主桥车道板、人行道板吊装完毕，用25t汽车吊来回碾压车道板，仔细检查车道板的平稳性并矫正不平稳、翘角的板。根据桥面设计铺装层厚度，以及实测桥面板吊运完后的主缆垂度，在每段钢桁梁上、下游侧用碎石、砂等施以加载预压，使桥面线型尽量接近设计，以便进行钢桁梁的最终栓结。

(5) 加劲梁的最终栓结

加劲梁的最终栓结为：用摩擦型高强螺栓连接，代替普通螺栓销连接。

栓结从跨中向两侧桥塔逐段顺序进行。逐步拆除普通螺栓，用冲钉将被栓结的主梁上、下弦杆就位。穿入高强螺栓后，用定扭矩扳手，按50%的扭矩实施初拧。然后再用专用电动扳手进行终拧。剪断梅花头后终拧完成。

以上工作完成后，进行桥面铺装和结构防腐等处理。

8.6.3 扁平流线形钢箱梁式加劲梁架设

加劲梁采用扁平流线形钢箱梁，其合理架设方法是梁节段提升法。这种施工方法，在博斯普鲁斯桥和小贝尔特桥的架设中，都得到应用。下面以我国厦门海沧大桥加劲梁施工架设为例，简要介绍流线形钢箱梁式加劲梁的架设。

(1) 桥梁概况

海沧大桥主桥，为 230m + 648m + 230m 三跨连续流线形扁平钢箱加劲梁悬索桥。全桥由 94 段钢箱梁组成。中跨有 54 段钢箱梁，其中标准梁段 51 段，梁段长为 12.0m；非标准梁段 3 段，分别为中跨跨中梁段 1 段，梁长为 11.0m 和东、西塔根部梁段各 1 段，梁长为 9.0m；边跨有 19 段钢箱梁，其中标准梁段 15 段，梁长为 12.0m 和东西塔根部梁段各 1 段，梁长为 9.0m，锚碇区梁段 3 段，梁长分别为 11.5m、12.0m、12.0m；东、西塔柱下横梁顶有 2 段钢箱梁，梁长为 7.0m。

标准梁段重为 157.5t，其余梁段最大重达 206.6t，最轻梁段重为 127.4t。梁段划分如图 8-27 所示。

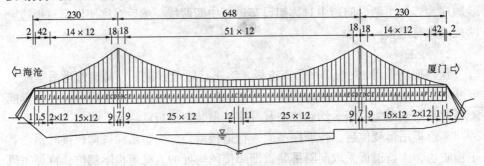

图 8-27 海沧大桥梁段划分图

加劲钢箱梁为单箱单室结构。桥轴线处梁内净高 3.0m，桥面板为 2% 的双向横坡，梁宽 36.60m。每段钢箱梁上均设有 4 个临时吊点，临时吊点顺桥向间距随梁段类型不同而变化，基本间距为 6.0m。横桥向间距为 28.80m。除塔根部 B、D 梁段，锚碇区 H、K、J 梁段外，每段钢箱梁上设有两个永久吊点。钢箱梁顺桥向每 3.0m 处设置一道横隔板（设人洞、管线孔），在索塔区 B、D、G、E 梁段长度约 72.0m 范围内，及锚碇区 F、J、I、K、H 梁段长度约 59.0m 范围内，均对称设置两道纵隔板。

全桥共配备 4 台缆载吊机，吊装钢箱梁，每台缆载吊机起重能力 1900kN。配置 2 台牵引力为 200kN 的起重卷扬机，并在塔顶门架上设置 50kN 的牵引卷扬机。

(2) 钢箱梁吊装顺序

如图 8-28 所示，海沧大桥钢箱梁的吊装顺序是：首先从中跨跨中向两塔柱方向，对称架设跨中11对梁段；然后分别从边跨（锚碇区H、K、I及边跨合拢梁段J、F暂不架设）和中跨对称向索塔方向架设；待架设完塔根部的G梁段后，先架设塔柱横梁上的B梁段，并将B梁段向中跨侧预偏20cm；然后架设边跨侧的D梁段，恢复B梁段预偏，并将整个边跨箱梁向锚碇方向预偏20cm；再吊装中跨侧D梁段，并恢复边跨钢箱梁的预偏；对塔根部区的G、D、B、D、G梁段进行必要的线型调整后，焊接G、D、B、D、G梁段之间的焊缝；然后，吊装锚碇区H、K、J梁段，并向锚碇方向预偏50cm；最后依次吊装边跨F、J合拢梁段，在吊装合拢梁段J之后，恢复H、K、I的预偏；对锚碇区的H、K、I、J、F梁段进行必要的线形调整；符合设计要求后，焊接各梁段之间的焊缝。

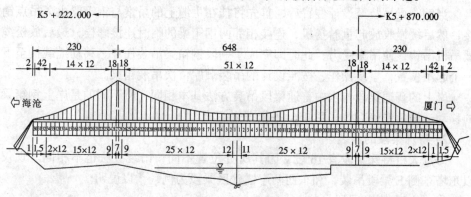

图8-28 加劲梁吊装顺序编号

(3) 钢箱梁的存放、运输

海沧大桥钢箱梁在武汉制造，通过海运运抵施工工地。为克服长江航道及沿途水文、天气、大风等影响，在桥址处码头上，专门清理出一块场地存放钢箱梁，以便使钢箱梁能够提前进场，最大程度地减小因运输风险造成的工期延误。

钢箱梁运输共分为12船次，每次运输8个梁段，高峰期有2条驳船参与运输。每条驳船可运载8段箱梁，在钢箱梁吊装开始前，已运到工地64段箱梁，根据钢箱梁吊装的先后顺序，摆放在码头场地内。

钢箱梁岸上采用256t平板车运输，水中采用1000t驳船运输，并由2000kN浮吊配合装卸。

(4) 钢箱梁吊装工艺

全桥的94段钢箱梁，位于塔根部区的B、D梁段，东塔东侧植物油管上方的G梁段，铁路上方的E、A梁段，锚碇区的H、K、I、J梁段以及东塔西侧码头边缘的A梁段，均不能用车或驳船运输至垂直起吊位置，称做特殊梁段；其余的梁段都可以利用车或船直接运抵吊点之下，直接由缆载吊机垂直起吊安装，称为普通梁段。

1) 普通梁段吊装

普通钢箱梁计78段,其中中跨有46段在水中吊装;西边跨有5段在水中吊装,有11段在栈桥上吊装;其余的16段均在岸上吊装。

水中钢箱梁在码头用2000kN浮吊运至运输驳船上,利用拖轮协助将运梁驳船拖至吊点处定位船附近。定位船抛首尾八字锚,以帮助运输驳船定位。此时,缆载吊机已经移动至起吊箱梁正上方,并放下起重吊钩,根据缆载吊机吊钩位置,收放定位船锚绳,对钢箱梁进行精确定位,并用销轴将钢箱梁临时吊点与缆载吊机起重扁担梁销接。经检查符合安全吊装要求后,同时启动起重卷扬机,使钢箱梁缓慢离开驳船。并利用架在岸边的仪器观察钢箱梁是否水平,以便随时调整两台卷扬机的运行速度,使得缆载吊机两吊点均匀受力。

当钢箱梁吊装至设计位置后,首先将挂在主缆上的吊索与钢箱梁永久吊点销接,然后缓慢收放起重卷扬机,连接相邻两钢箱梁的临时连接螺栓,最后放松缆载吊机吊钩,使吊索受力,此时即完成了一段钢箱梁吊装任务。移动缆载机至下一个起吊位置,重复操作,按照设计的吊装顺序依次吊装箱梁。

岸上的普通梁段与水中普通梁段吊装方法基本相同,所不同的是岸上钢箱梁的移动运输、精确对位采用256t平板车来完成。

2) 特殊梁段的吊装

海沧大桥特殊梁段有16段,因其所处位置不同,吊装方法也不相同。现仅以东塔东侧E梁段吊装,和东西两岸锚碇区梁段为例,予以说明。

① 东塔东侧G梁段吊装

G梁段长为12.0m,重量181.8t,合拢时理论位置位于东塔东侧植物油管上方。受油管影响,不能垂直起吊安装,G梁段需荡移4.7m。利用缆载吊机由西向东斜拉起吊;为防止钢箱梁起吊时撞击油管,利用码头上的系缆桩做反力点,通过卷扬机滑车组组成反拉系统,控制G梁段的吊装位置,使得G梁段斜拉起吊平稳,边收紧起卷扬机,边放松反拉卷扬机,以钢箱梁东侧端面不碰植物油管道为原则。直至G梁段底面高于植物油管一定高度,完全放松反拉卷扬机,G梁段在自重作用下逐渐摆移至垂直位置,再次垂直提升,使G梁段达到设计位置,并与其相邻梁段临时连接(见图8-29)。

② 东西岸锚碇区梁段吊装

东西岸锚碇区的H、K、I梁段靠近锚碇,属无吊索梁段,且箱梁顶面标高高于主缆,缆载吊机无法进行垂直起吊安装。采用活动支架配合固定支架法架设。

固定支架和活动支架,用万能杆件及$\phi 900$钢管拼装。支架高度约50m(见图8-30),其顶面对应于钢箱梁支撑线位置处设置滑槽,以方便钢箱梁沿支架顶面纵移。

活动支架纵桥向长度为14.0m,位于合拢梁段正下方,在进行锚碇区梁段架设时,缆载吊机位于J梁段理论重心位置。

当缆载吊机完成塔根部梁段吊装并协助调整线型完成后,由焊接单位完成塔

§8.6 悬索桥加劲梁的架设 251

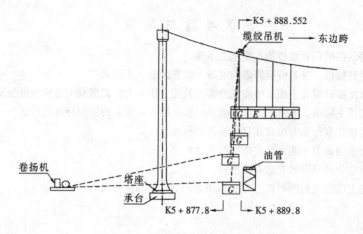

图 8-29 东边跨 G 梁段吊装示意图

根部梁段焊缝焊接任务。边跨缆载吊机待塔根部段焊接完成后，向锚碇区行走，并停置在 J 梁上方固定，准备进行锚碇区梁段吊装。

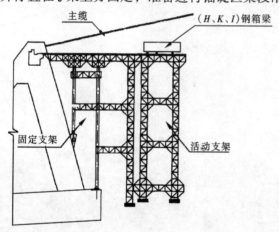

图 8-30 锚碇区的钢支架示意图

按照设计吊装顺序，先进行锚碇区 H 梁段架设。此时将活动支架沿横桥向轨道移开，并沿纵桥向将钢箱梁运输至缆载吊机起吊位置，利用缆载吊机垂直提升 H 梁段，直至使 H 梁段底面高于活动支架顶面滑道位置时停机。然后将活动支架移回设计位置，并与固定支架对接，在滑道上对应于 H 梁段支撑点位置处安装重物移位器，缓慢放松缆载吊机，使 H 梁段平稳落在活动支架顶部的

移位器上。解除缆载吊机吊钩，利用设在锚碇横梁上的卷扬机牵拉 H 梁段，使其沿固定滑道向锚碇方向纵移，移到其设计合拢位置。锚碇区的另几个梁段均采用类似方法架设。

当完成锚碇区梁段架设后，再进行边跨 J、F 合拢梁段架设。该梁段可垂直提升就位。待全桥合拢后，利用千斤顶配合，调整锚碇区各梁段的坡度，达到设计要求后，进行焊接作业。至此即完成了锚碇区梁段架设。

利用缆载吊机架设加劲梁段的方法很多，可根据具体的地形和交通运输情况，采用垂直起吊、荡移和支架平移等多种手段。施工中还可创造出更多的施工方法。

思 考 题 与 习 题

1. 简述斜拉桥和悬索桥的主要施工步骤。
2. 简述斜拉桥、悬索桥钢桥塔和混凝土桥塔的施工方法。
3. 悬索桥锚碇混凝土施工中应注意哪些问题？作为大体积混凝土怎样进行温度控制？
4. 斜拉桥主梁施工的常用方法有哪些？斜拉桥主梁施工的主要特点是什么？
5. 斜拉桥拉索行架方法和张拉方法各有哪些？
6. 斜拉索的索力量测的主要方法有哪些？
7. 悬索桥架设导索的方法有哪些？
8. 简述主缆架设的两种施工方法和加劲梁架设的两种方法。

第9章 钢桥制造及安装

钢桥施工一般由两个阶段组成，即先在工厂将钢材加工制造成构件，再运往桥位工地进行架设安装。

§9.1 钢构件的制作

钢桥构件的制作主要包括下列工艺过程：钢材矫正、放样、加工切割、再矫正、制孔、边缘加工、组装、焊接（或铆接）、构件矫正、栓接摩擦面加工、试拼装、除锈涂漆、包装发送等。

9.1.1 钢材和零部件矫正

钢材由于轧制后冷却不均匀和长途运输、装卸、堆放的影响，常会产生弯曲翘曲和波浪等变形。零部件切割后，有时也会发生变形，必须进行矫正。

对于弯扭程度不大的变形，可由手锤修整。大程度的弯扭和翘曲，常采用钢板整平机矫正，如图9-1所示。对型钢弯扭的调直及外形矫正，可采用型钢矫正机进行，如图9-2所示。

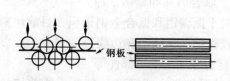
图9-1 钢板整平机

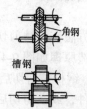
图9-2 型钢矫正机

较宽的扁钢或切割后呈马刀形弯曲的料件，也可用火焰矫正法调直，如图9-3所示。但实践证明，热矫正的效率低，而且温度难以掌握。一般火焰的矫正温度应控制在600～800℃，若温度低于600℃，则钢料会产生加工硬化和残余应力。而当温度高于800℃，则钢料的组织及各项性能，将会产生不利的改变。所以，在机具条件许可的情况下，宜尽量采用机械矫正方法。

主要受力零件进行冷作弯曲时，其内侧弯曲半径不得小于板厚的15倍，否则必须热煨。热煨的温度应控制在600～800℃之间。

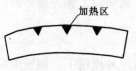
图9-3 火焰调直

零件矫正允许偏差，应符合有关规范的要求。

9.1.2 料件放样及加工

(1) 作样

根据结构施工详图用薄钢板、小角钢做成样板和样条，用以在钢料上标出切割线及栓（钉）孔的位置。制作样板样条的工作称为作样。

对于钢桥结构的次要部分，如人行道及检查设备，常用样板号料及号孔。例如人行道的节点板，可用样板划出它的外轮廓切割线及标出栓孔的位置。而对于钢桥的主要部分，如主桁、联结系等，要求较精确的工地栓孔位置，一般采用机器样板钻制栓孔。这样在制作的样板上就不必标出栓孔的位置。例如主桁架的节点板即是如此。

对于较长的角钢、槽钢及钢板，宜用样条号料及号孔。型钢号料有时也可用称为样杆的小角钢进行。

(2) 号料及号孔

利用样板或样条，在钢料上将零件的切割线划出，这种工作称为号料。利用样板或样条，用样冲在钢料上打上冲点，表示栓（钉）孔的位置，这种工作称为号孔。如果采用机器样板，则不必进行号孔。

在钢桥制造中，已开始利用电子计算机自动画图放样，先将图形数值化，使用自动制图机、自动样杆制作机、自动画线机一次完成放样。若配以自动气割机，则可同时完成切割工序。

(3) 切割

钢料的切割方法有机械剪切、气割、联合剪冲和锯切多种。

剪切机的构造原理如图9-4所示。对于低碳钢和低合金钢钢板，目前切割厚度在20mm以下。钢材被剪切后，边缘较粗糙，有翘边和边缘冷硬现象，所以只适用于次要零部件，或在剪切后需要进行边缘加工的零部件等。

气割用于切割一般剪切机不能剪切的厚钢板，或因形状复杂不能剪切的板件。按操作方法划分气割可分为手工气割、自动或半自动气割和数控气割。按精密程度分有一般气割和精密气割。半自动气割主要用于低、中碳钢板，进行直线、弧线或圆形切割。一般经气割后的钢板边缘，可不必再加工。

联合剪冲用于角钢的剪切。目前，联合剪冲机可剪切的最大角钢为 L125×12。

锯切主要用于切割槽钢工字钢、管材和大尺寸角钢。锯切的工具为圆锯机。

(4) 制孔

制孔的成孔方法有冲孔、钻孔和扩孔3种。

①冲孔。冲模和冲头配合，用机械或油压，将冲头通过冲模压下，钢板板面受压剪而成孔称为冲孔法。冲孔法一般只用于板厚小于12mm的次要构件。若冲

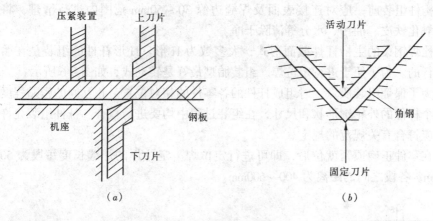

图9-4 剪切机切割钢板

孔后再扩孔,则可用于板厚16mm的钢板。

②钻孔。用一种合金工具钢制造的钻头,通过旋转和轴向前进,在钢板或型钢上成孔称为钻孔法。在钢桥制造中,多用移动式旋臂钻床。目前,已生产出有多种通用或专用的数控钻床。

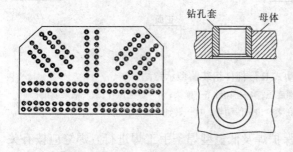

图9-5 覆盖式机器样板及钻孔套

为了省去号孔工作、提高效率和保证制孔精度,在钢梁制造中广泛采用机器样板制孔。

机器样板是在厚12～20mm的钢板上,按照孔眼的设计位置,精确的嵌入经过渗碳淬火处理的钢质钻孔套。钻孔套是旋制的,硬度比钻头大2～3洛氏硬度级。钻孔套直径公差只有±0.05mm,孔心距公差为±0.25mm。钻孔时将机器样板覆盖在要加工的部件上,用卡具夹紧,钻头即通过钻孔套钻制加工部件上的安装孔。图9-5为主桁节点板用的机器样板。

钻孔时可将几块板材与覆盖式机器样板一同卡牢,然后用摇臂钻床一次在钻孔套内套钻钻透各层。

用数控坐标式钻床钻孔可达到很高的精度,也可使工字形杆件的工地栓孔一次钻成。

③扩孔。组装件可预钻小孔,组装后进行扩钻,预钻孔径至少应较设计孔径小3mm。

(5) 组装与焊接

组装是按图纸把制备完成的半成品或零件拼装成部件、构件的工序。

构件组装前,应对连接表面及焊缝边缘 30~50mm 范围内进行清理,将铁锈、氧化铁皮、油污、水分等清除干净。

栓焊钢梁的主桁杆件截面形式,大多数为 H 形。H 形杆件的组装是在胎型上进行的。为了便于进行定位焊,组装胎型最好是转动式,如图 9-6 所示。

为了保证组装质量,对组成杆件的各零件的相对位置、相互间的密贴程度以及整个杆件的外轮廓形状和尺寸,在组装过程中均要进行检查。杆件组装允许偏差,应符合有关规范的规定。

在零件正确顶紧就位后,即可进行定位焊。定位焊的焊缝长度每段为 50~100mm。各段之间的距离为 400~600mm。

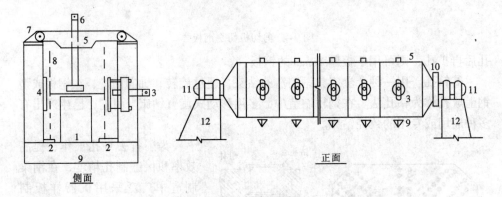

图 9-6 转动式 H 形杆件组装胎型示意图
1—水平板座;2—竖板座;3—三杆螺旋顶;4—挡板;5—横梁;6—螺栓顶杆;7—横梁插销;
8—工形杆件;9—底梁;10—传动轮;11—转轴;12—台座

焊接可用埋弧焊、CO_2 气体保护焊及低氢型焊条手工焊进行。焊缝应按有关规范进行质量检查。经外观检查合格的焊缝,在 24h 后方能进行无损检验。用射线和超声波两种方法检验的焊缝,必须达到各自的质量要求,该焊缝方可认为合格。

9.1.3 试装、厂内涂装和装运

(1) 试装

钢梁的某些部件,由于运输和架设能力的限制,必须在工地进行拼装。运往工地的各种部件,在出厂前应进行试拼装,以验证工艺装备是否精确可靠。厂内试拼装可按主桁、桥面系、桥门架及平纵联四个平面进行。试拼装时,钢梁主要尺寸如桁高、跨度、上拱度、主桁间距等的精度,应满足有关规定的要求。对于所有工地栓孔,其孔眼应有 95% 能自由通过较设计孔径小 0.5mm 的试孔器。全部孔眼应能自由通过较设计孔径小 0.75mm 的试孔器。

凡新设计的以及改变工艺装备后制造的钢梁,均应进行试拼装,对成批连续

生产的钢梁，一般可每10~20孔试拼装一次。

(2) 厂内涂装

钢桥必须涂装使钢材表面与大气隔绝以防锈蚀。厂内涂装大多数为底漆，待杆件运到工地架设安装后再涂面漆。

厂内涂装应按规定的表面处理方法，进行防锈去污。但对于栓焊梁杆件，防锈处理应不致使工地安装孔部位的摩擦系数降低。除锈的方法有酸洗、人工喷铁丸（砂）及机械抛丸等。

(3) 装运

底层油漆涂完后，杆件应标注编号，连同钢桥施工图、拼装简图、发送杆件表及螺栓一并发往工地。发送构件的每件重量，不得超过铁路1节车辆或公路1辆拖板车或货轮所能承受的荷重。否则应采取措施。对铁路运输应按《铁路超限货物运输规程》办理。

构件的尺寸长度、高度和宽度，均不得超过铁路公路或货轮的有关规定。

§9.2 钢梁架设的基本作业

钢梁架设的基本作业包括：钢梁构件的存储、预拼、栓合、顶落梁、墩面移梁、临时支座设置和钢梁定位及支座安装等。

9.2.1 构件存储

钢梁构件从工厂运到工地后，在拼装之前应有供存储用的场地。该场地的位置应尽可能接近桥址，其面积可根据构件大小、数量、存放时间、装卸机具等确定。一般可按每吨钢材堆存面积$1~2m^2$考虑。场地四周应排水良好，并位于汛期水位以上。

存放构件的地面应略加平整，并适当压实，然后按存放构件的布置图安放垫木，将到达工地的构件对号入座存放。

吊卸构件的机械，可用轨行吊机或龙门吊机。图9-7给出某桥存梁场地布置示意图。

9.2.2 构件预拼

将部分构件先在地面拼装成1个吊装单元，然后运往架梁工地组拼，称为构件预拼。预拼的目的是为了减少拼装钢梁时的高空作业，减少吊装次数，把能在地面上进行的工作尽量在预拼场内完成，以便加快施工速度。预拼场和构件存放场一般应合并布置。

构件预拼对于主桁弦杆，一般是将大节点板预拼在弦杆上，下弦节点板可成对地预拼在下弦节点上。而上弦节点板为便于在桥上组装起见，可将其中一块附

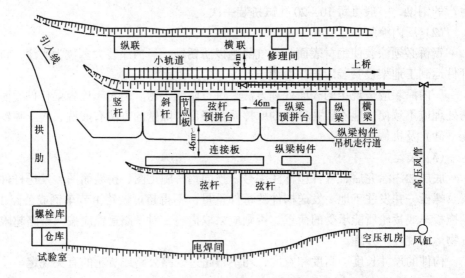

图 9-7 某桥存梁场地布置示意

在弦杆上,另一块附在竖杆上。对于竖杆预拼,若为菱形桁架,可将竖杆上下两部分与中间部分节点板预拼成一整体单元;三角形桁架时,如前述竖杆与上弦相连接的小节点,可预拼一块节点板,另一块不拼。杆件的腹板上端边距 60mm 处可钻 $\phi 32$ 孔一个,以便起吊。

两根纵梁可用联结系预拼成整体。横梁上一般只预拼连接角钢。上平纵联斜杆与中间的连接板应拼成一个单元,而两根短杆宜只连一个螺栓,以便装运。下平纵联杆件视纵梁安装的先后,或预拼或分件安装。

预拼工作一般都在台座上进行。预拼台座大都按上弦、下弦、竖杆、纵梁、横梁、联结系等分别设置。台座结构为钢马凳、浆砌片石垛或混凝土垛等。

9.2.3 栓 合

高强度螺栓的工作原理是,通过拧紧螺帽,使栓杆中产生很大的预拉力。这样板束间产生很大的预压力。高强螺栓连接传力时,在接触面上产生很大的摩擦力抵抗板束间的滑动。显然,施工中通过对接合面处理,使板面间稳定保持一个较高的摩擦系数值是十分必要的。目前推广使用喷涂铝合金的板面处理方法,在工地正常保存情况下,保质期为半年,高强度螺栓栓孔部位表面抗滑系数不小于 0.45。

(1) 栓合的方法

栓合的方法有扭矩法(也称扭矩系数法)和扭角法两种。

1) 扭矩法。扭矩法的原理是控制施拧螺栓时的扭矩值,使螺栓达到所要求的轴拉力。施拧扭矩与螺栓的轴拉力的关系如式(9-1)所示。

$$K = M/(N \cdot d) \text{ 或 } M = K \cdot N \cdot d \tag{9-1}$$

式中 M——施拧扭矩值（N·m）；

N——导入螺栓的轴力（kN）；

d——螺栓计算直径（mm）。

K 统称为扭矩系数。对于同样材质和形状的螺栓、螺母和垫圈，它应当是个常数。当螺母丝扣涂少许黄油时，K 值为 0.19 左右。

按照规范规定，扭矩系数 K 应通过现场试验，采取数理统计值。当标准偏差 σ 小于 0.03~0.05，离散系数 C_V 小于 0.05~0.08 时，其平均扭矩系数方可用于栓合桥梁施工中。

2）扭角法。此法是扭矩法与转角法的结合。先用扭矩法进行初拧，使板束达到密贴；再用转角法进行终拧。控制螺母转角，使螺栓达到预定的拉力。

扭角法自板层处于完全密贴状态开始计算的终拧转角，受以下三个因素影响：①螺栓、螺母、垫圈及相互间弹性压缩变形对转角的影响 a（°）；②板层间压缩变形对转角的影响 b（°/层）；③被连接板压缩和螺栓伸长的影响 C（°/mm）。于是终拧转角 θ（°）的公式为：

$$\theta = a + (n-1)b + CB \tag{9-2}$$

式中 n、B 为板层数和总厚度为已知；a、b、C 三项可通过多组实验数据统计确定。

采用特制的张拉器直接张拉螺栓的栓合方法，轴力控制比较准确，且螺栓不受扭剪作用。但张拉型高强螺栓目前还未在桥梁结构中应用。

（2）栓合机具

施拧扳手可分为手动、风动和电动 3 种。

①手动扳手：是利用扳手在施拧时的弹性变形和扭矩间的关系，显示扭矩值。其中有简单手动扳手、音响扳手、灯光扳手和百分表扳手等。这些扳手精度较差，多用于终拧螺栓检查。

②风动扳手：这种以压缩空气为动力的扳手，由于显示的扭矩值离散性大，目前大都只用于初拧。

③电动扳手：能自动控制转角和扭矩，适用于初拧和终拧，是目前使用较多的扳手。

（3）施拧后的检查验收

高强度螺栓施拧完毕后，应进行检查验收。拧完的螺栓，应在当天检查完毕，并做好记录。

检查的方法是：对扭矩法施工的螺栓，一般采用复查扭矩大小来判断轴力是否都合乎规定；对扭角法施工的螺栓，先松开螺母，再拧至初拧值，然后用原终拧使用的扳手，按规定的转角施拧，与原先相比其误差不得超过 3°~5°。

检查螺栓的数量，对于每个主桁节点不得少于 5 个，对主桁节点与纵横梁连接处，每1个螺栓群检查的数量不少于总数的5%，抽检螺栓的不合格率不得超过20%。

§9.3 膺架法架梁

膺架法架梁是利用木料或常备杆件组拼成膺架（也称脚手架），在其上组拼架设钢梁的一种架梁方法。

膺架的类型与就地灌筑混凝土梁的膺架类型相同。在膺架上拼装钢梁的作业过程，与在地面上拼装钢梁完全相同。但膺架的工程量较大，只适用于桥下净空不高，水不太深的情况。

9.3.1 拼装台座

在膺架或地面上拼装钢梁，需在节点下（一般是大节点）搭设台座承托钢梁，其高度为 0.6~0.8m。顶面放置几对硬木楔，用于调节节点的标高。

为便于在节点下安放千斤顶调整钢梁拱度，一般将台座顺桥向一分为二，中留空档，以便在理论交点下设置千斤顶。如图9-8所示。

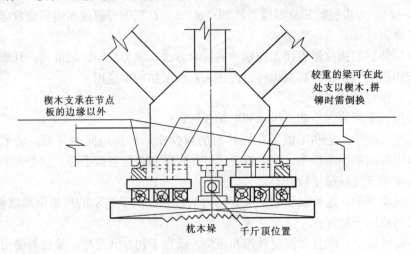

图9-8 千斤顶位置示意

9.3.2 拼装方法

在有支托的状态下拼装钢梁，可采用两种方法：纵向分段拼装法和竖向分层拼装法。

1）纵向分段拼装：将1个大节间的杆件作为1个拼装单元，从梁的一端按拼装单元向另一端推进，或从两端向跨中推进拼装。每个单元的拼装程序是：下弦→下平纵联→纵梁→横梁→斜杆→竖杆→上弦→上平纵联→横联。

也可先将整孔（或一部分）桥梁的底盘（即下弦杆、纵向联结系、纵横梁等组成的平面桁架）全部拼完，然后再按组成闭合三角形的次序，逐个节间依次拼装。

2）竖向分层拼装：其拼装程序是：

全部底盘→全部腹杆→全部上弦→全部上平联→全部横联。

这种方法一般用于桁高较低的场合。

拼装方法确定之后，要根据拼装吊机的性能、杆件运输条件和尽早形成稳定地的几何体系的要求，绘制拼装顺序图，据以施工。

9.3.3 杆件连接

杆件拼装时，应采用冲钉和螺栓，在节点板上临时连接。冲钉是用35号碳素结构钢或具有同等硬度的钢，制成的纺锤形定位钉杆，其圆柱部分直径宜小于设计孔径 $0.1 \sim 0.3$ mm。

螺栓可用粗制螺栓、精制螺栓或高强度螺栓。粗制螺栓也称安装螺栓，不承受安装应力。精制螺栓可以承受剪力和承压力。精制螺栓和冲钉的容许应力，按剪应力为 $0.8[\sigma]$，承压应力为 $1.4[\sigma]$ 计算。$[\sigma]$ 视栓钉的材质而定。

按规定冲钉和高强度螺栓总数不得少于孔眼总数的 1/3，其中冲钉占 2/3。在孔眼较少的部位，冲钉和螺栓总数不得少于六个或全部数量。但当采用悬臂拼装法时，冲钉用量应按受力计算而定，并不得少于孔眼总数的 50%，其余孔眼布置螺栓。

9.3.4 钢梁就位

钢梁拼装完毕并且杆件连接螺栓全部终拧后，即可落梁就位。落梁时，在端横梁下用千斤顶将钢梁顶起，然后逐渐拆除节点下的木垛，使钢梁支承在永久支座上。

辊轴活动支座安放时，其上下摆中心线与钢梁节点中心线是一致的。而下座板中心位置，则按落梁时钢梁的温度进行计算，使它与上下摆中心线有一错动量。从而在平均温度情况下，当梁上有活载时，上下摆中心线和座板中心线相重合。

连续梁活动支座不止一个。由于各支座的温度跨度（该支座距固定支座的距离）不同，所以各支座的错动量也不同。

连续梁支点逐个顶落时，将在杆件中引起附加应力。因此，每次顶落的高差应通过检算确定。同时，还要考虑到支垫抽换的方便。连续梁在施工过程中，支座反力宜采用附有压力表的液压千斤顶量出和调整。

§9.4 悬臂拼装法架梁

悬臂拼装法是在桥下不设连续支架的条件下，钢梁由桥孔一端开始，逐节悬臂拼装架梁的方法。这种架梁方法的优点，是辅助工程量小，进度较快，宜于在水深、流急、桥高、跨大和桥下通航通车条件下采用，是我国钢梁架设中应用范围较大的一种方法。

9.4.1 拼装方式

悬臂拼装架设钢梁可采用以下4种方法：

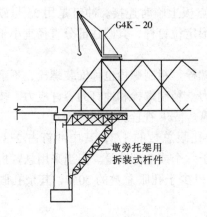

图 9-9 斜柱式墩旁托架

(1) 全悬臂拼装：在桥孔内完全不设临时支墩进行钢梁拼装。为减少悬臂拼装长度，降低拼装应力和梁端挠度，常在前方桥墩一侧设置承接托架，如图 9-9 所示。或在梁上设临时吊索塔架如图 9-10，在拼装钢梁的悬臂端提供 1~2 个吊点。

(2) 半悬臂拼装：在拼装桥孔内装一至几个临时桥墩，以减小拼装时的悬臂长度，降低拼装应力，也可减小后方平衡梁的重量，故凡有条件在桥孔内设置临时桥墩时，均宜采用半悬臂拼装方法。

(3) 中间合拢悬臂拼装：它的优点是由于悬臂拼装长度较短，仅为桥跨长度的一半，所以拼装应力、悬臂挠度、平衡重设施的工作量和梁的振动等均大为减小。但要求有很高的施工精度，且合拢调整工作量大，技术较复杂。

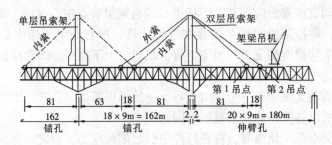

图 9-10 塔架吊索施工布置

(4) 平衡悬臂拼装：从桥孔中的某个桥墩开始，按左右两侧大体平衡的原则，同时向左右两个方向对称悬臂拼装。由于钢结构的连接需要对孔，一般在跨中合拢,不如混凝土梁现浇接头方便。

9.4.2 平衡梁设计

在采用悬臂法架设钢梁时,为了平衡悬臂拼出的钢梁重力,必须在钢梁支座后面的边孔或路基上,拼出一段(或1孔)平衡梁,或设置其他的平衡稳定设施。平衡梁若在桥梁第1孔内,一般采用膺架法组拼。若在台后路基上组拼,则桥台上的托盘应缓建,且台后路基只填筑至桥台顶面高程,使平衡梁能在桥台顶面高程上组拼,避免悬臂拼装钢梁落梁高度过大。若在较窄的混凝土引桥上组拼平衡梁,其桥面系和下平纵联可暂不安装,而将下弦落于桥墩顶上。但此时需检算在作为平衡梁工作时,下弦杆受压的稳定性。如图9-11所示。

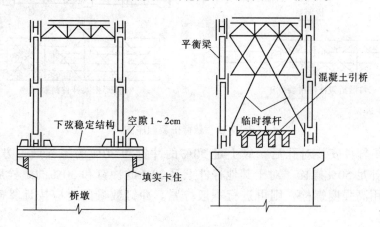

图9-11 在引桥上组拼平衡梁

平衡梁与悬拼梁在墩台顶应连成整体,若两个端节点处设两个支点时,则前方支点设固定支座,后方支点及平衡梁其余支点均应设成活动支座。

平衡梁对于悬拼梁的抗倾覆稳定系数应大于1.3。必要时第1孔梁邻近桥台处可加压重,或用预应力束锚于桥台上。

9.4.3 拼装方法

(1)拼装顺序

拟定拼装顺序时应考虑的主要原则是:使拼好的杆件尽速形成闭合的三角形,组成稳定的几何体系,并尽快安装纵横联结系,保证结构的空间稳定;先装的杆件,不应妨碍后装杆件的安装与吊机运行。

对于具有三角形腹杆的桁架和菱形桁架的拼装次序,如图9-12所示。这样的安装顺序,可以尽快形成几何不变的三角形。每个梁节拼好后,即可安装本节内的桥面系和平纵梁。

(2)节点连接

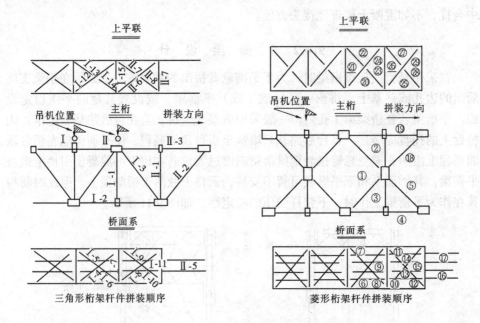

图 9-12 悬臂拼装顺序图

主桁杆件安装对孔后,应上足 50% 的冲钉和 30% 的螺栓后,方可松钩,并立即补足 50% 螺栓。对于其他杆件上足 30% 的冲钉和 30% 的螺栓后方可松钩。如用高强度螺栓,则可进行一般拧紧。冲钉数量此时应按计算确定,已如前述。

大节点高强度螺栓终拧,不应落后于悬拼 2 个大节点的距离,以策安全。

为加强主桁在悬拼时的横向稳定性,应及时安装悬拼梁跨内的桥门架和断面联结系。悬拼时应安装 25% 的冲钉,其余安装高强度螺栓,只达到初拧程度。全部高强度螺栓终拧,不得落后于悬拼进度 4 个大节间。

(3) 悬拼长度

钢梁在安装过程中的最大悬臂长度,受拼装时的稳定性、伸臂端点的下挠度、悬臂支承处附近杆件应力,以及拼装时伸臂振动等条件的控制。随着悬拼长度的加大,则抗倾覆稳定系数降低,但不得小于 1.3。下挠度过大会使悬臂端搭上前方桥墩,增加很多工作量,给悬臂上运料车行走带来一定困难。施工设计时,应当通过计算,予以控制。

为了降低杆件的安装应力加大拼装长度,可在墩顶附近一段安装临时加劲梁,或设墩上塔架斜拉索,由拉索承担一部分悬臂梁弯矩。也可在悬臂应力最大区段的上弦顶安装临时预应力钢筋。

根据分析,当悬臂长度与桁架宽度之比达到 6:1 时,悬拼时会产生使人不安的晃动。一般当悬臂长度与桥宽之比达到 12:1 时,就应采取措施防止晃动。

9.4.4 桥跨中间合拢法

悬臂拼装桥跨中间合拢法,是钢梁从桥跨两端的墩台开始,分别向跨中同时拼装,在跨中或其他节间进行合拢,完成全孔拼装。

(1) 基本原理

对于简支梁和内部静定的连续梁,一般采用在自由状态下合拢,即合拢处杆件的内力为零,因而可保持杆件的原几何尺寸,将合拢杆件自由的安装到合拢节间内。中间合拢的关键是如何保证在合拢时,两侧端面保持平行,和两端面垂度相等。只有这样,钢梁才有可能通过纵向移动的调整,顺利合拢。现以 3 跨连续梁为例,说明如何通过调整支点的高低进行中间合拢。如图 9-13 所示。

设在合拢状态下,由钢梁自重(q),安装设施和梁上吊机重(p)等荷载作用,在闭合断面产生剪力 x_2、弯矩 x_3(因纵向无多余约束轴力 $x_1 = 0$)。今将 C、

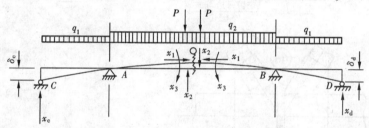

图 9-13 调整支点高度中间合拢计算图式

D 分别下落 δ_c 和 δ_d,使闭合节点断面产生附加内力为 x_2、x_3,但方向与 q、p 作用下相反,则闭合断面内力为零。此时钢梁处于合拢前的自由状态。所以,δ_c 和 δ_d 便是悬臂拼装中间合拢平衡梁端支点比其理论支点应降低的数值。合拢后,为了恢复该连续梁的运营状态,需将支点 C、D 分别顶升 δ_c 和 δ_d,恢复为 x_2、x_3,以消除支点降落对钢梁内力的影响。

(2) 合拢方法

中间合拢时,采用调整锚固梁前后支点的相对高度,使两侧钢梁的端截面保持平行(即 $\Phi_1 = \Phi_2$)和垂度相等(即 $f_1 = f_2$),然后通过两侧钢梁联结部的临时拉杆微调纵向位置,使其合拢。目前主要有两种方法,即节点合拢铰式和合拢节间拉杆式。

1) 节点合拢铰式

在两侧钢梁联结的大节点处,通过设于上、下弦杆腹板上的临时合拢铰及强制闭合的拉力设备,将钢梁合拢。合拢铰由铰板和铰轴组成。拉力设备由托架、顶梁和拉杆组成,分别置于的上、下弦杆两侧。如图 9-14 所示。

合拢前用临时节点板将斜杆分别与上、下弦杆连成整体。合拢时下弦(或上弦)平面内千斤顶同时启动,梁体徐徐移动。当移动到适当位置时,即插入合拢

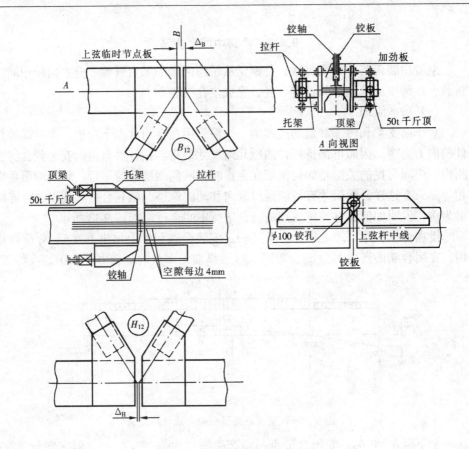

图 9-14 中间合拢铰的构造示意

铰轴。安好铰轴后,在节点板钉眼处进行扩孔,然后施行栓合,卸除铰轴。

2) 合拢节间拉杆式

它是利用特别设计的临时拉杆装在合拢节间内,施加拉力进行精调,以便插入合拢杆件的一种合拢方式。合拢拉杆由箱形截面的内外杆件套插而成。内外杆均设顶梁,中间安装千斤顶,以备顶推之用。拉杆通过铰轴及临时拉板,与主桁节点相连,如图 9-15 所示。②和③为临时拉杆。

合拢前利用锚固梁前后支承调整悬拼梁断面位置对齐,并在纵向预留 40~50mm 空隙,以便

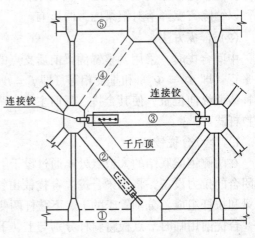

图 9-15 拉杆式合拢构造示意

最后进行精调。待利用拉杆中千斤顶通过内、外拉杆分别把桁架向内拉紧达到要求后，插上铰轴，停止顶推。再安设下弦杆①、斜杆④和上弦杆⑤。然后拆除临时拉杆，安设腹杆②，钢梁合拢完成。

§9.5 拖拉法架梁

纵向拖拉法架梁，是将钢梁在桥头路堤上或脚手架上组拼，并在钢梁上设上滑道，路堤或脚手架上设下滑道，通过上、下滑道间的滚轴，将钢梁拖拉至预定桥孔，落梁就位。

拖拉架梁法的优点是：钢梁的拼装工作条件好，容易保证质量，也比较安全；拼装工作可与下部结构同时施工，缩短工期，拖拉施工时对桥下交通等干扰较小。缺点是：拖拉时梁体杆件应力较大，且许多杆件的应力与运营时相反，部分杆件需要加固；桥头需有合适的地形，作拼装场地；滑道的安装和拆除的工作量大。

拖拉法架梁多用于板梁和中小跨度桁梁的架设，而桥下又不宜设置墩架的地方。

9.5.1 拖拉法架梁方式

(1) 全悬臂纵向拖拉

全悬臂纵向拖拉架梁法，是在桥孔内不设任何形式的临时支架，直接将桥梁拖至前方墩台上。它多用于桥位较高或桥下水流湍急处。

为了保证纵向拖拉时的稳定性（纵向抗倾覆稳定系数1.3）和降低桥梁杆件的内力，全悬臂拖拉时，常采用如图9-16带导梁的形式。导梁长度一般取主梁的1/6~1/4，多采用现成的板梁、桁梁或万能杆件组拼而成。

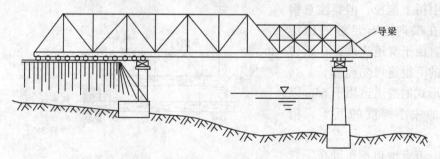

图9-16 带导梁的全悬臂拖拉架梁

对于多孔简支梁，可采用临时杆件联结成连续梁，再拖拉架设。也可在钢梁上安设临时索塔，通过张拉装置拉紧吊索，吊起梁端，使钢梁在不用导梁的情况下全悬臂拖拉。

(2) 半悬臂纵向拖拉

在桥孔内设置临时支墩进行半悬臂纵向拖拉（如图9-17所示），可以显著改善拖拉过程中桁梁杆件内力和满足纵向稳定性要求，适用于桥位不高，桥下水位较浅的地方。在水流较深，且水位稳定的场合，可考虑采用大浮船支承的半悬臂纵向拖拉法架梁。

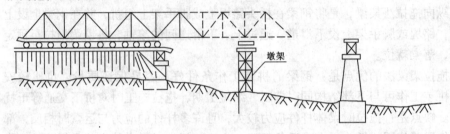

图9-17 半悬臂拖拉架梁

9.5.2 滑道及滚轴

设在钢梁底面和支墩顶面上的上下滑道，与钢梁和支承间的联结应当牢固可靠，表面光滑平整，能均匀传力，且构造简单，两端易于吞吐滚轴。滚轴的钢质坚硬、承载力大、摩阻力小。

(1) 上滑道

上滑道有设于桁架的纵梁下方和桁架下弦节点下方两种类型。

纵梁滑道：一般做成通长连续的形式。其构造如图9-18所示。由于纵梁间距较小，路基不致因布置下滑道而加宽，以便于在小跨度引桥上拖拉，但要注意钢梁在横向应有足够的稳定性。由于滑道连续，在墩台上的下滑道可勿需加长。这种形式的滑道适用于64m以下的中小跨度的下承式桁梁。

节点滑道：布置在下弦节点板的底部，长度不大，

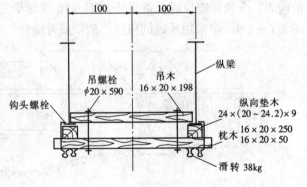

图9-18 纵梁上滑道构造

但比纵梁滑道要宽。而且中间墩架和桥墩台顶上的下滑道长度，也必须加长到桁梁节间长度的1.25倍，以保证在拖拉过程中总有一个支点支承在中间墩架上。

(2) 下滑道

下滑道设置在桥头路堤或中间墩架上,为了加大长度常需在墩顶设托架,其构造如图9-19所示。下滑道可做成水平的,但为易于滚移起见,下滑道也可做成向拖拉方向倾斜的下坡。坡度一般为0.2%~0.4%。而且应在全长范围内做成同一坡度。

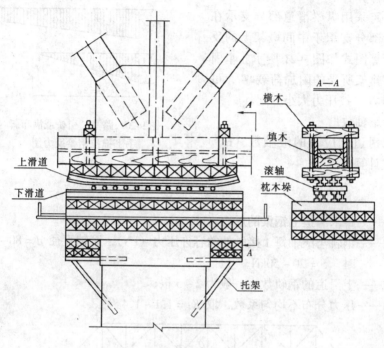

图9-19 节点滑道构造

(3) 滚轴

滚轴可采用Q235钢或35号碳素结构钢旋制而成。直径一般采用80~140mm,长度应大于滑道宽度20~30cm。路基下滑道上的滚轴,应沿全长均匀布置,其间距常采用1~2m。支墩处下滑道上滚轴数应按均匀受力计算确定,其净间距不应小于直径之半,以便于滚移时拨正。

除滚轴外,也可采用聚四氟乙烯滑块、普通钢滑块、硬质钢滑板、走轮、坐轮等作为滚滑设施。

9.5.3 拖 拉 计 算

进行拖拉架梁施工设计时,需要进行抗倾覆稳定性、桁架杆件内力和悬臂端点挠度的计算;导梁设计;支墩的强度和稳定性检算;滚轴数量、牵引力、制动力和锚碇等计算。

(1) 滑道支承反力

在进行滑道支承反力计算时,可不考虑桥跨结构的变形,以简化计算。

①路基、引桥或满布式脚手架上的反力：其计算图式如图 9-20 所示，分 $c \leqslant 3a$ 和 $c \geqslant 3a$ 两种情况按偏心受压法进行计算。

②桥跨采用纵梁滑道部分支承在路堤上，部分支承于中间墩架上的反力：其计算图式如图 9-21 所示。牵引力作用下排架所受的附加荷载 T_1，可假定牵引力 T 按压力大小分配。

(2) 滚轴数量

每米滑道上应有的滚轴数（m），可按下式计算：

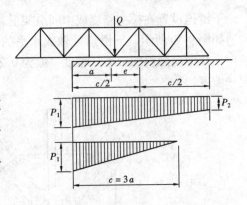

图 9-20 路基、引桥或满布脚手上拖拉钢梁反力图

$$m \geqslant \frac{K_1 \cdot P}{S \cdot N} \tag{9-3}$$

式中 P——每米滑道上钢梁的反力（kN/m）；

S——钢轨与滚轴每 1 接触处的容许压力（kN），滚轴直径 $d = 80 \sim 140$ mm 时，$S = 20 \sim 50$ kN；

N——上滑道的钢轨数，一般为 $2 \sim 5$ 根；

K_1——压力分布不均匀系数，取 $K_1 = 1.1 \sim 1.4$。

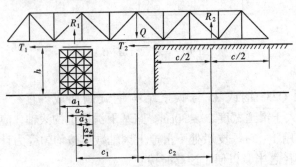

图 9-21 拖拉钢梁支墩反力

(3) 牵引力和制动力

滚移钢梁所需绞车的牵引力（T），即全部滚轴的实际阻力为：

$$T = k \cdot \Phi \cdot Q \pm n \cdot Q \quad (下坡取负) \tag{9-4}$$

式中 Q——滚移时钢梁的全部计算重量（kN）；

Φ——阻力系数，约为 $0.05 \sim 0.10$；

k——阻力增加系数，考虑轨面与滚轴局部不平、滚轴斜置等不利因素，取为 $2.5 \sim 5.0$；

n——下滑道的坡度。

一般取钢梁重量的3%~5%,作为平坡道上的拖拉牵引力。

为了防止在拖拉过程中因冲击振动、强风吹袭等原因结构向前溜动,也为了控制钢梁前进的方向和速度,均应设制动设施。制动牵引力的大小,应考虑纵向风力和坡道的影响。

制动设施所需的牵引力T'可按下式计算:

$$T' = K(0.4 \times A \times W - \Phi \cdot Q + n \cdot Q) \tag{9-5}$$

式中 A——钢梁横向受风面积;

W——风荷载强度(取可能发生的最大值);

0.4——将横向风化为纵向风力系数;

Q——拖拉钢梁重量;

Φ——阻力系数;

n——下滑道坡度,%;

K——安全系数,一般取3~5。

§9.6 浮运法架梁

浮运法架梁是在桥位的下游侧岸边,将钢梁组装成整孔后,利用码头把钢梁纵移或横移到浮船上,再浮运至预定架设的桥孔上落梁就位。如图9-22所示。

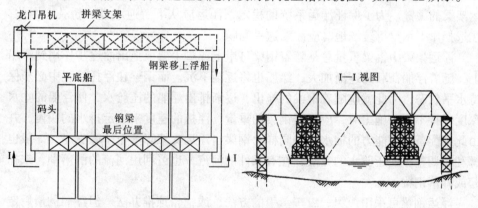

图9-22 浮运架梁

浮运法架梁的主要优点是,钢梁可在岸上进行拼装,不在高空作业,安全可靠质量好,且可与墩台同时施工节省工期。其缺点是对自然环境要求较高:水深适当、水位稳定、流速不大;钢梁底面距施工水位不宜过高(一般不大于12~15m);浮运时风力不大于5级;岸边有拼装钢梁的场地和修建码头的条件等。此外,最好是桥孔较多的情况下采用,以利码头、浮船重复使用,节省投资。

9.6.1 浮运支承的构造

浮运支承主要有浮船、支架和各种系缚工具等组成。

(1) 浮船

浮船可用铁驳船或常备式浮箱拼组而成。铁驳的平面为矩形，舱内有纵向加劲桁架加固。全船在平面上分成许多隔舱，舱内可充水，并可借此调整浮船的受力状态。

常备式浮箱的主要型号为中-60、KC-y 和 KC-3 等 3 种。使用时可根据需要用拼接板和螺栓拼成不同的平面尺寸使用。

(2) 支架

船上支架通常是由拆装式杆件拼装而成，其高度应使钢梁底面高出支座顶 0.2~0.3m。支架顶应位于桁架节点下方，而横向底部应适当加宽，以系稳定。为了使支架压力分布至浮船上，在支架底部应设分配梁。在支架顶部用枕木垒成支座以承托钢梁。

浮船甲板上应布置有绞车、滑车、将军柱等各种系缚工具，以及抽水机和各种管路。

9.6.2 浮运施工

在浮运的全过程中，如何保证浮运系统的稳定，使之安全的浮运就位，是浮运架梁的关键。为了保证浮运系统的稳定，浮运应从下游逆水进入桥孔。因此，在选择岸上钢梁拼装场地时应注意这一问题。

浮运架梁中钢梁重量总是随着钢梁自岸上或脚手架上拖出而逐步作用到浮船上，随着浮船荷载的逐渐加大，浮船也将逐渐下沉。而钢梁在浮托过程中必须保持水平状态，为此就应随着钢梁的拖出，逐渐排出浮船的压舱水，使浮船的吃水深度保持不变。施工时，应根据钢梁的重量、浮拖的速度来决定排水的快慢，并由此来配备适当能力的抽水机。同样，钢梁自浮运支架降落至桥墩支座，一般也都利用调整浮船压舱水的方法。在有条件的河流，也可利用河流的涨落潮，来托起或降落钢梁。

浮运钢梁可采用缆绳、绞车牵引的方法，或拖轮顶推办法。但浮船的最后定位则总是要靠锚索、绞车的控制来完成。选用和布置锚碇设备，是浮运钢梁的一件重要而细致的工作。所布置的绞车、地垄或锚碇应使浮船前进或横移方便可靠，锚索和水流方向夹角不宜太大。锚索也不能太松太长，以免浮船位置难于控制。

钢梁中线应布置成与浮船纵向中线垂直，以使受力均匀，增加浮船的稳定性。浮船在浮运过程中，船底应高出河床底 0.4m 以上，以防搁浅或接触杂物。浮船在最大承载条件下，船舷高出水平面的高度不应小于 0.5m，在风力作用下，纵、横向倾覆稳定系数不应小于2.0。浮船的纵、横向倾角应小于5°，以保证浮运过程中浮运系统的稳定性。

§9.7 钢梁架设的其他方法

根据桥梁的结构形式、跨度和桥位处的水文、地质、地形条件，结合设备条件、工期等因素，除以上几种方法外，钢梁架设还可以有多种方法选择。

(1) 缆索吊机拼装架设法

缆索吊机拼装架设法，指在两岸建立临时塔架，于索塔顶之间设置一对缆索。从缆索上挂吊若干吊索，吊住钢梁杆件，逐节前架至中间合拢。可用于架设单孔各类梁式桥、拱桥、斜腿刚构桥、V形桥墩等。但用于拱桥架设者居多。例如，某跨度175m桁式兰格尔型拱桥，采用直吊法架设，缆索吊机的塔索跨长220m，塔高54m。每组缆索吊重200kN。某跨度185m倒洛泽型拱桥，用斜吊法架设，缆索吊机跨度290m，每组缆索吊重250kN。

(2) 转体架设法

与拱桥转体施工法的原理一样，也有平转和立转架梁的实例。跨度176m汉江斜腿刚构桥，薄壁箱型截面斜腿，安装支座后，从支座垂直向上逐节安装。待斜腿结构组拼完成后，以其支座铰轴为转轴，将斜腿下转至设计位置，再适时与梁部连成整体。图9-23为一平衡转体架梁的示例。转体构造有转盘、平衡梁、

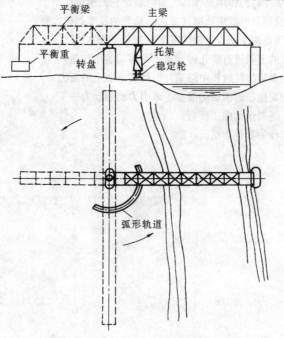

图 9-23 平衡转体法示意

平衡重、托架和弧形轨道组成。在有条件的情况下，可将梁的另一端支于浮船支架上，采用浮运转体施工。

（3）自行吊机整孔架设法

它适用于河床或地面可行走吊机，且起吊高度不大的条件。适宜于架设跨度不大的钢板梁。

（4）门架吊机整孔架设法

此法适用于河床或地面无水、少水，有修建低路堤、便桥，上铺轨道的条件。通过横向跨墩吊机，架设单孔或多孔钢板梁、钢桁梁桥。

（5）浮吊架设法

浮吊架设法是在河上或海上用大吨位浮吊，吊运安装整孔钢梁。可架设中等跨度的钢桁梁和钢拱桥。

思 考 题 与 习 题

1. 钢桥构件的制作主要包括哪些过程？了解每个工程的工作内容。
2. 解释什么叫作样、号料、号孔和制孔。制孔的方法有哪些种？
3. 钢梁架设包括哪些基本作业？
4. 高强度螺栓的工作原理是什么？简述如何确定扭矩与螺栓轴拉力间的关系。
5. 钢梁架设常用的方法有哪些？各种方法的适用条件如何？
6. 膺架法架设钢梁拼装有哪些方法？它们的拼装程序各如何？
7. 在钢梁连结中冲钉的作用是什么？如何确定它的用量？
8. 悬臂拼装架设钢梁可以采用哪些方法？悬臂的长度如何控制？
9. 简述悬臂拼装桥跨中间合龙法的基本原理和合拢方法。
10. 拖拉法架梁的上滑道有哪几种形式？了解其基本构造。
11. 如何计算在钢梁拖拉过程中路基、引桥和支墩上的反力？
12. 如何计算钢梁拖拉时滚轴的数量、牵引力和制动力？
13. 简述钢梁浮运架设的施工要点。
14. 简述钢梁架设的其他方法。

第10章 桥梁施工控制技术简介

任何桥梁施工,特别是复杂桥梁体系的施工,都是一个系统工程。在该系统中,设计给出的只是理想状态目标,而在从开工到竣工的整个施工过程中,将受到设计方法、计算误差、参数取值、结构材料性能、施工控制精度、荷载变化、大气温度变化等诸多方面确定和不确定因素的影响,在目标与实际状态之间必然存在着差异。施工控制的任务,就是以现代控制理论为基础,通过施工计算分析、参数测量、实时监控等方法,对桥梁施工状态进行实时预测、监测、调整,最终实现设计目标。

近年来,随着桥梁跨度的不断增大,新材料、新施工技术的不断采用,人们已普遍认识到施工控制在施工中的重要地位与作用。施工控制已成为确保桥梁施工质量的关键及桥梁建设的安全保证。

§10.1 桥梁施工控制的任务与内容

桥梁施工控制的任务是对桥梁的施工过程进行控制,确保施工过程中结构的内力和变形始终处于容许的安全范围内,确保成桥状态(包括成桥线形及结构内力)符合设计要求。桥梁施工控制的内容主要包括以下几个方面:

(1) 结构变形控制

桥梁建成后,其结构形态,包括桥塔、缆索、主梁等的几何尺寸、立面标高、平面位置等,均应符合设计的规定,这是对桥梁施工的基本要求。但不论采用什么施工方法,桥梁结构在施工过程中总要产生变形。由于施工受到诸多因素的影响,加上施工过程中各种误差的积累,结构的变形很难与设计的预期状态完全吻合,严重时甚至使桥梁合拢困难。因此必须通过对桥梁的施工控制,尽量减小结构尺寸与设计的偏差,使结构在施工中的实际变形状态与预期状态之间的误差控制在容许范围,最终使成桥线形状态符合设计要求。

施工控制中,结构变形控制的总目标是使桥梁实现设计的几何状态要求。最终的误差应满足《铁路桥涵施工技术规范》或《公路桥涵工程技术规范》中规定的容许值。

(2) 结构应力控制

为保证结构构件的安全,桥梁在施工过程中以及成桥后的应力状态应满足设计的规定,这是施工控制的一个更加重要的内容。因为结构的应力状态不像变形状态那样直观地表现,若控制不当,将会给结构造成危害,严重时甚至使结构发生破坏。2000年，我国宁波招宝山斜拉桥，在合拢前由于主梁截面应力过大而导致破坏，就是一个典型的例子。因此，在施工过程中必须对结构构件的应力实施严格的监控，一旦发现实际应力状态与设计状态的偏差超限，就应查找原因，并采取措施进行调控，使其回复到允许范围之内。

结构应力控制的内容包括：结构在自重下的应力、在施工荷载下的应力、结构施加预应力、斜拉桥拉索张力、悬索桥主缆及吊杆拉力、拱桥吊杆拉力、温度应力（特别是大体积基础、墩柱等）、其他应力（如基础变位、风荷载、雪荷载等引起的结构应力等）。

(3) 结构稳定控制

桥梁结构的稳定性关系到桥梁的安全，它与桥梁的强度有着同等的甚至更重要的意义。国内外都有过不少桥梁在施工过程中由于失稳而导致全桥破坏的例子：加拿大的魁北克（Quebec）桥于1907年在架设过程中，南侧锚碇桁架快要架完时，由于悬臂端下弦杆的腹板屈曲，而发生突然崩塌坠落；澳大利亚的西门（West Gate）桥于1970年在拼拢整孔左右两半钢箱梁时，上翼板在跨中失稳，导致整孔倒塌；我国四川州河大桥也因悬臂体系的主梁在吊装主跨中段时承受过大的轴力而失稳破坏。因此，桥梁施工过程中不仅要控制变形和应力，而且要严格地控制施工各阶段结构构件的局部和整体稳定。

随着桥梁跨径的增长，高强材料和薄壁结构的日益采用，桥梁的稳定性越来越引起人们的重视。目前，结构稳定控制主要通过稳定分析计算，并结合结构应力、变形情况等综合评定及控制桥梁在施工中的稳定性。但主要控制手段还局限于桥梁施工及建成后结构的稳定计算，对可能出现的失稳还没有可靠的监测手段，对于施工过程中由动荷载或突发情况引起的失稳，也还没有快速反应系统，所以很难保证桥梁施工安全。为此，应研究建立一套完整的桥梁稳定监控系统。

除桥梁结构本身的施工控制外，施工中使用的支架、挂篮、缆索吊装系统等施工设施对桥梁施工安全有直接的影响。这些设施的构件变形、应力、结构的整体抗倾覆及抗滑动稳定系数等也应控制在安全范围内。

§10.2 桥梁施工控制方法

10.2.1 桥梁施工控制系统

由于桥梁施工周期长，干扰因素多，情况复杂，要达到预期的控制目标，就必须建立完善、有效的控制系统。

施工控制系统一般应由施工管理分系统、结构状态监测分系统和现场控制分系统组成，而各分系统又包括多个支系统及子系统。图10-1为桥梁施工控制系统组成框图。

§10.2 桥梁施工控制方法

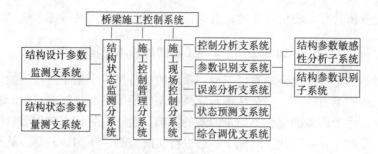

图 10-1 桥梁施工控制系统组成

施工控制管理分系统。负责业主、设计、施工、监理、政府监督、施工控制等多个部门和单位在施工控制中的协作及管理。

结构状态监测分系统。包括对结构设计参数进行监测、对结构状态参数进行量测两个支系统。前者主要是为控制模拟分析提供合理的基本参数，后者则是为判断当前施工状态是否与预测值相符，提供结构实际状态参数。

施工现场控制分系统。是整个施工管理、控制系统的核心，具有数据比较、结构当前状态估计、误差分析、参数识别、正装或倒退结构模拟分析、未来状态预测等功能。施工现场控制分系统通常由以下几个支系统组成：

(1) 施工控制分析支系统。用于判别当前结构实际状态是否与目标状态相符合，并对未来状态进行预测。常通过软件将计算结果转换成几何图形图像信息，以显示相应施工过程的结构内力与变形状态，比较所控制项目的实测值、目标计算值以及参数的变化。

(2) 参数识别支系统。又包括结构参数敏感性分析、结构参数识别两个子系统。前者通过参数敏感性分析，将各参数按其对结构状态的影响程度分类，确定出主要影响参数和次要影响参数，为参数识别打下基础。后者通过对参数的分析、判定与确认，进行结构参数识别，确定出结构参数的真实值，为准确地进行结构分析提供可靠数据。

(3) 误差分析支系统。对结构理想状态、实测状态和误差信息进行分析，选择最佳调整方案，使结构施工实际状态与设计理想状态的差值控制在允许范围内。

(4) 状态预测调整支系统。根据结构参数调整修改值、结构前一阶段状态最优估计值、结构施工误差、量测误差等信息，进行控制模拟分析，对结构施工状态确定出下一阶段的校正控制值。

(5) 综合调优支系统。通过修改施工方案，与状态预测系统形成循环，最终输出合理的建议或措施，用于指导下一阶段的施工。

在现场施工时，将当前施工阶段完成后的现场监测数据进行判别及滤波处理后送入施工现场控制分系统。该系统根据设计确定的阶段施工控制目标，将这些数据进行分析处理，输出有关信息数据，供施工控制决策时参考。

10.2.2 桥梁施工控制的基本流程

桥梁施工是一个复杂的系统工程，系统的运行贯穿于施工过程的始终。施工过程中结构的受力状态、安全性能和成桥状态是桥梁施工控制的目标。在整个施工过程中，由于许多确定和不确定因素的影响，会使实际状态与理想目标状态之间存在一定的差异。因此，对施工状态进行实时监测、预测、调整，从而实现设计目标，就成为桥梁施工控制的中心任务。桥梁施工控制以现代控制理论为基础，根据具体桥型特点，将结构内力、线形作为状态向量，将拉索或预应力筋张拉力等作为控制向量。其基本控制流程如图10-2所示。

在这个流程中，通过施工控制模拟分析对施工过程中的每个阶段进行详细的变形计算和受力分析，是施工控制中最基本的内容之一。通常采用专用的桥梁施工控制分析软件，进行施工控制计算，确定桥梁结构在施工过程中每个阶段的受力和变形方面的理想目标状态，计算出下一施工阶段的结构内力、标高的预测值，以此控制施工过程中每个阶段的结构行为。

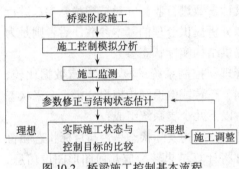

图10-2 桥梁施工控制基本流程

施工监测是施工监控的重要组成部分。施工过程中，通过对桥塔、墩台和主梁结构在各施工阶段中应力和变形的监测，以及体系温度、混凝土强度、弹性模量等的测试，及时了解结构的实际行为，保证施工安全并为控制决策提供参数依据。

通过参数修正对实测桥梁参数，包括混凝土的弹性模量变化、预应力损失、收缩徐变系数、构件日照温差的变化范围等进行参数识别及必须的修正。结构状态估计是指对包含量测误差的监控测量结果进行状态向量的最优估计。

施工控制的决策和指令，是通过比较各施工阶段的实际状态与目标状态是否相符做出的。如果偏差超过事先确定的范围，则应通过结构模拟分析计算，确定结构标高或应力控制量的调整方法及调整量，使实际状态与目标状态尽可能接近。

因此，桥梁施工控制是一个"计算→施工→测量→分析→修正→预测"的循环过程，对每一施工阶段，按照上述流程进行监控测量、状态估计、模拟分析、控制量调整，直至桥梁施工完成，使每一施工过程状态及成桥状态均接近目标状态。

10.2.3 桥梁施工控制方法

随着桥梁结构形式、施工特点及具体控制内容的不同，其施工控制方法也不相同。桥梁施工控制一般分为事后控制法、预测控制法、自适应控制法、最大宽容度法等。

(1) 事后控制法

事后控制法又称为事后调整控制法，是指在施工中，当结构成桥状态或某阶段的变形状态与设计要求不符时，通过一定手段进行调整，使之达到所要求的状态。这种方法仅适用于那些结构内力与线形能够调整的桥梁，例如斜拉桥等。

事后控制法根据具体情况又分两种：

① 在施工过程中每个施工阶段（或节段）完成后，当发现结构状态与设计不符时，通过调整斜拉索力等调整结构状态，然后继续施工，直到施工完成。这种方法工作量很大，索力调整较麻烦，调整效果也不一定好。

② 在桥梁结构形成后，检查结构状态，如果与设计不符，则通过对斜拉索力等做一次性调整进行控制。这种方法在理论上是可行的，但实施较困难。因未对施工过程中的结构状态及时监测和调整，容易出现安全事故，最终的线形也往往难以达到理想状态。所以，事后调整不是一个好的控制方法，特别是后一种事后调整只能算是一个"补救措施"。

(2) 预测控制法

预测控制法是桥梁施工控制的主要方法。预测控制法以现代控制论为理论基础，针对施工每一阶段所要达到的设计目标状态，全面考虑影响桥梁结构变形的各种因素，对结构的每一个施工阶段（或节段）形成前后的状态进行预测。其预测方法常见的有卡尔曼（Kalman）滤波法、灰色理论法等。在施工中，对结构施工状态进行跟踪控制，即对结构标高和内力的实测值与目标值进行比较，对结构的主要参数进行识别，发现与预测目标不符时，即应找出原因，采取措施进行调整，使施工沿着预定状态进行。由于目标状态与实际状态间不可避免地会有误差存在，某一阶段形成的误差对后续阶段或成桥目标状态的影响，将作为后续施工状态的预测予以调整。如此循序渐进，直到施工完成并获得与设计相符合的结构状态。

这种方法的关键在于对影响结构变形和内力的主要参数进行识别，并通过对偏差参数的及时调整，使结构实测状态与预测目标良好拟合。

这种方法适用于所有桥梁的施工控制，而对于那些已成结构状态不可调整的桥梁则必须采用此法。如悬臂施工的预应力混凝土连续体系桥，其已建成节段的状态是无法调整的，只能通过后续施工节段的预测状态进行改变。

(3) 自适应控制法

自适应控制法也称为参数识别修正法。它是指在控制开始时，控制系统的某些设计参数与实际情况不完全相符，系统不能按设计要求得到符合实际的输出结果，而在系统的运行过程中，通过系统识别或参数估计，不断地修正参数，使设计输出与实际输出相符，从而实现控制目标。

(4) 最大宽容度法

这种方法是在设计时给予主梁标高和内力等最大的宽容度，即误差的容许值。

如某斜拉桥主梁线形设计，给出的最大宽容度当悬臂长 215m 时达 ±15cm，当然对于每一节段的误差也有限制。这种做法减少了控制的难度，但会生产其他问题，如斜拉索的制作长度等。对于支架施工中的安全控制，则主要通过对支架应力、变形进行跟踪监测，并将其监测值与相应计算值比较，判断是否在安全范围内。若有异常出现，则暂停施工，查找原因，确保施工安全。

10.2.4 桥梁施工过程模拟分析方法

桥梁施工控制的基本内容之一，是对各施工阶段进行结构变形和受力的模拟分析。分析方法包括：正装计算法、倒装计算法和无应力状态计算法。

(1) 正装计算法

对于大跨径桥梁结构，一般是采用分阶段的施工方法。随着施工阶段的推进，结构形式、边界约束、荷载形式等在不断地改变，前期结构将发生徐变、预应力张拉和体系转换等，其几何形状也在改变。因而，前一阶段结构状态将是当前施工阶段结构分析的基础。

正装计算法，也称为前进计算法，就是按照施工阶段的前后次序，根据实际结构状态和施工方案设计，逐阶段地模拟计算结构的变形和受力，最终得到成桥结构的受力状态。它能较好地模拟桥梁结构的实际施工历程，能得到桥梁结构在各个施工阶段的位移和受力状态，指导桥梁设计和施工，为施工控制提供依据。正装计算还能较好地考虑一些与桥梁结构形成历程有关的影响因素，如结构的非线性和混凝土收缩、徐变等问题。正因为如此，正装计算法在桥梁结构的施工分析中占有重要的位置。

(2) 倒装计算法

倒装计算法又称为后退计算法或倒拆计算法。对于分段施工的连续梁桥、斜拉桥、悬索桥等复杂结构，为了使竣工后的结构线形满足设计要求，一般要给出各个施工阶段结构物控制点的标高，或设置预拱度。倒装计算法是按照桥梁结构实际施工加载顺序的逆过程，进行结构行为分析。它的基本思想是，假设某一时刻结构内力分布满足该时刻正装计算的结果，线形满足设计要求，在此初始状态下，按照正装分析的逆过程，对结构进行倒拆，分析每拆除一个施工段对剩余结构的影响，在一个阶段内分析得出的结构位移、内力状态，便是该阶段结构施工的理想状态。

一座桥梁的设计图，都会给出最终成桥状态的设计线形和标高，但一般不会明确给出桥梁结构各施工过程中间的状态要求。要想得到桥梁结构施工初始状态和施工中间各阶段的理想状态，就要从设计图给出的最终成桥状态开始，逐步进行倒拆计算，得到施工各阶段中间的理想状态和初始状态。只有按照倒装计算给出的各阶段标高指导施工，才能使桥梁的成桥状态符合设计要求。正因为倒装计算法可以解决这一问题，所以它适用于各种桥型结构的施工计算，尤其适用于以悬臂施工为主的大跨度连续梁桥、刚构桥和斜拉桥。

(3) 无应力状态法

无应力状态法是以桥梁结构各构件的无应力长度和曲率不变为原理，将桥梁结构的成桥状态和施工各阶段的中间状态联系起来，进行结构状态分析的方法。无应力状态法可用于各种桥型的安装计算，特别适用于大跨度拱桥和悬索桥的施工控制。由于大跨度拱桥的主要承重结构主拱圈、悬索桥的主要承重结构主缆索等，都是按无应力状态加工成型后在现场安装的，并且在安装时，其长度一般难以调整，因而如何确定这些主拱圈或主缆索的加工长度，是大跨度拱桥或悬索桥施工控制的关键。

虽然上述三种桥梁施工过程模拟分析方法，都能用于各种形式桥梁的施工分析，但是由于桥梁结构的非线性及混凝土的收缩、徐变等问题，无论倒装计算法还是无应力状态法，都不会与正装计算的结果完全闭合。因而在施工控制中，一般将倒装计算法或无应力状态法与正装计算法交替使用，直到计算结果闭合为止。

§10.3 各种桥型施工控制特点

(1) 梁式桥施工控制特点

预应力连续梁桥、连续刚构桥等梁式桥，多采用分节段悬臂浇筑施工，逐段向前推进。悬臂施工属于典型的无支架施工法。要保证控制目标的实现，就要根据实测结构参数，进行施工控制模拟结构分析计算，确定出每个悬臂浇筑节段的立模标高。施工过程中，在梁段浇筑完成后出现的误差，除张拉预备预应力索外，基本没有调整的余地，只能根据施工监测的成果，对误差进行分析、预测，在下一梁段的立模标高上做出必要的调整。逐节段进行跟踪控制，以保证成桥后桥面线形、合拢段两悬臂端标高的相对偏差不大于规定值，结构内力状态符合设计要求。应严格控制每一节段主梁的竖向挠度及横向偏移。若偏差较大，就必须进行误差分析并确定调整方法，为下一节段的施工做好准备。严格控制主梁在施工过程中以及成桥后的应力，尤其是合拢时的应力，使其不致过大，以免造成在施工过程中主梁破坏。

顶推法施工是连续梁常用的施工方法。虽然顶推连续梁的结构设计已考虑了顶推过程的影响，但设计中的分析是在理想状态下进行的。施工过程中由于各种因素的影响，结构参数会有所改变，结构的实际受力状态也会与设计有所不同。施工控制中，应根据已掌握的桥梁实际参数，对顶推施工过程进行模拟分析，预测出施工过程中梁体、支墩的内力及变形状态，必要时需对施工方案进行调整，指导施工与施工控制。顶推施工监测与调整的内容包括：预制平台变形及平整度监测、临时支墩变形监测、顶推同步性与施力监测、主梁轴线位置监测、主梁应力监测、导梁端部标高监测、落梁阶段的监控等。

(2) 拱桥施工控制特点

混凝土拱桥施工控制包括线形、内力及稳定控制。特别是对于大跨度混凝土拱桥，一般采用无支架施工，由于拱圈又高又宽，拱肋截面多为按底板、侧板、顶板分次浇筑完成的组合截面，结构挠度和内力的重分布是不可避免的。为确保拱肋应力和变形符合设计要求，应严格实行双控，做好拱肋混凝土浇筑的跟踪施工控制，确保拱肋应力和标高符合要求。拱桥是以受压力为主的结构，对于施工过程中结构的稳定性也要给予特别关注。这些都是拱桥施工控制的基本特点。

拱式桥梁施工控制分为两个阶段：一是主拱圈形成阶段，二是拱上结构形成阶段。

在主拱圈形成阶段的施工中，影响控制的主要因素是主拱圈的形成方式。

对于外置式拱架施工法，由于拱架构造复杂，施工过程的理论分析较难反映实际情况，而且施工时拱架形成后，其顶面标高就基本上不再改变，所以应对拱架预拱度及其设置方式做出正确预测。拱架形成后，应重点监控拱架及先期形成的拱环的变形与应力。

对于劲性骨架施工法，骨架是拱圈形成的基准，所以必须对骨架的无应力加工及形成后的几何状态做出正确预测。由于骨架形成后施工的自架设特点，拱轴线和内力状态均随着拱圈的逐渐形成而不断变化，且在拱圈形成后的调整余地很小，所以施工过程中必须进行严格的跟踪控制。

预制吊装法施工是通过多段拱肋在空中组装成拱的。由于预制拱段形成后的几何状态难以改变，应严格监测拱段的无应力加工状态。拱段接头处理的时机及方式也会直接影响成拱状态：如果拱圈是一次成型，必须把握好接头连接时机，并控制好结构状态；如果在成拱前作一定调整，则应使接头留有调整余地。对于拱肋吊装过程中的稳定性，也必须进行严格控制。

悬臂施工是一种无支架施工方式，已成结构具有不可调整性，对其进行预测控制是必不可少的。采用悬臂转体施工时，应特别注意在成拱前已形成的拱圈结构的状态。特别是在转体期间，应重点监控结构状态，正确把握合拢时机，并采取有效的技术措施。

不论哪种形式的拱桥，其拱圈的最终受力与变形状态一般是确定的，但在拱上结构形成阶段，拱上结构的施工程序，会对拱圈在施工过程中的受力与变形状态及稳定性产生较大的影响，处理不好就有可能破坏已成拱的拱圈结构。所以，在此阶段的必须进行严格的监测与调整控制。

(3) 斜拉桥施工控制特点

斜拉桥是高次超静定结构，对成桥线形的要求非常严格。桥梁线形的任何变化，都会影响结构内力的分配。因此，在斜拉桥主梁悬臂浇筑或悬臂拼装过程中，保证主梁线形正确是第一位的。

因为斜拉桥桥塔、主梁和拉索之间刚度相差悬殊，易受拉索垂度、气温变化、风和日照影响、施工临时荷载、混凝土收缩徐变等复杂因素的干扰，结构内力与变形的关系非常复杂。在施工控制分析中，虽然可以计算出各施工阶段索力和相应的梁体变形，但是由于设计所采用的计算参数，诸如材料的弹性模量、构件重量、混凝土的收缩徐变系数、施工中温度变化及施工临时荷载等，与实际工程不会完全一致，施工中结构的实际变形往往与预期结果存在偏差。而且这种偏差还具有累积性，如不及时有效地控制和调整，随着主梁悬臂施工长度的增加，主梁标高最终会显著偏离设计目标，造成合拢困难，并影响成桥后的内力和线形。这就是斜拉桥施工控制的主要特点。

主梁施工时的线形主要是通过监测标高进行控制。而在二期恒载施工时，为保证结构的内力和变形处于理想状态，拉索再次张拉时以索力控制为主。主要监测内容包括：索塔变形和应力监测、主梁变形和应力监测、索力测试、温度影响测试等。斜拉桥合拢阶段的抗风稳定性应予以特别的注意。

(4) 悬索桥施工控制特点

悬索桥的主缆在施工中是梁段吊装的主要承重结构，也是二期恒载和运营荷载的主要承重结构。主缆架好后，其长度和线形就基本不再做调整。因此，如何使主缆按设计要求准确成形，就成为悬索桥施工控制的关键。它取决于锚锭、主塔的建造精度以及主缆索股的制作和架设精度。为了确保缆索内力和线形符合设计要求，必须严格控制主缆的无应力下料长度。对于加劲梁的拼装，为保证符合设计线形，也应重点控制吊杆的无应力下料长度。

为保证成桥后索股拉力的均匀性，到达成缆状态时，应对锚跨索股拉力进行调整。调整时，应注意使索股力增减总量和趋于零，否则将影响结构线形及内力。

塔身应力也是悬索桥施工控制的重点，施工过程的各个状态均应进行监控。监控截面应在塔根处、有系梁处及塔截面变化处。

悬索桥具有大变形的特点，加劲梁的安装过程中，必须进行各部分的应力监控。对于钢加劲梁，可在成梁后开始监控；对预应力混凝土加劲梁，在连续段接缝时就应开始监控。

§10.4 施工监测方法与仪器

施工监测是桥梁施工控制的基础。一方面，为了消除各种因素引起的设计参数取值与实际结构状态之间的误差，施工中必须对重要的结构设计参数和状态参数进行监测，以获取反映实际施工情况的数据和技术信息，不断根据实际情况修正原先确定的各施工阶段的理想状态，使施工状态始终处于控制范围之中。另一方面，随着工程的推进，结构体系和边界条件在不断地改变，使实际结构参数发生变化。同时，每个阶段理想状态的修正也无法从根本上克服整个误差对后期结构的影响。所以，在施工过程中通过反馈控制分析方法，优化调控措施，消除误差影响，是确保施工结构状态最大限度地接近理想状态的重要手段。而反馈控制分析是建立在结构理想设计状态、实测结构状态和误差信息三大基础之上的。因此，对施工过程进行跟踪监测是必不可少的。

(1) 施工监测系统

施工监测系统是桥梁施工控制系统中的一个重要部分。各种桥梁施工控制中，都必须根据实际施工情况与控制目标建立完善的施工监测系统。不论何种类型的桥梁，其施工监测系统中一般都包括下面几个组成部分：

$$\text{桥梁施工监测系统} \begin{cases} \text{结构设计参数监测} \\ \text{几何状态参数监测} \\ \text{结构应力监测} \\ \text{缆索力监测} \\ \text{预加应力监测} \\ \text{温度变化监测} \end{cases}$$

施工监测系统不仅可以用作修正理论设计参数，保证施工控制预测的可靠性，同时又是一个安全警报系统，及时发现和避免桥梁结构在施工过程中的变形或截面应力超出设计范围，防止结构的破坏。所建立的监测系统还可以进一步用于桥梁运行安全状况的监测，为桥梁的科学管理与维护提供数据资料。

(2) 施工监测方法

施工监测方法很多，应根据桥梁类型、施工方法、监测目的、监测频度、监测时间长短等具体情况，选择方便、适用、可靠的监测方法。

1) 结构几何形态监测

结构几何形态监测是施工控制和预报的关键，其目的是监测结构的实际几何形态，包括标高、跨长、结构或缆索的变形等。

目前用于桥梁结构几何形态监测的常用仪器包括测距仪、精密水准仪、经纬仪、全站仪等，采用 GPS 通过卫星定位监测大跨度结构位移的技术也已经开始应用。监测内容可分为一般的标高和变形监测、定期结构几何形态参数监测，以及全过程动态跟踪结构几何形态参数监测。

作为一般的标高和变形等监测，可采用精密水准仪和铟钢水准尺水准联测、活动砧标视准线法观测、精密电子倾角仪倾角测量等方法。

定期结构几何形态参数监测属于结构安全性监测，是指对那些勿需全过程监测的控制量，例如桥墩、桥塔、拱座、锚碇等的变形或变位，进行的定期复核性的监测。这些监测通常采用精密水准仪、精密倾角仪等仪器进行量测。

需全过程动态跟踪监测的结构几何形态，包括悬索桥索塔位置、主索鞍位置、主缆索和加劲梁线形、索夹位置等；斜拉桥索塔位置、斜拉索锚固位置、加劲梁平面位置和线形、拱桥轴线线形、拱上结构位置、连续刚构桥墩位、悬臂施工箱梁的平面位置等重要参数。利用施工现场的高精度施工平面和高程控制网，可经局部控制网优化处理，建立一个形变监测控制网，并以此作为结构几何形态参数监测的控制基准。采用全站仪，以控制网为基准，以安装在结构各指定控制点的标靶作为照准目标进行监测。

几何形态参数的监测结果，通过监测数据实时处理分析系统，反馈给施工控制系统。

2) 结构截面应力监测

作为施工过程的安全预警系统，结构截面应力的监测是施工监测的主要内容之一。无论是梁式桥、刚构、拱桥、还是斜拉桥和悬索桥，其结构某指定截面的应力值是随着施工的进程不断变化的。施工过程中，应不断监测某一时刻的应力值是否与预测值一致，是否处于安全范围。一旦发现异常情况，应立即停止施工，查找原因，并及时采取有效措施进行处理。

由于桥梁施工一般周期较长，应力监测是一个长时间的连续的量测过程。目前应力监测主要采用电阻应变仪法、钢弦式传感器法等，另外一些更为先进的测试方法，例如光纤技术、遥感技术等也在进行研究，有些已经投入桥梁应力状态的监测中。

电阻应变仪法使用简便、价格便宜，但抗温度变化、电磁干扰的能力较差，且不具有应变累计测量功能，一般适用于结构表面应力，连续测量时间较短，且以量测应力增量为主的监测，例如结构的动力加载应力情况。

钢弦式传感器具有良好的稳定性，抗干扰能力较强，数据采集方便，具有应变累计测量功能等优点，适合于现场情况复杂、连续测量时间较长且量测过程始终要以初始零点作为起点的应力监测。钢弦式传感器的不足之处是体积较大，价格较高，且通常要埋入混凝土内，容易在施工时被破坏而失效。

3) 缆索力监测

斜拉桥的斜拉索、悬索桥的主缆索和吊索的索力都是重要的设计参数，也是施工中需要监测与调整的控制参数之一。缆索力的量测效果，是直接影响结构的施工质量和施工状态的关键，应选择适当的量测方法和仪器，准确地了解缆索力的实际状态。

缆索力的量测方法主要有三种。

第一种方法是直接利用张拉液压千斤顶的压力表，或液压传感器确定缆索力。这种方法简单易行，可直接借助施工中已有的千斤顶，是施工控制中量测索力最实用的方法之一。

第二种方法是在悬索桥或斜拉桥缆索锚下安装压力传感器，通过二次仪表读取拉索索力。这种方法准确性高，稳定性较好，选择恰当的传感器除满足施工控制监测需要外，还可用于桥梁使用过程中的健康诊断监测。

第三种方法是通过测试索的振动频率确定索力。对于两端铰支的缆索，索力与索的振动频率之间的对应关系为：

$$T = \frac{4mL^2 f_n^2}{n^2 g} - \frac{n^2 EI}{L^2} \tag{10-1}$$

式中 T——索的张力；

L——索的计算长度；

f_n——缆索的第 n 阶振动频率；

m——单位长度索的质量；

EI——索的抗弯刚度；

g——重力加速度。

对于抗弯刚度很小的柔性索，可以忽略上式中的第二项。索的振动频率可采用加速度传感器测试。

4) 预应力监测

预应力水平是影响预应力桥梁施工控制目标实现的主要因素之一。预应力张拉过程中，会由于锚口摩阻、管道摩阻、梁体弹性压缩及上拱、钢丝回缩、锚具回缩等产生预应力损失，影响预应力筋的真实张拉应力及实际剩余预应力值。对于张拉预应力，一般通过在张拉千斤顶与工作锚板之间设置压力传感器测量。对于预应力损失，可在指定截面的预应力筋上，粘贴电阻应变计测量其应力。张拉应力与测得的应力之差，即为该截面的预应力管道摩阻损失值。

5) 温度监测

对于大跨度桥，其温度效应是十分明显的。对于悬臂施工的连续梁或连续刚构桥，悬臂端会因温度的变化而发生变位，使标高发生偏移。对于斜拉桥，拉索长度会随温度变化而伸长或缩短，直接影响主梁标高。对于悬索桥，主缆线形及矢高会随温度的改变而变化，索塔也可能因温度变化而发生变位。只有准确掌握结构整体温度分布状态，才能有效地克服温度对施工结构行为的影响。大跨度桥梁施工过程中的结构温度监测，是实现桥梁施工监控目标的重要工作。

结构温度的测量方法包括辐射测温法、电阻温度计测温法、热电偶测温法等。通常应选用体积小、附着性好、性能稳定、精度高且可进行长距离传输监测的测温元件。

悬索桥主缆架设期间,温度监测的重点是基准索股和一般索股。通常沿跨长方向选择多个断面进行测量,每个断面沿索股表面对称布置传感器,并使其紧贴于索股表面股丝之间,确保所测温度是索股表面钢丝的真实温度。

对斜拉桥、悬索桥主缆索等成缆结构的温度状态,由于钢丝间的空隙影响,缆索横截面内的温度场分布很不均匀,应对其主缆表面测点温度的平均值进行修正。

对混凝土结构包括表面温度测量和体内温度测量两方面。对结构表面温度测量可采用表面温度点测计;对体内温度测量通常是在钢筋上贴温度传感器,通过显示仪读取温度值。

思 考 题 与 习 题

1. 桥梁施工控制的内容主要包括哪几个方面?
2. 简述桥梁施工控制系统的各组成分系统及其作用。
3. 桥梁施工控制方法有哪几种?各自有何特点?
4. 简述大跨混凝土连续梁和连续刚构的施工控制内容及方法。
5. 桥梁结构几何形态监测的仪器有哪几类?这些仪器分别适用于哪些具体情况?
6. 简述混凝土应力的监测仪器及监测方法。
7. 简述索力监测仪器及监测方法。
8. 简述结构温度测量的仪器和方法。

第 11 章 桥梁施工组织设计

　　桥梁施工组织设计是组织施工，指导施工活动，保证工程施工正常进行的重要技术、经济文件。施工组织设计的目的在于全面合理、有计划地组织施工，使工地上的人员、机具、材料能够充分发挥作用，以最小的消耗，最快的速度，取得最好的效果。施工组织设计的根本内容是，规划、安排施工准备工作，编制施工进度计划和劳动力、机具材料供应计划，做好人力、物力的综合平衡。同时，对施工场地，包括材料堆栈、仓库、临时房屋、施工道路、水电设施及场内外运输方式等，进行合理的规划与布设。

　　施工组织设计除安排和指导施工外，又是体现设计意图，编制概预算的依据，是对施工实行科学管理的重要手段，也是施工单位管理水平和信誉的体现。

　　施工组织设计必须实事求是，确定的原则和事项，既应符合当前施工队伍的技术水平和设备能力，又应具有一定的先进水平，通过努力是可以达到的。同时，编制的原则和依据也不是一成不变的。经常调整和修改计划，以适应变化了的客观情况，是必然的，也是正常的。这与不得任意违背，应保持施工组织设计的严肃性是不矛盾的。

　　桥梁工程在设计阶段，施工开始前和施工过程中各阶段，都要编制施工组织设计，但随不同的设计阶段，而有不同的编制深度和内容，而工程的主要施工方法和施工程序，一般是不会改变的。

§11.1　桥梁施工组织设计的类型和基本内容

　　桥梁工程在不同阶段编制的施工组织设计有3种类型。在设计阶段编制的，称初步施工组织设计；在施工开始前编制的称指导性施工组织设计；在施工过程中编制的，称实施性施工组织设计。

11.1.1　初步施工组织设计

　　初步施工组织设计，是由设计单位进行编制的。其主要内容是，结合桥梁结构设计，制订桥梁施工的轮廓计划，初步拟定施工方法、施工程序和施工时间。结构设计总是与施工方法密切相关的。在设计过程中，必须拟定施工方法和施工程序。不同的施工方法和程序，甚至会影响到结构的设计内力和细部构造。此外，初步施工组织设计，还是编制工程总概算的依据。

　　虽然初步施工组织设计不可能编制得很详细、具体，但对控制工程的工期和总投资是很重要的。因此，应力求符合实际。

11.1.2 指导性施工组织设计

指导性施工组织设计，是由设计单位在工程施工投标和中标开工前所编制的施工组织设计，其主要任务是：

(1) 确定最合适的施工方法和施工程序，及最相应的具体措施，以保证在承包合同议定的工期内，顺利完成施工任务；

(2) 适时周密地安排好各项准备工作；

(3) 采用科学合理的劳动组织形式和先进的管理办法组织施工，提高劳动生产效率，充分发挥机械效益；

(4) 编制施工进度计划和劳动力、机具、材料的供应计划，做到人力、物力综合平衡调配，力争全年连续、均衡地进行施工；

(5) 有效合理地布置施工场地，以方便生产、运输和生活，并尽可能节约临时用地，减少临时工程。

指导性施工组织设计，是组织桥梁施工的总计划，是开展工程施工和各部门工作的依据，也是编制施工预算的主要依据。而预算又是编制施工财务计划的依据，并且是施工过程中进行成本分析的依据。

编制指导性施工组织设计，应当尽可能符合客观实际。因此，投标时施工单位应根据投标文件的要求，认真研究设计文件，复核现场资料，调查研究工地环境条件，再根据自身的施工条件，编制施工组织设计。中标后，在工程开工前，尚应进一步审查、修订，必要时甚至重新编制施工组织设计，以求其更加合理。

11.1.3 实施性施工组织设计

桥梁初步施工组织设计和指导性施工组织设计，都是以某整个桥梁工程为对象编制的。其作用是用来指导施工的全局，集合施工力量，配备机具设备，组织物资材料供应，布设生活及临时设施，建立施工条件，属于施工组织总设计的类型。

桥梁实施性施工组织设计，是以指导性施工组织设计为依据，以某个单位工程或分部工程，如基础工程、上部结构工程为对象，编制的工程施工组织设计。所以它的作用，是按指导性施工组织设计所规定的施工方法、施工程序、施工工期及物资供应指标等，分期、分部付诸实施。因此，其内容较指导性施工组织设计更为详细具体。

实施性施工组织设计的内容和要求是：

(1) 制订按工作日程的施工进度计划，它是用来直接指挥施工的计划。因此，计划要订得具体、详细、形象，同时应当留有余地，以便发生意外情况时，能及时调整计划，避免窝工；

(2) 根据施工进度计划，计算劳动力、机具、材料等的日程需要量；

(3) 在施工进度计划表上，规定出工作班组及机械的作业日程安排和移动路线，以及与此相应的材料、机具供应计划；

(4) 结合工程结构和环境条件，提出具体施工细节，如基坑围堰的修筑，模板安装，混凝土灌筑等采用的施工方法；

(5) 施工工序的划分，劳动力组织及机具配备，既要适应施工方法的需要，也要能有效地发挥施工班组的工作效率，保证工程质量和施工安全，还要适应实现分项承包和结算的需要。

§11.2 桥梁施工组织设计的编制

编制不同阶段施工组织设计的基本内容是一致的，只是深浅、具体和详细程度不同。施工组织设计主要应当包括以下内容：选择和制订施工方案，确定施工方法；编制施工进度计划；编制施工劳动力及施工材料和施工机械设备供应计划；规划施工现场，布置施工场地；编制工程质量保证措施和施工监控措施；编制工地业务的组织规划等。

11.2.1 施工方案的选择和制订

选择合理的施工方案，是工程项目施工组织设计的核心。施工方案的优劣，是决定工程的全局成败的关键，它在很大程度上决定了施工设计的质量。

选择和制订施工方案的基本要求，是符合现场实际，切实可行。同时还要做到技术先进，能有效地采用新技术、新材料，确保工程质量和施工安全；工期能满足合同要求；经济合理，施工费用和工料消耗低。施工方案的主要内容包括：施工方法的确定、施工机具的选择和施工顺序的安排等。

(1) 施工方法的确定

施工方法是施工方案的核心内容，它将直接影响施工进度，质量安全和工程成本。因此，应根据工程特点、工期要求，施工条件，人力、材料和设备供应情况，结合施工单位的经验，认真比选，慎重确定。例如，基坑施工采用何种围堰，是人工或机械开挖；钻孔桩采用那种成孔方式；墩台模板采用哪种形式；就地灌筑混凝土梁的脚手架，是采用排架式，还是墩架式等。

确定施工方法应突出重点，对于施工技术复杂和对工程质量起关键作用的项目，以及工人不够熟悉的项目，应详细而具体。而对于一般施工方法和工人熟悉的项目，则可适当从简，只提出本项目的特殊要求即可。

确定施工方法时，还应考虑采用的施工方法对结构受力的影响，不仅要拟定出操作过程和方法，更要提出质量要求和技术措施。另外，尚应注意吸收同类工程的先进经验，以达到施工快速、经济和优质的目的。

(2) 施工机械的选择

具有一定规模的桥梁工程施工中，一般都会配备一定数量的起重运输和材料加工等施工机械，以代替繁重的体力劳动，提高生产效率，缩短工期。施工机械的选择，总是以满足施工方法的需要为基本依据。但有时施工方法的确定，又取决于施工机械。所以，两者常常需要同时考虑，综合确定。

选择施工机械时，应在满足施工需要的前提下，充分发挥施工单位现有的机械设备能力。必要时可考虑租赁或购买。在购买机械设备时，应既考虑本工程使用，也要考虑能在今后工程中多次重复使用的可能。

(3) 施工顺序的安排

施工顺序是指工程施工的先后次序。安排施工顺序的重点，是从整个桥梁工程全局出发，根据现场施工条件、水文气象资料、施工机械作业，安排不受固定顺序限制的施工顺序，以求工程顺利开展，保证质量和施工安全，缩短工期。例如，根据工程规模大小和工期要求，是否需要两岸工程同时进行；考虑雨季和洪水影响，水中基础安排在什么时间施工；混凝土工程能否尽可能避开冬季施工；如何减少工人和施工机械的停歇时间，加快施工速度等。

11.2.2 施工进度计划的编制

施工进度计划，是施工组织设计中最主要的组成部分。它是在已确定的施工方案和施工顺序基础上编制的，以图表形式表明工程从施工准备工作开始，直到工程竣工为止全部施工过程，在时间和空间上的安排，以及各工序间的衔接关系。

施工进度计划的主要作用是：统筹全局，合理布署人力，物力；正确指导全部施工活动，控制施工进度；为编制季度、月度生产作业计划，确定劳动力和各种物资需要量计划提供依据。

11.2.2.1 施工进度计划编制的方法

编制施工进度计划，应按以下步骤进行：

(1) 熟悉和审核施工设计文件和有关技术经济资料，深入分析工程内容和施工条件；

(2) 划分施工项目，一般可按临时工程、墩梁工程和其他附属工程进行。对于规模较大的工程，分项应详细具体，以利组织施工；

(3) 计算各施工项目的主要工程数量，如挖基土、石方工程，模板工程，钢筋混凝土工程，构件预制和安装工程等。这些工程数量，可由设计图获取。工程数量的计算单位，应采用与相应定额一致；

(4) 根据现行定额规定，计算确定各施工项目所需要的劳动量（工天数），各种主要材料用量，机械台班需要量和工作持续时间等；

(5) 确定施工顺序和程序；

(6) 设计并绘制施工进度计划图。施工进度计划图应反映各分项工程的工程数量、施工天数、施工时间和劳动安排。

设计绘制施工进度计划，是一个复杂的过程。一般在初步方案编制完成后，应当检查施工顺序是否合理，劳动力和机械的使用是否均衡。否则，就应进行到调整。然后再检查再调整。反复多次直到满意为止。

作为一个例子，某桥梁工程施工进度计划图，摘其中一部分示于表11-1。

××大桥指导性施工组织设计进度　　　　　　　表 11-1

项目	序号	工程内容	单位	数量	工天	按月排列施工顺序									
						1	2	3	4	5	6	7	……	16	17	18
临时工程	1	施工便道	m	3000	2000											
	5	高位水池	座	2	180											
	10	场地平整	m²	1600	400											
南台	1	挖基土方		180	80											
	5	台顶200号混凝土	m³	36.1	116											
	11	护坡等浆砌		5.6	12											
1#墩	1	挖基土方		169	83											
	3	基础混凝土	m³	76.3	132											
	6	顶帽钢筋混凝土		16.6	53											
主跨连续梁	1	0号段		102	821											
	5	4号段	m³	26.9	215											
	8	7号段		21.4	171											
	10	11号段		10.36	83											
北台	1	挖基土方	m³	180	88											
	11	护坡浆砌		5.6	12											
架梁	1	32m预应力梁	孔	1	191											
	2	16m钢筋混凝土梁		3	573											
按月计划需要工天数				45501		2200	2482	2642	2735	2709	2776	2735		1833	1833	1040

11.2.2.2 劳动量和机械台班需要量的确定

(1) 劳动工天的计算

据现行劳动定额确定劳动工天，可按下式计算：

$$P = Q \cdot H \tag{11-1}$$

式中　Q——施工项目的工程量（m³、m²、m……）；

H——该工程项目的劳动定额（工天/m³、工天/m²、工天/m……）；

P——该工程项目需要劳动工天。

(2) 机械台班数的计算

对以施工机械为主完成的施工项目，计算该种机械需要的台班数，应根据该施工机械的时间定额进行计算：

$$D = Q \cdot H \tag{11-2}$$

式中　D——该工程项目需要施工机械台班数；
　　　Q——该工程项目的工程量（m^3、m^2、m……）；
　　　H——该施工机械的时间定额（台班/m^3、台班/m^2、台班/m……）。

(3) 施工持续时间的计算

根据施工单位用于施工的人力、机械和工作面的大小，计算施工过程持续天数，可按下式进行：

对于人力施工　　　$T = P/(R \cdot b)$（天）　　　　　　　　　　(11-3)

对于机械施工　　　$T = D/(G \cdot b)$（天）　　　　　　　　　　(11-4)

式中　T——该工程项目施工过程持续天数；
　　　R——每天平均出勤的施工人数；
　　　G——每天出勤的施工机械台数；
　　　b——每天采用的工班数；
　P、D——该工程项目需要劳动工天和施工机械台班数。

(4) 每天应出勤的工人和施工机械台班数的计算

若按工期要求，项目施工过程持续时间已定时，则每天应出勤的工人和机械台班数，可按下式计算：

对于人力施工　　　$R = P/(T \cdot b)$（工人人数）　　　　　　　(11-5)

对于机械施工　　　$G = D/(T \cdot b)$（机械台班数）　　　　　　(11-6)

式中符号意义同前。

11.2.3　劳动力、材料和机械设备计划的编制

桥梁施工进度计划编制完成后，可根据施工顺序和各工序持续时间，编制出劳动力，材料和施工机械调配和供应计划，作为有关职能部门按计划调配的依据，以保证工程施工顺利进行。

(1) 劳动力调配计划

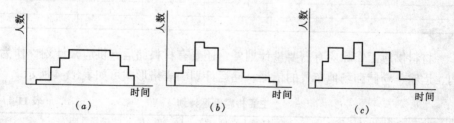

图 11-1　劳动力调配图示例

将施工进度计划表内各施工过程中所需的劳动力数量，按月进行叠加，即可得到全桥劳动力使用数量曲线。该曲线图通常与施工进度计划图绘在一起。劳动

力调配要求均衡，一般在开始阶段需要少量工人做准备工作。以后随着工程的进展，工人人数陆续增加，达到高峰，并保持一段时间。然后，分批减少，最后只有少量工人进行收尾工作。应避免工人数量骤增骤减的情况。否则会增加劳动力调遣费，增多施工工具设备和增加施工管理费。图 11-1 给出几种劳动力调配图示例。显然图 11-1（b）、（c）都是不合理的。遇到这种情况，应该重新修改施工进度计划，以求得比较合理的方案。

劳动力需要量计划是根据施工进度计划，对各个分部每天出勤施工的人员，分工种（技工，普工）进行统计，得出每天所需工种及人员。一般可按月或按旬编制，采用表格的形式如表 11-2 所示。

劳动力需要量计划　　　　　　　　　　　　　　　表 11-2

序号	工种名称	人数	×月			×月			×月		
			上	中	下	上	中	下	上	中	下

(2) 主要材料需要量计划

材料需要量计划是材料供应和材料采购的依据，并做为确定仓库，堆场面积和组织运输之用。计划编制的依据，是施工进度计划中各分项工程数量和预算定额。计划用表格形式内容应包括材料名称、规格、时间等。

全桥材料需要量计划及分月供应计划，应编制出水泥、钢筋和木材等分月用量表和钢材分月分类用量表。

材料需要量计划　　　　　　　　　　　　　　　　表 11-3

序 号	材料名称	规 格	需 要 量		供应时间	备 注
			单 位	数 量		

材料供应工作除应有需要量计划外，还要有材料储运（供应）计划，作为采购、运输、仓储和场地布置的依据。储运计划的表格形式可如表 11-4 所示。

主要材料储运计划　　　　　　　　　　　　　　　表 11-4

序 号	材料名称	规 格	单 位	数 量	进场日期	备 注

材料需要量计划和供应计划，是保证工程施工顺利进行，降低工程成本的关

键，应当认真做好不可大意。不可因材料供应不及时而窝工，甚至延误工期，因此要提前储运，留有余地。特别是稀缺材料，更应早日落实。当然，材料储备数量应适当，不宜超量存储。

（3）施工机械供应计划

应当根据施工方案和施工机械台班数的计算，以及施工进度计划，确定施工机械类型、数量和进场时间。一般是把施工进度计划中各施工顺序的每天需要机械类型，数量和施工日期统计汇总，从而得到施工机械需要量计划，如表11-5所示。

施工机械需要量计划 表11-5

序号	机械名称	类型、型号	需要量		货源	使用起止时间	备注
			单位	数量			

§11.3 施工场地布置

施工场地布置也称施工平面图设计，是对施工现场的规划，解决施工期间各种临时设施、仓库、料场、水电线路、施工道路等与桥梁施工工程的位置关系。施工平面图是进行施工现场布置的依据。合理的施工平面图，对于实现科学管理，顺利执行施工进度计划，进行文明施工具有重要作用。

11.3.1 施工场地布置图的内容与要求

施工场地布置应包括以下主要内容：

（1）在1:500~1:2000施工用地范围内的地形、地貌图上，绘出所有现有房屋道路和地上地下通讯水电管线等的位置和尺寸，以及测量控制点的标桩位置；

（2）拟建桥梁的走向和墩台位置；

（3）各种生产、生活临时房屋和材料，设备，预制场地的位置，规模；

（4）施工道路和主要施工机械的位置等。

为了显示清晰，也可将电力线路和供水线路分别另图布置。

施工场地布置的基本要求是：

（1）尽量减少临时设施的数量，布置紧凑合理，减少施工用地，少占农田；

（2）互不干扰，方便施工。各种临时设施位置合理，最大限度地减少工地内部运距和场内二次运输；

（3）符合环境保护、卫生、安全和防洪的要求，关心职工福利，方便生活；

（4）施工区域的划分和场地的确定，应符合施工工艺流程的要求，以利于生产的连续性。

11.3.2 施工场地布置设计

施工场地布置设计的方法是：

(1) 首先对当地自然条件和技术条件进行分析，掌握施工现场的地形、原有道路、水源、电源及交通运输条件等；

(2) 确定主要机械设备的位置尺寸。如混凝土搅拌站和起重运输机械是桥梁施工工地的主要设备，应首先予以考虑；

(3) 考虑仓库、料场和半成品堆放位置；

(4) 场外交通的引入和现场运输道路的布置；

(5) 各种生产、生活临时设施的布置；

(6) 供水、供电设施的布置；

(7) 安全、消防设施的布置。

施工场地布置设计时，要充分利用施工场地现有条件，全面规划，合理布设。对外注意与原有公路，铁路的联络；对内尽量减少施工作业的相互干扰。

11.3.3 工地临时房屋

工地临时房屋包括生活用房和生产用房两类。主要有办工用房，施工人员居住用房、食堂、仓库、附属工厂、工地试验室、动力站、文化福利设施和医疗卫生用房等。

(1) 临时房屋布置的基本要求

临时房屋的布置，应满足以下基本要求：

1) 应建在地势平坦、干燥、施工期间不被水淹的地方；

2) 房屋构造应简单，尽量使用拆装式房屋。条件许可的情况下，宜临时租用现有房屋和利用提前修建的房屋；

3) 直接指挥生产的指挥所和调度室，应设在工地的中心地区。而施工管理办公室和职工生活区，最好设计与工地有一定距离，不受施工噪声等干扰的地方，但也不能远离工地；

4) 按房屋的不同使用条件和防火卫生的要求，各栋房屋之间的最小距离，在城区为5m，郊区为7m；锅炉房、发电机房、变电室、铁工房与临时生活用房间的距离不应小于25m；油料库距铁路线间距离不小于50m；距公路不小于15m；距锻工房、焊接工场等至少25m；

5) 临时房屋的高度一般为2.5~2.8m，车间、库房等散热及争取利用空间者，可增至3.5~4.0m。每栋房屋均应配备灭火器。

(2) 生产用房面积的确定

施工现场的生产用房大致有如下3类：材料加工房（棚），如木工棚、钢筋棚和铁工房等；生产车间，如构件预制车间、机修车间、空压机房、锅炉房、水泵房、电工配电室等；施工机械用房，如汽车搅拌机、电焊机、卷场机等。这些房屋的面积一般可参考表11-6计算确定。

机房和作业棚房屋面积参考表　　　　　　　　　　　　表11-6

项次	名称	单位	面积（m²）	备注
1	木工作业棚	m²/人	2	占地为前数3~4倍
2	钢筋作业棚	m²/人	3	占地为前数3~4倍
3	混凝土搅拌棚	m²/台	10~18	400L
4	立式锅炉房	m²/台	5~10	
5	发电机房	m²/kW	0.2~0.3	
6	水泵	m²/台	3~8	
7	汽车或拖拉机	m²/辆	20~25	
8	混凝土搅拌机	m²/台	10	
9	移动式空压机	m²/台	18	以6m³/min或9m³/min为例
10	固定式空压机	m²/台	9	以10m³/min或20m³/min为例
11	卷扬机	m²/台	6~12	

（3）生活用房面积的确定

各种生活、办公临时房屋的面积，可按施工单位的年平均全员人数和表11-7工地临时房屋面积指标，计算确定。

工地生活、办公用房面积参考表　　　　　　　　　　　　表11-7

项次	临时房屋名称	单位	面积（m²）	项次	临时房屋名称	单位	面积（m²）
1	办公室	m²/人	3~4	11	理发	m²/人	0.01~0.03
2	宿舍	m²/人	2.5~3.5	12	浴室兼理发	m²/人	0.08~0.1
3	单层通铺	m²/人	2.5~3	13	俱乐部	m²/人	0.1
4	双层床	m²/人	2.0~2.5	14	小卖部	m²/人	0.03
5	单层床	m²/人	3.5~4	15	招待所	m²/人	0.06
6	家属宿舍	m²/人	16~25	16	托儿所	m²/人	0.03~0.06
7	食堂	m²/人	0.5~0.8	17	子弟学校	m²/人	0.06~0.08
8	其他合计	m²/人	0.5~0.6	18	其他公用	m²/人	0.05~0.1
9	医务室	m²/人	0.05~0.07	19	开水房	m²/人	10~40
10	浴室	m²/人	0.07~0.1				

11.3.4 材料仓库及堆栈

材料仓库和堆栈，是工地上用以临时存储各种建筑材料的地方，按材料保管方法的不同，一般可分为以下几种：

(1) 堆栈：堆栈是露天仓库也称料场，用于堆放不怕雨侵袭，且较为笨重的材料。例如砖瓦、石料、原木和混凝土构件等。

(2) 库棚：它是带顶棚的堆栈，用于储存防止雨雪和阳光直接侵蚀且较为笨重的材料。例如油毛毡、陶瓷砖、沥青等。

(3) 仓库：封闭式仓库用于储存贵重材料和容易散失的物品。例如，五金零件、贵重设备、施工工具和劳动保护用品等。水泥、石膏在多雨季节，也常存于仓库内。

材料仓库及堆栈应布置在进料比较方便和靠近用料比较繁重的地方，以减少运距、方便运输。

仓库与堆栈的面积，应根据施工进度计划的用料计划，按下式计算确定。

$$F = \frac{1}{K_1} \cdot \frac{P}{q} \tag{11-7}$$

式中 F——仓库、料场的面积（m²）；

P——仓库、料场的材料贮存量（m³，t等）；

q——仓库、料场每平方米的材料储存量（m³/m²，t/m² 等），如表（11-8）所示；

K_1——仓库、料场堆放材料的面积利用系数；如表（11-9）所示。

每平方米材料储存量　　　　　　　　　　　　表 11-8

项次	材料名称	单位	单位面积存放数量	堆放高度（m）	放置方法	储存方法
1	水泥（袋）	t	1.5	2	堆垛	仓 库
2	水泥（散）	t	2.0～2.8	1.5～2	堆积	仓 库
3	各种型钢	t	1.0～4.5	0.6～1.0	堆垛	敞 棚
4	钢筋	t	3.7～4.5	1.2	堆垛	敞 棚
5	盘条	t	1.5～2.0	1.0	堆垛	敞 棚
6	钢管	t	0.5～0.6	1.0	堆垛	敞 棚
7	钢丝绳	t	1.2～1.3	1.0	堆垛	敞 棚
8	圆木	m³	1.3～2.0	1.5～2.0	堆垛	露 天
9	方木、板材	m³	1.2～1.8	2.0～2.5	堆垛	敞 棚

仓库，堆栈面积利用系数　　　　　　　　　　　　表 11-9

项次	仓 库 类 型	α
1	储存工具、机械配件、电工、水暖器材等（货架存放）	0.35～0.4
2	散装水泥	0.6～0.9
3	桶装、袋装材料	0.45～0.6
4	木材、钢材料棚	0.4～0.5
5	露天堆放的成材（木材、钢材等）	0.5～0.6
6	露天堆放的散材（砂、石料）	0.6～0.7

仓库、料场的材料储备量，应能保证施工不至于中断，同时也要避免储备量

过大而造成积压，或仓库面积过大而加大临时投资。对于经常使用的砂、石、水泥、钢材等，可按储备期进行计算。

$$P = t_n(q_1 \times k_2)/t \tag{11-8}$$

式中　P——材料的储备量（m^3 或 t 等）；

　　　t_n——材料储备期定额；

　　　q_1——材料的总需要量（m^3 或 t 等）；

　　　t——有关施工项目的施工总工作日；

　　　k_2——材料使用的不均衡系数（= 最高峰日需要量/日平均需要量）。

11.3.5　工地供水设计

11.3.5.1　工地临时供水量计算

工地临时供水设计，一般应决定需水量，选择水源和设计配水管网。

工地用水包括生产用水，生活用水和消防用水。其中，生产用水包括现场施工工程用水 Q_1 和施工机械用水 Q_2。各种用水量可分别按下式计算。

$$Q_1 = K_1 \cdot \Sigma \frac{AN_1}{T_1 t} \cdot \frac{K_2}{8 \times 3600} \tag{11-9}$$

式中　Q_1——施工工程用水量（含附属生产企业用水）（L/s）；

　　　A——年（季）度工程量（以实物计量单位表示）；

　　　N_1——施工用水定额（如表 11-10 所示）；

　　　T_1——年（季）度有效作业日（d）；

　　　t——每天工作、班数；

　　　K_1——未考虑到的用水量修正系数（一般取 1.05~1.15）；

　　　K_2——用水不均衡系数（如表 11-11 所示）。

生产及生活用水定额　　　　　　　　表 11-10

用途	单位	耗水量（L）	用途	单位	耗水量（L）
灌筑混凝土全部用水	m^3	1700~2400	标准轨蒸汽机车	台·昼夜	10000~20000
搅拌普通混凝土	m^3	200~300	空气压缩机	m^3/分台班	40~80
混凝土养护（自然养护）	m^3	200~400	锅炉	m^2/h	15~30
混凝土养护（蒸汽养护）	m^3	500~700	食堂	每人	80~100
人工冲洗石子	m^3	1000	浴室	每人	40~60
机械冲洗石子	m^3	600	医院	每床	100~150
洗砂	m^3	1000	工人生活用水	每人班	10~15
内燃挖土机	m^3·台班	200~300	生活区无下水道	每人日	25~30
内燃起重机	t·台班	15~18	生活区有下水道	每人日	60~80
汽车	台·昼夜	400~700	蒸汽打桩机	t·台班	1000~1200

$$Q_2 = K_1 \Sigma M \cdot N_2 \frac{K_2}{8 \times 3600} \qquad (11\text{-}10)$$

式中 Q_2——施工械机设备用水量（L/s）；

M——同一种机械设备台数；

N_2——某种机械设备台班用水定额（为表 11-10 所示）；

K_1——未考虑到用水量修正系数（一般取 1.05～1.10）；

K_2——用水不均衡系数（如表 11-11 所示）。

用 水 不 均 系 数　　　　　　表 11-11

用水名称	不均系数		用水名称	不均系数	
	K_2	K_3		K_3	K_4（K_5）
建筑施工用水	1.6		运输设备用水		2.0
单项建筑工程用水	1.5		建筑工程的日常卫生用水	2.7	
辅助企业用水	1.25		无下水道区日常卫生用水		2.15
动力设备用水		1.1	有下水道区日常卫生用水		1.8

生活用水量（Q_3）包括现场施工人员用水量（Q_{3-1}）和生活区生活用水量（Q_{3-2}），可分别按下式计算。

$$Q_{3-1} = \frac{P_1 N_3 K_2}{t \times 8 \times 3600} \qquad (11\text{-}11)$$

式中 Q_{3-1}——现场施工用水量（L/s）；

P_1——施工现场高峰人数；

N_3——施工现场生活用水定额（一般为 20～60L/人班，视气候而定）；

t——每天工作、班数；

K_2——用水不均衡系数（如表 11-11 所示）。

$$Q_{3-2} = \frac{P_2 N_4 K_2}{24 \times 3600} \qquad (11\text{-}12)$$

式中 Q_{3-2}——生活区生活用水量（L/s）；

P_2——生活区居民人数；

N_4——生活区生活用水定额（如表 11-10 所示）；

K_2——用水不均衡系数（如表 11-11 所示）。

消防用水量，可按居住区消防用水和施工现场消防用水分别计算。居民在 25000 人以内时按 10－20（L/s）；施工场地在 0.25km^2 以内时按 10－15（L/s）计算。每增加 0.25km^2，用水量增加 5.0（L/s）。

考虑到生产、生活及消防用水并不同时发生，因此在确定工地总用水量时，一般应区别不同情况进行组合，取其较大值作为计算依据。

当生产用水与生活用水之和小于消防用水量时，则总用水量取为消防用水量加一半生产、生活用水量；若生产与生活用水量之和大于消防用水量时，则总用水量为生产与生活用水量之和。最后，总的用水量当应考虑管网漏水损失，乘以1.1左右的系数。

11.3.5.2 取水、储水设计

(1) 选择水源

临时供水的水源最好利用现有的自来水管道，或地面水（江、河、湖、池），在有条件时，应尽量利用地下水（井水、泉水）。选择水源不仅要注意水量充足，满足最大用水量的需要同时应注意满足对水质的要求。

对于饮用水，应符合卫生要求。对于施工用水，侵蚀性物质的含量应受到限制，pH值需大于4，含盐量不得超过5000mg/L，且不含油脂等其他杂质。

(2) 泵站

在用水量小或勿需昼夜供水时，可用水泵直接取水，供水。一般情况下，则由水泵站抽水到水塔或储水池，然后用输水管分送到用水点。

用水泵直接供水时水泵的抽水能力应大于计算用水量的50%～100%，其扬程的确定，应考虑沿程水头损失和局部水头损失。单位管长的水头损失，可由一般给水手册查得。局部水头损失一般不作详细计算，可取沿程水头损失的15%～20%确定。

(3) 储水设计

工地临时储水设施，多设于靠近水源工地周围地势较高处的简易水箱、水池或水塔。其容积不宜小于两小时最大平均用水量。水塔的高度（H_T）按下式决定：

$$H_T = H + H_0 + H_e \tag{11-13}$$

式中　H——水塔处地面与最不利用水点的高差；

H_0——最不利用水处的自由水头；

H_e——水头损失。

11.3.5.3 配水管网设计

(1) 配水管网的布置

供水管可根据水压大小及使用期长短，采用钢管、铸铁管或胶皮管等。配水管网布置的原则是管路越短越好。水管应尽可能铺设成暗管埋在地下，在无交通干扰的情况下也可采用明管。水管应注意防压、防冻。在严寒地区应埋在冰冻线以下。

(2) 管径选择

配水管的直径可按下式计算。

$$d \geqslant \sqrt{4Q/(1000\pi \cdot V)} \quad (\text{m}) \tag{11-14}$$

式中 Q——最大设计流量（L/s）；

V——临时水管设计流速，一般取 $2\sim2.5\text{m/s}$，对消防用水取 $2.5\sim3.0\text{m/s}$。

11.3.6 工地供电设计

供电设计一般包括用电量计算，电路选择，变压器的确定，导线截面的计算和配电线路布置。

11.3.6.1 工地临时供电计算

工地供电主要包括施工用电和照明用电两方面。

（1）施工用电

施工用电量包括机械设备用电和直接用于施工的用电量两部分，可按下式计算：

$$P_c = K_1 \Sigma P_1 + \Sigma P_2 \qquad (11\text{-}15)$$

式中 P_c——施工用电所需电量（kW）；

K_1——机械设备同时使用系数，随电动机台数增多而减少。当电动机在 10 台以下时取 $K_1=0.75$；$10\sim30$ 台时，取 $K_1=0.7$；30 台以上时，取 $K_1=0.6$；

P_1——各机械设备的额定功率（kW）如表 11-12 所示；

P_2——直接用于施工的用电量。

部分施工机械的额定功率　　　　　　　表 11-12

机械名称	型号	功率（kW）	机械名称	型号	功率（kW）
单斗挖土机	W-4	250	插入式振动器	HZ-30	1.7
塔式起重机	QT1-2	19.5	插入式振动器	HZ6-50	5.5
强制式搅拌机	J4/375A	13	外部振动器	HZ2-5	1.1

（2）照明用电

照明用电是指施工现场及生活福利区的室内外照明用电，其用电量可按下式计算：

$$P_0 = 1.10(K_2 \Sigma P_3 + K_3 \Sigma P_4) \qquad (11\text{-}16)$$

式中 P_0——照明用电量（kW）；

P_3——室内照明用电量（kW）如表 11-13 所示；

P_4——室外照明用电量（kW）如表 11-13 所示；

K_2——室内照明设备同时使用系数，可取 0.8；

K_3——室外照明设备同时使用系数可取 1.0。

工地室内外照明用电量（W/m²）参考表　　　　表 11-13

	用电场所	数量		用电场所	数量
室内照明	居住及生活用房屋	6.0	室外照明	人工挖土	0.6~0.75
	食堂、厨房及办公室	10.0		机械化土方工程、打桩、混凝土工程	2~2.5
	仓库	3~6		钢结构制造及安装	3~3.5
	木工场	3~5		手工操作露天堆栈	0.6~1.0
	锯木场	6~8		机械操作露天堆栈	1.5~2.5
	铁工场	6.0		通路照明	0.1~0.15
	机械工场	10.0		全场照明	0.05
	车库	6.0			

最大电力负荷为施工用电量和照明用电量之和，其中施工用电量约占 80%~90%。在工地临时供电计算中，照明用电量可按这个比例大致估算。

11.3.6.2　电源的选择

工地供电方式有以下 3 种可供选择：

(1) 尽可能利用施工现场附近的电力供应。当地供应的电力一般比较便宜，而且可免去临时供电的设施和管理费用；

(2) 利用附近电力网，设临时变电站和变压器；

(3) 在无以上条件或规模不大的工地上，可设置临时供电装置。

确定供电方式时，必须考虑电源的可靠性，以保证施工安全。例如对于水下基础的排水工作，一般应考虑采用两个来源不同的电站供电。

工地自行发电，一般采用移动式内燃发电机，其输出功率为 15kW~250kW。

11.3.6.3　变压器的确定

变压器的功率（W）按下式确定：

$$W = K\Sigma P/\cos\phi \tag{11-17}$$

式中　K——功率损失系数，对于变电所取 $K=1.05$，对于变电站取 $K=1.10$；

　　　ΣP——变压器服务范围内的总用量（kVA）；

　　　$\cos\phi$——功率系数，一般取 0.75。

11.3.6.4　导线截面计算

工地输电线路所需电线的金属截面积，可按下式计算：

双线线路

$$A = K \cdot \frac{W \cdot L}{e}(\text{mm}^2) \tag{11-18}$$

三线、四线线路

$$A = C \cdot \frac{W \cdot L}{e}\ (\text{mm}^2) \tag{11-19}$$

式中　W——输送的电能（kVA）；

　　　L——导电线路长度（m）；

e——从变电站到用电地点的电压损失百分数，高压线为 10%，220～380V 时为 5%；

K, C——系数，如表 11-14 所示。

导线截面尺寸尚应满足其力学强度的要求。当电杆间距为 25～40m 时，低压铝质线不应小于 16mm^2，高压铝质线不应小于 25 mm^2。

K, C 系数值　　　　表 11-14

电线种类	K	C	
	电压 220V	电压	
		380V	220V
铜线	0.072	0.012	0.036
铝线	0.120	0.02	0.06

11.3.6.5 配电线路的布置

布置工地配电线路时，应注意以下原则：

（1）工地内部应采用 380/220V 低压线路；380V 的供电半径不应大于 700m；工地上一般采用架高线路；

（2）对 3～10kW 的高压线路，采用环状布置，对于 380/220V 低压线路，采用枝状布置；

（3）线路宜设于道路一侧，并尽量保持线路水平；380/220V 线路的电杆的间距一般为 25～40m，且离地面高度不小于 6m，离铁路钢轨不小于 7.5m；

（4）分支线及引入线，均应在电杆处连接，不得在两杆之间接出；

（5）电压为 380/220V 时，应用三线的三相电流线路。双线线路仅可用于照明负荷不大及其他生活用电。

11.3.7 施 工 运 输

桥梁施工中需要将大量物资包括各种材料、机具和生活资料运入工地，以及将料具送至使用地点，这是一项十分重要的工作，在施工组织设计场地布置时，应给予充分的考虑。

施工运输可分为场外运输和场内运输两类。将各种物资从原地或交货地点运至施工现场，称场外运输。场外运输的方式，一般采用公路、铁路或水路。根据当地运输条件、运量大小、运距远近等，通过分析比较合理选择。在通航河流上，应尽量利用水运修筑临时码头，装卸材料和物资。若施工工地附近有铁路、公路可用，或可修建简易专用线与现场接通时，则可采用铁路或公路作为场外运输方式。

场内运输一般采用汽车或装载机运输。只有大型工地，工程材料用量很大，且铁路方便引入时，才考虑采用轨道运输方式。铁路运输对水泥、砂石、钢筋和木材运送是很有效的,而在用料地点比较分散,运输线路不固定的情况下,特别对于场地范围内地形不太平坦,坡大急弯的场合,用装载机运送砂、石、混凝土、灰浆等最为灵活;半成品或小型构件,可用汽车运输。

索道运输兼有水平运输和垂直运输双重功能,不受河流及地形限制,能在索道跨度内,将材料运送到任何平面和高度位置,使用相当方便。特别在峡谷中建桥,利用两岸陡峻地形设置索塔索道运输常被采用。

对于小型工地或一般工地的零星运输工作,方便实用的运输方式为手推车运输。即使在机械化程度很高的工地,这种简单的运输工具也是不可缺少的。

工地运输中的重直运输可采用井架式起重架、塔式起重机、门式起重机等完成。

场内外运输紧密衔接,即由场外运来的材料,直接运送至使用或倒运地点,这是最经济合理的运输方式。不过这对计划组织工作要求很高,实现起来是比较困难的。一般只能通过合理布设堆栈、料场和仓库的位置,以尽量减少场地内运输工作量。

运输道路布置时,应遵守以下基本原则:

(1) 当采用铁路时,要考虑其转弯半径和坡度的限制,慎重选择确定专用线的起点和进场位置;

(2) 当采用公路运输时,公路应与加工厂、仓库等的位置结合布置把加工厂、仓库等与施工点贯穿起来,并与场外道路连接;

(3) 道路应满足一定的技术标准,力求平顺短捷、工程简易,并尽量利用既有道路。

11.3.8 施工场地布置示例

图 11-2 为某铁路桥梁施工场地布置图。桥梁上部结构为 12 孔跨度 32m 混凝土简支梁和 4 孔 80m 钢桁梁。下部结构为混凝土墩台,基础为大型钢筋混凝土管柱。简支梁用架桥机架设。钢桁梁用悬臂法拼装。管柱在工地制造。墩台混凝土共约 37000m^3。分别利用水上混凝土工厂、吊船、及移动式搅拌机供应灌筑。

本桥施工工程量大,而桥址附近山多平地少,场地狭窄,唯北岸有现成铁路通过,除砂石可就地开采外,其他料具均由铁路运至桥址北岸。北岸自车站设岔线到桥址附近下河码头。在由铁路另设岔线至傍山,延伸成螺旋线升高到桥头(桥面高出既有铁路 17m),供运送钢梁和运引架桥机用。钢梁存放和预拼,均利用螺旋线两侧的平地,场地比较分散。

机电车间利用原有建筑,低于供料岔线和原有铁路(如图中 II-II 所示),料具运到原有铁路靠山一侧后,用木制吊车起吊,跨过原有铁路,放置在坡道上特制小车上,再用绞车控制台车在坡道上升降,将料具送到机电车间的地坪上。机电车间附近设有下河码头,供运送成品下河。

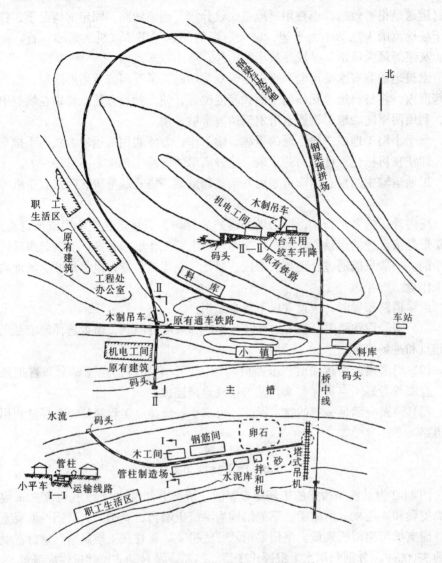

图 11-2 某铁路桥梁施工场地布置图

北岸两处码头均用吊船装卸料具。

南岸管柱制造厂顺河方向铺设临时线路，其上游端在河边设码头供小件上下河，下游端布置在桥中线上游侧的塔式吊车下面。塔式吊车可沿桥中线方向移动。所有管柱及笨重料具下河均用塔式吊车起吊，此外还用它灌筑部分墩台的混凝土。南岸职工生活用房傍山建筑。

整个场地铺设临时线路 4km 多，可以认为已经达到最小限度。充分利用一切可以利用的平地和现有房屋。几种主要工程各成体系又相互联系，因此场地的布置是比较合理的。

思 考 题 与 习 题

1. 什么是施工组织设计？它的目的是什么？有哪几种类型？
2. 指导性施工组织设计的主要任务是什么？
3. 实施性施工组织设计的内容和要求是什么？
4. 施工方案的主要内容应包括哪些？
5. 如何确定劳动量、机械台班需要量、施工持续的时间和每天应出勤的工人和机械台班数？
6. 什么是劳动力调配计划图？如何评价其优劣？
7. 什么是施工平面图设计，其内容和方法如何？
8. 工地临时房屋包括哪些，如何布置，其面积如何确定？
9. 工地临时供水量如何计算，配水管网如何设计？
10. 工地临时供电如何计算，供电方式如何选择，配电线路如何布置？
11. 布置施工道路时，应遵守哪些基本原则？

主要参考文献

1. 高等学校土木工程专业指导委员会.高等学校土木工程专业本科教育培养目标和培养方案及课程教学大纲.北京：中国建筑工业出版社,2002
2. 中华人民共和国铁道部标准.铁路桥涵施工规范（TB10203—2002）.北京：中国铁道出版社,2002
3. 中华人民共和国交通部标准.公路桥梁施工技术规范（JTJ041—2000）.北京：人民交通出版社,2000
4. 铁道部第三工程局主编.铁路工程施工技术手册：桥涵（上、中、下册）.北京：中国铁道出版,2002
5. 交通部第一公路工程总公司主编.公路施工手册：桥涵（上、下册）.北京：人民交通出版社,2002
6. 王华廉主编.桥梁施工.北京：中国铁道出版社,1997
7. 李克钏主编.基础工程.北京：中国铁道出版社,2003
8. 顾安邦主编.桥梁工程（下册）.北京：人民交通出版社,2001
9. 李富文,伏魁先,刘学信编.钢桥.北京：中国铁道出版社,2002
10. 殷万寿编著.深水基础工程.北京：中国铁道出版社,2003
11. 张凤祥,傅德明,张冠军编著.沉井与沉箱.北京：中国铁道出版社,2002
12. 铁道部武汉大桥工程局.武汉长江大桥.北京：人民铁道出版社,1957
13. 茅以升主编.中国古桥技术史.北京：北京出版
14. 《中国铁路桥梁史》编辑委员会编.中国铁路桥梁史.北京：中国铁道出版社,1987
15. 铁道部大桥工程局编.九江长江大桥技术总结.武汉：武汉测绘科技大学出版社,1996
16. 吴信然,杨启兵主编.秦沈客运专线箱梁和轨道工程施工新技术.北京：中国铁道出版社,2003
17. 裘伯永,盛兴旺等编著.桥梁工程.北京：中国铁道出版社,2002
18. 万明坤,程庆国,项海帆等主编.桥梁漫笔.北京：中国铁道出版社,1997
29. 陈伟,李明主编.桥梁施工临时结构设计.北京：中国铁道出版社,2002
20. 严国敏.现代悬索桥.北京：人民交通出版社,2002年
21. 雷俊卿等编.悬索桥设计.北京：人民交通出版社,2002年1月
22. 潘世建,杨盛福主编.厦门海沧大桥建设丛书第四册：东航道悬索桥.北京：人民交通出版社,2002年
23. 中铁二局集团有限公司.丰都长江大桥工程技术总结.成都：西南交通大学出版社,2000年
24. 严国敏.现代斜拉桥.成都：西南交通大学出版社,1996年
25. 刘士林等编.斜拉桥.北京：人民交通出版社,2002年